삼위일체경 (三位一體經)

파라 트리쉬카

<표지 그림 설명>

해석(解釋)

이 그림을
<어떻게 읽어야> 하나?

<석상(石像)의 그녀>와 <살아 있는 그녀>.
성령(聖靈)의 비둘기는
<석상 같은 그녀>에게는 앉고
<살아 있는 그녀>에게서는 날아가는가?

저 <침묵의 바위였던 그녀>가
<새>로 상징되는 <영혼(靈魂)>을 가지므로
이제 살아났다는 것을 말하는지도 모르지……

해석학(解釋學)을 영어로
"Hermeneutics"라고 한다는구먼.
<신(神)>과 <인간>의 중재자(仲裁者)인
그리스 신화의 <"헤르메스"의 역할> 말이야.

그럼 반신반인(半神半人)이어야 하겠구먼.

삼위일체경(三位一體經)

파라 트리쉬카

- 그 비밀의 아비나바굽타 해석 -

金恩在 지음

지혜의나무

목차

들어가며

　『파라 트리쉬카』는 카시미르 쉐이비즘 경전 중에서도 최상급이 이해(理解)를 요(要)한다는 것은, 이 책을 읽어보면 느낄 수 있으리라.

　특히 우리에게는 생소한 산스크리트 알파벳까지 등장하니 더욱 그럴 것이라고 생각된다.

　따라서 **이 책을 "읽는 이"**들은 극소수(極少數)일 수밖에 없다. 그래서 필자는 아무런 부담(?) 없이 마음껏 이 책을 가다듬는다. (1,000 쪽쯤이었으면 좋을 것 같았다. 그러나 출판하려는 책의 부피를 어찌 무시할 수 있겠는가!)

　그동안 필자의 다른 책들도 그랬듯이, **<또 다른 독자(읽는 자)인 "나 자신"을 위해서>**라고 하자.

☯

　『파라 트리쉬카』는 『비갸나 바이라바』와 더불어 저 『루드라-야말라 탄트라』의 한 부분(部分)이라는 것을 기억할 필요가 있다. <여러 가지 의미>로 말이다. (또 우리는 저 『말리니-비자야 탄트라』라는 이름도 잊을 수 없다!)

『비갸나 바이라바』에서 데비는 묻는다.

아! 쉬바여.
당신의 실재(實在)는 무엇입니까?
경이(驚異)로 가득 찬 이 우주는 무엇입니까?

당신의 실재는 초월적이면서 내재적입니까?
아니면 내재적인가요? 아니면 초월적인가요?
내재적이라면, 초월적인 것과는 모순(矛盾)입니다.

누가 예배(禮拜)를 받으며,
누가 그 예배에 의해 만족하게 됩니까?
누가 기도(祈禱)를 받으며,
기도가 무엇인지 말해 주소서.

위대한 주(主)여!
아직도 저의 의심(疑心)은 사라지지 않습니다.

가시를 **빼기** 위한 가시 『비갸나 바이라바』에서 우리가 데비의 질문은 제쳐두고, **쉬바의 대답**인 <112 방편>을 다루는 일에 우선적으로 매달렸다면, 이제 이 『파라 트리쉬카』에서는 데비의 질문에 그 초점을 맞춘다.

[필자는 **비갸나 바이라바**의 163 절 전문(全文)을 (책의 부피 등으로) 다 실을 수 없었다.]

진실로, 질문(質問) 속에 답(答)이 있지만……

우리는 <그 답>을 **비갸나 바이나바**의 112 방편으로 이미 확보하고 있다. [물론 <그 답>이 정말로 내 것이냐는 우리 각자(各自)의 몫이고……]

비갸나 바이라바에서는 데비가 나중에 - **쉬바**의 <긴 대답[방편(方便) 소개]>을 듣고 만족(滿足)하여 - **쉬바**와 더불어 <**합일**(合一, **라야, 용해**)의 기쁨>으로 젖어든다.
그러나 **파라 트리쉬카**에서는 그런 <극적(劇的)인 결론>을 취하지는 않는다.

36 절이 전부인 이 작은 경전을, **아비나바굽타**는 주석을 했다. 아니 해석을 했다.

<주석>과 <해석>의 차이가 무엇인가?

우리는 이 책을 읽으면서 그 차이를 <뚜렷이> "느낄" 것이다. 그러나 이 책의 목적은 그 차이를 느끼게 하려는 것이 아니다.

우리가 아비나바굽타의 해석을 따라가며 나의 <존재 혹은 현존의 순간>을 - 카시미르 쉐이비즘 용어로, "나-의식"을 - 알아채게 하려는 것이 그 목적이다. 그리고 그것이 신(神)이다.

기독교 용어로는 <(내) "속에서 말하게 하는" 그 무엇>(마10:20)을 알아채고 느끼자는 것이다.

☯

우리는 모두 "말을 한다." 심지어 농아(聾啞)도 나름의 언어로 - 수화(手話)를 말하는 것이 아니다. - 스스로에게 말한다. 그들도 생각하는 존재이므로.

지금 이 책을 읽고 있는 독자(讀者)여! 혹 <이런 것>을 생각해보거나 관찰해본 적이 있는가? 즉

"내가 말을 할 때, 내 속에서 어떤 과정(현상)이 일어나기에, 내가 말을 하게 되는지를……"

내가 <말 혹은 생각을 한다는 것>은……
도대체 <내 속에서 "그 어떤 현상"이 일어나고 있는 것>을 가리키고 있는가?

잠시 책을 덮고…… 그것을 느껴보라.

이 책은 <그런 것>에 대한 **경험자(經驗者)들의 경험**과 **지혜**를 자세히 전해 주는 책이다.

현대의 어떤 언어학자(스티븐 핑커)는 <우리가 "말을 한다"는 사실>을 "언어 본능(the Language Instinct)"이라고 했다.

☯

우리는 흔히 어떤 음식을 먹고는 "맛있다!"거나 "맛이 없다!"고 말한다.

그러나 필자는 **"<맛없는> 음식은 없다!"**고 한다. 필자가 아는 한, <맛없는> 음식은 거의 불가능하다. 생각해 보라. 우리가 만드는 음식 중에 맛이 없는 것이 가능하겠는가!

이런 것을 **카시미르 쉐이비즘**의 말로 풀이하면, <**마이야** 말>과 <**아-마이야** 말>이라고 할 수 있다. 즉 <세상(**마야**)에 속하는(**마이야**) 상식적인 말>과 <그렇지 않은 말> 말이다.

☯

각설하고,

이 **삼위일체경**(三位一體經) 『파라 트리쉬카』를 꾸미며 참고한 것들을 소개한다.

1. 『Para-trisika-Vivarana』
   Jaideva Singh, 1998
   (아래의 Bettina Bäumer 그녀가 편집했다.)

2. 『Abhinavagupta's Hermeneutics
   of the Absolute』 - Anuttaraprakriya -
   Bettina Bäumer, 2011

3. 『Vac』 - The concept of the Word
   in selected Hindu Tantras -
   Andre Padoux, 1992

원래 『파라 트리쉬카 비바라나』 앞부분에 있는 <서시(序詩) 형태의 몇 절>과 뒤에 있는 <자서전적 절>은 여기서는 책의 부피를 고려하여 생략한다.

<서시>와 또 <의례, 의식(儀式)> 부분은 **탄트라 사라**의 해당하는 곳에서 (보다 자세히(?)) 다룬다.

바우치 서재(書齋)에서

제 1 장

데비가 물었다

< 1 > - < 4 >

데비가 물었다.

쉬바여!
아눗타라가 어떻게 즉시 전체성을 실현하며,
어떻게 이런 지식(知識)으로
<케차리와의 동일성>을 얻습니까?

이 <비밀 중의 비밀(秘密)>을 일러 주소서.
<가슴에 있는 카울리키 샥티>,
그 쿨라 여신을 가르쳐 만족(滿足)을 주소서.

바이라바가 답했다.

들어라, 복(福)을 받은 자여!
아눗타라에는 어떤 말도 맞지 않다.

카울리카, 이것은 내 가슴에 있나니
<전체성(全體性)을 얻는 일>을 드러내리라.

< 1 > - < 2a >
데비가 물었다.

쉬바여!
아눗타라가 어떻게 즉시 전체성을 실현하며,
어떻게 이런 지식(知識)으로
<케차리와의 동일성>을 얻습니까?

이 <비밀 중의 비밀(秘密)>을 일러 주소서.

Śrī devy uvāca
슈리 데비 우바차

Anuttaraṁ kathaṁ deva sadyaḥ
  kaulika-siddhidam
아눗타람 카탐 데바 사댜 카울리카-싯디담
Yena vijñāta-mātreṇa khecarī-samatāṁ vrajet
예나 비갸타-마트레나 케차리-사마탐 브라젯

Etad-guhyaṁ mahā-guhyaṁ kathayasva
  mama prabho
에탓-구히암 마하-아구히암 카타야스와
  마마 프라보

<데비의 질문(요청)>인 <1절>과 <2절 전반부>는 **삼위일체경** 『파라 트리쉬카』의 제 1, 2, 3 장에서 자세히 다루는 것이므로, 우선 <산스크리트를 따라 읽으면> 다음과 같다.

고귀한(슈리) 여신(데비)이 말했다(우바차).

"신(神, 데바, 쉬바)이여!
어떻게(카탐) 이 <'더 없는 것'(아눗타라, 지고, 의식(意識))>이 즉시(卽時, 사댜) <전체성(全體性, 카울리카)의 성취(싯디)>를 주며(담),
<그것을 "아는" 것으로(예나 비갸타-마트레나)>, <케차리와의 동일성(케차리-사마탐)>을 얻겠습니까(브라젯)?

아, 나의 주(主)여(마마 프라보)! <비밀, 가장 큰 비밀(구히얌, 마하 구히얌)>인 이것(에탓)을 저에게 말해 주소서(카타야스와)."

< 1 > 데비 우바차

데비가 물었다.
슈리 데비 우바차

[슈리는 <고귀한, 영광의>를, 데비는 <여신>을, 우바차는 <말했다>를 의미한다.

아비나바굽타는 우리가 <그냥> 넘어가기 쉬운 "데비(devi)" "**물었다**(우바차)" 이 두 단어를 우선 철저하게 분석한다.

필자가 보기에, 현대의 <심층심리학>과 진정한 <언어분석철학>이 이미 천 년 전에……

우리가 <흔히 무심코(unconsciously) 쓰는 말의 그 숨은 의미를 찾는 일> 말이다.]

데비가 물었다.

<최고의 주(主)인 쉬바 즉 **의식**>은 항상 <**다섯 행위**>를 한다. 사실, 그는 "**은혜**(恩惠)" 그 자체다! 그는 항상 <그의 신성의 에너지(**샥티**)>를 갖추고 - 샥티는 곧 쉬바다! - **은혜**를 주려고 한다.

신성의 에너지 즉 <파라 샥티>는 **파라 바크**에서 자신을 표현한다. 이 **샥티**는 <신성의 본성을 항상 인식하고 있는 **파쉬얀티**>와 다른 것이 아니다.

<**파라 바크**>는 처음 단계에서 <최고의 **만트라**>, <최고의 **말**>이며, 시공간에 제한되지 않는 신성의 "**나-의식**"에 거(居)한다. 그 단계에서는 <**파쉬얀티** 단계에서 시작될 질문과 대답이라는 구분>이 없다.

파라 바크는 **불이**(不二)이고, <모든 경험자에게 현존하는 **의식**>과 동일하며, **파쉬얀티**, **마드야마**, **바이카리** 수준에서도 한결같이 <인식과 행위>에서 통합적인 성격을 갖는다.

파쉬얀티에서 <알려지려는 것>은 <미-확정적인 방식으로>, <비-결정적인 상태로>, "**막연(漠然)히**" 이해된다. 마치 공작새 꼬리의 어둡고, 푸른 다양한 색깔을 경험한 사람처럼 말이다. 그의 경험은 많은 인상들, 긍정적인 것과 부정적인 것 등으로 된다. - 만약 그가 <원인 조건>에 깨어 있었다면, 특정한 색깔 등만 기억할 것이다.

파쉬얀티에서 <결정되지 않고 아는, 미-확정적인 지식>의 첫 시간에 - "**그냥 아는**"그때 - 거기에는 <(그) **말**>과 <(그 말이 가리키는) **대상**> 사이에는 아무런 구별이 없다. <(그) **말**>과 <(그) **대상**> 사이 **에는 차이와 다르다는 느낌이 명확하지 않다.**

<(그) 말>과 <(그) 대상> 사이에 다르다는 이해가 일어나는 것은 **마드야마**이고, 또 그것은 같은 장소 즉 **안타 카라나**(내부의 기관)에서만 일어난다.

[**마드야마** 단계에서 <말>과 <대상> 간의 구별은 <미묘한 정신적 상태>일 뿐, 아직 외부화한 것이 아니다. 그러므로 <같은 장소>라고 한다.]

반면에 **바이카리**에서는 <말>과 <대상> 사이에는 명확한 구별이 있다.

[<말>의 위치는 <입>이고, 그 <대상>의 위치는 (이를테면) <외부>이다.]

<말>과 <대상>에 대한 **이런 규칙적이고 고정된 관계를 나 자신의 경험(내면)에서 알아챌 때**, 그때 <**파라 바크** 단계인 무엇>이 <**아-마이야** 말(마야에 속하지 않는 말)>의 힘이고, <최고의 **실재**>의 힘인 것을 알게 될 것이다.

그것은 <관습적이지 않은 것>이고 <본래적인 것>으로, 최고 진리의 인장(印章)을 가지며, **나-의식**의 <**만트라**(곧 **말**)의 힘>으로 영감(靈感)된다. 그것의 원리는 나중 설명할 것이다.

그녀는 **파쉬얀티** 등 후속 상태에서도 거하는데, 그녀가 없다면 **파쉬얀티** 등에서 미현현의 상태가 생길 것이고, 그러면 <절대적인 무감각의 사태>가 일어날 것이기 때문이다.

파라 바크 단계에서는, "이것(특정 개체, 개아)", "이런(특정 형태)", "지금(특정 시간)", "여기(특정 장소)" 같은, **분별하는 생각은 전혀 없다.** 그러므로 <최고 만트라의 힘의 첫 창조적 상태인 **파쉬얀티**에서 시작하여, 존재계의 다양성의 현현이 완전히 진행될 **바이카리**까지> 자신의 기쁨으로 가득하고, 모든 것의 빛인 자신 안에서 쉬는 이 **파라 바크**는 계속해서 박동한다(**번쩍인다**). 이런 박동이 **나-의식**인데, 그것의 최고 진리는 <방해받지 않는 연속성>이다.

[<신성의 **나-의식**>의 최고 가치는 그 연속성이 방해받지 않는 것이다. 그것은 모든 것에서 항상 현존(現存)한다. 그것은 결코 휴일이 없다. 그것을 피할 수 있는 것은 아무것도 없다. 그것이 "**쉬바** 즉 **의식**, 신(神)은 우주에 **거한다.**"며 내재(內在)를 말하는 이유다.]

이것은 나중에 더 명확해질 것이다. **파라 바크** 홀로 안에서, **파쉬얀티** 단계에서는 분별의 (희미한 빛의) 초기만 있고, **마드야마** 단계에서는 분별의 모습이 있지만 단지 <정신 기구>에서다. **파라 바크** 그것은 <**갸나**(지식)>와 <**크리야**(행위)>로 구성되며, **갸나**는 **사다-쉬바**에서 현저한 속성이고, **크리야**는 **이슈와라**에서 현저하다.

그 안에 <(우주의) 셀 수 없는 대상적 존재계>의 기쁨을 감싸는 **나-의식**의 경이로운 **지복**이 완전히 작동하고 있다. 그러므로 <**지고의 의식**>인 그녀는 **파쉬얀티**와 **마드야마**로 나타나는 동안도, 자신을 <**지고의 의식**>으로 경험하고 있다. 데비라고 **하는 그 무엇은** 이 <**지고의 의식**>을 말한다.

☯

데비가 물었다.

그녀는 다음의 이유로 "데비"라고 부른다.

① 그녀는 <**파쉬얀티**로부터 '푸르다' 등의 외적 현현까지> **의식**(意識)**의** 창조적 기쁨으로 "**놀이**"를 하고 있기 때문이다. <**데비**>는 어근 "div(**놀이하다, 놀다**)"에서 파생되었다.

② **바이라바**는 <모든 것을 초월하고, 또 **더 없는** (능가할 수 없는) 곳>에 거하는데, 이는 <그 상태에 남으려는, 또 모든 것을 **극복하고 능가**(凌駕)**하려는 욕망**> 때문이다.

"div"는 <**극복하고, 능가하려는 욕망**>을 말한다.

<**바이라바**>와 <그의 **샥티인 바이라비**> 사이에는 어떤 차이도 없다.

21

③ 그녀는 <셀 수 없는 수많은 방법으로> 지식과 기억, 의심과 확인 등으로 <삶의 활동을 수행하기> 때문이다. "div"는 <삶의 활동을 수행하다>는 의미이기도 하다.

④ 그녀는 <푸르다> 등의 형태로 모든 곳에서 <빛나기> 때문이다. "div"는 <빛나다, 빛을 발(發)하다>의 뜻이 있다. (우리는 비갸나 바이라바에서 데비를 <빛나는 자>로 읽었다.)

⑤ 그녀는 <그녀의 빛으로 (불가피하게) 소유되어 헌신하는 자>에게 <경배되기> 때문이다. "div"는 <경배하다>, <흠모하다>는 뜻이 있다.

⑥ 그녀는, 사물들이 시간과 공간으로 분리되어 있어도, 자신의 의지를 따라 <접근하기> 때문이다. "div"는 <가다, 접근하다>의 뜻도 있다.

⑦ 데바타(신성(神性))라는 말은 특별히 바가반 바이라바에 적용된다. 데비도 바가바티에 적용되는데, 그녀가 바로 <그의 샥티>이기 때문이다.

["데바타" 즉 신격(神格)이라는 묘사는 비슈누, 브라흐마 등에도 적용될 수 있는데, 그들도 부분적으로 신성에 참여하기 때문이다.

그러나 전체성의 의미 안에서는 <최고의 주(主)>에게만 적용될 수 있고, <그의 샥티>에게는 똑같이 적용된다.]

데비가 물었다.

이제 <과거시제(過去時制)>인 **"물었다(우바차)"**를 살펴보자.

<(파쉬얀티와 마드야마가 되는) 파라 바크>가 파쉬얀티와 마드야마의 단계에서 "(파라 바크인 데비로서의) 나 자신은 이렇게 **물었다.**"고 자신을 **회상할 때**, **그때** 그 <회상하는 상태>에서, 그녀는 <회상하는 형태 즉 파라 바크 속에서 **번쩍이며**>, **<자신의 파라 단계>를 과거로 여긴다.** 마야에 의해 생겨난 <분별과 차이의 사실>과 일치하여 말이다.

<그녀 자신>과 비교했을 때, 그녀의 여행(旅行)이 **파쉬얀티** 단계는 마야의 시작이고, **마드야마**의 <내적인 감각>과 또 **바이카리**의 <외적인 감각>을 통과하면서, 그녀의 삶이 다름과 분화로 구성되기 때문에, **그녀는 <파라 단계>를 과거로 여긴다!**

<브라흐마의 하루>는 <인간의 하루>와는 다르다. 인간의 하루는 <지구의 움직임>에 따른 날(日)의 구분이다. <브라흐마의 하루>는 많은 **칼파**로 이루어져 있고, **비슈누**와 다른 신들의 하루는 그보다 더 길다. (한 **칼파**는 1,000 **유가**이고, 인간의 시간으로는 4,320,000,000 년이다.)

또 **요기**의 경우에는 "하루(日)"라는 말이, 그의 **프라나(숨)**의 내적인 움직임 때문에 인간의 하루의 1/1,000로도 사용되지만, **사마디**에서는 <한 **숨**이 순환하는 시간>이 외부 시간으로는 몇 세기(世紀)에 해당하기도 한다.

[잘 아는 대로, <목성(木星) 등에서의 하루>와 <지구의 하루>는 다르다. 저 광대무변(廣大無邊)한 <우주의 하루>는 알 수가 없고…… 시간과 공간은 **탄트라 사라**에서 깊이 다룬다.]

그러므로 <**확정적이지 않고 허구일 뿐인**> "**하루**" "**오늘**" "**현재**"라는 개념이, 어떻게 <**시간 너머에 있고, 허구가 아닌**> [저 무한(無限)의] **의식(意識)에 적용될 수 있겠는가!**

이런 원리에 따라 <모든 면에서 과거의 의미를 충족하는> **파라 바크**는 - 즉 <부정(不定) 과거>, <과거 진행형>, <과거 완료>를 만족시키는 - <**과거 일인칭**>으로 자신을 비춘다.

"<**쉬바(의식)**와 경전으로부터도 분리되지 않고, 또 말(**바차카**)과 그 대상(**바챠**)과도 다르지 않은>, (똑같은 **파라 바크**인) **나** 데비가 이렇게 말했다."

이것이 과거시제를 사용한 의미다.

그리고 그런 것은 우리 자신이 경험하는 일이다.
<(지금) **현재에서, 과거에 대한 회고**>를 보자.

우리는 "(어제 밤) 꿈꾸는 동안, 아주 슬펐다."고
한다. **이런 것에서 <현재에서, 과거에 대한 회고>의
증거가 있다. 위의 예에서, 우리는 <과거 경험>†을
하지 못하는데, 그 이유는 <과거에서, 그 경험>을
가질 수 없기 때문이다!**

이제 잠에서 깬 후, **우리는** <그 상태>를 놀라움
속에서 **경험한다.** 옆에서 같이 자던 사람이나 나를
돌보고 있었던 사람이 <내가 흐느껴 울었다거나,
한숨을 쉬거나, 무엇이 즐거운 듯 흥얼거렸다>고
한다. 이것은 믿지 못할 일이 아니다.

"정신없거나 잠든 상태에서, 내가 신음 소리를
냈다고 하더라." 이 진술에서, <정신이 없는 상태>,
<꿈>, <기절> 등에서 **어떤 외부의 대상적인** (실제)
경험이 없어도 과거가 언급되어 있다.

<파라 단계>에서는, 진실로, 어떤 대상도 전혀
부재(不在)하다. 이것은 <**네 번째** 상태>의 경험이기
때문에, 여기서는 <그 경험>이 <그 경험자>와 동일
하다. 반면 <정신없는 상태> 등에서는 <그 경험>이
<어리둥절해하는 것>이 과도하여 <지각(知覺)없는,
무의식의 상태>로 남는다. 이것이 두 가지 사이의
중요한 차이다. 그러나 과거인 것은 같다.

[위 "우리는 <과거 경험>†을 하지 못하는데"를 바르게 잘 이해하기 위해서는, "원숭이 풍선"이라는 말이나 "맛없는 음식은 없다!"는 말의 의미를 다시 한 번 더 떠올려보는 것도 좋다!]

그래서 모든 경험자는, 스승과 제자의 위치이든, 다른 지위에 있어서든, 그녀 즉 **파라 바크** 속으로 들어가는 것으로 항상 그의 거래(去來) 관계를 - 일을 - 수행할 수 있다. 그러므로 그는 (모든 상태에서) 그녀만을 이해한다.

그것이 진술되었을 때, "**데비가 물었다**."는 말은 "**나** 즉 **파라 바크**만이 최고의 단계에서 분화되지 않은 방식으로 항상 모든 것을 안다. 만약 그렇지 않으면, 이 <질문하고 대답하는 일>은 **파쉬얀티와 마드야마** 단계에서 명확한 표현을 얻을 수 없을 것이다."를 의미한다.

데비가 물었다.

이것이 그 진술의 의미다.

나중에 나오는 "**바이라바가 답했다.**"도 이런 식으로 해석해야 한다. "**나** 곧 **바이라바**만이 <**쉬바와 샥티**라는 구분이 없이> 답했다."

26

<신성의 에너지>가 현저하게 되어, **파라 바크**가 <**아함**(aham, '**나**')>이라는 말을 쓰는 것은 그녀의 창조적 본성의 면이다. 또 그 <에너지의 소유자>가 우세하게 되어, 철수와 흡수의 면에서 **바이라바**는 <**마하**(ma-ha-a)>의 형태를 떠맡는다. 나중에 더 설명할 것이다.

[**아함**(a-ha-m)에서 "a"는 **쉬바**, "ha"는 **샥티**, "m"은 **나라** 즉 <모든 대상적 존재계>를 가리킨다. 그러므로 **아함**은 대상적 존재계에서 신성의 현현과 확장의 상태를 나타낸다. **아함**은 **스리슈티-비자**로 알려져 있다.

마하(ma-ha-a)는 **아함**의 역과정으로, 즉 철수와 흡수의 과정이다. **삼하라-비자**로 알려져 있다.

두 경우 모두 **샥티**가 매개체다. **아함**에서 **샥티**는 <**쉬바**가 현상 속으로 들어가는 매개체>이고, **마하**에서 **샥티**는 <모든 현상이 **쉬바** 속으로 용해되는 매개체>이다. 이것이 **비갸나 바이라바**가 "**샥티는 신(神)으로 들어가는 문(門)이다.**"고 하는 이유다.]

< 2 > 최고의 대화 - 기도 혹은 독백

데비와 쉬바의 대화의 형태로 카시미르의 모든 경전이 계시된다는 것에서, 아비나바굽타는 <모든 수준에서의 대화의 신학(神學)>을 전개한다.

인간 수준의 대화만 아니라 <신성 수준의 대화>라는 것을 <언어의 통찰>을 통해 보여주고, 그런 것과 함께 <**우리**는 곧 **불이**(不二)다!>라는 선물도 준다.

(기독교와 이슬람교의 **신**이 자신을 "**우리**"라고 한 이유 말이다.)

데비가 물었다.

쉬바여!
아눗타라가 어떻게 즉시 전체성을 실현하며,
어떻게 이런 지식(知識)으로
<케차리와의 동일성>을 얻습니까?

이 <비밀 중의 비밀(秘密)>을 일러 주소서.
<가슴에 있는 카울리키 샥티>,
그 쿨라 여신을 가르쳐 만족(滿足)을 주소서.

데비는 바로 자신인 <**지고**의 **힘**>의 본성에 대해 묻는다. **쉬바**의 대답을 간청할 뿐만 아니라, 그녀 자신이 이 대화를 시작하는 <질문>이다.

<우주 형태로 확장된 **파라 샥티**>의 본성에 대한 물음을 <질문>이라고 한다. 바로 그 **샥티**인 데비가 <그녀 자신(**파라 샥티, 파라 바크**)>에 대한 질문을 시작하는 자다.

[우리가 <나 자신>에 대한 물음("?")을 갖는 것을 말한다. 우리 인간은 언젠가 한번쯤은 스스로에게 물(었)을 것이다. "내가 누고?"(나는 무엇인가?)

이런 생각을 한번이라도 **진지하게 해보지 못한 이들은** 이 책을 읽기가 쉽지 않을 것이다.]

이 <확장의 본성에 대한 심사숙고(深思熟考)>가 <가장 우수한 언설 기관(**파라 박트라, 좋은 입**)>이 되는 것이라고 하는데, 그것은 <질문과 대답>으로 구성된다.

아비나바굽타는 "devi"의 뜻을 어근 "div"에서 파생된 7 가지 의미로 분석한다.

여기서 데비는 **파라** 즉 <**지고의 여신**>이고, 또 동시에 **파라 바크**, <초월의 언어>, <지고의 말씀>, 로고스(λογος), <**말없는 말**>이다.

그래서 해석자의 첫 문제는 <질문을 하는 그녀는 도대체 누구인가?>다.

그다음 그 관계(關係)에 대한 논의가 뒤따르고, 그것을 통해 탄트라가 드러난다.

아비나바굽타가 시두(序頭)에서 데비를, 시바의 <다섯 행위>에서 - <창조(스리슈티), 유지(스티티), 흡수(철수, 삼하라), 은폐(티로다나, 빌라야)와 은혜 (아누그라하)> - 정의하는 것은 아주 중요하다!

그 <다섯 행위>의 마지막 목적은 은혜(恩惠)다! 데비는 쉬바와 분리될 수 없고, 그러니 자신이 곧 은혜인 샥티다. 우리는 <트리카(삼위)의 영역>에서 움직이기 때문에, "나라" 같은 명칭이 아니더라도 곧 <세 번째>인 세상(世上)으로 들어온다. 샥티는 "세상에 은혜를 주려는 생각으로 가득하기 때문에" 트리카에서 나라의 측면은 곧 세상이다.

신성의 <다섯 행위>는 역동성을 나타내지만, 그 마지막 행위에 목표가 있다. "역동의 트리카"에서 또 『파라 트리쉬카』의 해석에서 이것은 뚜렷한 것이다. 그것은 계시(해석)의 마지막 목적이 <세상에 은혜를 베푸는 것>, 즉 구원(救援)이기 때문이다.

그다음 아비나바굽타는 "최고의 대화"에서 계시 전체를 <말의 네 가지 수준>에서 다룬다. 목소리로 드러나는 것은, 그것은 <최고의, 초월의 말>이고, 또 동시에 <최고의 여신> **파라**와 하나다.

그러나 계시가 일어날 수 있는 것은 그녀가 최고 수준에서 하강할 때뿐이다. 처음 단계에서 그녀는 분리되지 않았고, 최고 만트라(**나-느낌**)로 구성되는 순수한 **의식**에 뿌리를 내리고 있다. 시공간의 제한에서 완전히 자유롭고, 질문과 대답의 구분이 없이 거한다.

그다음 그 <파라 바크>에서부터 **파쉬얀티, 마드야마, 바이카리**까지 하강의 단계를 펼친다. 이것은 <해석 전체의 기본 구도>이고 또 철학적, 신학적, 언어적 일관성을 준다.

파라 트리쉬카에 대한 **아비나바굽타**의 해석은 <**말의 단계**>에 대한 가장 **조직적인 교과서**의 하나다. 그것은 우주론, 신학, 언어학, 심리학, 현상학의 분야까지 이르는 통합적인 것이다.

그는 처음에 철학적인 기술뿐만 아니라, <말>과 <그 대상>이 구별되기 전인 <**파쉬얀티** 단계에서 일어나는 기억> 같은 경험적인 예를 들어 그것을 나타낸다.

내면에서 <말>과 <그 대상>의 정신적인 구별이 일어나는 것은 **마드야마** 단계에서이고, **바이카리** 단계에서 이 구별은 밖으로 드러난다.

<우리가 "경험하는" 대상>은 중요하다. 왜냐하면 <(나 자신) 홀로 아래로부터 상승하여 존재의 가장 높은 단계로 올라가는 것>은 곧 <경험(經驗)>이기 때문이다.

"<말>과 <대상>에 대한 **이런 규칙적이고 고정된 관계를 나 자신의 경험(내면)에서 알아챌 때**, 그때 <파라 바크 단계인 무엇>이 <아-마이야 말(마야에 속하지 않는 말)>의 힘이고, <최고의 **실재**>의 힘인 것을 알게 될 것이다.
그것은 <관습적이지 않은 것>이고 <본래적인 것>으로, 최고 진리의 인장(印章)을 가지며, **나-의식**의 <만트라(곧 **말**)의 힘>으로 영감(靈感)된다. 그것의 원리는 나중 설명할 것이다."

그는 서둘러 **파라**는 **현존(現存)**이고, 모든 다른 단계에 편만(遍滿)하다는 것을 말한다.

"<최고 **만트라(말)**의 힘(파라 샥티)의 첫 창조적 상태인 **파쉬얀티**에서 시작하여, 존재계의 다양성의 현현이 완전히 진행된 **바이카리**까지> 자신의 기쁨으로 가득하고, 모든 것의 빛인 자신 안에서 쉬는 이 **파라 바크**는 계속해서 박동한다(**번쩍인다**).
이런 박동이 **나-의식**인데, 그것의 최고의 가치는

<방해받지 않는 연속성(連續性)>이다.”

“그러므로 <지고의 의식>인 그녀는 파쉬얀티와 마드야마로 나타나는 동안도, (그) 자신을 <지고의 의식>으로 경험하고 있다. (우리가) 데비라고 하는 그 무엇은 이 <지고의 의식>을 말한다.”

일단 데비를 <파라 삼빗> 즉 <지고의 의식>과 동일시한다면, 이제 더 많은 질문이 일어난다.

1) 어떻게 그녀가 자신에 대해 무지(無知)하여, 오히려 바이라바에게 자신의 정체성을 묻는가?

2) 어떻게 <완료(과거) 시제>인 “물었다”를 항상 현재인 <그녀 자신(의식)>에게 사용할 수 있는가?

3) 어떻게 이 여신(의식)을 <3인칭>으로 부를 수 있는가?

[위의 2)와 3)은 불이론(不二論)에서 많이 다루는 문법적인 것이다.]

<산스크리트 문법>에 따르면, <완료 시제>라는 것은 <과거에>, <‘오늘’에서부터 떨어져 있는 어떤 것에>, <직접적인 경험이 없는 행위에> 관련된다.

그러니 어떻게 이런 모습이 여신(의식)에게 적용되며, 항상 현재인 계시(啓示)에 적용되겠는가?

아비나바굽타는 이 과거(過去)를 <그녀의 초월적 단계인 파라 바크>로부터 <계시가 일어날 수 있는 말의 수준>까지 <데비의 하강>과 관련시킨다.

"<(파쉬얀티와 마드야마가 되는) 파라 바크>가 파쉬얀티와 마드야마의 단계에서 <(파라 바크인 데비로서의) 나 자신은 이렇게 물었다.>고 자신을 회상할 때, 그때 그 <회상하는 상태>에서, 그녀는 <회상하는 형태 즉 파라 바크 속에서 번쩍이며>, <자신의 파라 단계>를 과거로 여긴다. 마야에 의해 생겨난 <분별과 차이의 사실>과 일치하여 말이다.

<그녀 자신>과 비교했을 때, 그녀의 여행(旅行)이 파쉬얀티 단계는 마야의 시작이고, 마드야마의 <내적인 감각>과 또 바이카리의 <외적인 감각>을 통과하면서, 그녀의 삶이 다름과 분화로 구성되기 때문에, 그녀는 <파라 단계>를 과거로 여긴다!"

그다음 그는 "오늘"의 문제로 들어간다. 완료가 "오늘이 아닌" 것에 일어날 때, 그것은 어떤 날일 것인가? 그는 <시간의 상대성>을 다룬다.

(약 천 년 전에, 아인슈타인의 상대성의 원리가 히말라야 산골짝에서……)

브라흐마의 하루(日)는 인간의 날(日) 수(數)로는 비교할 수 없기 때문에……

"그러므로 <확정적이지 않고 허구일 뿐인> '하루' '오늘' '현재'라는 개념이, 어떻게 <시간 저 너머에 있고, 허구가 아닌> [저 무한(無限)의] **의식(意識)**에 적용될 수 있겠는가!"

비갸나 바이라바 탄트라에는 "오늘"이라는 말이 여신과 관련하여 두 번 나온다.

처음에, 자신의 본성에 대해 **바이라바**에게 물을 때, 그녀는 <다른 **탄트라**를 "들었지만(과거 시제)" "오늘"도 만족스럽지 못하다>고 말한다.

그리고 끝에서, **바이라바**로부터 계시와 방편을 받았을 때 그녀는 <"오늘", 완전히 만족한다>고 말한다.

그 두 "오늘"은 시간 너머의 것이다. 그러므로 "오늘"이라는 말은 여신(**의식**)에게는 단지 적절한 "**때**"를 가리키는 말일 뿐이다.

[이것은 예수의 "내 **때**가 아직 이르지 않았나니" 등에서 보이는 헬라어 <크로노스>와 <카이로스>를 비교하면 좋다.]

데비가 물었다.

아비나바굽타는 원초적 상태인 **파라 바크**에서 **하강(下降)**으로 일어나는 그 과거를 심리적 현상과 비교한다. <알아채는 일>이 없이 꿈속에서 말하는 사람은, 깨었을 때 희미한 기억을 가지고 다음과 같이 이야기한다. "정신없거나 잠든 상태에서, 내가 신음 소리를 냈다고 하더라."

그런 표현은 또 <놀라워하는 상태(차맛카라)>를 드러내기도 한다.

그러나 그는 즉시 <**현재에서**(의) "지난 경험"과 - <**과거 경험**> - 관련된 이 표현>을 저 <**파라의** 상태>와 구별한다. <**파라의** 상태>에서는 "진실로, 어떤 대상도 전혀 부재(不在)하다."

이렇게 비교하여 강조하려는 것은, **파쉬얀티**와 **마드야마**의 <**파라** 단계에 대한 희미한 기억>이다. 그것은 <하강의 과정>에서 거의 잊어버린 무엇의 느낌에서만 "과거"이다. **파라**가 다른 세 가지 단계에서도 항상 현존하더라도 말이다. 마치 <**꿈꾸는 상태**>와 <**깨어 있는 상태**>의 그 주체는 **똑같은 것**이듯이……

현대의 학자 R. **토렐라**는 이렇게 말한다.

"**아비나바굽타**는 <완료 시제>를 **파라**와 관련해 두 가지 의미로 설명한다. 첫째는 <그녀의 존재는 대상화한 지식으로는 접근 불가능하다>는 것이고, 둘째는 <'알려질 수 있는 대상'이라는 개념 자체가

파라 단계에서는 없다>는 것이다. 그리하여 그는 <과거 (완료)형>의 질문을 무의미하게 만든다.

아비나바굽타는 그것을 명확히 말하지는 않지만, <문법적 문제의 해결>을 떠올리며 독자들에게 <이 모든 논의의 주제에서 변화(變化)가 본질적이다>는 것을 기대했던 것 같다.

마치 <완료형 일인칭 즉 주체의 갈라지는 일>은 <원래의 단일성은 새로운 통합과 또 재형성이 뒤따르는 일>인 것을 상정하듯이, 여신(단일성)은 **파쉬얀티**, **마드야마** 상태로부터 시작하여 마지막에는 <모든 것을 포괄하는 **파라**>로 자신을 재확인한다.

다른 말로 <질문자 **데비**>로 시작하여 <대답자 **바이라바**>로 끝난다."

데비가 물었다.

그리고 불이론의 다른 문제는 "**데비가 물었다**"의 삼인칭이다. **아비나바굽타**는 "**우바차**"는 일인칭에 잘 적용될 수 있다고 다시 **산스크리트** 문법에 호소한다. 그러므로 그 의미는 "**나 즉 여신인 <내>가 말했다.**"로 바뀐다. 즉 **나라**와 관련되는 삼인칭의 대상성을 피하면서 말이다.

토렐라는 말한다.

"그것은 **아비나바굽타**가 문법적 전통이 <완료의 일인칭> 문제에 정교하다는 점을 이용하는 것이다. **그런 정교하고 세련된 작업은** - <문법적 문제>를 <신학적인 것>으로, 혹은 그 역(逆)으로 - **그에게는 새로운 것이 아니다.** 서로 다른 차원을 유연하게 넘나들며 다른 것을 통해 그것을 키우고, 또 그의 <주해(註解)의 자유>를 통해 **<지고의 의식>**의 예측 불가능한 길을 강조한다."

아비나바굽타는 그다음 과거와 일인칭의 두 가지 <회복된 의미>를 요약한다.

"이런 원리에 따라 <모든 면에서 과거의 의미를 충족하는> **파라 바크**는 - 즉 <부정(不定) 과거>, <과거 진행형>, <과거 완료>를 만족시키는 - **<과거 일인칭>으로 자신을 비춘다.**

'<**쉬바(의식)**와 경전으로부터도 분리되지 않고, 또 말(**바차카**)과 그 대상(**바챠**)과도 다르지 않은>, (똑같은 **파라 바크**인) **나** 데비가 이렇게 말했다.'

이것이 과거시제를 사용한 의미다."

데비가 물었다.

데비의 형태로 <질문을 하는 자>와 **바이라바**의 형태로 <대답을 하는 자>가 같은 "**나**"라면, 저자는 <일원론적 동어(同語) 반복>에 처한 것이 아닌가?

<질문자>와 <대답자> 사이에는 미묘한 차이라도 있어야 하는 것 아닌가?

무엇이 <**파라** 상태에서부터 **파쉬얀티** 등까지>의 데비의 하강과 상승의 역동성인가?

토렐라는 그 두 단계의 차이를 <자신의 정체성을 **주**(主)라고 여기는 인식의 역동성> 즉 **프라탸비갸** (**재인식**(再認識))로 바르게 관련지었다.

"일인칭 완료 시제는 <평면들의 차이와 일치>를 – 혹은 <공간들의 차이와 일치>를 – 동시에 표현하는 데 이상적 모형이다. 그것은 <보통 현실에서 경험적인 주체(유한한 평면 혹은 공간)의 있는 일과 행동하는 일>이고 또 동시에 <**지고의 의식**(무한의 평면 혹은 공간)에 영원히 근거한 그의 존재하는 일>이다."

☯

필자가 어릴 적 <교회 다니던 때>가 생각난다. 기도할 시간이면, 무릎을 꿇고, 눈을 감고, 두 손을

모으고, 고개를 숙이고, 마음속으로 <하늘에 계신 아버지>를 부르는…… 필자는 한때 <새벽 기도>를 이끌기도 했다.

비갸나 바이라바에서 데비는 묻는다.

**누가 기도(祈禱)를 받으며,
기도가 무엇인지 말해 주소서.**

이제 나는 **기도**가 무엇인지 말할 수 있다.
<**하나님**과의 대화>가 무엇인지……
그리고 <**최고의 대화**>가 무엇인지……

☯

그리고 **데비**와 **바이라바**의 대화의 전체 상황은 경전이 드러나는 <스승과 제자의 관계>와도 관련이 있다. **여신**이 <**은혜**의 본성으로> 제자의 역할을 떠맡았기 때문이다.

< 3 > 이런 책을 읽으려면

[어떤 책을 읽고 있을 때, "내가 **아주 간절하고, 진지하여 그 속에 푹 빠져들어 있을 때**" - 그 책의 문장이 묘사하는 내용 속에 빠져 있는 것을 말하는 것이 전혀 아니다. - 마치 그 활자가 "살아 있는" 것 같은, 아니 <그 **활자**(로서 나는 **소리**)가 **바로 내 속에서** (마치 그 누군가가) **속삭이는** (것 같은 것을 느끼는)> **순간**을 경험해본 적이 있는가?

그 순간 우리는 화들짝 놀란다.

이런 상황은 <**경전**과 독자("**읽는 자**")의 관계>가 그 옛날 인도(印度)에서 강조하는 <스승과 제자의 관계(삼반다)>와 같을 것이다.

그리고 모든 영성가의 경험에서 <내면의 소리>, <**신**(神)의 말씀> 등으로 부르는 그 무엇……]

☯

이것은 <**지식의 힘**>이 특징인 **파쉬얀티**와 **마드야마** 단계에서 <**의지의 힘**(파라 바크)>이 특징인 <**지고의 의식**>의 경험이다. 이것은 모든 경전의 (처음부터 끝까지의) 목표다.

그러므로 <인식(認識)의 힘(갸나 샥티)>에서는
<신성의 나-의식의 가장 높은 만트라 에너지>의
실제적인 경험이 있다. 그것만이 **사다-쉬바**의 특성
인데, 하나는 데비의 질문의 모습으로 하나는 **바이
라바**의 대답의 모습으로, 그 안에 "D, e, v, i, u,
v, a, ca" 와 Bh, ai, r, a, va, u, v, a, ca"이
문자의 수단으로 "데비 우바차(데비가 **물었다**)"와
"바이라바 우바차(바이라바가 **답했다**)"라는 언어의
형태가 있다.

　　스왓찬다 탄트라는 말한다.

사다-쉬바 자신이 스승과 제자의 위치를 떠맡고
<질문>과 <대답>으로 탄트라를 드러내도다.

　　그러므로 신성의 <**은혜의 힘**>은 항상(恒常)이고,
모든 경험자에서 방해받지 않는다. 그러니 <**트리카
경전의 생명과 영혼**>인 그녀(<**은혜의 힘**>) 홀로,
<경험자>와 <신성의 **의식**> 사이에 지고의 관계를
구성한다.

　　<**아눗타라의 일**>에서는 ― **아눗타라**(지고(至高),
더 없는 것)를 성취하기 위해서는 ― <모든 종류의
관계>는 그 가르침과 일치하고, 오직 **지고**(至高)를
목표로 한다.

　　똑같은 것을 **트리카-흐리다야**도 말한다.

"**지고의 주**는 그의 **샥티**를 통해 항상 창조성에 전념하고 있다. 그는 <**은혜의 비**>를 내리고, (오직 **은혜**를 위해) 어떤 금(禁)함도 없이 현현하고 철수한다."

[참고로 여섯 가지의 관계(삼반다)가 있다.
1) **파라 삼반다** :
    질문자와 대답자 둘 다 **쉬바**로, 최고의 관계다.
    <신성의 **의식**> 속으로 용해되는 것을 말한다.
2) **마하 삼반다** :
    질문자는 **사다-쉬바**, 대답자는 **쉬바**다.
3) **안타랄라 삼반다** :
    질문자 **아난타밧타라카**, 대답자 **사다-쉬바**.
4) **디뱌 삼반다** :
    질문자 **난다쿠마라**, 대답자 **아난타밧타라카**.
5) **디뱌-아디뱌 삼반다** :
    질문자 **사낫쿠마라**, 대답자 **난디**.
6) **아디뱌 삼반다** :
    질문자와 대답자 둘 다 <인간 존재>일 때다.]

그러니 거기에는 항상 **아눗타라**의 능동적 현존이 있다. 그래서 <주의 **의식**에서 분화되지 않은 방식으로 나타나는 **질문-대답**>은
    <**파쉬얀티** 단계>에서는 (어떤 욕망을) <문자>와

<말>, <문장>으로 배분하고 할당**하려는** <미-확정적 형태(니르비칼파)>이고,

<**마드야마 단계**>에서는 (그 어떤) 분리의 **느낌을 가진** <확정적 형태(사비칼파)>이고,

<**바이카리 단계**>에서는 <**마이야** 문자(음소)>, <말>, <문장>으로 구성되는 <거친(육성) 언설>인 <**질문**>과 <**대답**>의 형태로 표현된다. 예를 들어 "**아눗타라라가 어떻게 ⋯⋯**"

이것은 <현현의 느낌이 가득한> **바이라바**의 저 <관찰이 불가능한 면(즉 **샥티**)>이다. 그것의 핵심은 능가(凌駕)할 수 없는 **나-의식**이고, **쉬바**와 **샥티**의 결합으로 생긴 동요(動搖)의 기쁨으로 가득하다.

(여기의 동요는 현현의 충동을 말한다.)

트리카 전통(의 철학과 실천)에 따르면, **쉬바**는 <a>로 <출현의 근원>을, 또 **샥티**는 <ā>로 <현현의 확장>을 상징한다. 그것은 <본래적이고, 감내(堪耐)하는 상태>로, 모든 살아 있는 존재들의 생명이다.

그러므로 신성을 특정한 처소에 관련시키는 것은 옳지 않다. ("**쉬바**는 **히말라야**의 **카일라사** 산에 산다."는 것 등) "**그**"의 경우에는 어떤 제한도 없기 때문에, "**그**"에게 특정 장소(공간)를 지정하는 것은 완전히 어불성설이다.

<질문과 대답>의 사실은, <질문>과 <그 대답>의 구분이 없는 **파라 바크**의 수준에서는 늘 현존하는 실재이다. 이것이 여기서 말한 의미의 전부다. 모든 존재의 자연적인 상태인 **참나**는 자기 조명적이고, 자신과 다르지 않은 <질문-대답>으로 즐겁다.

　그 안에서는 질문자(데비)와 대답자(바이라바) 둘 모두가 **그** 자신인데, "**나**"로서 다음과 같이 비춘다. "**나**, 나 자신은 있는 그대로의 진실을 아는 놀라운 기쁨 때문에 <질문과 대답>으로 나타난다."

　그래서 경전(經典)은 처음에는 "**데비가 물었다. 쉬바여! 아눗타라가 어떻게……**"로 시작하고,

　중간에는 "**바이라바가 답했다. 들어라, 복(福)을 받은 자여!……**"라고 하고,

　그 마지막은 "**이런 것이 루드라-야말라이니 - 쉬바와 샥티의 합일이니 - 이를 수행하여 <전지 (全知)의 힘>을 얻노라.**"로 끝난다.

　<다섯 근원에서 나온 모든 경전>에서부터 <세속 적인 (거래) 관계>까지, 이 모든 것은 <지고의 관계 (**파라 삼반다**)>라고 말한다.

　(<다섯 근원>은 27절의 설명을 참조하라.)

　나 **아비나바굽타**는 비밀인 <질문-대답> 양상의 감춰진 부(富) 전체를 드러냈다.

그것은 사람이 자신을 **쉬바**와 동일시하게 만드는 가르침의 핵심이고, 또 항상 자신을 <**바이라바의 상태**>의 경험으로 이끈다.

이제 학생들(배우려는 이들)을 위해, 시(詩)로써 모든 가르침을 요약한다.

> 모든 거래에서 어떤 일이 일어나든
> 지식의 일이든, 행위의 일이든
> 일어나는 모든 것은 <**네 번째** 상태>
> 분화(分化)하지 않은 **파라 바크**에서라네

> 연속의 순서로 처음인 **파쉬얀티**에서는
> 단지 <다양성(多樣性)의 싹>만 있고,
> **마드야마**에서는 지식과 행위가 내적이라
> 명확한 연속(連續)은 있을 수 없노라

> **파라**에 의존하는 **마드야마**와 **파쉬얀티**는
> 마치 잠에서 깨어난 사람처럼
> 그 상태를 과거(過去)처럼 여기노니
> **파라**는 구별이 없는 늘 현재(現在)로다

더 없는 것의 이 상태는 이런 식으로 설명될 수 있을 것이다. 즉 <주제>와 <제목>, <관계>, <목적>으로.

똑같은 것이 **소마난다**의 주석에도 있[는데, 나는 그 주석의 난점(難點)을 명확히 하려고 한]다.

"항상 **다섯 행위**를 하려는 바이라바의, '**데비가 물었다**'의 형태에서, 에너지의 첫 박동 후에……"

☯

<관계>에 대해서는 이미 다루었다. 이제 우리는 <주제(제목, **아비데야**)>를 다루려고 한다.

[<**경전**(經典)에서 필수 요소>는 ① 프라요자나 (목표), ② 아디카라(자격), ③ 아비데야(주제), ④ 삼반다(관계)의 네 가지다.]

"트리쉬카"는 <셋의 이쉬카>라는 뜻의 복합어다. 그 **셋**은 <잇차(**의지**), 갸나(**지식**), 크리야(**행위**)>를 가리키지만, 물리적인 면과 관련해서는 <스리슈티, 스티티, 삼하라>를, 영적(靈的)인 면과 관련해서는 <우됴가, 아와바사, 차르와나>를 가리키기도 한다.

[<스리슈티 등>은 다섯 가지이다. 즉 <스리슈티, 스티티, 삼하라, 빌라야(티로다나, 피다나), 아누그라하>이고,

또 <우됴가 등>은 <우됴가(아바사나, **나타남**), 아와바사(락티, **즐김**), 차르와나(비마르샤나, **알아챔**), 비자-아바스타파나(**씨앗을 뿌림**)과 빌라파나

(용해, 발아)>이다.

이 부분의 설명은 프라탸비갸 흐리다얌(11절)을 참조하라.

이것을 셋으로 분류하면, 빌라야와 아누그라하는 삼하라(소멸)에 포함되고, 또 비자-아바스타파나와 빌라파나는 차르와나(알아챔)에 포함될 것이다.]

"이쉬카"는 <이슈와리(여신)>를 말하며, 셋을 - <잇차-갸나-크리야>, <스리슈티-스티티-삼하라>, <우됴가-아와바사-차르와나>를 다스리고 통제하는 여신이다. 이런 의미에서 "이샤나"는 <다스려지고 통제되는 것>과 동일한 것임을 기억해야 한다.

그러므로 "파라 샥티(지고의 신성의 의식)"가 - 그녀는 즉시 셋의 구분을 초월하고 또 그것과 동일하다. - 이 책의 주제다. 파라 샥티의 "파라"와 "셋(트리)의 이쉬카"가 합하여 책의 제목이 "파라 트리쉬카"이기 때문이다.

[또 그런 뜻으로 "삼위일체경(三位一體經)"이란 부제를 달았다.]

트리쉬카의 다른 읽기로는 트림샤카가 있다. <세 가지 샥티(힘)를 '말하는' 그것>이 트림샤카이다. <30절(節)>과 관련되는 트림쉬카는 잘못된 것이다.

그것은 절의 수(數)가 아니고, **트림샤카**의 의미다. 어떤 경전은 말한다. "트림샤카의 뜻은 수천수만의 절(節)에서 선언되었다."

<책의 제목>과 <주제>의 관계는 지고의 관계다. 둘 다, <동일한 **실재(實在)**>와 관련하기 때문이다. 이것은 이미 강조한 것이다.

이 경전의 목표(프라요자나)는 <모든 경험자들의 - 샥티의 하강으로 **은혜**를 받아, "**더 없는 것**"의 지식이 허여(許與)된 경험자들 - **살아 있는 동안의 해방**>이다.

이 해방 혹은 자유는 <바이라바의 본성 안에서, 완전한 **정체성의 확립**>과 <**나**의 기쁨의 번쩍임인 **나-의식과의 통합**>을 **포함한다.** 또 그것은 자신의 **본성(本性)**을 실현하여 <속박이라고 상정된 존재계 전체 범주>를 그의 **놀이**로 여기는 사람의 성취다. **놀이**는 단지 <**그의 기쁨의 풍부함**의 표현>이다.

보통, 해탈을 <속박이라고 여겨지는 그런 것에서 벗어나는 것>, <몸, **프라나**, **푸랴슈타카**에서 살아가는 개아들을 - 그의 활동 영역은 내적인 감각과 외적인 감각이고, 몸 등은 충동(衝動)으로 있고, 그 삶은 몹시 힘든 노력으로 구성된다. - 구원하는 것>이라고 한다.

[묵티(해방)는 <이 존재계의 범주로부터 벗어나는 것>을 말하는 것이 아니라, <바이라바의 본성과의 동일성>을 말한다. 다른 말로, <나 자신의 본성인 **나-의식**과의 동일성>을 말한다.

그리고 충동(衝動)은 모두 우리를 불행으로 몰고 간다는 말이 아니다. 단점(短點)은 개아가 더 높은 삶으로 오르려는 자극으로 작용한다.]

만약 <마야로 인한 모든 다양성의 인상>이 사라진다면, 그런 자유의 선언은 무엇을 의미하며, 또 무엇과 관련한 자유인가?

스판다 카리카는 말한다.

<이런 깨달음>을 가진 자는
끊임없이 신성(神性)과 연합하여
세계 전체를 <자신의 놀이>로 본다.
그는 살아 있는 동안 해방되고, 의심은 없다.

이것은 곧 명확해질 것이다. <이런 깨달음>은 -
"<나>와 <바이라바의 **나-의식**(意識)>은 **똑같다!**"-
이 경전의 목표를 구성하고, 또 이 목표는 <인간의 목적>의 절정이다. <목표의 목표>에 대한 질문은 적절하지 않다. 그래서 <관계>, <주제>, <목표>를 논의했다.

[**아비나바굽타**는 이 경전의 ① 목표는 **묵티** 즉 자유라고 한다. 그는 <**참나**의 '탈것'에서 벗어남, 존재계 범주에서의 해탈>이라는 대중적인 생각을 일축하고, <**나**>와 <**신성의 나-의식**>과의 **동일시**를 견지한다.

그는 ② "**아디카리**"라는 말을 직접 사용하지는 않고 암시만 한다. "<**은총**으로, **주**께로 향한 자들>만이 이 경전을 공부하기에 적합하다."

③ 주제는 "**나**로서 항상 번쩍이고, **파라 바크** 안에서 자신을 표현하는 <**신성의 의식**> 즉 <지고의 **샥티**>"라고 하며,

④ 관계에 대해서는 "<주제>와 <책>의 관계는 <지고의 관계>다. 둘 다 <동일한 **실재**>와 관련하기 때문이다."고 한다.]

아비나바굽타는 **스왓찬다 탄트라**의 한 구절을 인용하고, **크세마라자**는 그것을 주석한다.

사다-쉬바 자신이 스승과 제자의 위치를 떠맡고 <질문>과 <대답>으로 **탄트라**를 드러내도다.

"<지고의 말>의 힘을 가진 **주**는, **사다-쉬바**로서 <질문자>와 <대답자>의 수준을 떠맡는다.

스승과 제자의 위치는 '창조적 통찰의 영역에서' 구절에서 설명된다."

아비나바굽타는 **탄트라 알로카**에서 위 **스왓찬다 탄트라** 구절을 재미있는 말로 표현한다.

"**의식**은 그렇게 스승과 제자의 위치에서 질문과 대답이 된다. 그 몸의 차이는 실질적이 아니다."

자야라타는 그것을 또 이렇게 주석한다.

"스승과 제자의 차이는 <직접적 인식의 문제>가 아닌가? 어디가 의식의 본성(과 단일성)의 곳인가?

(이 반론에 대답하여) 이것은 실질적이 아니고, 실제가 아니다. **의식(意識)은 그의 <절대 자유>로, 이들 다른 몸들을 그 자체 안에 나타나게 한다.**"

<경전의 계시(드러남)와 하강의 과정>에서, 다른 종류의 관계가 있다. <신성>으로부터 <인간 스승과 제자의 수준>까지의 하강 말이다.

스왓찬다 탄트라에서 <사다-쉬바와 이슈와라의 관계>를 신성 수준에서의 <**구루**와 제자의 관계>로

다룬다. **사다-쉬바**는 **갸나(지식)**의 면을 나타내고, **이슈와라**는 **크리야(행위)**의 면을 나타낸다. 이것은 "위대한 관계(**마하 삼반다**)"에 해당한다.

여기 **파라 트리쉬카**에서 **아비나바굽타**는 데비와 **바이라바**의 최고의 관계(**파라 삼반다**)를 발견한다. 그것은 <**역동적인 불이**(不二)의 관계>다.

(인용문 중에는 미리 인용하는 것이 더러 있다.)

"**바이라바**는 그의 안에 우주의 확장 전체가 포함되어 영원한 응답자로서 거한다. 확장과 회귀라는 과정은 시간 너머여서, 이 <질문-대답>은 한결같은 본성의 진리이다.

이것이 **아눗타라**와 관련되는 **파라 삼반다**이다. 나의 스승 **샴부나타**는 그것을 **트리카** 경전(經典)의 골자와 핵심이라고 했다."

그는 다시 <불이(不二)의 대화(對話)>의 맥락에서 "질문"의 궁극적 의미를 다룬다.

"(신성의) **지고한 <의식의 힘>**은 그녀의 본성에 따른 확장의 찰나에는 **바이라바**와 다르지 않은데, **잇차 샥티(의지의 힘)**라고 한다.

그녀의 실제적인 확장은 **갸나 샥티(지식의 힘)**로 **파라-아파라** 혹은 **파쉬얀티** 형태를 떠맡고,

또 크리야 샥티(**행위의 힘**)로 아파라 혹은 마드
야마와 바이카리 형태를 떠맡는다."

"<우주 형태로 확장된 **파라-샥티**>의 본성에 대한
물음을 <질문>이라고 한다. 바로 그 **샥티**인 데비가
<그녀 자신(**파라 샥티, 파라 바크**)>에 대한 질문을
시작하는 자다.
　이 <확장의 성격에 대한 심사숙고(深思熟考)>가
<가장 우수한 언설 기관(**파라 박트라, 좋은 입**)>이
되는 것이라고 하는데, 그것은 <질문과 대답>으로
구성된다."

데비가 물었다.

　<불이의 문제>에서 일어난 "**데비가 물었다.**"에
관련된 것을 **아비나바굽타**는 여러 가지 수준에서
해결하였다. - 문법적으로, 신학적으로, 영적으로.
왜냐하면 **데비**의 질문에 따른 **탄트라** 전체는 오직
한 가지 목적이기 때문이다. **지반 묵티** 즉 <살아
(숨 쉬고) 있는 동안의 자유> 말이다.
　그것은 **데비**와 **바이라바**의 <최고 관계>의 접점
이자 역동성이고, 최고 수준에서의 <질문-대답>의
역동성이다. 또 그것은 <우리 인간 제자>가 자신의
정체성으로 발견할 수 있는 것이다.

일단 일인칭의 데비가 질문한 것으로 확립되면, "그러므로 <인식(認識)의 힘(갸나 샥티)>에서는 <신성의 나-의식의 가장 높은 만트라 에너지>의 실제적인 경험이 있다."

전체적 의미는, 비록 궁극적으로는 오직 하나의 (신성의) 주체만이 있을지라도, 그럼에도 불구하고 그것은 "관계(關係)"를 가능하게 한다.

그것은 <은혜(恩惠)의 힘(아누그라하 샥티)>과 <창조성(創造性)의 힘(비사르가 샥티, 곧 쉬바의 편에서)> 사이의 최고의 관계이다.

"이것은 <현현의 느낌이 가득한> 바이라바의 저 <관찰이 불가능한 면(즉 샥티)>이다. 그것의 핵심은 능가(凌駕)할 수 없는 나-의식이고, 쉬바와 샥티의 결합으로 생긴 동요(動搖)의 기쁨으로 가득하다.

트리카 전통(의 철학과 실천)에 따르면, 쉬바는 <a>로 <출현의 근원>을, 또 샥티는 <ā>로 <현현의 확장>을 상징한다. 그것은 <본래적이고, 감내(堪耐)하는 상태>로, 모든 살아 있는 존재들의 생명이다.

그러므로 신성을 특정한 처소(處所)에 관련시키는 것은 옳지 않다. 'ㄱ'의 경우에는 어떤 제한도 없기 때문에, 'ㄱ'에게 특정 장소(공간)를 지정하는 것은 완전히 어불성설이다."

이 책의 <제 2 부(5절부터 끝까지)>라고 할 수 있는 5절로 들어가기 전에 **아비나바굽타**는 질문에 대한 요약을 주고 그것을 "**트리카(삼위(三位))**"와 관련시킨다.

<**아눗타람 카탐(아눗타라가 어떻게**)>으로 시작하는 1절의 데비의 질문은 삼위 중 "**쉬바**"와 관련되고,

<**흐리다야-스타(가슴에 있는**)>로 시작하는 2절의 질문은 **삼위** 중 "**샥티**"와 관련된다.

그다음 <제 2 부>는 **삼위** 중 "**나라**"와 관련되고, 그것은 **웃타라** 즉 <(거울 속의) 영상>에 해당하며, "**나라**"의 모든 면을 아우른다.

그러나 대안적인 것은 **야말라**와 관련된 두 가지 질문이다. "<**쉬바와 샥티의 결합**>이 (곧) **야말라**로 알려져 있다. 그러므로 각각에 대한 분리된 질문은 정당화될 수 있다."라는 것…… 이 문제에 대해서는 <제 4 장> **가슴**에서 다룰 것이다.

제 2 장

아눗타라

< 1 > 지고(至高) 혹은 "더 없는 것"
< 2 > <궁극의 실재> - 모든 문답이 쉬는 곳

["**아눗타라**"라는 말은 우리가 잘 아는 반야심경 (般若心經)에 아뇩다라(阿縟多羅)로 나온다.]

데비가 물었다.

쉬바여!
아눗타라가 어떻게 즉시 전체성을 실현하며,
어떻게 이런 지식(知識)으로
<케차리와의 동일성>을 얻습니까?

이 <비밀 중의 비밀(秘密)>을 일러 주소서.
<가슴에 있는 카울리키 샥티>,
그 쿨라 여신을 가르쳐 만족(滿足)을 주소서.

바이라바가 답했다.

들어라, 복(福)을 받은 자여!
아눗타라에는 어떤 말도 맞지 않다.

카울리카, 이것은 내 가슴에 있나니
<전체성(全體性)을 얻는 일>을 드러내리라.

< 1 > - < 2a >

데비가 물었다.

쉬바여!
아눗타라가 어떻게 즉시 전체성을 실현하며,
어떻게 이런 지식(知識)으로
<케차리와의 동일성>을 얻습니까?

이 <비밀 중의 비밀(秘密)>을 일러 주소서.

Śrī devy uvāca
슈리 데비 우바차

Anuttaraṁ kathaṁ deva sadyaḥ
  kaulika-siddhidam
아눗타람 카탐 데바 사댜 카울리카-싯디담
Yena vijñāta-mātreṇa khecarī-samatāṁ vrajet
예나 비갸타-마트레나 케차리-사마탐 브라젯

Etad-guhyaṁ mahā-guhyaṁ kathayasva
  mama prabho
에탓-구히얌 마하-아구히얌 카타야스와
  마마 프라보

< 1 > 지고(至高) 혹은 "더 없는 것"

쉬바여!
아눗타라가 어떻게 즉시 전체성을 실현하며,

Anuttaraṁ kathaṁ deva sadyaḥ
  kaulika-siddhidam
아눗타람 카탐 데바 사댜 카울리카-싯디담

　이제 본 경문으로 들어간다. 우선 첫 번째 단어
"아눗타람(아눗타라, 지고(至高))"을 보자.
　[아비나바굽타는 이것을 <16 가지>로 해석한다.
아주 유명한 것으로, 잘 음미(吟味)해야 한다.]

　① "웃타라"는 <더 많은, 추가적인>을 의미하고,
"안"은 <아닌>을 의미한다. 그러므로 "아눗타라"는
<더 이상은 없는, 추가적인 것은 더 없는>을 의미
한다.
　아나슈리타 쉬바까지의 모든 <36 탓트와>는 -
그들의 존재는 최고의 <바이라바의 의식> 속으로
들어가는 것으로 증명이 되고, 또 그들은 존재를
파라 바이라바에 빚지고 있다. - 그 <바이라바의
의식>이 <자신들보다 우월하거나 더 이상의 어떤

것>이라는 것을 가리킨다.

<바이라바의 **의식**>은 36 **탓트와**와 같지 않은데, 그것의 핵심이 <제한되지 않고, 상대적이 아니며, "**아는 자**"의 기쁨으로 번쩍이기> 때문이다.

[여기의 <**아나슈리타 쉬바**>는 36 **탓트와** 중에서 마지막 <**쉬바 탓트와**>를 일컫는다.

첫 번째 의미는 "**절대**(絕對)"에서 <더 이상의, 추가적인(**웃타라**) 것>을 부정하는 것이다. 무엇이 그 더 이상일 수 있겠는가! **아비나바굽타**는 그것을 **실재**(實在)의 36 **탓트와**와 관련짓는다. 아마도 36 **탓트와**는 베티나 보이머의 말처럼 **가톨릭** 신학자 Panikkar의 "cosmo-the(o)-andric universe"에 해당할 것이다. **아눗타라**는 그것들을 초월하지만, 초월당하지 않는다.

아눗타라의 이런 <긍정적인 묘사>도 "제한되지 않고"와 "상대적이 아니며"의 <두 가지 부정적인 용어>를 포함한다. 둘 다 **절대**의 근본적인 특질인 <완전한 자유>, 즉 **카시미르** 쉐이비즘의 용어로 **스와탄트리야**(**절대 자유**)를 가리킨다.

그것은 영어의 freedom(자유), autonomy(자율) 정도의 추상적 개념이 아닌, <**경이**(驚異)**의 경험**> 즉 **차맛카라**다. **차맛카라**는 <새로운 것>과 <경악하는 기쁨>으로서(의) **자유**의 경험적인 면이다.]

② **아눗타라**는 <질문도 대답도 없는 상태>다. 그 안에는 "데비**가 물었다**"라는 질문도 "바이라바**가 답했다**"라는 대답도 일어나지 않는다.

그것은 <**지고한 의식**>의 대양이다. **그것**으로부터 **아나슈리타 쉬바**의 지식까지 무한한 지식이 일어나고, 또 **그것**으로 인해 제자는 떠오르는 질문의 명확성에 만족하게 된다.

그것은 사실, <항상 깨어 있는 **실재**(의 상태)>다. 그런 상태에서 어떻게 거기에 스승이나 **구루**로부터 (<**바이라바 의식**>과는 다른) 대답이 있겠는가?

[두 번째 의미는 의미론(意味論)에서는 간단하다. **아비나바굽타**는 **웃타라**를 "대답"의 의미로 취했고, 그래서 **아눗타라**는 "질문도 대답도 없는 상태"가 된다. 그것은 긍정적으로는 **아눗타라**는 "<**지고한 의식**>의 대양"으로, 그것에서 무한의 통찰력 있는 지식이 일어난다는 의미다.

거기에서는 어떤 질문도 필요하지 않다. (<**지고한 의식**>의 중요한 특징으로서) "그 **실재**는 항상 **현존하고**" 항상 **빛나고**, 항상 <**드러내기**> 때문이다.]

③ **웃타라**는 <건너는 것> 즉 <해방>을 의미한다. 이것은 이원론자(二元論者)들이 주장하는 해방으로, 이것은 <사물의 고정된 순서> 너머로 가지 못한다.

이것에 따르면, 사람은 우선 <몸의 단계>로부터 <프라나의 단계>로, 그다음 <붓디의 단계>로 들어가야 한다. (즉 우선은 <몸>을 자신으로, 그다음 <프라나>를, 그다음은 <붓디>를 자신으로 여긴다.) 그다음 <우주적인 프라나의 단계>로, 그다음 모든 대상성을 용해하는 <공(空)의 단계>로, 그다음 모든 말라들(제한들)의 계속적인 축소의 최고조를 얻고, 경험적 개아는 <쉬바의 상태>의 현현에서 자유하게 된다. 이 <엄청난 상승>은, 정말이지, 헛된 것이다. (<앞의 단계들> 또한 <쉬바의 표현>이 아닌가?)

[웃타라의 의미를 "웃타라나(건너는 것)"에서 취했다. 그래서 "해방되는" 것이다. 그러나 이것은 "속박과 해방"이라는 극단에 묶여 있는 이원적인 개념이다. 영적인 의미에서 "건너는 것"은 상승을 나타낸다. <육체>에서 <프라나>, <붓디>, <공(空)>으로 말이다.

이 세 번째 해석과 함께 일련의 상대화된 설명이 시작된다. 그것들이 소위 <종교와 영적인, 심지어 사회적 가치>의 통상적인 이해를 뒤집는다는 의미에서 말이다. 불교(佛敎), 자이나교 등 인도의 모든 구원론에서는 <속박의 상태> 즉 <미완의 상태>가 있으며, 그것은 해방(묵티, 니르바나)으로 극복해야 한다고 상정한다.

그러니 거기에는 "건너야 할"<삼사라의 바다>가 있다. 그러나 이런 개념은 **아눗타라**와 관련해서는 어이가 없는 것이다.]

④ 유사하게 <샥티의 상승>도 있다. <배꼽>에서 <가슴>으로, 그다음 <목>, <입천장>, <머리 꼭대기(사하스라라)>, 그다음 <바이라바 빌라(사하스라라 위)>로 위로 올라가는 연속된 상승이 있다.

그러나 **아눗타라**에서는, 이 <샤이바 아가마의 6 차크라를 통한 바이라바까지의 등정>이 필수적인 것이 아니다.

[진정한 <영적인 상승>에서는, <미묘한 몸에서의 **차크라**를 통한 **샥티**의 상승>을 부정한다.

아눗타라는, 미묘한 몸에서의 (우리의) 주관적인 경험에 의존하지 않는, <편재(遍在)하는 **실재**>다.]

⑤ **웃타라**는 또 <사람이 그것 **너머로 가야 하는 것**>의 뜻으로 즉 <속박>과 <세상>을 의미한다. 또 <**건너가는 것**>의 뜻으로 즉 <목샤>와 <해방(구원, 자유)>을 의미한다.

그러므로 **아눗타라**는 <그런 건너가는 일>도, <그 너머로 갈 곳도 없는 것>을 말한다.

[아눗타라에서는, 세상이 속박이 아니다. 세상이 속박이 아니면 구원의 문제는 일어날 수 없다.

아눗타라는 세상을 극복하여 구원에 이를 필요를 부정한다. 지고에서는 속박과 해방이라는 이원성이 있지 않기 때문이다.]

⑥ 웃타라는 실재(實在)에 대해 제한된 방식으로 말하는 것을 의미한다. 예를 들어, "그것은 이것과 같다. 그것은 저것과 같다."며, 실재를 제한한다.

그러나 아눗타라는 <제한을 갖지 않는 것>이다. 그것은 <제한되지 않는, 무한(無限)의 실재>다.

⑦ <지고의 실재>를 단지 <"이것"이라는 말로써 가리키는 것> 또한 그것을 제한하는 것이다. <그런 지시(指示)> 또한 제한이기 때문이다.

"이것"이란 말은 <"저것"에 대한 배제(排除)>의 의미이기 때문에, "이것"이라는 단순한 지시조차도 생각(비칼파)이다. <사고의 구성물>이다. <생각>과 <사고>의 핵심이 "제한과 한정(하는 일)"이다.

그러므로 <실증적인 경험자(마이야 프라마타)>가 아눗타라 즉 지고의 실재 속으로 들어가기를 욕망하는 한, 그는 <사마디라는 특정한 형태의 비칼파> 속에 오래 남는다.

이런 의미에서, <확실하지 않은, 확정적이지 않은 무엇>, <모든 것 속에 필수적으로 고유한 무엇>, 그것이 사실은 아눗타라(즉 **지고의 의식**)라는 것을 **명심할 필요가 있다**. 왜냐하면 **그것** 없이는 <확실하고, 확정적인 개념>이 나타날 수 없기 때문이다.

실제로, **아눗타라**에서는 명상과 집중 등은 전혀 적용될 수가 없다. 그래서 **소마난다**는 <**아눗타라**는 명상(冥想)과 **카라나** 등 너머다>라고 선언했다.

그런 <**바와나**(창조적 상상)>가 전혀 소용이 없는 것은 아니다. (그것은 마음을 정화시킬 수 있지만, **아눗타라**의 실현은 아니다.)

그러나 <그런 **아눗타라**> 즉 **니르비칼파**(<생각이 없이, 깨어 있는 상태>)는 **그것**을 "**알아채는**" 이들에게는 일상생활 속에서도 거한다.

그것은 나 **아비나바굽타**의 시(詩)에서 말한 바 있다.

소리 없이 내리는 **보슬비**
저 무한의 하늘에서는 보이지 않지만
무성한 나뭇잎과 처마를 볼 때면 선명하누나!
그렇지만
지고의 바이라바는 너무나 미묘(微妙)하여
경험의 영역에는 나타날 수 없다오.

사정이 그러하여
바이라바를 **알아채는 일**이 둔한 이들에게는
시간과 공간 등을 의존하는 방편으로만
그 **의식**은 순간적으로 드러나리니

오 주(主)여,
당신의 **현존**(現存)을 나타내는 **의식**(意識)!

그러니 "대답"이라고 말한 것이, 실제로는 전혀
"대답"이 아니라고 할 수 있다.

[⑥, ⑦의 해석은, **웃타라**를 <진술의 의미>에서
취한다. "이것" "저것"과 같은 지시대명사조차도
지고의 실재를 가리킬 때는 제한일뿐이다. <그런
진술>은 그 반대인 것을 배제함을 암시한다.

아눗타라에는 제한과 배제가 그 어디에도 없다.
이것은 **우파니샤드**의 "네티 네티"를 기억하는 것
으로 충분하다. 그러나 **아비나바굽타**는 더 나아가,
궁극의 실재를 가리키는 <어떤 진술의 부정>을
<영적인 수련과 경험>으로 이끈다. 그래서 <경험이
있는 스승>으로서 단호하게 말한다.

"그런 **바와나**가 전혀 소용이 없는 것은 아니다.
<그런 **아눗타라**>는 일상생활 속에서도 거한다."

"**아눗타라**는 <제한을 갖지 않는 것>이다."라는 말이 중요하다. 그것은 <세상과 일상 활동으로부터 벗어난, 어떤 **절대**라는 고귀하고 초월적인 개념>을 상대화한다. 그런 진술의 어떤 **절대**는 추구될 수도, 생각될 수도 없다. 왜냐하면 그런 행위는 개체적 주체(바이야 ▇▇마타)들이 제한된 생각(비칼파)의 도움이 요구되기 때문이다.

그래서 <더 큰 부정["**공(空)**"]의 땅>에 내리는 것 대신에 - **나가르주나**를 보라! - **아비나바굽타**는 논쟁 전체를 날려버리고, <(단순한) **실재**의 땅>에 이른다. **그것**이 <지금 여기>에 현존하지 않는다면, 그것은 어떤 초월에서도 현존할 수 없다!

그는 시에서 **아눗타라**를 "**보슬비**"에 비유한다. 보슬비는 (빈) 하늘을 보면 잘 보이지 않지만, 푸른 나무나 처마를 보면 잘 볼 수 있다. 그것은 **신성**의 편재성(遍在性)과 미묘(微妙)함에 대한 **이미지**지만, 그것을 경험하는 것은 결코 쉽지 않다.]

⑧ **샥타 우파야**는 **아나바 우파야**보다 더 높고, 또 **샴바바 우파야**는 **샥타 우파야**보다 더 높다고 한다. **샴바바 우파야**에서도 **부타, 탓트와, 만트라, 만트레슈와라** 등의 형태로 "**급(級)**"이 있다.

<물질적 요소>에서도 흙, 물, 불 등의 "**급(級)**"이 있다.

<꿈꾸는 상태>는 <깨어 있는 상태>보다 더 높고, <잠자는 상태>는 <꿈꾸는 상태>보다 더 높으며, 또 **투리야**는 <잠자는 상태>보다 높고, **투리야티타**는 **투리야**보다 높다. 그래서 <깨어 있는 상태> 등도 "**급(級)**"이 있다.

[자그랏-자그랏, 자그랏-스왑나, 자그랏-수슙티, 자그랏-투리야 등으로 **쉬바 수트라**에서 다루었다.

이런 **웃타라트바** 즉 "**급(級)**"의 종류는 오로지 더 높고 더 낮은 것을 보여주며, 이원성의 혼란을 준다.]

⑨ 유사하게, **웃타라**에서는 **브라만, 크샤트리야, 바이샤, 수드라,** <가장 낮은 **카스트[급(級)]**> 등의 구분이 있지만, **아눗타라**에서는 우월이나 열등을 가리키는 것이 전혀 없다.

[우월과 열등을 의미하는 **계급(階級)**은 인도에서 **카스트** 제도로 실제로 적용된다. **트리카** 전통에서 이것은 이론적 진술이 아닌 "자격(**아디카라**)"으로 실천적인 면을 보여준다. **아비나바굽타**는 성직의 **브라만** 계급이 <다른 경전들>을 금서(禁書)로 하는 것을 비웃는다.]

⑩ 웃타라는 <파쉬얀티 등과 같은 샥티>의 의미
이다.

[여기 파쉬얀티, 마드야마 등은 <언설의 단계>를
가리키는 것이 아니고, "샥티"의 의미다.]

⑪ 웃타라는 <아고라 등과 같은 샥티>를 의미할
수도 있다.

[❶ 아고라 샥티는 <쉬바의 상태>로 이끄는 힘
이고, ❷ 고라 샥티는 카르마에 집착하게 만들고,
해방에 방해물이다. ❸ 고라타리 샥티는 지바 즉
묶인 영혼을 삼사라 속으로 떠민다.]

⑫ 웃타라는 파라 샥티 등을 의미할 수도 있다.
아눗타라는 이것들이 존재하지 않는 곳이다.

[❶ 파라 샥티는 <단일성>의 느낌을 일으키고,
또 ❷ 파라-아파라 샥티는 <다양성 속의 단일성>의
느낌을, ❸ 아파라 샥티는 <다양성>의 느낌을 일으
킨다. 이들은 아고라, 고라, 고라타리 샥티를 통해
그 기능을 수행한다.

⑩, ⑪, ⑫는 웃타라가 <에너지의 체계>와 관련

되지만, **아눗타라**는 그런 체계를 초월하고 또 자유롭다는 것이다. <**파쉬얀티-마드야마-바이카리**>와 <**아고라-고라-고라타리**>, 또 <**파라-파라-아파라-아파라**>, 이들은 **트리카(삼위)**의 기본 체계이지만, 여기서는 부정되는데 **아눗타라**는 "**파라**"만의 영역이기 때문이다.]

⑬ **아눗타라**는 <a+nut+tara>로 분석할 수 있다.

명사 <nut>은 어근 "nud(충동하다, 떠밀다)"에서 왔고, <tara>는 <건너는 것, 저 너머로 가는 것>을 말한다. 그러므로 **눗타라**는 **입문(入門)**이라는 <강한 충동(衝動)>을 통해 이 세상 너머로 가는 것>을 의미한다.

구루(영적인 안내자)는 제자의 의식 안에 자신의 의식을 불어넣는다. 그는 **비슈왓**("평분점") **등**으로 해방을 주려고 **입문**을 시킨다. - 그것은 "**함사**"를 떠맡은 <날숨과 들숨의 움직임을 피하는 것>으로, <**스타나**의 차이>로 한다. - 혹은 **사칼라 니슈칼라 입문**으로, 아니면 <완전한 봉헌의 마지막 기능>의 경우에는 **요자니카 입문**을 통해서.

어떻게 <자기 조명적이고, (시간, 공간, 형태에서) 한정되지 않는> **지고의 의식(아눗타라 차이탄야)이 이런 종류의 엉터리이겠는가!**

그러므로 **아눗타라**는 <그런 충동으로 건너가는 일이 일어나지 않는 것>이다.

26절은 말한다.

**이 만트라를 아는 자는, 공물(供物) 없이도
확실한 <해방(解放)의 입문>을 한다.**

"<해방으로 이끄는 입문>은 실제로 진리를 아는 자의 경우에서만 성취된다."

["(시간, 공간, 형태에서) 한정되지 않는 **의식**"은 공간에 한정되지 않는 편재(遍在, **비아파카**)이고, 시간에 한정되지 않는 영원(永遠, **니탸**)이고, 어떤 특정한 형태(**아카라**)에 한정되지 않는 <모든 것을 포함하는 형상(**비슈바-아카라**)>이다.

비슈왓은 보통 <중앙, 한가운데>를 의미하지만, <밤낮이 같게 되는 지점(춘분, 추분)>을 말하기도 한다. 두 힘이 동등하게 되는 지점이다.

"**함사**"에서 **함**은 날숨을 가리키고, **사**는 들숨을 가리킨다. 그러므로 "**함사-프라나 순야 비슈왓**"은 <프라나인 날숨과 **아파나**인 들숨이 균형을 이루는 한가운데>를 말한다. 그곳에는 날숨도 들숨도 있지 않은 영(零, "0")의 곳이다. 스승이 제자의 의식을 우주 의식 속으로 밀어 넣는 것은 그런 지점이다.

"비슈왓 등"의 등은 **아비짓**을 말한다. **비슈왓**은 <날숨이 끝나고 들숨이 시작하는 지점>, **아비짓**은 <들숨이 끝나고 날숨이 시작하는 지점>이다.

<스타나의 차이>는 <외부 **드와다샨타**>와 <내부 **드와다샨타**>를 말한다.

<**사칼라 니슈칼라** 입문>에서 <**사칼라** 입문>은 <지고를 실현한 후, 세상에 남아서 다른 사람들의 자유의 실현을 돕는 입문>을 말한다. 그런 사람은 미래와 과거의 **카르마**는 소멸되었고 또 **프라랍다 카르마** 즉 <열매 맺기 시작한 **카르마**>에는 닿지를 않아, 그는 다른 영혼들을 해방시키기 위해 육체에 거할 수 있다. 불교의 **보디삿트바**(보살)와 같다.

<**니슈칼라** 입문>은 <그 자신의 자유를 원하고, 다른 이들의 해방에는 관여하지 않는 이들을 위한 입문>이다. 불교의 연각(緣覺)과 같다.

<**요자니카** 입문>은 <제자의 의식을 그가 원하는 바에 따라 어떤 특정한 **탓트와**와 연합시키는 입문>이다. 여러 가지 입문(入門)과 의식(儀式)은 **탄트라 사라**에서 다룬다.

위에서 말하는 <상대화한 입문>은 **싯단타**에 대한 비평이다. 거기에서는 입문이 해방에 필수적이기 때문이다.

아비나바굽타도 탄트라 알로카에서 여러 가지의 입문을 말한다. 여기의 부정은 **아눗타라** 수준에서 이고, **탄트라 알로카**에서는 **아누파야**다.

그는 **파라 트리쉬카** 자체를 <**해방의 입문**> 즉 <해방으로 이끄는 입문>으로 정의한다. 그 입문은 어떤 의식(儀式)도 필요하지 않고, 오직 "**흐리다야 비자**"의 지식만이 필요하다. 그는 입문에서 무엇이 일어나는지 간결하게 말하고는 있지만, **아눗타라**의 빛 속에서 즉시 말한다.

"어떻게 자기 조명적이고, (시공간에) 한정되지 않는 **지고의 의식이 이런 종류의 엉터리이겠는가!**

그러므로 **아눗타라**는 <그런 충동으로 건너가는 것이 일어나지 않는 것>이다."]

⑭ 어근 "an(숨 쉬다)"에서 온 <an>은 접미사 <kvip>와 합쳐 <숨 쉬는 자>를 의미한다. 그래서 <an>은 "**아누(anu)**" 즉 <경험적 개아>를 말한다. 그의 삶은 숨으로 이루어지고, 그는 <거친 몸>이나 <미묘한 몸>, 프라나를 **참나**로 여긴다.

유사하게 "**아나남**"은 <**생명**(프라나나)>을 의미할 수 있다. 그것은 - **순야 프라마타**라고 알려진 자의 경우처럼 - 몸 등에 존재하며, (**나-의식**이 결여된) 여러 힘들로 구성되어 있다.

그러므로 **아누-웃타라**는 <경험적 개아>와 <순야

프라마타> 위에 우월성을 갖는 것을 말할 것이다. 그것은 <최고의 진리> 즉 **바이라바** 그 자신이기 때문에 모든 것보다 우월성을 가진다.

<감각적인 것들>과 <비감각적인 것들>이 가득한 이 세상에서, <비감각적인 것들>은 <감각적인 것들>에 의존하기 때문에 존재한다. 모든 살아 있는 것들의 **생명**은, 진실로 <나 자신의 경우처럼, 다른 경험자들의 경우에서도> 전술(前述)한 저 <**지식과 행위**라는 신성의 힘>으로 구성된다. 오직 몸 등이 다른 것으로 나타난다.

그리고 <**생명인 그것**>은 어떤 구별도 없이, 모든 이에게 나타난다. **생명**은 그가 **데하 프라마타**든, **푸랴슈타카 프라마타**든, **순야 프라마타**든 모든 이에게 나타난다. 이것은 진실로 <최고의 진리>다.

웃팔라데바는 말한다.

"**지식과 행위**는 <살아 있는 존재들>의 바로 그 **생명**이다."

그러므로 **생명**은 오직 **지식과 행위**로 구성된다. <**지식**(인식, **의식**)>과 <**행위**(움직임)>만이 **생명**의 상징이다.

[순야 프라마타는 <공(空)의 경험자>를 말한다. 그는 대상에 대한 감각이 결여되어 있고, 호흡도 없는 단순한 생명이지만, **나-느낌**이 결여되어 있다. 자세한 것은 **스판다 카리카**를 참조하라.

위의 해석은 (부정뿐만 아니라) 긍정도 보여주는 것이다. 저 중세 **스콜라** 철학의 "via eminentiae" 즉 <탁월(卓越)의 길>, <우월의 길>이다.

<**생명**>은 <**숨**> <호흡> <개체적 자아>를 말하고, <몸> <정신 기구> 등과 동일시되어 있는 것이다. 접미사 **웃타라**와 더불어 **순야 프라마타**의 상태는 초월된다. <경험적 자아의 그 초월>은 존재의 모든 양태(樣態)에서 아주 탁월한 것을 의미한다. 그것이 **궁극의 실재**이고, **바이라바**와 하나이기 때문이다.

이것은 또 <"**생명**"에 대한 질문>과 <살아 있는 것들과 감각이 없는 것들의 다양성에 관한 질문>을 불러일으킨다. **아비나바굽타**는 감각이 없는 것들은 감각이 있는 것들에 의존한다며, **생명**이란 <**지식과 행위**의 에너지(**샥티**)를 소유하는 것>으로 정의한다. 그러나 궁극적인 의미에서, **생명**은 구별과 차별이 없이 모든 것에서 보인다.

<다른 수준에서> 또 <궁극적인 단일성 안에서> **생명**을 정의하는 이 간단한 구절은, 한마디로, 계시 (啓示)다. <드러내 보이는 (놀라운) 일>이다. 그것은 <가장 실제적이고, 우주적 편재(遍在)의 의미에서> **생명**은 곧 **아눗타라** 그 자체인 것을 말한다.]

⑮ **아눗타라**는 <a+nut+tara>로 분석될 수 있는 데, <"a"의 충동(nut)의 자맥질(tara)>이란 의미다.

"a"는 <**마야**의 범위 너머에 있는> **샥티**(칼라)로, <**베다** 전통의 경전>에서는 찾아볼 수 없다. 그것은 **지고의 빛** 안에 거하는, 파도 없는 대양인 **의식**의 기쁨이다. 그것은 **나-의식**의 처음과 마지막 단계를 망라(網羅)한다. [**아**(a)와 **함**(ham)은 **산스크리트**의 "**나**"를 말한다.] 그것은 저 <**샥티**의 창조적 기쁨의 표현>인 <우주 전체>를 가리킨다.

충동(衝動, nut)은 <**칼라**의 확장의 정점>이고, 또 <tara>는 그 충동의 부침(浮沈)과 자맥질을 말한다. <다른 모든 것 위로 그 상태의 연속>을 의미한다.

[기본적으로 "a"는 **아눗타라**를 상징한다. 그것은 **샥티**를 상징하는 "ha"와 **아누스와라**("·")와 함께 "**아함**" 즉 <순수한 **나-의식**>을 구성한다. 그것은 **산스크리트** 알파벳 전체를 포함한다.

샥티의 **비사르가**(확장, 창조)의 정점은 **아함**이다.

<a>는 **아베다** 즉 단일성의 상징이고, <ha>는 베다 즉 다양성의 상징이고, 또 **아누스와라**("·")는 베다-**아베다** 즉 <다양성 속의 단일성>의 상징이다.

이 셋은 <**파라 비사르가**>, <**아파라 비사르가**>, <**파라-아파라 비사르가**>로 알려져 있다.

<"a"의 충동의 자맥질>이란 의미는 <**아눗타라가** 그 확장에서 **샥티**와 **나라**로 나타나더라도, 그것은 결코 이들에 의해서 분리되지 않는다, 그것은 바로 그 끝까지 편재한다>는 것이다.]

⑯ **아눗타라**는 <anut+tara>로 분석할 수도 있다. <anut>의 a는 <**아비댜마나**(존재하지 않는)>를 말하고, nut은 <충동, (오고 가는 이원성에 의존하는) 연속적 행동> 즉 <시공간 속의 움직임>을 말한다. 그러니 <anut>은 <연속적인 움직임의 충동이 전혀 없는 것>을 말한다.

아눗(anut)은 **아카샤**(에테르, **순야**, 허공, 虛空) 등으로 사람들에게 잘 알려져 있다. **아카샤** 혹은 허공(**하늘**)은 오고 가는 등의 가능성이 전혀 없기 때문이다.

<tara>는 비교(比較)의 표시이고, <더 나은, 더 높은>을 의미한다. 그러므로 **아눗타라**는 <**아카샤** 혹은 **하늘**보다도 더 높은>을 의미한다.

아카샤에서는 <항아리와의 접촉과 또 여러 가지 부수적인 접촉 때문에, 또 소리(샤브다 탄마트라)의 계속되는 긴밀한 관련성 때문에> 연속적인 행위가 있다고 말할지도 모른다.

그러나 **지고의 의식**에서, 그것은 그 핵심으로 <전혀 방해받지 않는, **절대 자유**의 독립된 힘>을 가지고, 또 <"이것"으로 특징되는 수많은 대상성 전체로 가득 찬 **나-의식**>을 가진다. 그것의 상태는 **쉬바**에 의해 수용되지만, <분화된 대상성의 기쁨이 특징인 어떤 편안한 느낌>으로 **아나슈리타 쉬바**에 의해 주저되는 것으로 보인다. 그것은 항상 모든 모습 너머에 있다. 그것은 현현에서 항상 빛나고 있고, 그 안에서 **아나슈리타 쉬바**를 위해 <모습이 없었던 것>은 **쉬바**에 의해 <모습>으로 수용된다.

나-의식의 행위(行爲)는, <(현현에서) 대상>과 또 <(철수에서) 대상의 부재>가 특징인 시간과 공간(의 상대성)이 부재하기 때문에, **연속(連續)이 아니다.** 그것은 **마쵸다리**와 **마타 샤스타라**에서 잘 알려진, 그 자신의 **의식**의 기쁨으로 가득하다.

이 <연속이 아닌> **나-의식**이 **아눗타라**다.

[**아눗**은 <시간과 공간 안에서 오가는 이원성에 의존하는 연속이 없는 곳>이고,

또 **아눗**을 **아카샤**(하늘)로 취하면, **아눗타라**는

<아카샤보다 더 높은 것>이다.

아카샤는 우파니샤드 이래로 <브라흐만의 상징>이지만, 그것은 또한 행위가 일어나는 공간이다. 또 상키야의 우주론에 따르면 <소리의 매개체>이기도 하다.

마쵸다리는 <물고기의 배(腹)>로, 그것은 어떤 외부적 움직임이 없이도 안으로 박동을 유지한다. 나-의식은 움직임이 없이 박동한다.

비갸나 바이라바는 말한다.

우주로 들어가라. "지지(支持) 없는"

"<영원하고, 지지 없고, 텅 비고, 편재(遍在)하고, 제한이 없는> 외부 공간(空間)에 마음을 고정하면, <공간이 없는(아닌) 것> 속으로 흡수될 것이다."]

☯

왜 "아눗타마" 대신 "아눗타라"를 사용했는가?

접미사 <타마(tamap)>는 (형용사의) 최상급으로 <최고의, 지고의>를 가리키지만, <타라(tarap)>는 비교급의 <(…보다) 더 높은>으로 <두 가지 사물의 비교>를 나타낸다.

예를 들어, 우리가 "이것은 더 희다."라고 했을 때, 우리가 의미하려는 것은 <두 가지 모두가 희고, 하나가 다른 것보다 더 흰빛을 띤다>는 것이다.

그러나 "이 흰 것들 (여러 개) 중에서, 이것이 더 희다."는 말에서, 추가되는 의미가 무엇인가?

다시, "이 성벽은 희고, 이 옷도 희고, 이 백조도 희다."에서 최고의 흰 것을 <가장 희다(최상급)>고 한다. 그러나 "이 성벽도 희고, 이 옷도 희다."에서 더 흰 것을 <가장 희다>고 하더라도 추가된 정보가 무엇인가?

그러므로 최상급 <타마>를 위와 같은 방식으로 사용한 말의 정보는 적절치 않고, 최상급 <타마>가 비교급 <타라>보다 더 많은 것을 기술할 수 없다.

이것이 말하려는 무엇이다. 즉

"최상급 <타마>는 <특별한 상관관계를 말하려는 것이 의도되지 않을 때(즉 둘 사이에 비교(比較)가 전혀 있지 않을 때) 사용하지만, 비교급 <타라>는 상관관계와 관련하여(즉 둘 사이에 비교가 있을 때) 사용한다. <파생어(派生語)>†는 상관관계와 관련해, 양수(兩數)로 만들어진 구별이 있을 때 사용한다."

오직 <하나>의 상관관계이다. "둘 중에서 이것이 더 희다." – 여기에서 세 번째는 인지되지 않는다.

어떤 확정을 나타내기 위해 첫 번째가 상관관계를 가지는 것이다. 비교급(比較級)에서는 둘 이상의 더 기대되는 것이 없다. 거기에는 다른 것과 관련해, 오직 <하나>의 동시적인 비교가 있다.

<등급화의 방식>으로 최상급 <타마>를 사용하더라도, 우리는 어떤 추가적인 정보도 얻을 수 없다. 등급 혹은 상대 가치의 의미에서 접미사 <타라>와 <타마>를 사용하는 것은 **단지 관습적인 것뿐**이다. 그것은 규칙적이거나 적절한 어원을 갖지 않으며, 접미사 <타라> <타마>의 의미와 일치하지 않는다. 만약 <타라>와 <타마>가 단계별 우월을 가리키는 것이라면, <tarya>와 <tamya> 또한 그럴 것이다. 언어학자들로부터 들은 한마디와 관련해 이런 말을 하는 것은 이것으로 충분하다.

여기서는 <타라>가 들어간 **웃타라**로서 <단계적 상관관계>를 가리킨다. 만약 상관관계를 나타내는 경우가 없더라도, (최상급인) **아눗타남**의 사용 또한 똑같은 의미를 가질 것이다.

[필자는 "**더 없는 것**", "**지고(至高)**"로 번역했고, <파생어(派生語)>†는 <알타이어(첨가어, 교착어)인 한국어>와 <인도-유럽어(굴절어)인 **산스크리트**>가 다를 것이다.]

그래서 다른 **아가마**(경전)는 말한다.

"<**최고의 실재**(즉 '**아눗타남**')>가 알려지지 않은 사람은 아무도 없다.

그러나 그들 방식의 수행에서 완전하게 된 학자(學者)들에게는 **지금도** 알려져 있지 않다."

[<지금도>는 <신학(神學) 지식을 얻은 지금도>를 말한다. **학자들은 그것을 지성과 이성으로 알기를 원한다.** 그러니 실패한다. 그렇지만 <보통 사람들> 중에서는 오히려 <모든 존재계의 배경으로 있는 그 무엇>을 본능적으로 아는 경우가 더러 있다.]

그래서 <**더 없는** 무엇(**아눗타라**)>은 그 핵심이 **절대 자유**이고, 시간에 의해 한정되지 않고(즉 모든 시간적인 개념을 초월하고), 활동성(**크리야 샥티**)의 화신(化身)이다. (여기에서 **크리야 샥티**는 당연히 **갸나 샥티**를 포함한다.)

똑같은 것을 **웃팔라데바**도 말한다.

"**주**의 <시간의 힘(**카알라 샥티**)> 때문에, 세속적 활동에만 연속이 있다. 그러나 **주**의 <**영원한 활동**(**크리야 샥티, 무위지위**(無爲之爲))>에는 연속이란 있을 수 없다. (그것은 **비마르샤**의 본성이다.) 마치 **주** 자신에게는 연속이 없듯이."

[**나-의식**에는 연속이란 없다. 그것은 방해받지 않는다. 그러므로 그것은 시간 너머다. **아눗타라**는 **주**의 **나-의식**이므로, 연속적이 아니다. 즉 시간적 개념 너머다.]

그래서 이 <**더 없는 실재**(아눗타라, 지고)>는 16 가지로 설명되었다. **트리카 사라**는 말한다.

"**아눗타라**는 모든 것의 **가슴**이다. 그 **가슴**에는 매듭이 있다. 그 매듭이 16 가지임을 알아, 사람은 행동을 편안하게 해야 한다."

"<**가슴**에 거하는 매듭>은 **아눗타라**에 의해서만 풀려질 수 있다."

[<16 가지 매듭>은 다음과 같다.
실재는 ① 프라메야(대상), ② 프라마나(지식), ③ 프라마타(주체), ④ 프라미티(대상-주체 관계가 없는 지식)의 네 가지로 나타나고, 이들은 다시 ① 스리슈티, ② 스티티, ③ 삼하라, ④ 아나캬(이름 붙일 수 없는 것)의 네 가지 상태를 가지므로, 16 가지가 된다.
『스판다 카리카』에서는 "12 칼리"로 다루었다.]

쉬바여!
아눗타라가 어떻게 즉시 전체성을 실현하며,
아눗타람 카탐 데바 사댜 카울리카-싯디담

이제 **어떻게**(카탐)를 살피면

① **카탐**을 도구격(道具格)으로 보면, <"어떤 방법
으로" 그런 **아눗타라**가 실현되는가?>이다.
웃타라 즉 세상 등을 금(禁)하는 것으로?
② 주격(主格)으로 보면, <"무엇이" 이 방식인가?>
이다.
아눗타라는 다양한 모든 반대의 것들이 만나는
<지식(갸나)> <대상(계야)> <아는 자(갸타)>의 군집
(群集)이기 때문에, 거기에는 우월과 열등이 묶여
있다. 그러므로 "무엇이" 더 높고 낮은 급을 가진
이런 **아눗타라**이겠는가?
③ 처소격(處所格)으로 취하면, <"그 어떤 길에서"
아눗타라가 해방 속에 있겠으며, "그 어떤 것에서"
그것이 속박되었다고 상정될 수 있겠는가?>이다.
어떤 특정한 격(格)의 의미로 접미사 **탐**을 취하는
규칙은 없고, 일반적 의미로 취할 수 있기 때문에,
카탐으로 시작하는 이 질문은 종류에만 관련된다.

"쉬바(데바)여!"는 "데비"로 이미 다루었고,

"즉시(사댜)"는 <똑같은(사) 날(아댜)>의 뜻으로, 앞에서 말했듯이 <날(日)>과 <현재>는 고정된 것이 아니고 관습적인 것이다. 그러므로 사댜는 <똑같은 순간에>란 뜻이다. **<똑같은>은 <순간의 동일성>을 말하는 것이 아니고, "실재 안에서 끝나는"을 의미한다.** 그것이 사댜라는 말이 우리에게 이해될 수 있는 방식이기 때문이다.

즉시(사댜)를 <바로 그 순간에>의 뜻으로 취하면, 그러면 이른바 <현재의 순간>으로 한정됨에 따라 <과거와 미래의 순간>은 거부될 것이고, 그러면 <과거와 미래와 관련해, 상대적인 것으로 생각되는 그 현재>도 거부될 것이다. (**사댜**에 관한 설명은 다음에 더 나온다.)

이제 <카울리카-싯디담> 즉 "**전체성**(全體性)**을 실현하며**"를 살핀다.

(1) <카울리카 싯디(전체성의 실현)>의 첫째 해석

쿨라는 <현현의 전체성>과 <인과의 의미> 모두에서 <스툴라, 숙쉬마, 파라>와 <마하 부타, 인드리야, 프라나> 등이다. **요가 수트라**(4:24)도 말하듯이 "**<다른 것>**과 협력하여 작용하기 때문에"다.

[쿨라 즉 <현현의 전체성>은 <물질적 대상>이나 <몸>에서 세 가지 형태로 나타난다. 몸의 경우는 <스툴라 샤리라(거친 물질의 몸)>, <숙쉬마 샤리라(미묘한 몸)>, <파라 샤리라(원인의 몸)>이다.

<인과의 의미>는 지수화풍공(地水火風空)의 다섯 마하 부타는 <거친 물질>의 결과이고, 감각기관인 인드리야는 <미묘한 물질(마음)>의 결과이고, 생명 에너지인 프라나는 <이면(裏面, 원인)의 물질>의 결과이다.]

쿨라 즉 전체성은, **의식이 수축(응고)하여 여러 형태의 대상 안에** 거하고, 또 자신의 **절대 자유**로 속박(束縛)을 떠맡기 때문이다.

쿨라는 응고(凝固)와 친척(親戚)의 뜻도 있다.

[<**의식이 수축하여**>는, **의식**의 미묘한 에너지는 물질의 단단한 형태를 떠맡지만, <물>이 <얼음>이 되더라도 그 본성을 잃지 않듯이, 그 속에서도 그 본성을 잃지 않는다는 의미다.

<**여러 형태의 대상 안에**>는, 모든 물질적 대상은 그 자신의 시간, 공간, 형태로 나타난다는 의미다.

쿨라는 물질에다 우리의 마음을 응고시킬 뿐만 아니라, 친척이나 친구로서 (애정 등으로) 우리를 속박한다.]

빛 자체인 **의식**이 없으면, <현현의 빛>이 결여된 그 어떤 존재도 생겨날 수 없다.

카울리카는 몸을 포함해 우주 전체와 관련 있는 것이고, **싯디**는 우주 의식의 빛을 굳게 잡기 위해 **뒤로 돌이키는 것**으로 얻는 지복의 성취를 말한다. 그것은 <쉬바의 완전한 **나-느낌**과의 동일성>이고, **쉬바**는 **지고의 의식**이고, 그의 본성은 "스판다" 즉 <현현의 기쁨으로 뛰는, 영원한 박동>이다.

그러므로 **카울리카 싯디담**(전체성을 실현하며)은 사람이 그런 성취를 하게 하는 것을 말한다. 다른 말로, <**아눗타라**와의 동일성을 얻는 것으로, 현현 전체가 **아눗타라** 자신처럼 되는 것>을 말한다.

어떤 경전은 말한다.

"부정적 증거와 긍정적 증거†로, 참나와 대상에 대한 확신이 자리 잡는다. 그런 확신은 영구(永久), 확립(確立), 성취, 지복으로 알려져 있다."

[<**뒤로 돌이키는 것**>은 <나 자신의 근원을 향해 내면으로 돌아서는 일>을 말하는 전문 용어로 아주 중요하다. 이 **파리브릿티**는 "대상의 현현 전체가 **신성**의 완전한 **나-의식**에 불꽃 속에 거하는 '이것'으로 보이는 것"을 말한다.

카울리카 싯디는 <부분>이 <전체> 즉 <완전한 나-의식>으로 돌아설 때 온다. 그때 대상적 현상은 **본광**(本光)의 한 줄기 광선으로 보인다.

†<부정적 증거>는 "<하나>가 부재하는 곳에는 <다른 것>의 부재 또한 일어난다."는 것이고,

<긍정적 증거>는 "<하나>가 존재하는 곳에는 <다른 것> 또한 존재한다."는 것이다.

여기서 <하나>와 <다른 것>을 여러 가지 뜻으로 읽을 수도 있다. 참, **"말은 어렵다!"**]

쿨라는 신성의 태양인 **바이라바**의 <광선 전체> 즉 **샥티 차크라**이고, (외적인 면에서) <빛>의 핵심이다. 그러나 **쿨라**가 **바이라바 의식**과의 동일시로 **쉼**을 얻을 때면, 그것은 **지복**의 암브로시아로 가득하고, (모든 상태를 초월한) **아눗타라**이고, 시간과 공간 너머이고, **비사르가**의 형태로 영원하고, 항상 부활(復活)이다.

똑같은 것이 다른 경전에도 있다.

"(자신의 본성 안에) 외향인 자신의 **샥티** 전체를 유지하고, (자기실현의) 강한 신주(神酒)로 취하면, 과거와 미래에 제한되지 않는 그 상태에 행복하게 거할 것이니라."

[비사르가는 아눗타라인 쉬바-샥티의 본성으로, 두 가지(:)가 있다. <나라(현상)까지 현현의 확장>이 스리슈티이고, <나라에서 쉬바로 돌아오는 것>이 삼하라다. "스리슈티-삼하라"라는 <우주적 **놀이**> 전체가 비사르가이다.]

(2) **<카울리카 싯디(전체성의 실현)>**의 둘째 해석

카울리카 싯디는 "쿨라를 통한 - <몸, 프라나, **푸랴슈타카로**> - 대상들에 대한 경험의 성취"를 의미한다. 그것은 <푸르다> 등의 대상적인 경험과 <기쁨> 등의 주체적인 경험으로 구성된다. 그것은 완전히 다양하여, 그의 삶은 다양성으로 이루어져 있다.

그러므로 **카울리카 싯디**담은 "쿨라(몸, 프라나, **푸랴슈타카**)로써 객관적, 주관적 현상을 명확하게 파악하는 것"을 의미한다. 참으로 그것은 **몸, 마음** 등으로, 그것들 안에서 <**아**로 상징되는 **쉬바**>와 <**하**로 상징되는 **샥티**>의 에너지의 침투를 통해 - 그 에너지는 시간의 영역 너머이다. - **프라나** 등의 중간적 단계로 상승하고, 존재하는 것들의 명확한 인식의 형태로 드러나게(성공하게) 된다.

스판다 카리카는 말한다.

참나의 힘과 접촉(接觸)하게 되면
그것과 동등하게 된다.

그 힘을 의지하는 만트라는
전지(全知)의 힘을 행하여
그 주어진 기능을, 감각이 그렇듯이
<몸에 갇힌 자들>에게 행한다.

[감각기관과 정신 기구가 대상을 파악(인지)하는
힘은 몸 등에 고유한 것이 아니고 - 몸, **프라나** 등
스스로는 대상의 인지를 할 수 없다. - **쉬바**(a)와
샥티(ha)의 결합인 **나-의식**(aham)에 의한 것이다.]

(3) <**카울리카 싯디**(**전체성의 실현**)>의 셋째 해석

쿨라는 <**쉬바-샥티** 형태의 **쿨라**가 모든 이에게
현존하더라도, 모두에게 실현되지 않는 것>을,
싯디는 <많이 찾는 **아니마** 등의 초능력을 일으
키는 삶에서의 해방>을 말하고,
사댜는 <**바와나, 카라나** 등이 없이 자발적으로>
를 말한다.
그러므로 **카울리카 싯디**담은 <(신성의 **의식**과의
통합으로) **아니마** 등의 많이들 찾는 초능력을 명상
등의 노력이 없이 자동적으로 만들어내는 삶에서

91

자유를 일으키는 것>을 의미한다.

소마난다는 말한다.

"<쉬바(의식)의 현존>이 '항상(恒常)'인데, 명상과
카라나 등이 무슨 소용이 있는가?"

"경험(經驗)과 경전(經典), 스승의 말씀으로
신성 쉬바(의식)[의 지식]에 확신을 가지면
카라나와 바와나로 더 이상 할 것이 없도다."

[불이를 가르치는 카시미르 경전들은, <(아래의
초능력을 포함하는) 모든 힘>을 <진정한 나 자신인
쉬바와의 동일성>의 빛 안에서 해석한다.

❶ 아니마 : 현현 전체를 의식에 동화하는 힘
　　　　　(분석심리학의 라틴어 "아니마"가 아니다.)
❷ 라기마 : 다양성의 느낌을 버리는 힘
❸ 마히마 : 신성의 편재를 느끼는 힘
❹ 프랍티 : 자신의 참나 안에 거하는 힘
❺ 프라카먀 : 세상을 신성의 놀이로 보는 힘
❻ 바쉬트바 : 모든 것과의 연합-의식
❼ 이쉬트리트바(이쉬트바) :
　　　　　방해 없이 신성의 의식으로 거하는 힘
❽ 야트라카마바사이트바 :
　　　　　잇차 샥티를 개발하는 힘

바와나는 보통 **다라나**(집중), **댜나**(명상), **사마디** (흡수)를 포함하고, 특별한 의미로 <창조적 상상>을 말한다.

카라나는 **아나보파야**의 하나로, 몸과 신경계를 소우주(小宇宙)로 명상하는 것이다.

가장 높은 의미의, <살아 있는 동안의 해방(**지반묵티**)>에서의, **카울리카 싯디담**을 말한다. 그것은 자동적으로 <비범한 힘(제한적 의미의 '**싯디**')>을 일으킨다. 이것은 늘 일어나는 "**쉬바성(性)**"의 참여다.]

(4) <**카울리카 싯디(전체성의 실현)**>의 넷째 해석

카울리카는 **쿨레-자타** 즉 <**쿨라** 안에 생겨나고, 나타난>을 말하고, **싯디**는 <다양한 모습의 성취>, 즉 <**샥티**의 기쁨의 표현인 **하**의 확장으로 시작해 존재계 전체의 전개로 끝나는 다양성의 성취>를 말한다.

그러한 성취를 일으키는 것이 **카울리카 싯디담** 이다.

그것은 찬란한 **빛**의 본성인 **아눗타라** 그 자체다. 그것은 우주의 확장을 <**의식**과 동일한 것으로서> 그 자신 안에 암묵적으로 갖고 있다.

[아눗타라에서는 <대상적인 현현 전체>가 **의식**의 한 형태 혹은 **비마르샤**로 존재한다.]

그리고 자신의 **"더 없는"** 자유에서 오는 풍성한 **힘**의 기쁨을 통해, 명시적으로 다양하게 전개한다.

의식의 빛이 아닌 **마야**와 **프라크리티** 같은 것은 존재계의 현현의 원인일 수가 없다. 그러나 만약 그것들이 빛의 본성의 것으로 상정된다면, 그러면 그것은 확실하게 **주 바이라바** 자신이다. 그러니 왜 괜히 <다른 용어>로 헷갈리게 하는가?

[네 번째 해석은 우주론적이고, 그 의미는 방향을 바꾼다. 여기서는 해방의 완전을 성취하는 문제가 아닌, **절대**가 <세상으로서 또 세상 안에> 현현하는 문제다.

이것은 어느 정도 <**지고의 의식**이 외적인 형태를 떠맡는 것과 관계되는> 첫 번째 의미로 돌아온다. 그것은 응고(凝固)에 의한 것으로, 사용한 **이미지**도 **의식**의 유동성(流動性)이 고체화한 것을 말한다.

자야라타는 이를 위해 한 시(詩)를 인용한다.

세상이라는 형태로 보이는
바이라바의 몸을 경배하노라

그는 구체적 형태를 떠맡았으니
유동의 덩어리 **의식**(意識)의 응고로

이 형태를 떠맡은 동기는 <신성의 **절대 자유**> 즉
스와탄트리야 외에 아무것도 아니다.]

< 2 > <궁극의 실재> - 모든 문답이 쉬는 곳

"아눗타라"에 대한 16 가지 해석은 산스크리트 원전의 해석 중 가장 비범한 것의 하나일 것이다.

아비나바굽타가 배제하려고 한 것은 "**절대**"라는 그 무엇의 한 면(面)만의 이해다. 그것은 바로 그 용어의 모순 때문이다.

신학에서는 이것을 "apophatism"이라고 하는데, **신성의 실재**는 부정의 용어로만 기술될 수 있다는 것이다. 그것은 '어떤 긍정적(cataphatic) 기술'도 우리의 이해를 제한하기 때문이다. 그러나 실제로 그 <부정의 차원>도 "**절대**"라는 **전체적인 실재**의 한 면일 뿐이다.

한마디로, "**도가도 비상도(道可道 非常道)**"다!

먼저 문법적인 것, 두 가지를 보자.

① **아눗타라**는 <없는, 결여(缺如)된>을 의미하는 접두사 "a(an)"와 함께하는 <부정어>이고,

② <부정된 것>은 <…보다 더>인 비교급 "tara"에서다.

얀 곤다는 어떤 논문에서 "왜 **아힘사**(ahimsa)와 또 그런 개념은 부정의 형태로 표현되었는가?"라는

문제를 다루었다. 베다(Veda)에 적용된 그 원리는 아눗타라와도 관련이 있고, 트리카의 다른 용어들 "아-비칼파, 아냐캬(말할 수 없는), 아칼피타(만들어진 것이 아닌), 아-베다(a-bheda), 아-드바이타" 등에서도 볼 수 있다.

절대에 대한 다른 용어는 쿨라(kula, kaula)에서 다룰 아-쿨라(akula, <전체성 너머>)다. 인도에서는 중요한 개념은 거의가 부정의 용어, 접두사 <아(a), 안(an), 니르(nir)>가 붙은 단어로 표현되어 있다. 아눗타라도 그런 것이다.

아비나바굽타는 이것과 관련해서 <"절대"에 왜 최상급이 아닌 비교급이 사용되었는가?>를 묻는다.

폴 뮬러-오르테가는 말한다.

"궁극의 개념을 표현하는 데는 최상급 형용사가 기대되지만, 비교급 <더 높은(웃타라)>의 무시할 수 없는 역동성은 아눗타라의 우월성을, 최상급 <가장 높은(웃타마)>이 하지 못하는 방식으로, 어떤 도전이라도 굳건히 지킨다."

그는 16 가지 해석을 하면서, 절대의 신학뿐만 아니라 그것을 알아채는 실용적이고 영적인 방법을 말한다. 이것은 지금도 모든 형이상학에서 중요한 개념이기 때문에, 주의하여 이들 "정의(定義)"를 잘 살펴야 한다.

왜 비교급이 사용되었는지의 결론에서 그는 다시 "단계적 상관관계"의 역동적인 면을 말한다. 어떤 경전을 인용하여, **지고**를 최상급인 **아눗타맘**으로 부르는 가능성을 허용하고, 그 최상급 **지고**를 다시 누구에게나 알려진 수준까지로 내린다.

"여기서는 <타라>가 들어간 **웃타라**로서 <단계적 상관관계>를 가리킨다. 만약 상관관계를 나타내는 경우가 없더라도, (최상급인) **아눗타남**의 사용 또한 똑같은 의미를 가질 것이다.

그래서 다른 **아가마**(경전)는 말한다.

'<**최고의 실재**(즉 '**아눗타남**')>가 알려지지 않은 사람은 아무도 없다.
그러나 그들 방식의 수행에서 완전하게 된 학자 (學者)들에게는 **지금도** 알려져 있지 않다.'"

이것은 "**궁극의 실재**는 오로지 **싯다**에게만 알려질 수 있다."는 <영적 엘리트주의>를 **거부하는 것 이다**. 소위 <성직자 계급>을 향해서 말이다. 그것은 **지고**의 편재성과 비이원성에 모순되기 때문이다.
지고에서는 <깨달은 이>와 <깨닫지 못한 이>의 이원성조차도 부정된다.

비갸나 바이라바는 말한다.

의식(意識)은 각 존재로 존재한다.

"바이라바의 **실재**는 어디에나 있다. 범인(凡人)들에게도. '그(**의식**) 외에는 아무것도 없다'는 것을 아는 사람은 불이(不二)를 얻는다."

마지막으로 **아비나바굽타**는 베다(Veda)가 아닌, **트리카 사라**의 16 매듭(결절)을 언급해 숫자 16의 의미를 말한다. 전통적인 해석은 앞에서 말한 대로 이 결절을 **의식**의 16 가지 면과 관련시킨다.

일반적으로, **그란티**(결절, 매듭)는 **요기** 몸 안의 **차크라**를 말하며, 그것은 **쿤달리니**의 상승의 과정에서 꿰뚫어지고 해방된다. 그러나 **의식**(意識)의 16 매듭은 모두 **가슴**에 위치한다.

결절의 다른 뜻은 **쿠브지카마타**에서 발견되는데, 거기서는 공(空)을 나타낸다.

그렇지만 숫자 16의 의미는 베다(Veda)의 것도, <탄트라의 상징>과 가깝기 때문에, 살펴볼 필요가 있다. H. 뤼데르스는, **리그** 베다에서 **푸루샤**의 네 가지 구분은 **찬도기야** 우파니샤드에서 **브라흐만**의 16 가지 면의 기본 **모델**이라고 한다.

그리고 **야주르** 베다에서 **프라자파티**의 16 가지 구분은 더 직접적이다. 년(年)과 동일시되는 **프라자파티**는 상징적으로 "**달**(moon, 月)"과 동일시된다. 달의 15 가지 위상(位相, **칼라**)은 그의 것이지만, <16 번째 부분(칼라)>은 불변(不變)이다. **탄트라**의 싱찡에시시김 <17 번째 **칼라**>도 말하는데, 그것은 시간을 초월한다.

그러므로 **베다**에 있는 **푸루샤, 브라흐만, 프라자파티**는 "완전(完全)"을 가리키는 수 16과 연결되어 있다. 이 완전은 **아눗타라**의 16 가지 해석에 물론 포함되어 있다.

"**아눗타라**"는 이 책 전체의 반복되는 주제이다. 그러나 **아비나바굽타**의 **아눗타라**라는 **말**의 해석에 주의해야 한다. **베티나 보이머**는 그것을 일부러 "개념" "용어"라고 부르지 않는다. "**말**(Word)"이 이 책 『**파라 트리쉬카**』의 해석에서 중심 주제의 하나인 "**바크**(Vak, Vac)"에 더 가깝고, 그리고 또 **아눗타라**의 "상징"이 위의 15 번째로 해석한 음소 "**아(a)**"이기 때문이다.

니르바차나[어원(語源)의 해석]는 단지 도구일 뿐이다. 그것은 문법의 규칙으로부터 추론해야 하고, **그 말의 <궁극적이고 또 표현되지 않는 의미들>을 드러내야 한다.** 그의 천재성이 돋보인다.

그는 모든 이분법적인 것들을 피하고 부정한다. <초월과 내재>, <우월과 열등(모든 등급과 계급의 부정)>, <속박과 해방> 등은 (폐지하는 것이 아닌) 상대화시킨다. 무엇보다 "아눗타라(<더 높은 것이 없는 무엇>, 더 없는 것)"는 철학적이고 신학적인 "개념"보다는 훨씬 더 이해하기가 쉬운 말이다.

그러므로 아눗타라의 빛 안에 용해된 등급들은 다른 수준과 다른 영역에서 쉰다. <사회적 계급인 카스트>로부터 <기본적인 탓트와(부타)들의 순서>, <깨어 있고, 꿈꾸는 등의 정신적 상태(아바스타)의 분류>, <신성 에너지(샥티 그룹)의 서열>, <해방의 영적인 방편(우파야)의 우열> 등까지……

입문과 영적인 진보에서 차크라의 깨어남(열림)의 단계, 이 모든 것은 아눗타라의 수준에서는 의미가 없게 된다.

<아눗타라를 이해하고 경험하는 이 모든 영역을 상대화하는 일>은, 그 자체가 투사와 동일시로부터 해방시키는 과정이다. 독자나 제자를 해방시킨다.

아비나바굽타는 나가르주나의 <공(空)의 논리> 쪽으로는 눈길조차 주지 않는다. 아눗타라가 비록 생각을 벗어나더라도, 그것은 여전히 "(가장) 살아 있고, 현존하는" 실재(實在)이다. - 그것은 [열네

번째 해석, <숨 쉬다>라는 "안(an)"에서 끌어온]
"생명(生命), 삶" 그 자체다. 그것은 모든 사람에게
알려져 있다. 잘 알 수 없거나 알기가 어렵더라도
말이다.

만약 아눗타라가 정의(한정)될 수 없고 이해될
수 없다면, 그것은 실제로 경험된 상태이다. 그는
탄트라 알로카에서 <아눗타라의 장(章)>을 네 가지
우파야의 모든 맥락에서 사용했다. 우리는 그것을
아누파야 즉 <무(無)방편>, <길 없는 길>, <절대의
주권>에 해당하는 것으로 예상할 것이다. 그는 그
장의 마지막 절 반(半)으로 결론을 내리면서 다음
장의 첫 절로 그것을 완성한다. 그렇게 그는 2장과
3장을 이어면서, 아누파야와 샴바보파야를 다음과
같이 기술한다.

"이것이 <더 없는 것의 통치(상태)>를 논의하는
<어떤 방편도 없는 장>의 끝이다."

"이제 <최고의 방편>은 <주(主)의 더 없는 것의
상태> 외에는 아무것도 아닌 것을 설명할 것이다."

<더 없는 것의 상태> 같은 표현을 사용한 것은,
길(방편, 우파야)은 다르지만 목표는 똑같은 "절대
(絶對)"라는 것을 말한다.

\<전체성(全體性)을 주는 아눗타라>

아비나바굽타는 아눗타라를 <1절의 다른 중요한 개념과 관계없이>, <그것의 존재론적인 확장이나 현현과 관계없이> 16 가지로 탐구했다.

데비의 질문에서, 아눗타람은 카울리키 싯디를 주는 것이다. 즉 그녀는 이 힘을 이미 알고 있고, 단지 <**어떻게** 그것을 성취(**실현**)하느냐>에 대해서 묻는다. 그래서 아비나바굽타도 아눗타라의 해석 뒤, 카울리카 싯디에 관련된 것을 다룬다.

카울리카 싯디담(**전체성을 실현하며**)이 의미하는 것은 무엇인가?

만약 **절대** 혹은 **쉬바**가 **아쿨라** 즉 <현현이 없는, 다양성 너머>라면, 쿨라는 전체성, <에너지 가족(家族)>, 아니면 단순히 "샥티", <우주>이다. 카울리카는 쿨라에서 파생되었고, 카울라와 동의어다.

탄트라 알로카에서 아비나바굽타는 카울리키를 짧게 말한다.

"현현하지 않은 **주(아-쿨라)**의 <지고한 에너지> 카울리키는 <**전체성(全體性, 쿨라)**>으로 확장될 수

있는 그녀>다. 그리고 **주**는 그녀와 분리될 수 없게
(**한 몸**으로) 되어 있다."

그것을 **자야라타**는 이렇게 주석한다.

여기 **너 없는** (빛 외에 아무깃도 아닌) **지고의
실재**는 <최고의 자각[회광반조(回光返照)]>을 구성
하고 있다. 그것은 완전하고, <이름 붙일 수 없고
(**아나캬**)>, 또 '**쉬바, 샥티**' 등 어떤 정의에도 맞지
않다.
그 자신의 완전한 자유로, 처음에 **쉬바**와 **샥티**의
형태로 현현하는 것이 **지고의 실재**다."

쿨라와 **아쿨라**가 잘 정의되지 않더라도, <**지고의**
현현하지 않은 **절대**는 자신의 절대 자유로 우주를
현현하려는 것>과 <현현 뒤의 에너지가 **카울리키
샥티**라는 것>은 명백하다.
<**신성**의 이 창조적인 힘에 **참여(參與)하는 것**과
또 **동일시되는 것**>은 가능한 일이다. 그것이 "**쿨라**
(**전체성**)의 성취" 즉 **카울리카 싯디**이고, 그것에
이 36 절의 **파라 트리쉬카**가 헌정(獻呈)된 것이다.
참여와 **동일시**(同一視)라는 말이 중요한데, 데비의
"**어떻게**"는 단순한 신학적인 것이 아닌, 동일시로
이끄는 질문이기 때문이다.

그래서 카울리카 싯디담이다.

<쿨라>와 <카울라 학파(전통)>와의 차이에 대한 문제로 들어가지 않더라도, **아비나바굽타**가 **탄트라 알로카**에서 시적(詩的)으로 표현한, <영적인 교리와 수행으로서의 **쿨라**>를 보는 것은 중요하다.

"꽃의 향기처럼, 참깨(씨)의 기름처럼,
물의 맛처럼, 몸의 살아 있는 영혼처럼,
쿨라는 모든 경전의 정수(精髓)로 거한다."

카울리카 싯디에서 **싯디**는, **요가 수트라**에서 말하는 <어떤 제한된 힘>과는 당연히 관련이 없다. 그것은 **성취**, **만족**, **완전**을 의미하며, **아눗타라**만이 줄 수 있는 **온전**(穩全)이다.

그러니 **카울리카 싯디**와 관련해서, **아눗타라**는 대우주적인 것과 소우주적인 것에서 우주 현현의 역동성을 떠맡는다. 다른 말로 <**전체성의 통합**>이 일어난다.

질문의 처음 부분에서 **카울리카-싯디담**을 얻는 방식이 나온다. 그것은 **사댜** 즉 "**즉시**, 곧, 갑자기, 별안간"이다. 이 **아눗타라**가 **카울리카 싯디**를 주는 주체이기 때문에, 그 <**주는 행위**>는 시간에 묶일 수 없다. 그것은 <더 빠르고, 더 늦은 것>이 아닌, <갑작스럽고, 즉각적이고, 전체적인 것>이다.

아비나바굽타는 "오늘" 즉 **아댜**(시간의 단위로, '똑같은 날에')의 어원에 의존하지 않는다. 그것은 시간의 관습적이고 상대적인 개념이다. <**쿨라** 혹은 **카울리카**에 내포된 전체성>은 시간 너머의 것이다.

☯

<**아눗타라**와 만물의 상호관련성>

아눗타라에 대한 논의를 마무리하는 이쯤에서, 우리는 **바이라바**의 대답으로 **급히** 움직여야 한다. 그것은 어떤 의미에서 **데비**의 완전한 질문을 반복할 뿐이다.

바이라바는 그녀를 호칭한 후, 먼저 한 **수트라**를 내뱉는다. 그러나 그것은 우리에게는 어떤 선언과 같고, 대전제(大前提)이기 때문이다.

아눗타라에는 어떤 말도 맞지 않다.

웃타라와 **아눗타라**의 여러 해석들이 주어지는 동안도, 그는 만물의 상호의존성과 상호관련성의 교설을 드러낸다. 그것은 "**사르밤 사르바트마캄!**"

즉 "모든 것은 모든 것의 축소판(縮小版)이다!"로, 그는 "사르밤" 즉 <모든 것>, <전체성(全體性)>, <실재(實在) 전체>를 아우르는 쉬바의 이름을 마하 바라타(와 요가-바시슈타)에 있는 다음의 시(詩)를 사용하여 아눗타라와 연결한다.

[이 부분은 제 4 장 가슴의 해당 경문의 해석과 시(詩)의 해석을 참조하라. 중요하다고 생각하여, 줄여서 미리 살핀다.]

　야스민 사르밤 야타 사르밤
　　야 사르밤 사르바타슈차 야
　야슈차 사르바마요 니티암
　　타스마이 사르밧마네 나마

먼저, 대답이 불가능하다는 의미에서 웃타라의 부정을 취한다. 만약 웃타라가 (우주로의) 확장을 취급하는 이 경전의 <제 2 부>라면, 그때 의미는 "이 경전의 <제 2 부>에서도 대답은 없다."이고, 결국 대답은 침묵으로 인도된다.

"<파라의 첫 번째 확장인> 파쉬얀티 단계에서 주어지는 내 대답보다도 더, 이 아눗타라가 최고의 진리다. 이 <대답 없는 (질문도 없는) 아눗타라> 혹은 <침묵(沈黙)>이 최고의 진리다."

이후 **웃타라**와 관련된 **아눗타라**의 역동성으로 들어간다. 모든 포괄적인 의미는 거기에 있다.

"**웃타라**는 (잇차, **갸나**, **크리야** 샥티의 삼위로 촉발된) <현상들> – 욕망, 지식, 행위를 의미할지도 모른다. 그러니 **아눗타라**는 위 모든 것과 **웃타라**가 그친 단계이다."

포괄적인 의미는 앞서 논의한 <**카울리카 비디**(즉 현현 전체, 창조의 과정)>와 관련된다. 여기서 그는 다른 해석을 한다. <**카울리카 = 쿨라**와 **아쿨라**>, <**비디 = 마하-스리슈티**>. "대(大) 창조"는 (그 안에 모든 것이 현존하는) 모든 창조와 용해 등의 총합이다. 그것은 단순히 "**모든 것**" 즉 "**이담 사르밤**"이다. 그는 이 모든 포괄성(包括性)을 명백히 기술한다.

그는 또 **마하 바라타**의 첫 절을 스판다 교설의 용어로 주석한다. "**야스민 사르밤**(그의 안에 모든 것이 있고)"
<모든 것의 우주적 성격>은 – **실재**의 36 **탓트와** – **쉬바** 속에 **사만야 스판다**로 담겨 있다. "우주적 진동"으로 말이다.

그 모든 다양성에도 불구하고, "사실은 그것은 하나로, <창조적 에너지의 핵심이고, **절대 자유**의 **나-의식**인 아눗타라>이다."

그리고 그는 **파라 트리쉬카**의 중심이 되는 주제 하나를 말한다. 그것은 **바이라바**의 대답에서인데, "**가슴**"이라는 (개념보다는) 상징에 포함되어 있다.

카울리카, 이것은 내 가슴에 있나니

[우리는 <**가슴**>과 <**나-의식**(意識)>이라는 주제를 제 4 장에서 따로 다룬다. 이 "**내 가슴**"을……]

그다음 **아비나바굽타**는 <아눗타라의 방해받지 않는 본성>을 주장한다. 그것은 **스판다 카리카**에 있는 대로이고, **마하-바라타**의 시와 같다.

<**온 세상**>이 그 안에서 쉬며,
또 그로 말미암은 것이 아닌가?
아무것도 그의 본성을 가리지 않아
그의 방해물은 어디에도 없다.

Yatra sthitam idam sarvam karyam
yasmat-cha nirgatam

Tasya-anavrita-rupatvan

na nirodhah asti kutrachit

그는 말한다.

"그(쉬바)가 덮개(마야)에 의해 방해받는 것으로 가정되더라도, 그는 여전히 그의 자유로, 그 덮개 자체의 형태로 빛난다. 그러므로 주는 항상 지식과 행위의 본성이다."

마하 바라타 시 구절과 관련해 그는 관계대명사 얏(yat)은 모든 격(格)[주격, 목적격 등]의 의미가 있는 것을 기술한다.

야스민, 야트라, 야타, 야스맛, 야

이것은 아눗타라의 포괄성에 대한 문법의 다른 논의이다. 즉 <산스크리트 문법의 격(格)>의 모든 가능한 관계를 샅샅이 다룬다. 물론 이 경우에는 아눗타라와 우주 현현과의 관계다. "이담 사르밤"

아눗타라에는 어떤 말도 맞지 않다.

이 경문의 첫 설명에서 그는 "고려하지 않으면" "밀쳐두면" 등으로 소유격의 의미로 읽고서 그것을

"웃타라(더 높은)조차도 아눗타라와 동일하다"고 이해한다. R. 그놀리는 "웃타라는 그러하여 그것이 아눗타라와 동일한 한, 그것의 한 면(面)이다. 그러므로 아눗타라는 그러하여 그것이 현재인지 아닌지 <고려하지 않더라도>"의 의미를 가져오는 주해를 했다. 웃타라, 그것은 <경험적 실재>를 암시하는데, 아눗타라와의 동일시(同一視)를 제외하고는 존재할 수 없다.

그러므로 [<경험적 웃타라(실재)>의 수준 간의] 다양성조차도 오직 <비-다양성>에서 쉰다.

이런 맥락에서 아비나바굽타는 소마난다의 짧은 두 절을 인용한다. 하나는 바이라바의 대답의 주석이다.

"카타야미는 '나 바이라바는 질문의 열성 때문에 말한다. <모든 것 안에 의식(意識)으로 현존하는 나>가 이것을 선언하고 있다.'는 의미다."

두 번째는 <소마난다답게> 간략하고 직접적이다.

"무슨 말을 더 하겠는가!
모든 것이 아눗타라이기에 아눗타라다."

그것은 단순히 <동어 반복>처럼 들린다. 그것은 물론 (소마난다의 주석의 경우에는 빠져버린) 논의 진행 전체의 마지막에 온다. 그러나 진실한 철학적 기술은, 사실, 어떤 의미의 동어 반복이 아닌가?

마하 바라타 시의 마지막 구절은 다음과 같다.

야슈차 사르바마요 니티암
타스마이 사르밧마네 나마

모든 것에 내재하고, 영원한
모든 것의 **나**인 **그**를 경배하노라

아비나바굽타는 **사댜(항상,** 恒常)라는 말의 다른 **니르바차나** 분석으로 이른바 <존재론(存在論)>을 끼워 넣는다. 그것은 "삿" 즉 **존재**(Being)에서 파생되어 <sat + yah(**사댜**)>이다. **지고의 주인 그**가 그 **존재**(Being, **삿**)로, **아쿨라**, **아눗타라**, **드루와** (dhruva)와 동일하다.

"이 **모든 것**이 **존재**(Being, **삿**)다.
<카울리카-비디(창조 순서)의 형태> 안에서"

그것은 똑같은 결론에 이르는 존재론적 논의다.

"<의식의 빛인 프라카샤와 그 빛을 나로 여기는 비마르샤 둘 다인 바이라바>로부터 떨어져 존재할 수 있는 것은 어떤 것도 없다." 우리는 이 논의를 계속할 필요가 없다. 그는 요약한다.

야 사르밤
그는 모든 것이고

그는 웃타라와, 카울리카-비디와, 또 사르밤과 아눗타라를 연결하는 주석의 끝에서는 그의 논의의 수준을 "문법, 논리, <전통의 가르침>의 지식과 또 <개인적 경험>이 없는" 사람들에 의한 단순한 설명 수준으로 내려간다.

☯

이제 아눗타라에 대한 장(章)을 마치며, 베티나 보이머가 소개하는 아비나바굽타의 <아눗타라에 대한 8 연의 시(詩, 찬양)>를 감상한다.

산스크리트로 "아눗타라 아슈티카", 한문으로는 <지고 팔송(至高八頌)>, 또 우리말로는 "<더 없는 것>의 여덟 노래" 정도일 것이다.
(<소제목>을 붙이고, 고쳐 옮김.)

(1) 무엇이 진리인가

영성수련 필요 없고   명상, 기도 필요 없다!
분명히 해주시오   그 무엇이 진리요?
소유, 포기 버리면   실재(實在)의 기쁨이니
<본래의 그대>가   참 그대로 진리라!

여기, **아눗타라**에서는 영성수련도, 진리에 대한 논의 논쟁도, 명상과 묵상도, 기도조차도 필요하지 않다.

"그러면 명확하게 말씀해 주십시오. 그 무엇이 진리입니까?"

"들으시오. 어떤 것을 소유하지도 또 포기하지도 말고 – 예를 들어, <지식과 생각>을 가지려 하지도 또 멸시하여 없애려 하지도 말고 – <참으로, **있는 그대로의 그대**>로 현존하여, 그 <**실재의 기쁨**(삿-칫-아난다)>을 맘껏 누리시오."

<본래의 나>, 그 "나"가 곧 진리이고 실재다!

[예수도 그렇게 말한다.

그 **"나"**가 곧 **길**이요, **진리**요, **생명**이고,

그 **"나"**를 거치지 않고는 아무도 **온전**(穩全)하신 **아버지**께로 갈 사람이 없으며,

그 **"나"**와 **아버지**는 **하나**라고.]

(2) 누구를 구원하랴

윤회, 속박 없는데 해탈, 천국 있겠는가?
이 모든 것 마야니 누구를 구원하랴?
밧줄 보고 놀라며 그림자를 따를 건가?
자신 안에 쉬면서 나 자신을 즐기라!

윤회계는 - 소위 천국과 지옥 등은 - 실제로는,
있지를 않은데, 어떻게 속박을 말할 수 있겠는가?

인간을 해방하려고 하거나 구원하려고 하는 것은
헛된 짓이다. 인간은 결코 속박되어 있지 않다!

(속박 같은) 이 모든 것은 오로지 **환영(幻影)**이
일으킨 것이라. - **<우리의 생각(사상, 교리)으로>
축조된, "종교(철학)"라는 환영** 말이다. - 그것은
마치 <유령(幽靈)의 그림자> 같고, 밧줄을 뱀으로
여기는 것과도 같다.

어떤 것을 소유도 포기도 말고, 그대 자신 안에
쉬며, <(늘, **영원히) 있는 그대로의 그대 자신>**을
자유로이 즐거라.

["유령" 즉 <이름뿐이고 실제는 없는 것>은 사실,
우리의 그림자다. 그런데 <그림자의 그림자>라니?
분석심리학에서는 우리가 심층으로 들어갈 때 처음
마주치는 것이 <(우리의) 그림자>라고 한다.]

(3) 그 무엇이 다른가

더 없는 것, 지고를   무엇이라 하겠는가?
예배자와 예배 대상   그 무엇이 다른가?
사마디는 무엇이고   <영적인 진보>라니?
마야는 궁극적으로   의식과 같음이라

   <더 없는 것(아눗타라)>을 무슨 말로 표현하랴?

   절대(絶對), 지고(至高) 안에서 <예배>와 <예배하는 자>, <예배의 대상>에 구별이 있겠는가?

   그런 "그"의 안에서 어찌 영적 진보가 있겠으며, 사마디의 종류라니?

   마야는 궁극적으로는 <참나의 본성이고, 스스로 경험되는, 불이(不二)의 의식>과 똑같은 것……

   - 그러니 공연(空然)한 걱정 말라!

   [비갸나 바이라바는 말한다.
누가 예배의 대상이며,
누가 예배로써 만족되겠는가?
마음이 (용해되어) <텅 빈 것>이 되는 것이
진정한 예배이다.
<최고 실재의 (하나된) 상태>가 그러하므로……
그 어떤 것이 다를 것이며, 그 무엇이 다른가?]

(4) 이분법 벗어남은

지복을 술과 재물,　　또 연인과 견주며
이 빛의 밝음을　　　　달과 해에 비하리요?
이분법 벗어남은　　　짐을 내려놓음 같고
이 길의 동틈은　　　　보물 찾은 것 같구나!

　지복(아난다)은 부(富)와 술, 연인과의 결합으로 경험되는 그것과 비교할 수 없고,

　이 빛(영광)은 등불이나 달과 해의 그것과 견줄 수 없다.

　<우리 인간의 축적된 이분법(二分法)>에서 해방되는 그 기쁨(아난다)은 마치 <내 힘에 부쳐서 곧 쓰러질 것 같았던 그 무거운 짐을 내려놓을 때의 그 안도감(安堵感)>과 같고,

　지금껏 캄캄한 이 인생길을 헤맸던 이가 <새벽이 동트는 것을 보는 것> 같고, <잃어버렸던 보물을 다시 찾은 것>과 같다.

　<우주적 비(非)-이원성의 상태>라는, 즉 "하나님" 이라는 그 보물……

　[잘 아는 대로, 이분법은 저 선악과를 따먹는 일이다. 아니면 공짜라고 <무의식적으로> 덥석 받아먹는 것이거나……]

(5) 마음의 모든 것은

사랑 미움, 기쁨 아픔　　마음의 모든 것은
<우주 몸>의 일부로　　분리된 것 아니라.
그것들이 마음에서　　슬며시 일어날 때
의식이라 명상하면　　기쁘지 않겠는가!

　<사랑과 증오>, <기쁨과 고통>, <일어나고 사라지는 일> 같은 마음의 모든 상태는 우리에게 분명하게 보인다.
　그러나 그것들은 **나의 <우주 몸>**의 일부로, 그 본성은 분리되어 있지 않다.
　그것들 중 어떤 것이 일어나고 있는 것을 관찰할 적마다, 즉시 그것들이 <**하나**>라는 것을 알아채고, 그것들을 <**의식**(意識)의 한 형태>라고 명상하라.
　이런 명상으로 가득하면, 어찌 기쁨을 경험하지 않겠는가?

　[우주는 우리와 더불어 파도친다.
　파도가 **물**에서 일어나고, 또 화염이 **불**에서 일어나듯……
　그렇게 <우주의 물결>은, <우주의 모든 양상>은 **나** 곧 바이라바(**의식**)로부터 일어난다.]

(6) 세상이 있는 방식

존재하지 않던 것이   갑자기 생겨나니
이런 것이 세상이   존재하는 방식이라.
저런 것들이 어떻게   실체를 갖겠는가?
그런 불순 너머로   항상 깨어 있어라!

존재하지 않던 것이 갑자기 생겨난다.

이런 것이 <이 세상에서 존재의 상태>이고, <이 세상이 존재하는 방식>이다.

서로 섞이는 <중간적 상태>의 변형, 변화 때문에 어떻게 저런 것들이 어떤 실체를 갖겠는가?

어떻게 <이 비실체적이고 변해버리는 것들에서>, <무상(無常)한 것에서>, <속이는 저 아름다움에서> 어떤, 참 실체를 찾겠는가?

의심(疑心)과 두려움을 일으키는 **그런 불순**(말라, **마야) 너머로** 늘 깨어 있어라!

[이 세상은 연기(緣起)하여, 서로 침투하고 의존하며, 서로 연관하고 변화하는 <상호(相互) 실재>의 세계다. 실제로, 모든 형상은 다른 형상들과 서로 연결되어 있다……

그러니 끊임없이 변화하는 이 세상은, **존재계는** (**의식**인) **"하나임"을 알라.**]

(7) 의지로 일어나니

이런 여러 상태는   그대 때문이로라
순간적 혼돈으로   실제가 되누나.
이 우주의 영광은   의지로 일어나니
그대는 <하나>지만   많은 형상 가졌노라.

이런 여러 상태가 생겨나는 것은 <(저 기독교의
어떤 다른 외적인 존재나) <내적인 존재>가 아닌,
<그대(나)에 의해> 창조되고 나타나는 것이다.
　그것들은 비실제적이더라도, 그대(나)의 순간적인
혼돈된 인식을 통해 실제가 된다.
　이 우주의 영광은 <그대(나)의 의지로> 일어나는
것이지, 다른 어떤 원인이 있는 것이 아니다.
　그러므로 그대(나)의 영광은 온 세상에 빛난다.
　그대(나)는 하나이지만 많은 형상(形像)을 가지고
있으니……

[의지(意志, 잇차)가 무엇인가?
　담배를 끊으려는, 아니면 어떤 것을 하려는, 혹은
하지 않으려는 그 결심(決心)을 말하는가?
　決은 <터질 결>…… 저 원효의 "일심(一心)"이
(갈라) 터지면 곧 이분(二分), 이심(二心)이……
　여차(如此)하면, 잇차! - 그 절대 자유!]

(8) 모든 것이 빛난다

마야로는 불순이고   참나로는 순수라
의식의 거울에는   모든 것이 빛난다.
그대 경험에 근거한   그 영광을 인식하고
자신을 알아채며   우주의 힘 나누라!

<실제와 비실제>, <단순함과 복잡함>, <영원과 잠시>…… 그것들은 환영 때문에 불순한 것이지만, 또한 **참나**의 순수성이기도 하다.

- **의식의 거울에는 모든 것이 빛난다.**

이 모든 것은 <순수한 **빛**의 본성을 가질 때>,

<**의식**이 자기 자각(自己自覺)을 가질(자신을 알아챌) 때> 보인다.

철저하게 <나 자신의 경험(지식. 앎)에 근거하여> 나 자신의 영광을 인식하며, 주(主)의 <우주의 힘> 곧 **영성**(靈性)을 나누라.

[우리는 <신(神), 사랑, 명상>에 대해서 안다고 여긴다. 그러나 그런 것은 다른 사람이 우리에게 준 것들이다. 그리고 <그렇게 아는 것>은 <모르는 것>보다 더 못하다. **모르는 것은 최소한 <나의 것>이지만……**

암탉이 병아리를 품듯이 "내 것"을 길러라.]

제 3 장

<케차리와의 동일성>

< 1 > 케차리 사마타
< 2 > 시종(始終)인 에너지

데비가 물었다.

쉬바여!
아눗타라가 어떻게 즉시 저체성을 실현하며,
어떻게 이런 지식(知識)으로
<케차리와의 동일성>을 얻습니까?

이 <비밀 중의 비밀(秘密)>을 일러 주소서.
<가슴에 있는 카울리키 샥티>,
그 쿨라 여신을 가르쳐 만족(滿足)을 주소서.

바이라바가 답했다.

들어라, 복(福)을 받은 자여!
아눗타라에는 어떤 말도 맞지 않다.

카울리카, 이것은 내 가슴에 있나니
<전체성(全體性)을 얻는 일>을 드러내리라.

< 1 > - < 2a >
데비가 물었다.

쉬바여!
아눗타라가 어떻게 즉시 전체성을 실현하며,
어떻게 이런 지식(知識)으로
<케차리와의 동일성>을 얻습니까?

이 <비밀 중의 비밀(秘密)>을 일러 주소서.

Śrī devy uvāca
슈리 데비 우바차

Anuttaraṁ kathaṁ deva sadyaḥ
  kaulika-siddhidam
아눗타람 카탐 데바 사댜 카울리카-싯디담
Yena vijñāta-mātreṇa khecarī-samatāṁ vrajet
예나 비갸타-마트레나 케차리-사마탐 브라젯

Etad-guhyaṁ mahā-guhyaṁ kathayasva
  mama prabho
에탓-구히암 마하-아구히암 카타야스와
  마마 프라보

< 1 > 케차리 사마타

(어떻게) 이런 지식 (知識) 으로
예나 비갸타-마트레나

(1) 예나 비갸타-마트레나의 첫 번째 해석

예나는 <**아눗타라**에 의해>를 말하고,
비갸타는 <아주 잘 알려진>을 의미한다.

마트레나는 **마**(ma)와 **트라**(tra)로 되어 있는데,
마는 **마트라** 즉 <지식의 수단으로>를,
트라는 <보호하는 것, 공급하는 것, 유지하는
것>이나 <통치, 인도(引導)>를 의미한다.
트라남은 <**프라마타**(아는 자), **프라마나**(지식과
지식의 수단), **프라메야**(대상)와 **프라미티**(지혜)를
보호하는 것>을 말하고,
그래서 **마트라**는 "<참나의 지식으로> **프라마타**,
프라마나 등을 보호하고 유지하는 자"이다.

그러므로 **예나 비갸타-마트람**은 <(**아눗타라**로)
위의 **마트라**가 아주 잘 알려진 그 **아눗타라**로>를
말한다.

(2) 예나 비갸타-마트레나의 두 번째 해석

아주 잘 알려진 것, 강한 확신으로 알려진 것은 이미 알려진 것이다. 일단 이미 완전히 알려지게 되면 그것은 다시 알려지지 않는다.

"갸타-마트람"은 <대상으로서 이미 알려진 것>을 말한다. 예를 들어 항아리다. 결코 주체가 아니다. 그러므로 갸타-마트라는 하나의 대상으로서 이미 알려진 것을 말한다. 그것은 또한 <다양성을 일으키는 대상으로 이미 알려진> 마야를 의미한다.

"비-갸타-마트람"은 <항아리 등처럼 대상으로서 알려진 것과 마야 둘 다가 정지된 것>을 말한다. [여기서 비는 '비가타(vigata, 정지된)'을 말한다.] 그러므로 비-갸타-마트레나는 항아리 같은 대상은 더 이상 대상이 아니고, 주체와의 동일시로 자기 자신의 빛으로 보이고, 또 거기에 마야는 더 이상 너울을 가릴 수 없는 것을 말한다.

위의 설명에서 세 가지를 알아두어야 한다.

① 아눗타라는 <그 자신의 수단으로 유지되고, 그것을 통해 홀로 프라마타, 프라마나, 프라메야와 프라미티의 기쁨에 존재하는 것>이다.

② 일단 <참나를 재인식하면(알아채면)> 더 이상 바와나 등의 지지(支持)는 필요 없다.

③ 대상은 결코 주체로 대치될 수 없다. 대상과 마야가 더 이상 만연(蔓延)할 수 없는 것이 **비갸타-마트**라다.

❦

어떻게 이런 지식 (知識) 으로 <케차리와의 동일성>을 얻습니까?

예나 비갸타-마트레나
케차리-사마탐 브라젯

케차리의 의미는 다음과 같다. (자신과 동일한) **<카>** 즉 **<브라흐마, 칫, 의식**(의 공간)>에 거하며 여러 가지 기능을 하는 **샥티**가 케차리다.

케차리는 우주적인 면에서 세 가지로 기능한다. **고차리**로서 대상의 지식을 일으키고, **딕차리**로서 파악하고, 포기하는 것 등의 움직임에 영향을 주고, **부차리**로서 대상적 존재계의 형태 속에 존재한다.

다시 말해서, **고차리**로 <내부의 정신 기관(**안타-카라나**)>의 형태 속에, **딕차리**로 <외부의 감각기관(**바히슈-카라나**)>의 형태 속에, **부차리**로 "푸르다" 등과 같은 <대상적 존재계>나 "기쁨" 등의 <주체적 존재계>의 형태 속에 존재한다.

유사하게, 개체적인 면에서, (의식의) 허공에서 **뵤마차리**로서 알려진 그 **샥티**는 아직 주체와 대상 사이의 구별이 나타나지 않았고, 정신 기관 형태인 **고차리**로는 단지 <지식>의 모습이고, 외부의 감각 기관의 형태인 **딕차리**로는 다양성을 암시하는데, 그 상태에서는 <(알려지는) 대상>과 <아는 자>의 다양성이 있다. 존재계(바와)의 형태인 **부차리**로는 대상들에서 명백한 다양성이 있다. 이들은, 밝혀진 것에 따르면, 실제로 **아눗타라**에 거하는 **케차리**와 구별되지 않는다. 그러니 **지고의 주**의 **샥티**는 단지 <하나>다.

"**그**의 **샥티**가 우주 전체를 이룬다. 위대한 **주**는 그 모든 **샥티**의 소유자다."라고 하며, 다른 말로는 "오직 **샥티**의 한 소유자 **마헤슈와라**만 있다. 현현 전체는 **그**의 <**절대 자유**의 힘>의 다양한 형태다." 결과적으로 **케차리**는 여성형으로 표시된다.

영역이 <자아인 **케차리**>와 <마음인 **고차리**>, <감각인 **딕차리**>, <외부 대상인 **부차리**>를 **고정된 순서로 나누는 것은 옳지 않을 것이다.** 그런 경우, 그들 사이에 친밀한 결합은 가능하지 않을 것이고, 그들은 **케차리**에서 완전히 분리되어 (단순히 감각 활동을 통해) 전혀 나타나지 않을 것이기 때문이다.

바로 그 **케차리**가 욕망, 분노 등의 형태로 (신성으로부터) 분리되어 인식된다. 그러나 <**케차리와의 동일성**>은, 그녀가 **바이라바**의 본성이기 때문에, 모든 곳에서 - 소리(**샤브다**), 형태(**루파**), 맛(**라사**), 냄새(**간다**), 접촉(**스파르샤**)에서 - 완전히 신성의 본성을 인식하는 것을 말한다. **아눗타라**의 본성에 대한 무지가 극미하게라도 있으면, 그것은 마음을 정반대의 상태로 이끈다. <유리 방랑하는 존재계> 즉 **삼사라**라는 것은 이 정반대의 상태를 말한다.

이 상태에서는, 자신을 철저히 불완전한 것으로 여기기 때문에 <우주에 비해 자신이 극도로 작음을 느끼는> **아나바 말라**가 나타난다. **마이야 말라**는 다양성의 인식 때문인데, **아나바 말라**로 인한 그 제한을 보상하려는 열망 때문에 나타나고, **카르마 말라**는 **마야**의 영향 아래 행한 선악의 행위의 남은 흔적에 집착하는 것 때문에 온다.

제한이 없게 되는 것으로, 아니면 (본성에 대한 재인식이 없는 것으로 생긴) <마음의 빗나간 습성 (**바이샴야**)>이 그칠 때, 그때 <분노, 망상 등 그런 상태>는 단지 **주 바이라바**의 **의식**의 한 표현으로 나타난다. **소마난다**는 말한다.

"**쉬바**는 그의 본성이 <그의 **샥티**의 확장으로> 이루어져 있다."

"기쁨(삿트와의 표현)과 고통(라자스의 표현),
　그리고 혼돈(타마스의 표현)에서도
　나는 <지고의 쉬바>로 그 모두에 거하노라."

"고통(苦痛) 속에서도 불변의 목적으로
　거기에는 강한 인내가 관련되어
　<의식의 확장>이 있다."

　분노 등의 상태에서도, 그것들은 **의식**(意識)의 그 "경이로운 **놀이**"**와의 동일성** 때문에 존재한다. 그렇지 않으면 그것들의 그 존재(본성)가 불가능할 것이다.

　삶에서 여러 가지 **놀이**를 하는 감각의 여신들은 태양 **쉬바**의 빛과 같다. 감각의 신성들†은 그들의 조합으로 무수한 종류가 된다. 그것들은 여러 가지 목적으로 배치된 두렵거나 유익한 것들이다.

　[감각†의 활동이 세속적일 때는 **인드리야-브릿티**이고, 내면의 의식으로 향할 때는 **인드리야-샥티**로 변형되고 **카라네슈와리**로 알려져 있다.]

　웃차타나, 마라나처럼 두려운 행위를 위해서나 친절하고 유익한 행위를 위해서 있다.

마타 샤스트라는 [수행자를 도와 대적(對敵)을 죽이는 여신인] 크리탸 등의 구분에 따라 신성으로 경배할 가치가 있다고 한다. 그들은 <바이라바의 가족>을 구성한다.

"사람은 웃차타나를 위해 <까마귀 얼굴 상태>를 떠맡아야 한다."

"그들은 <신(神)들의 신>의 빛으로, '카'와 다른 문자 그룹의 힘을 가진다."

[웃차타나는 사람을 아주 괴롭히려고, 마라나는 사람을 죽이려고 사용하는 만트라다.

마타 샤스트라는 <드바이타-아드바이타(즉 이원 -일원론)>를 가르치는 탄트라 학파이다.]

만약 이들 광선(샥티)의 진정한 본성이 실현되지 않으면, 그때 <의식의 "경이로운 놀이">는 숨고, 그것은 분화 가운데서 어떤 분화도 없이 남는다. 그것들은 <세속적인 올가미로>, <여러 문자 그룹의 수단으로>, <의심 때문에 두려움이, 제한된 경험자에게 들어가 여러 가지 개념의 형태로 그 놀이를 하는 고라타리 샥티의 수단으로>, 파슈 즉 <묶인 영혼>의 상태를 일으킨다.

"마하고라는 끊임없이 사람들을 현혹(眩惑)하는 피타의 신성이다."

"그것들은 <즐거움의 대상에 몰두하는 이들>을 아래로, 아래로 떠민다."

스판다 카리카는 말한다.

그는 <말로부터 일어나는 힘>의
희생자(犧牲者)가 된다.
칼라로 그 영광(榮光)을 빼앗기게 되어
그렇게 그는 파슈로 알려진다.

그것들의 진정한 본성이 알려질 때, 그때 이들 (분노, 망상 등의) 정신적 상태는 케차리 사마타를 아는 것으로 삶에서 해방을 일으킨다.
스판다 카리카는 다시 말한다.

그러나 <신성의 의식>에 뿌리를 내릴 때
푸랴슈타카를 자신의 통제 아래로 가져와
그는 진정한 향유자(享有者)가 되고
그때부터 <샥티 전체>의 주(主)가 된다.

이것이 <욕망, 분노 등의 상태의 진정한 본성을 안다>는 의미다. 이 <욕망 등의 상태>는, 그것들이 일어나는 시각에는 **니르비칼파**의 형태다. 즉 그것 들은 신성의 순전한 에너지다.

그러므로 욕망, 분노 같은 일탈적 **비칼파**(사고 구조물)가 일어나고 (일어나는 시각에는 일탈적이 아니다), 문자 군(群)의 결과인 여러 말의 영향을 받을 때도, 그것은 문자 군과 관련된 **샥티 그룹**과 연합되지 않았으므로, **요기**의 <더 초기의 상태인 **니르비칼파**>에 의해 결정된 **요기**의 본성을 소멸할 수 없다.

그 <사고 구조물(비칼파)>은 <**의식**의 비결정적 상태(니르비칼파)>로부터 완전히 떨어져 있지 않고, 단지 다른 종류의 생각(비칼파)이다.

<비결정적 **의식**(니르비칼파)>은 **절대 자유**의 **힘**으로 자신으로부터 여러 가지 존재계(바와)로 분화하고, 그것으로부터 **비갸나-차크라**로 알려진 거친 요소(부타)들의 다름이 일어난다. 그러므로 **비갸나-차크라**의 **주**와 조절자이다.

그러므로 <**케차리 샥티**와 동질(同質)로 되는 일(삼야 혹은 **사마타**)>은 해방을 이룬다. 이 **케차리 샥티와의 동일성**은 **아눗타라**의 본성을 알아채기 때문이다. 그것은 끊임없이 현존하고, 신성 **샥티**와 **쉬바**의 합일을 인식하는 기쁨으로부터 일어나고, 둘의 <**지복의 의식**>을 실현하는 것으로 견고하게 된다.

<지고의 원초의 **말**(완전한 **나**)>의 확장의 형태로 창조성을 의도하는 **쉬바**는 **샥티**와의 합일로 창조적 확장의 행위를 하게 된다. 그 **샥티** 안에는 확장의 충동이 내포되어 있고, 핵융합(核融合)의 **에너지**가 충만하다.

[위 몇 문단의 묘사에는 애매모호한 표현이 있다. 대략 다음의 뜻을 포함할 것이다.

① **쉬바**는 일반적 창조성의 박동으로 가득하다.

② **샥티**는 **쉬바**의 일반적이고 잠재적인 창조성을 특별한 현현 속으로 자극하는 본성이다. 그러므로 둘의 결합은 다양한 현현의 필수요소다.

③ 이 합일은 **아눗타라**에서 <a> 부분의 확장을 보여준다. 첫 단계는 오직 **쉬바**의 **프라카샤**이고, 두 번째는 **비마르샤**의 단계 혹은 <현현의 다양성>이다.

④ **절대**는 자웅동체(雌雄同體)의 본성이다. 남성 원리는 **쉬바**로 나타나고, 여성 원리는 **샥티**로 나타난다. 현현이 있는 것은 둘의 결합에서다.]

이제 모든 존재의 정신기구나 감각기관으로 들어오는 것은, 중심 **나디**인 **수슘나**에 <지각이 있는, 생명의 **에너지**>로 거한다. **수슘나**의 주요 특징은 몸의 모든 부분을 더 "**살아 있게**" 하는 것이다.

그 <생명의 에너지>를 "오자스(生命의 빛)"라고
한다. 그것은 <일반적인 정력(精力, 비랴) 형태의
생동적 요소>로서 몸의 모든 부분에 퍼져 있다.

[우리 몸은 <소리, 형태(색깔), 맛, 냄새, 접촉의
오자스>를 갖고 있다는 의미다. 찬찬히 읽으면서
그 <생명의 빛(에너지)>을 느껴보라!]

그때 시각적이고 청각적인 자극으로 흥분이 인식
될 때, 그 흥분하는 힘 때문에, 그것은 성 에너지의
동요의 형태로 정념(情念)의 불꽃을 부채질한다.

"<사랑의 밀어(蜜語)>나 <그 몸과의 접촉(接觸)>
등을 통해서" 말이다.

이성(異性)의 자태와 목소리 등, 이전에 관련된
경험으로 힘 있게 되는 것 때문에, 혼자서도 다른
모든 대상에 대해 감각의 흥분을 일으킬 수 있다.

모든 것이 모든 사람에게 모든 것의 축도(縮圖)
이기 때문에, 어떤 것에 대한 기억이나 생각조차도
<소리 등 무의식적으로 거(居)하는 무수한 경험의
흥분 때문에> 동요를 일으킬 수 있다.

모든 경험의 진수를 가진 <성 에너지(비랴)>만이
충분한 발달을 일으킬 수 있고, (남녀에게) 생식의
힘을 준다. 그러나 어린아이의 경우처럼 미성숙한
상태나 노인처럼 감소된 상태가 아닐 때 말이다.

잔잔한 상태로 내면에 있었던, 자신과 동일시된 <성 에너지>가 동요되고 활동적인 상태에 있을 때, 그때 그 기쁨의 근원은 <창조적 박동으로 가득한 지고의 **나-의식**>이다. 그것은 시공(時空) 너머이고, 완전한 <**바이라바 의식**>이고, **절대적 통치권이고, 지복의 힘(에너지)으로 가득하다.**

두 눈의 만남으로 생긴 <아름다운 모습>조차도 강력한 <성 에너지와의 결합으로>만 기쁨을 준다. 그것은 <눈의 에너지>를 불러일으킨다. 그런 것은 귀가 (사랑의) 감미로운 노래를 들을 때도 같다.

다른 감각기관의 경우도 또한, <성 에너지와의 결합이 없이는> 감각기관 그 자체에서만 에너지가 솟구치기 때문에, 완전한 확장을 성취할 수 없다.

그러므로 <성 에너지>가 잘 발달하지 못한 사람들의 경우에는, 다른 경우에서처럼 <성 에너지>를 흥분시키는 사랑의 기쁨은 없다. 그들은 돌 같다. 그들에게는, 멋진 몸매의 처녀가 감미로운 노래를 부르며 다가오는 아름다운 모습도 완전한 기쁨을 줄 수 없다. 대상이 완전한 흥분을 일으킬 수 없는 그 범위까지, 단지 제한된 기쁨만 줄 수 있다. 만약 거기에 기쁨이 전혀 없다면, 그것은 오직 무감각만 가져온다.

풍성한 기쁨에 몰두하는 것만이 <성 에너지>를 흥분시키고, 그것만이 아름다운 것들의 맛을 나타낸다. 극도의 기쁨은 가슴이 <성 에너지>에 의해 확장된 이들에게만 가능하다. 그것은 <감성(感性)을 깊게 하는 것>에서는 무한의 용량을 가지고 있고, <즐거움의 대상과의 반복된 접촉>으로 확립된다.

　<슬픔> 역시 (케차리 삼야를 가진 이들에게는) 똑같이 놀라운 <기쁨>의 경험이다. 예를 들어, 어떤 즐거움이 아내와 아들로 인한 것이었는데 - 그것은 성 에너지로 생기가 넘쳤고 가슴에 있었다. - 모든 예상이 뒤틀릴 때, 거기에는 눈물과 비탄(悲嘆)과 함께 <사랑하던 자의 상실>에 대한 이해가 있다. - 그의 그 기쁨이 바로 그 슬픔의 원인이 되었다는 것을……. 이제 그 슬픔이 최고에 이를 때, 사람은 기쁨이 더 이상 경험되지 않을 것이라고 생각한다. 그러나 **그때 바로 그 절망(絶望) 때문에 -** 핵심적 본성 혹은 **케차리 삼야의 확장 때문에**, 그 슬픔의 본성은 갑자기 분명한 기쁨으로 돌아선다.

　쉬바-드리슈티에서 소마난다는 말한다.

　"슬픔조차도, <핵심적 본성의 확장>으로"

수슘나에서 프라나와 아파나의 용해가 있을 때, 거기에는 모든 감각의 에너지가 저장되어 있는데, 그때 사람의 의식은 그 큰 수슘나 기맥의 단계로 들어가고, 거기서 자신의 샥티의 박동과의 연합을 얻는다. 그때 모든 이원성의 느낌은 용해되고, 거기에는 <내재하는, 풍성하고 완전한 샥티로 생겨난> 나-의식이 있다. 그때 <쉬바와 샥티의 합일 속으로 들어가는 것으로> - 그 합일은 현현이라는 본성의 기쁨으로 구성되어 있다. - 또 <나-의식의 위대한 만트라 에너지의 확장의 흐름과의 통합으로>, 거기에는 아쿨라 혹은 아눗타라인 바이라바의 본성의 현현이 있다. 그것은 모든 구별 너머고, 불변이고, 영원하다.

서로가 <성 에너지>의 상승으로 지속되는 경우, 중심 기맥에서 내적으로 느껴진 오르가슴의 기쁨은 경련의 순간 밖으로 분출하려는 성 에너지의 흥분으로 일어나는데, 모든 사람에게 개인적인 경험의 문제다. 이 기쁨은 단지 허구의 것인 육체에 의존하지 않는다.

만약 그런 순간에 그것이 <참나의 고유한 기쁨을 기억하는 징표>가 된다면 - 즉 그런 순간에 사람이 케차리 삼야(사마타)를 "알아채게" 된다면 - 그의 의식은, (**나-의식**의 확장된 에너지와의 결합으로 실현되는) <영원(永遠)의 상태> 속으로 들어간다.

그것은 <**쉬바**와 **샥티**의 합일(合一)의 **지복**이라는 절대적으로 자유로운 현현(顯現)의 표현>인 **지고의 신성 샥티**를 구성한다.

이것은 30절의 "**비라는 앉아서 스리슈티 비자를 경배한다.**"로 다시 다룰 것이다.

25절과 마지막 절은 말한다.

우람한 반얀 나무도 씨앗 안에 잠재성으로 있듯이 그렇게 우주도 <가슴의 씨앗> 안에 있다.

이런 것이 이 만트라로 얻는 것이라.
이것이 루드라-야말라이니
이를 수행하여 <전지(全知)의 힘>을 얻노라.

비갸나 바이라바도 말한다.

상대방 없이 사랑하라.

"키스하고, 포옹하고, 껴안던 경험을 기억하고, 마음을 거기에 흡수(吸收)하는 것으로 저 <기쁨의 밀물>은 몰려온다."

위 방편은 다음의 의미로 말한 것이다. 여자와의 접촉의 기억이 강렬하면, 그것은 성 기관과 중심 **나디**에 반영된다. 그리고 나중에 실제의 여자와의 접촉이 없더라도, 그 접촉의 강렬한 기억이 중심 **나디**에 있는 성 에너지를 흥분시킨다.

이런 의미에서 **비갸나 바이라바**는 말한다.

그 떨림 속으로 들어가라.

"성교에서 상대방 속으로의 흡수가 그 흥분으로 일어난다. 그것의 절정(絶頂)에서 일어나는 기쁨은 <브라흐만의 기쁨> 곧 <**참나**의 기쁨>이다."

또 "사랑으로, 사람은 <**쿨라**에 속하는 성취>를 이해해야 한다."고 한다.

비야사도 **바가바드 기타**에서 말한다.

"오 바라타의 아들이여
모든 자궁은 나의 <위대한 **샥티**>라.
거기에 나의 정액을 맡기노니
그곳에서 모든 존재가 출생하느니라."

소마난다는 말한다.

141

"데비의 질문은 <바이라바와의 육체적 결합 속에서> 파라 삼반다에 속하더라도, 파라 삼반다와 완전한 조화 안에서, 마하 삼반다와 또 안타랄라 삼반다의 견지에서 바이라바에게 한 것이다."

트리카 경전의 비의적 가르침은 이 긴 총론으로 충분하다. 그러므로 위에서 피력한 원리에 따르면 이것이 1절이 의미하는 바다.

즉 카울리카 싯디를 주는 것은 아눗타라이고, 그것이 이해가 되면 케차리 삼야를 일으킨다.

     ☯   ☯   ☯

데비가 물었다.

쉬바여!
아눗타라가 어떻게 즉시 전체성을 실현하며,
어떻게 이런 지식(知識)으로
<케차리와의 동일성>을 얻습니까?

여기서 우리는 위 1절에 대한 이 긴 해석을 네 가지로 요약하면서 복습한다.

① <데비와 **바이라바**의 대화>는 실제로 무엇을
　　의미하는가?
② "**아눗타라**"라는 말이 함축하는 것
③ 무엇이 "**카울리카-싯디**"인가?
④ "**케차리 사마타**"라는 개념

(1) <데비와 **바이라바**의 대화>의 의미

　"**데비 우바차**"는 "데비가 말했다."는 의미이고,
또 "**바이라바 우바챠**"는 "**바이라바**가 말했다."는
의미라고 했다.

　[필자는, **비갸나 바이라바**에서는 "**묻는다.**"와 또
"**답한다.**"로 <(영원한) 현재(진행)형>으로 해석했다.
그 의미도 함께 파악하시길……]

　이것은 <데비와 **바이라바** 사이에 대화가 있었던,
어느 정도 거리가 있는, 과거>와 관련되는 것인가?
도대체 과거시제라고 하는 것이 어떤 의미를 갖고
있는가? 데비는 누구이고, **바이라바**는 누구인가?

　["**<지금 내 속에서 말하도록 하고 있는 이것>은
도대체 무엇인가?**" 이런 의문을 곰곰이, 철저하게,
꾸준히 생각하고, 생각하며 이 책을 읽어야 한다.

그래서 <그 무엇("이것")>을 "느껴야 한다!" - 물론 말로 표현할 필요는 없다. 그렇지 않으면("느끼지 못하면") 시간과 에너지의 낭비일 뿐이다. "영성은 그대와는 상관없으니, 그냥 인생이나 즐겨라."]

아비나바굽타는 "데비는 추상적 개념이 아니라, 살아 움직이는 <**의식의 힘**>, <**파라 샥티**(에너지)>, <**지고의 말씀**(파라 바크, 로고스)>, <'**나**'인 것으로 끊임없이 박동하는 이것('**이 무엇**')> 외에 아무것도 아니다."고 한다.

또 그 질문은 <자기 성찰(省察, 반성, 통찰)>외에 아무것도 아니다. 즉 그녀는 **파쉬얀티, 마드야마 바크**로 나타나는 동안도, 자신이 <**지고의 의식**>인 것을 안다.

질문자는 누구이고 무엇인가? **아비나바굽타**는 그것을 드러낸다.

"말(**바차카**)과 그 대상(**바챠**)과도 다르지 않은, [<똑같은 **지고한 말**(파라 바크)>로서의] **나** 데비가 이렇게 말했다."
"그러므로 그 <내적인 내용> 즉 <**주의 의식**에서 분화되지 않은 방식으로 나타나는 **질문-대답**>은

<**파쉬얀티** 단계>에서는 (무언가를 표현하려는) 욕망(의지)을 <문자(음소)>, <말(단어)>, <문장>으로 배분하고 할당하려는 <미확정적 형태(**니르비칼파**)> 이고,

<**마드야마** 단계>에서는 (그 어떤) 분리의 느낌을 가진 <확정적 형태(**사비칼파**)>이고,

<**바이카리** 단계>에서는 <**마이야** 문자(음소), 말, 문장으로 구성되는 거친(육성) 언설>인 <**질문**>과 <**대답**>의 형태로 표현된다."

최고의 <**파라** 단계>에서는 질문도 대답도 없다. 거기에는 단순히 진리(실체)만 있다. 그것을 알 수 있는 것은 <질문과 대답의 형태를 떠맡고, 말로써 표현되어> 진리가 드러날 때뿐이다.

마지막으로 그는 이렇게 요약한다.

"이것이 여기서 말한 의미의 전부다. 모든 존재들의 자연적 상태인 **참나**는 자기 조명적이고, 그 자신과 다르지 않은 <질문-대답>으로 즐겁다.

그 안에서는 질문자인 **데비**와 대답자인 **바이라바** 둘 다가 단지 **그** 자신일 뿐이(고, 회광반조의 <자기 성찰>을 즐긴)다."

그러므로 <신성의 대화>는 궁극적으로 분석하면, <영적인 독백(獨白)>이고, 일종의 <자기 성찰> 내지 <자기 기억>이다.

[그것이 힌두교와 기독교 등 <감성의 종교>에서 기도(祈禱)의 의미이고, 또 <신(神)과의 대화>라는 것이다.]

이것은 또 과거시제의 수수께끼를 푼다. <파라의 수준>에서는 시간이 없는 <영원의 진리>만이 있다. 그러므로 거기에는 질문도 대답도, 과거도 현재도 미래도 없다. 그것은 그 자신의 빛 안에서 빛나는 유일한 실재(實在)다.
실재는 정적인 것이 아니라 역동적인 것으로 그 자신을 현현으로 쏟아내고, 자기표현으로 고동친다.

그것은 오직 <파쉬얀티의 수준>으로 하강하여 데비의 형태로 몸을 입고 신성의 대화를 시작하여 <파라 수준>의 진리(眞理)가 기술되고 드러날 때뿐이다.

그러므로 "데비 우바챠(말했다)"라는 과거시제는 <발생시간 순서>가 아닌, <논리적인 순서>이다.

(2) "아눗타라"의 함의(含意)

아비나바굽타는 아눗타라를 16 가지의 견해로 설명했다. 그는 짧은 주석 책 라구브릿티에서 모든 견해를 아우르는, 아눗타라의 함의를 준다.

"웃타람은 <더 높은>, <우등(優等)의>를 말한다. <감각이 없는 것>과 비교해서, 그것은 주체 혹은 경험자다. 그래서 웃타람은 <더 높은>, <우등의>를 의미한다.

자기 조명적인 의식(意識)에서는 다른 경험자가 없기 때문에, 그것이 우주적인 경험자이기 때문에, 그러므로 그것은 아눗타라다. 그러므로 아눗타라는 <지고의 의식>이고, 영원하고 편재하고, 시간 공간 너머이고, <부정할 수 없는 실재>다."

(3) "카울리카 싯디"란?

① <외향적 견지>에서 카울리카 싯디는 쿨라로 부터 끌어낸 항아리 등과 같은 <대상들의 명확한 경험의 성취>다. 쿨라는 프라나, 몸 등을 말한다. 그러므로 카울리카 싯디담은 프라나, 마나스, 몸 등을 통해 (경험적 개아에서) <'푸르다' 같은 명확하고 확실한 대상적인 경험>과 <'기쁨' 같은 주관적

인 경험>을 일으키는 것을 의미한다. 그러면 <몸-마음 복합체>가 이런 경험을 저절로 일으키는가? 아니다. <몸-마음 복합체>는 매개체일 뿐이다. <몸-마음>의 매개체를 통해 그런 것을 일으키는 것은 **아눗타라**로, **더 없는 실재**다.

"참으로 그것은 **몸, 마음** 등으로, 그것들 안에서 (시간 영역 너머에 있는) **쉬바**와 **샥티**의 에너지의 침투를 통해, **프라나** 등의 중간적 단계로 상승하고, 존재하는 것들의 명확한 인식의 형태로 드러나게 (성공하게) 된다."

그러므로 **카울리카 싯디**는 <**아눗타라**로 생겨난 **쿨라** 혹은 '**몸-마음 복합체**'의 매개를 통한 명확한 인식>이다.

② <내향적 견지>에서 **쿨라**는 <거칠고, 미묘한, 또 가장 미묘한 현현의 총합>을 의미하며, 이것은 **지고한 의식**의 응결일 뿐이다. **카울리카 싯디**는 <거칠고, 미묘한 현현의 복합체 전체에 존재하는 **싯디**>다. 여기서 **싯디**는 이런 뜻이다.

"**싯디**는 <우주 의식의 빛>을 굳게 잡기 위해서 <**뒤로 돌이키는 것**>으로 얻는 **지복**(至福)의 성취를 말한다. 그것은 <**쉬바**의 **나-느낌**과의 동일성>이다.

그의 본성은 '스판다' 즉 <현현의 기쁨으로 뛰는, 영원한 박동>이다."

그러한 성취를 일으키는 것이 **아눗타**라다.

(4) "케차리 사마타"의 개념(槪念)

데비의 질문의 중요한 목적은 **케차리-사마타**로, **데비**와 **바이라바**의 대화 전체가 싸고돌아가는 중심이다. 이것은 **케차리**와 **사마타**의 복합어다. 그러니 우리는 이 두 단어의 함의를 이해해야 한다.

케차리의 **케**는 하늘, 허공, **브라흐만**을 의미하는 "**카**"의 처격(處格)이다. 이런 문맥에서 그것은 **브라흐만(절대)**을 의미하고, **차리**는 <이리저리 움직이는 것>을 의미한다.

아비나바굽타는 "<브라흐만 안에서 정적(靜的)인 동안도 분별할 수 없는 단위로 이리저리 움직이는 것>이 **케차리**다."고 한다. 다른 말로, **케차리**는 <(신성의) **역동적(力動的)인 의식**>이다.

그 현현에서, **묘마차리**로 알려질 때는 <경험적인 개아의 형태>로 나타나고, **고차리**로 알려질 때는 <정신 기구 형태>로, **딕차리**로 알려질 때는 <감각 기관의 형태>로, 또 **부차리**로 알려질 때는 <대상적 존재물의 형태>로 나타나는 것은 곧 이 <역동적인 **의식의 힘**>이다.

경험적 개아의 수준에서, 모든 경험은 - 그것이 소리, 형태, 향기 등의 인식의 일이든, 욕정(카마), 분노(크로다) 같은 마음의 주관적 상태든 - **우주 의식**과는 관계가 없는 별개의 것으로 보인다. 그런 것이 이 빛 안에서 보일 때 - 즉 만족감을 위해, 어떤 것을 끼니이 권리로 고압적으로 침묵시킬 때 - 그때 그것은 "케차리 바이샴야"이다. 케차기이 실제적 본성과는 반대이다.

그러나 모든 인식과 **카마**, **크로다** 같은 마음의 주관적 상태가 케차리 혹은 <**신성의 의식**>의 한 표현으로 여겨질 때, 그것들이 <영원한 상(相)>으로 보일 때, 그때 이들 상태조차도 수행자의 마음을 **신성(神性)**의 넓은 품으로 던지고, 그때 그것들은 단지 <인간>과 <신성의 **의식**> 사이의 애정 관계로 봉사한다.

아비나바굽타는 말한다.

"**카마**(욕정), **크로다**(분노) 등이 마음의 일탈로만 보일 때, 그때 그것들은 <**케차리 바이샴야**> 즉 <케차리와의 이질성(異質性)>을 구성한다.

케차리 사마타 즉 <**케차리와의 동일성**>은 모든 대상과 상태를 <통합적인 **바이라바의 본성**>으로 보는 것으로 구성된다."

"케차리 바이샴야 즉 <케차리와는 다른 것(으로 보는 것)>은 **아눗타라** 혹은 **절대**의 핵심적 본성에 대한 무지(無知) 때문이다.

이 무지, 무명(無明)이 제거될 때, 경험적 의식의 모든 제한은 사라지고, 이들 제한의 사라짐과 함께 **크로다, 마야**조차도 <신성 바이라바 **의식**>의 본성 으로 나타난다."

케차리 사마타로 수행자는 모든 곳에서 - **모든 대상, 모든 상태에서, 욕정과 분노에서도 - 신성의 현존을 느낀다. 그것은 끊임없이 유지되어야 할 태도다. 삶에 대한 그의 시각 전체가 변한다.**

이런 문맥에서 **아비나바굽타**는 <성(性) 문제>를 다룬다. 성 즉 섹스는 보통 단지 생물학적인 현상, <신성과는 아무 관련이 없는> 동물적인 본성으로 본다. 고상한 수도자들의 성에 대한 무시를 보고는 우리도 내려다보게 된다.

아비나바굽타는 그 문제를 **탄트라**라는 현미경 위에 올려놓고 허심탄회(虛心坦懷)하게 검정한다. 그에 따르면, **성은 단지 <대우주적인 신성(神性)의 창조적 에너지>의 소우주적인 면일 뿐이다.** 섹스의 황홀(恍惚)은 이 <신성의 창조적 에너지>의 희미한 재생일 뿐이다. <신성의 창조적 에너지>는 <**쉬바와 샥티**의 **합일**>로부터 방사된다.

<쉬바와 샥티>는 두 개의 분리된 실체가 아니라, **하나**인 **실재**의 **프라카샤**와 **비마르샤** 측면이라는 것을 아는 것이 중요하다. 그들의 합일은 일종의 자웅동체, 양성구유의 합일이다.

포유류에서 에너지는 척추의 <중앙 통로(**수슘나 나디**)>와 관련 있다. 그것은 발전(發電)하고, 저장하고, 분배하는 중심이다. **아비나바굽타**에 의하면 우리가 취(取)한 것이 무엇이든 - 음식이든, <소리, 형태, 향취, 접촉 등의 인지의 형태>이든 - 그것은 **수슘나 나디**에서 우선 "**오자스**(<생명 에너지>)"의 형태로 변형된다. 그다음 이 **오자스**는 "**비랴**" 즉 <성(性) 에너지>로 변형되어 온몸으로 퍼진다. 모든 생식기능과 창조적 기능은 이 에너지를 통해 이루어진다.

감미로운 음식, **빼어난** 풍경, 황홀하고도 장중한 음악, 넋을 **빼앗는** 시(詩), 연인과의 깊은 포옹······ **그 모든 곳에서 "놀이"를 하는 것은 이 에너지다.** 육체적 수준에서 그것은 <신성 에너지(**케차리**)>의 대표적인 것이다. 열정, 분노, 슬픔조차도 그들의 생명을 이 <신성 에너지>에 빚지고 있다.

이 에너지가 <육체적, 화학적, 생물학적, 정신적 에너지>의 구별된 형태로 사용될 때, 그때 그것은 **케차리 바이샴야** 즉 <케차리와의 이질성>이다.

그러나……

모든 생각하는 일과
모든 생각의 대상을 느끼게 하고
모든 것을 통해 굴러가는
어떤 움직임과 정신!

위 시의 표현처럼 <모든 것이 신성 에너지의 한 형태>로 보일 때, 그때 그것은 "케차리 삼야" 즉 <케차리와의 동일성>이다. 이 케차리 삼야가 해방으로 이끈다. 마치 문어처럼 <감각적인 삶에 달라붙는 것>에서의 해방 말이다.

"<케차리 샥티와의 동일성>이 해방을 구성한다. 이 케차리 샥티와의 동일성은 아눗타라의 본성을 알아채는 일 때문이다. 아눗타라는 항상 현존하며, <쉬바와 샥티의 합일>을 인식하는 기쁨으로부터 일어난다."

그것은 단순히 해방을 일으키는 에너지의 지식이 아니라, 기적을 일으키는 신성과의 포옹 속에서 그 에너지를 끊임없이 알아채는 일이다.

"아눗타라의 본성에 대한 무지가 극미하게라도 있으면, 그것은 마음을 정반대의 상태로 이끈다. 저 윤회계라는 것은 이 정반대의 상태를 말한다."

153

어떻게 케차리 삼야가 해방을 일으키는가? 그 대답은 "마음의 변형(變形)으로"다. 케차리 삼야는 방문을 잠그고 몇 분 동안 명상하는 것을 의미하지 않는다.

그것은 일상생활에서 모든 순간 신성의 에너지를 **알아채는 일**을 말한다. **신성의 현존(現存)**이, 먹고, 마시고, 잠자고, 또 사무실에서 업무를 보는 동안도 **끊임없이 느껴질 때**, 내 생활 전체가 **요가**가 되고 명상이 될 때, 그때 그것이 케차리 **삼야**다. 그때 수행자의 마음은 완전히 변형된 것이다.

케차리 **삼야**는 수행자의 거친 정신적 요소들을 **신성의 의식**이라는 빛나는 금으로 바꾸는 놀라운 연금술(鍊金術)이다. 거기에 **인간의 의식이 신성의 의식으로 용해되는 기적**이 따른다. 그러므로 **이제 사는 것은 그가 아니다. 그의 안에 사는 것은 그의 주(主)다.**

신약 성경의 바울은 말한다.

"이제는 내가 사는 것이 아니요, 오직 내 안에 그리스도(**신성**)께서 사시는 것이라."

아비나바굽타는 다른 책에서 케차리 **사마타**를 <생각이 자유로운(생각이 없는), 통합적인, **신성의 의식**>으로 해석한다.

< 2a >

이 <비밀 중의 비밀(秘密)>을 일러 주소서

Etad-guhyaṁ maha-aguhyaṁ kathayasva
  mama prabho
에탓-구히암 마하-아구히암 카타야스와
  마마 프라보

"오, <나의 **참나**(마마 스와)>인 **주**여. <이 비밀, 이 엄청난 비밀>을 말해 주소서." 혹은

"오, <내 **주**(마마 프라보)>여, <크게 감추어지지 않았다고 하더라도 아직 비밀로 남은 이 진리>를 말해 주소서."

이것은 신비(神秘)의 비밀이다. 왜냐하면 그것이 **구하**(동굴)나 **마야**에 거하기 때문이다. 그 안에서는 본성이 알려지지 않고, 명확하지 않다.

["**실재**(實在)는 모든 사람의 가슴에서 <인식하는 경험자>로 빛나고 있지 않은가? 그런데 그에 대한 질문이 왜 필요한가? 그렇다. 그러나 그것이 모든 사람의 가슴에서 빛나고 있다고 하더라도 실존으로 그 가슴에 직접 와 닿지 않기 때문이다. 그러므로

<현존하더라도 현존하지 않는 것>과 같다. 그것은 마치 <차를 타고 빨리 달리는 사람>에게는 길옆의 잔디와 나뭇잎이 있더라도, 있지 않는(알지 못하는) 것과 같다."]

또 그것은 크게 감추어지지 않았는데, 왜냐하면 그것은 모든 이에게 기쁨의 근원으로 알려져 있기 때문이다. (궁극적인 분석에서) <아는 자(주체)>, <지식>, <알려지는 것(대상)>의 다른 상태 안에서 나눠지지 않은 채 거하는 것은 **슛다 비디아** 여신 그녀이다.
[여기의 **슛다 비디아**는 (36 **탓트와**의) 다섯 번째 현현인 그 **슛다 비디아**가 아니다. <순수한 신성의 지식> 즉 **쉬바 비디아**를 말한다.]

그러나 <**삼위**의 구도(構圖)>는, **마야**의 상태에서, 그 안에 지나치게 반영된 분화의 통찰력을 준다. 우주의 방사(放射)의 근원인 **마야** 또한 실제로는 <신성의 지식(**슛다 비디아**, **쉬바 비디아**)> 그 자체다. 그러므로 밝혀진 원리에 따라, 이 **슛다 비디아** 즉 <신성의 지식>이, 이런 면에서 알려지지 않을 때면 **마하 구하**(<엄청난 동굴>)이다.
왜냐하면 <아는 자> 등(으로 분화되어 나타나는) 형태의 삼위인 그녀가 <미분화의 고귀한 상태>로 시야에서 숨겨져 있기 때문이다. **트리카** 경전에는 실제로 <**숫다-비디아 마야**> 홀로 삼위의 신성으로 경배의 대상이다.

[**숫다-비디아**는 현현에서는 **삼위**가 된다. **삼위**는 프라마타(경험자), 프라마나(경험), 프라메야(대상) 이다. 삼위는 삼각형과 삼지창으로 표현된다.

마야의 삼각형은 현현의 비밀이 숨겨진 동굴의 상징이다. 그것은 또 여성 성기의 상징이기도 하다. 그러므로 **마야**를 <만물의 근원>이라고 부른다.

트리카 경전(<**삼위의 경전**>)이라고 하는 이유는 **실재**(實在)의 세 가지 측면 곧 <**쉬바-샥티-나라**>, <**파라-파라-아파라-아파라**>, <**잇차-갸나-크리야**>, <**프라마타-프라마나-프라메야**> 등을 다루고 있기 때문이다.]

"그녀는 (<**쉬바-샥티-나라**>라는) 삼위의 위대한 영적인 진리(**마하 비디아**)다. 모든 기쁨의 거처이고 또 우주적 확장의 기저(基底)다. 그러므로 그녀는 **프라마타**(아는 자), **프라마나**(지식, <지식의 수단>), **프라메야**(지식의 대상)의 모든 면에서 경배되어야 한다."

"**프라마타**, **프라마나**, **프라메야**에 스며들어 있는 <하나>인 <**신성의 빛**(태양)>은 결코 지지 않는다. 항상 현존(現存)한다."

이제 이 **마야**의 엄청난 동굴에서 - 그의 가슴은 <우주 전체의 출현의 거대한 창조적인 움직임이고 근원인> 신성의 지혜(**슛다-비디아**)로 가득하다. - 자신에 고유한 기쁨의 역동성(力動性)으로 일어나는 "ma-ha-a" 형태의 회귀적 움직임은 진실로 <**비밀 중의 비밀**(秘密)>이다.

이 비밀은 <ma(**나라**)>와 <ha(**샥티**)>가 가리키는 <**대상적인 현현**>으로부터 <**핵심적 본성**>으로 가는 **귀향의 움직임이 있다**는 것을 말한다. 그 귀향의 움직임은 <**핵심적 본성**> 즉 <a(**쉬바**)>가 가리키는 <신성의 자유를 상징하는 **나-의식, 방해받지 않는 바이라바 의식**>에서 쉬는 것으로 끝난다.

현현에서, **파라 바크**로 알려진 <자연스럽고 본래적인 **만트라**>의 기쁨으로 가득한 형태는 - **지고의 신성**의 중얼거림은 - "**나**(아함, a-ha-m)"이다.

"현현된 모든 현상들이 **참나**에서 쉬는 것을 **나-의식**이라고 한다." 즉 <진정한 **나-느낌**>은 철수의 과정에서 <항아리, 천 같은 모든 외부적인 대상이 그들의 다양함에서 철수되어 쉬게 되는 것> 혹은 <핵심적이고 방해받지 않는 **아눗타라**의 양상에서 마지막으로 쉬는 것>이다. 이 **아눗타라**의 양상이 <진정한 **나-느낌**>이다.

이것은 비밀이고 엄청난 신비다.

확장의 과정에서 <더 없는, 불변의 **바이라바**>는 **아(a)**의 형태다. 그것은 자연스럽고 기본적인 소리로서, <음소 에너지 전체의 생명>이다.

그는 확장의 과정에서 **샥티**의 상징인 **하(ha)**를 떠맡는다. 확장(**비사르가**, 창조)은 **하(ha)** 즉 **쿤달리니 샥티**의 형태이기 때문이다.

[**샤라다** 문자에서 **하(ha)**는 쿤달리니 샥티(뱀)의 형태라고 한다. 영어의 "s"나 한글의 "ㄹ"과 닮았으며, **산스크리트**에서는 " ह "이다.]

그다음 그는 **나라**["ㅁ(m)"] 즉 대상적 현상들을 상징하는 점(點 "·")으로 확장한다. 그것은 <샥티의 확장 전체> 즉 <우주의 현현 전체>가 **바이라바**와 동일하다는 것을 가리킨다.

그러므로 확장은 <**아함**(Aham)> 즉 "**나**"의 형태 안에서다.

유사하게 회귀적 움직임에서는, 대상적 현현의 마지막 국면인 **나라**["ㅁ(m)"]는 <세 가지의 힘>과 함께 – 그것의 생명은 **파라**, **파라-아파라**, **아파라 샥티**의 삼위로 구성된다. – 그 **비사르가** 즉 **샥티** ["**하(ha)**"]와의 합일을 통해서 **아눗타라**["**아(a)**"] 즉 <근본적 불변인 단계>로 들어가게 된다. 이것은 곧 명확해질 것이다.

그러므로 확장(현현)에서는 "아함(a-ha-m)"이고, 철수(용해)에서는 "마하(ma-ha-a)"이다.

[위의 <세 가지의 힘>은 잇차, 갸나, 크리야다.
"아(a)"는 쉬바의 상징이고, "하(ha)"는 샥티의 상징이고, "ㅁ(m)"은 나라의 상징이다.
그러므로 "아함(a-ha-m)"은 현현의 상징이고, "마하(ma-ha-a)"는 철수의 상징이다. 기억하라.]

앞에서 말했듯이 최고의 지복인 <마하(ma-ha-a, 위대한 실재)>에서 <아(a)인 그것>은 신비스런 비밀이다. 이것은 <위대한 비밀(마하-구히얌)>이고 우주 출현의 근원이다. 또 이것이 쉬바와 샥티의 합일로 오는 기쁨인 한, 이것은 아주 <드러난(아구히얌)> 것이다.
[위의 문장은 <마하-구히얌(비밀 중의 비밀)>을 세 가지로 해석한 것이다.
① <Maha + a + guhyam> :
<위대한 실재(Maha)>의 현현에서 <아눗타라의 아(a)>의 현존은 가장 큰 <신비(guhyam)>다.
② <Mahaa + guhyam> :
마야라는 <엄청난 동굴(Mahaa guhyam)>에서 쉬바 비디아(숫다-비디아)는 모든 현현의 근원이다. 이것은 <엄청난 신비(Mahaa guhyam)>다.

③ <Mahaa + aguhyam> :

엄청난 신비일지라도 그것은 우리의 경험 너머에
있지 않다. <남성과 여성의 합일에서>, <물아일여
(物我一如)의 경험에서> 경험된 그것은 모든 사람
에게 알려져 있다. **비밀이 아니다(아-구히얌)!**]

스와 마마는 <바로 나 자신>을 의미하고,

프라보(주여!)는 호칭(呼稱)의 한 형태로, <그런
놀라운 다양성을 일으키는 것으로써, 당신은 진정
어떤 형태로도 나타날 수 있다>는 의미다.

<호칭의 형태>는 <호칭하고 있는 사람> 쪽으로
<그 호칭을 듣는 자>의 **얼굴과 얼굴을 맞댄 현존
(現存) 혹은 <그와의 동일성>을 내포한다.** 그러므로
그것은 일반 명사보다 더 큰 함축을 가진다.

(인칭과 호칭은 제 5 장에서 따로 다룬다.)

"호칭은 단순 명사보다 더 큰 함축을 가진다."

에탓 카타야는 <이것을 나에게 말해 주소서>로,
"이 진리가 <창조의 원초적 소리(**파라 바크**)> 형태
에서는 분화되지 않았더라도, **파쉬얀티** 등의 단계
에서 <잘 직조(織造)된 문장으로> **친절(親切)하게
일러 주소서**."를 의미한다.

"**쉬바**로서 스승의 역할과 **사다쉬바**로서 제자의 역할 등을 떠맡은 **주(主)** 자신이" 말이다.

<나의 것(마마)>이란 말은 <개개 주체와 관련된 어떤 대상>을 가리킨다. 관찰하자면, 이 관계에서 암시된 비밀은 <m-ha-a>는 실제로 <a-ha-m>을 말하고 있다는 것이다.

"**이것이 내게 나타난다.**"에서 **나타난다**는 인상의 핵심은 **나-의식(a-ha-m)이다.** - **경험자와 관련이 없는 경험은 의미가 없다!** - 회귀적 움직임의 견지로부터 그 주체까지의 **나-의식**은 앞에서 말한 대로 <m-ha-a>이다.

이슈와라-프라탸비갸 카리카는 말한다.

"<'이것'이라며 명확한 대상을 확정하는 일>은 <그 언급 대상>을 **참나**의 본성에 이르게 한다. 이 언급은 **나-의식**(아함-비마르샤)을 구성한다."

"<'이것은 항아리다.'라는 형태의 확정적 지식>은 항아리의 **이름과 형상**의 제한을 초월하고, (진실로) 최고 주권자의 **갸나 샥티**의 한 형태이고, **참나**로서 빛나며, <'이것'이란 말로써 **표현되는 어떤 대상**>과 **떨어져 있지 않다.**"

소마난다는 "모음 **아**(a)는 순수한 **쉬바**다."라며 바르게 말했고, 이것은 이미 상술한 바다.

이제 <**스와-마마**>를 한 단어로 취하고, 그것을 다시 <su+a+mama>로 나누면,
<su>는 **수슈투** 즉 <적절한 때에, 적절히>를,
<a>는 <현존하지 않는, 부재(不在)의>를,
<**마마**>는 <**비슈밤** 즉 우주>를 의미한다.

그러므로 <**스와-마마**>는 <**나-의식**으로 가득한 이에게 ("떨어져 있는 어떤 것"으로서의) 우주는 아무 것도 아니다>라는 의미다. 소유격(所有格)의 생명은 <다른 어떤 것>으로서 소유된 것을 나타내야 하는 것이다. 그러나 소유격 <**마마**(나의 것)>로 특정된 우주는 <'**나**'로부터 떨어진 어떤 것>이 **아니다**.

[<su+a+mama>의 <a>가 의미하듯 <그런 우주는 **없다**>는 것이다.
소유격은 "왕의 성"이란 말에서 보듯이 <소유자와는 다른 어떤 것>으로 <소유된 것>을 의미한다. 성(城)은 <왕과는 다른 어떤 것>이다.
그러나 우주는 <**쉬바**("**나**")와는 다른 어떤 것>이 아니다.]

<상키야나 요가, 불교(佛敎) 같은 다른 계통에서
입문한 수행자>나 우리 계통에서도 <비갸나칼라와
프랄라야칼라>가 사마디에서는 "나의 것"이라는
생각이 없더라도, 그들 속에는 <다르다>는 인상이
남아 있다. 그 남은 인상은 그들이 그 이전 상태로
깨어날 때는 왈공식이 되어, 남(마음)과 동일시된
나-의식> 속으로 자란다.

　　그 남은 흔적조차 제거하기 위해 접두사 <su>가
<적절히>의 의미에서 사용되었다.

　　나 아비나바굽타의 찬양에서는 말한다.

"아무것도 내 것이 아냐"라는 생각으로
　감각 없는 피조물들 오그라들었나니
"아무것도 내 것이 아냐" 바로 그 말이
　내게는 곧 "나는 모든 것이다"라네
　하여 나는 고귀(高貴)한 자리 얻었노라

　1) <쉬바의 견지에서 스와 마마의 다른 해석>

　　스와 마마는 <su+ama+ma>로 분석될 수 있다.
　　<su>는 쇼바나(우수한)를, <ama>는 <지식>을,
<ma>는 마남(실현)을 의미한다.

이제 이 합성어의 뜻은 이 세 단어로 형성된다.

그러므로 **스와-마마**는 "<우수한 지식>을 통해 - <최고의 진리와의 교류로 온 **불이**의 지식으로>, <이원성이라는 더러운 녹(綠)의 미세한 흔적도 없는 지식으로> - 실현을 이룬 사람"을 말한다.

2) <**샥티**의 견지에서 **스와 마마**의 다른 해석>

<ama>는 <아는 자>다. 이를 한 단어로 취하면, 이것은 <모든 지식의 영역에서 자유로이 움직이는 **파라 샥티 여신**>을 의미한다.

이 <ama>는 <a+ma>로, <a>는 부정적인 힘을 가지고, <현존하지 않는>을,

<ma>는 <mana> 즉 <지식(**갸나**)>과 <그 부재(**아-갸나**)> 둘 다를 의미한다. <지식과 무지 둘의 항존하는 기저(基底)인 자>가 **아마**로 알려져 있다.

[이것은 **갸나**와 **아-갸나**, 그리고 그것들의 그침이 있는 <**샥티**의 차원>을 암시한다. - 모든 것이 **삼빗** 즉 **신성의 의식** 속에 거한다.]

3) <**지바**의 견지에서 **스와 마마**의 다른 해석>

그녀는 <su> 즉 <항존하는 우수한 존재>이다.

[이것은 <su+ama>의 설명이 된다. 그러면 이제 <svamama>에서 <ma>가 남고, <ma>는 **마야**를 암시한다.]

그러므로 **스와-마마**는 "그는 **마야**에서도 - 지식(**프라마나**)과 대상(**프라메야**)으로 이루어진 일상의 생활에서도 - 우수한 **아마**로 항존(恒存)한다."

그러니 합성어 속에 다른 합성어로 있다. 그것이 의미하는 것은 <**프라마나** 등으로 구성되는 보통의 삶에서도 **지고의 주**는 **불이**인 그의 **지고의 샥티**를 갖는다>는 것이다.

그러므로 (데비와 **주** 사이에는 다름이 전혀 없기 때문에) <**주**(主)를 부르는 것>은 곧 <그녀 자신을 부르는 것>이다.

[<이런 의미>에서 성경은 "<**주의 이름을 부르는 자**>는 **구원**을 얻는다."고 하는 것이다.

<이름을 부르는 것>은 <(사물 등의) 본성(본질)을 찾고 추구하는 것>을 말한다고 했다.

또 이것은 그 옛날, 선지자 **엘리야**가
"<나의 하나님 **여호와**>여!" - 엘리야여! - 하고 자신의 이름을 부른 사연이기도 하다.

그러므로 (기독교도들이 흔히 하듯 그렇게) **주의 이름**을 "망령(妄靈)되이" 부를 일이 결코 아니다.

- "**아버지여!** 저들을 용서해 주십시오. 저들은 <자기들이 하는 일>을 - 자신들이 하는 **말**조차도 - 모르고 있습니다." 눈시울이 뜨거워진다.]

< 2 > 시종(始終)인 에너지

1절 데비의 질문은 <케차리라고 부르는 힘과의 "동등", "평형", **"동일성"**, "조화(調和, 사마타)"를 얻는 것>에 그 목표가 있다. 여기서 다시 번역의 문제가 생기는데, 번역된 것의 어떤 것도 만족할 만한 것이 없기 때문이다. 이유는 **산스크리트어**의 압축된 성격과 **탄트라**의 상징의 풍부함과 다층적 함축 때문이다.

이 **탄트라** 상징주의는, **아비나바굽타**가 "카"를 **브라흐만**과 함께 인용하듯이, **베다**(Veda)로 거슬러 올라간다. **케차리**가 **크라마** 학파의 특정한 개념이 되었더라도, **카**의 **베다** 함축은 해석을 위해 취해야 한다. "카"는 <허공>, <차축(車軸)의 빈 공간>으로 그것이 차축의 운동을 가능하게 한다. 만약 그것이 텅 비었으면 운동이 부드럽고 그래서 **수카**(su-kha, 쉬움, 행복)이고, 그것이 방해물이 있고 막혔으면, **두카**(duh-kha, 고통)이다.

"카"는 **뵤마**와 **아카샤**의 상징으로 "열린 공간", "하늘"을 나타내며, 소우주적 대응은 "가슴의 동굴 (**흐리다야-아카샤**)"이라는 내면의 공간으로, **찬도 기야 우파니샤드**에 따르면 우주 전체를 포함하는 것이다. 또 **아타르바 베다**의 **카**는 몸에 있는 일곱 혹은 아홉 구멍을 나타내며, 감각기관을 의미한다. **탄트라**의 문맥에서 **케차리**는 "에너지의 **바퀴(샥티 차크라)**"와 관련이 있고, 그것은 감각과 연결되어 있다. 우리는 이런 분석을 더 할 필요는 없지만, 이 모든 의미는 **케차리**를 이해하는 데 명심해야 하는 것이다. <하늘로 상징되며 **브라흐만**과 동일시되는 절대적인 공(空)>, <가슴에 있는 내면의 공간>, 또 <감각기관, 바퀴의 역동성(力動性), 접미사 '–**차라**' 혹은 '–**차리**'("움직이는 것")에 의해 강화된 것>.

케차리는 그때 **샥티**이다. 더 정확하게 말하면, **아눗타라**의 최고의 역동성이다. **크라마** 계통에서 그녀는 힘의 네 가지 현현의 순서(順序, **크라마**)의 일부다.

"**케차리**의 의미는 다음과 같다. (자신과 동일한) <**카**> 즉 <**브라흐마**, **칫**, **의식**(의 공간)>에 거하며 여러 가지 기능을 하는 **샥티**가 **케차리**다.

케차리는 우주적인 면에서 세 가지로 기능한다. **고차리**로서 대상의 지식을 일으키고, **딕차리**로서 파악하고, 포기하는 것 등의 움직임에 영향을 주고, **부차리**로서 대상적 존재계의 형태 속에 존재한다.

다시 말해서, **고차리**로 <내부의 정신 기관(**안타-카라나**)>의 형태 속에, **딕차리**로 <외부의 감각기관

(바히슈-카라나)>의 형태 속에, **부차리**로 '푸르다' 등과 같은 <대상적 존재계>나 '기쁨' 등의 <주체적 존재계>의 형태 속에 존재한다.

유사하게, 개체적인 면에서, (의식의) 허공에서 **뵤마차리**로서 알려진 그 **샥티**는 아직 주체와 대상 사이의 구별이 나타나지 않았고 정신 기관 형태인 **고차리**로는 단지 <지식>의 모습이고, 외부의 감각 기관의 형태인 **딕차리**로는 다양성을 암시하는데, 그 상태에서는 <(알려지는) 대상>과 <아는 자>의 다양성이 있다. 존재계(바와)의 형태인 **부차리**로는 대상들에서 명백한 다양성이 있다. 이들은, 밝혀진 것에 따르면, 실제로 **아눗타라**에 거하는 **케차리**와 구별되지 않는다. 그러니 **지고의 주**의 **샥티**는 단지 <하나>다."

파라 트리쉬카의 문맥에서, **케차리**는, 그녀와 <**하나**>인, 그녀의 현현의 더 낮은 모든 측면들을 포함하는 <**하나**>의 에너지다.

이제 <이 에너지(힘)와의 **사마타**를 얻는 것>이 데비의 질문의 목표다. **사마타** 혹은 **삼야**는 "동등, 똑같은 것, 동질성, 균형, 평정(平靜)" 등처럼 여러 가지로 번역되었다. 그러나 문법학자 **파탄잘리**에 따르면 **사마**는 양적(量的)인 평등을 의미하지 않고, "비례하는, 알맞은, 조화로운"을 의미한다. 주어진 예는 꽤 실제적인데, 만약 달[인도 콩죽(粥)]의 접시에서 소금이 양적으로 동동하다면 그 달은 버려질 것이다. 소금이 **사마**여야 한다는 것은, 적절한 맛을 위해서 "바른 비율로"를 말한다.

이런 것처럼 **사마타**의 이상(理想)은 균형, 조화, <주어진 단일성의 복합 요소의 다양성이 부정되지 않는 "**하나임**"의 느낌>이다. 즉 **사마타**라는 말은 <우주적인 조화의 시야(視野), 모든 존재의 평등의 시각, 모든 존재 쪽으로의 동정(同情)과 공정함의 균등한 느낌>이다. 그것은 금욕주의자의 무관심도 민주주의의 평등도 아니다.

그러나 지금 여기의 목표는 <허공에서 움직이는 **의식의 힘**과의 조화>다. 그것이 **케차리 사마타**다. 상세한 해석을 하는 동안, **아비나바굽타**는 현상학적이고 심리학적인 것을 다룬다. 그는 욕망과 분노(**카마-크로다**) 같은 감정을 분석한다. 그것들은 똑같은 에너지의 다른 표현 외에 아무것도 아니다. 그러나 그것은 **사마타**의 반대인 **바이샴야**(부조화의 상태)로 끌어내리기도 하고, 그 모든 감정의 근원인 **신성의 힘**과의 합일로 이끌기도 한다.

사마타는 또한 더 낮은 에너지(**고차리, 딕차리, 부차리**)가 **케차리** 즉 **중심 의식의 힘**으로부터 분리되어 보이지 않는 것을 의미한다.

"바로 그 **케차리**가 욕망, 분노 등의 형태로 신성으로부터 분리되어 인식된다. 그러나 <**케차리와의 동일성**>은, 그녀가 **바이라바**의 본성이기 때문에, 모든 곳에서 - 소리(**샤브다**), 형태(**루파**), 맛(**라사**), 냄새(**간다**), 접촉(**스파르샤**)에서 - 완전히 신성의 본성을 인식하는 것을 말한다. **아눗타라의 본성에 대한 무지가 극미하게라도 있으면, 그것은 마음을 정반대의 상태로 이끈다.** <유리 방랑하는 존재계> 즉 **삼사라**라는 것은 이 정반대의 상태를 말한다."

삼사라는 불균형, 부조화(즉 **바이샴야**)로 이끄는 <**아눗타라**의 분절되지 않은(즉 전체적인) 본성을 재인식하지 못하는 것> 외에 아무것도 아니다.

긍정적으로 그것은 모든 경험과 모든 감각에서, **분명히 부정적인 것조차도 지고의 의식과 하나인 것을 알아채는 일을 놓치지 않아야 한다**는 것을 말한다. 그것은 그것의 반대 즉 **사마타**에 빛을 주는 **바이샴야**의 분석이다.

"제한이 없게 되는 것으로, 아니면 (본성에 대한 재인식이 없는 것으로 생긴) <마음의 빗나간 습성(**바이샴야**)>이 그칠 때, 그때 <분노, 망상 등 그런 상태>는 단지 **주 바이라바**의 **의식**의 한 표현으로 나타난다."

아비나바굽타는 소마난다가 쉬바-드리슈티에서 자주 인용하는 구절을 제시한다.

기쁨과 고통, 그리고 혼돈에서도
나는 <지고의 쉬바>로 그 모두에 거하노라.

그리고 <부정적인 상태>조차도 의식의 확장으로 이끈다고 설명한다.

고통(苦痛) 속에서도 불변의 목적으로
거기에는 강한 인내가 관련되어
<의식의 확장>이 있다.

비갸나 바이라바의 대부분의 수행 방편과 파라 트리쉬카의 함축들은 <의식의 확장>으로 이끄는 어떤 경험과 감정의 강화(强化)에 기초하고 있다.

똑같은 것이 스판다 카리카에도 있다.

크게 격분(激憤)했거나, 미칠 듯이 기쁘거나
곤경(困境)에 빠져 어찌할 바를 모를 때,
목숨을 걸고 도망치는 상황에 처했을 때
거기에 만세반석(萬世磐石)의 스판다가 있다.

"그것들의 진정한 본성이 알려질 때, 그때 이들 (분노, 망상 등의) 정신적 상태는 **케차리 사마타**를 아는 것으로 삶에서 해방을 일으킨다."

심리적인 관찰과 영적인 경험은 <그 어떤 감정도 그것이 외부로 나타나기 전, 그것이 일어나는 그 지점에서는 아직도 **니르비칼파**의 상태에 있다>는 것을 보여준다.

"이것이 <욕망, 분노 등의 상태의 진정한 본성을 안다>는 의미다. 이 <욕망 등의 상태>는, 그것들이 일어나는 시각에는 **니르비칼파**의 형태다. 즉 그것들은 신성의 순전한 **에너지**다."

지고의 주의 에너지 (집합) 전체로서의 **케차리**, 그녀에게는 모든 경험과 감정이 들어 있다. 그것은 **의식**이라는 태양의 광선 외에 아무것도 아니다.

"분노 등의 상태에서도, 그것들은 **의식**(意識)의 그 '경이로운 **놀이**'와의 **동일성** 때문에 존재한다. 그렇지 않으면 그 존재(본성)가 불가능할 것이다.
삶에서 여러 가지 **놀이**를 하는 감각의 여신들은 태양 **쉬바**의 빛과 같다. <감각의 신성들>은 그들의 조합으로 무수한 종류가 된다."

아비나바굽타는 이것을 성행위(性行爲)의 예로서 구체적으로 나타낸다. 그는 두 가지 개념 <오자스 (vital energy, 활력 에너지)>와 <비랴>를 가지고 심리적으로, 생리적으로 분석한다. **그것은 <성적인 힘(성력, 性力)>으로 남녀 모두에 적용되어야 한다.**

"이제 모든 존재의 정신기구, 감각기관으로 들어가는 것은, 중심 **나디**인 **수슘나**에 <지각이 있는, 생명의 에너지>로 거한다. **수슘나**의 주요 특징은 몸의 모든 부분을 더 '**살아 있게**' 하는 것이다.

그 <생명의 에너지>를 '오자스(**생명의 빛**)'라고 한다. 그것은 <**일반적인 정력(精力, 비랴) 형태의 생동적 요소**>로서 몸의 모든 부분에 퍼져 있다.

그때 시각적이고 청각적인 자극으로 흥분이 인식될 때, 그 흥분하는 힘 때문에, 그것은 성 에너지의 동요의 형태로 정념(情念)의 불꽃을 부채질한다."

모든 <감각-경험들>이 이 <활력 에너지>에 관련된다. 그러므로 여기서도 <모든 것의 상호관련성 ("사르밤 사르바트마캄")>이 적용된다.

"**모든 것이** 모든 사람에게 **모든 것의 축도(縮圖) 이기 때문에,** 어떤 것에 대한 기억이나 생각조차도 <소리 등 무의식적으로 거(居)하는 무수한 경험의

흥분 때문에> 동요를 일으킬 수 있다."

사랑의 흥분에 적용되는 것은 동등하게 미학적 (美學的) 경험에 적용된다. 둘 다가 궁극적으로는 "창조적 박동으로 가득차고, 공간과 시간 너머의 것이고, 완신인 비시라바 의식의 본성이고, 절대의 통치권이고, **지복(至福)**의 힘으로 가득한, 지고의 **나-의식**의 즐거움의 근원"을 갖는다. 그것은 다시 <아름다움(미, 美)>에 대한 감성(感性)을 주는 감각 흥분의 강도(强度)이다.

"<극도의 기쁨[즉 '극락(極樂), 천국']>은 **가슴이 <성 에너지>에 의해 확장된 이들에게만 가능하다. 그것은 <감성(感性)을 깊게 하는 것>에서는 무한의 용량을 가지고 있고, <즐거움의 대상과의 반복된 접촉>으로 확립된다.**"

감각 영역에서의 경험은 - 성적이든 미적이든 - 그것이 쾌감일 뿐만 아니라 고통과 슬픔으로 바뀔 수도 있기 때문에, 사랑하는 이의 죽음에서 절망의 강도(强度)조차도 갑자기 기쁨으로 변형될 수 있다.

이 모든 경험은 - 지복이든 고통이든 - 몸 안에 **쿤달리니**로 있는 **샥티**에 참가하는 것이다. 그리고 그녀는 **쉬바**와 항상 **합일**(合一)이다. 그런 강력한 경험에서 일어나는 것은 <**들숨과 날숨의 두 숨이 수슘나 나디에서 용해되는 것**>이다.

"**수슘나**에서 **프라나**와 **아파나**의 용해가 있을 때, 거기에는 모든 감각의 **에너지**가 저장되어 있는데, 그때 사람의 의식은 그 큰 **수슘나** 기맥의 단계로 들어가고, 거기서 자신의 **샥티**의 박동과의 연합을 얻는다. 그때 모든 이원성의 느낌은 용해되고, 거기에는 <내재하는, 풍성하고 완전한 **샥티**로 생겨난> **나-의식**이 있다. 그때 <**쉬바**와 **샥티**의 합일 속으로 들어가는 것으로> - 그 합일은 현현이라는 본성의 기쁨으로 구성되어 있다. - 또 <**나-의식**의 위대한 **만트라** 에너지의 확장의 흐름과의 통합으로>, 거기에는 **아쿨라** 혹은 **아눗타라**인 **바이라바**의 본성의 현현이 있다. 그것은 모든 구별 너머고, 불변이고, 영원하다."

성적 결합의 지복조차도 실제로는 **쉬바**와 **샥티**의 **신성의 합일**에 참여하는 것이다. 그것은 몸에 의존하지 않는다. 그것은 실제의 육체적 결합이나 또 기억(記憶)만으로도 경험될 수 있다. [몽정(夢精)의 경험을 생각하면 쉽다.] 그는 이 **파라 트리쉬카**와 **비갸나 바이라바**를 인용한다.

<성 에너지>와 <케차리> 사이에 관련된 이 여담(餘談)이 함의하는 것은 이것이다. 모든 <감각-경험들>은 궁극적으로 **모든 것을 포괄(包括)하는 신성의 에너지와 연결되어 있고** 또 거기서 파생된 것이다. 만약 그것들이, 소외나 장애("바이샴야")가 아닌, <조화와 동일싱("시미티")의 상태>로 경험된다면, 그것들은 "케차리 사마타" 바로 그 상태로 이끈다. 그 **의식**으로부터 아무것도 배제되지 않는다.

감정과 성행위 영역에서 주어진 예는 중요한데, 그것들이 심리학과 생리학의 수준을 **궁극(窮極)과** 연결하기 때문이다.

"그러므로 <케차리 샥티와 동질(同質)로 되는 일(삼야 혹은 사마타)>은 해방을 이룬다. 이 **케차리 샥티와의 동일성**은 아눗타라의 본성을 알아채기 때문이다. 그것은 끊임없이 현존하고, 신성 **샥티와 쉬바**의 합일을 인식하는 기쁨으로부터 일어나고, 둘의 <**지복의 의식**>을 실현하는 것으로 견고하게 된다."

논의 전체로부터, **신성의 의식**과 관련하는 인간 존재의 상태는 기본적으로 두 가지가 있다는 것이 명백하게 된다. 소외, 불균형, 장애, 부조화의 상태 즉 바이샴야다. 그것은 **나-의식**에 대한 부주의와 제한 때문이다. 그리고 **케차리 샥티**와의 단일성, 조화, 동등성의 상태다.

사람이 <**다른 것**>으로의 움직임은, 즉 <**제한된 주체의 속박**>에서 <**신성의 의식**의 전체적인 자유>로의 움직임은 1절의 "**이런 지식으로**" 즉 "이것(**이 무엇**) 즉 **아눗타라**에 대한 단순한 재인식으로"라고 기술되었다.

아비나바굽타의 다른 해석은 제쳐두고, **소마난다**의 **쉬바-드리슈티**에서 인용은 이런 종류의 지식을 설명하는 데 충분할 것이다.

경험(經驗)과 경전(經典), 스승의 말씀으로
신성 **쉬바**(**의식**)[의 지식]에 확신을 가지면
카라나와 **바와나**로 더 이상 할 것이 없도다.

제 4 장

가슴

< 1 > 이것은 내 가슴에 있나니
< 2 > 가슴이라는 공간

　　우리는 남들이, 친한 친구가 나를 심하게 오해할 (몰라줄) 때면 **이 가슴이 답답하다**. 그럴 때 손바닥으로 **이 가슴을 세게 치면서** 칼이라도 있으면 당장 **이 가슴을 열어** 내 진심(眞心)을 보이고 싶다!
　　그러나 **이 가슴을** 열어본들 허파와 심장만……

　　또 어떤 때는, 아주 기쁘거나 슬플 때 **이 가슴은** 쿵쾅거리며 **터지거나 아예 찢어질 것도 같다.**

　　도대체 **이 <가슴이라는 공간>**은……

데비가 물었다.

쉬바여!
아눗타라가 어떻게 즉시 전체성을 실현하며,
어떻게 이런 지식(知識)으로
<케차리와의 동일성>을 얻습니까?

이 <비밀 중의 비밀(秘密)>을 일러 주소서.
<가슴에 있는 카울리키 샥티>,
그 쿨라 여신을 가르쳐 만족(滿足)을 주소서.

바이라바가 답했다.

들어라, 복(福)을 받은 자여!
아눗타라에는 어떤 말도 맞지 않다.

카울리카, 이것은 내 가슴에 있나니
<전체성(全體性)을 얻는 일>을 드러내리라.

<가슴에 있는 카울리키 샥티>,
그 쿨라 여신을 가르쳐 만족(滿足)을 주소서.

바이라바가 답했다.

들어라, 복(福)을 받은 자여!
아눗타라에는 어떤 말도 맞지 않다.

카울리카, 이것은 내 가슴에 있나니
<전체성(全體性)을 얻는 일>을 드러내리라.

Hṛdayasthā tu yā śaktiḥ kaulikī kulanāyikā
흐리다야-스타 투 야 샥티 카울리키 쿨라-나이카
Tāṁ me kathaya deveśa yena tṛptiṁ
　labhāmyaham
탐 메 카타야 데바-이샤 예나 트립팀 라바미-아함

Śrī bhairava uvāca
슈리 바이라바 우바차

Śṛṇu devi mahābhāga uttarasyāpyanuttaram
슈리누 데비 마하바가 웃타라샤-아피-아눗타람

Kauliko'yaṁ vidhirdevi mama hṛd vyomny
 avasthitaḥ

카올리카-아얌 비디 데비 마마 흐리드-비옴니
 아바스티타

Kathayāmi sureśāni sadyaḥ kaulikasiddhidam
니니시미 푀시사니 나다 카울리카 시디담

<2절 후반부> - <4절>은 <제 4 장> <제 5 장>에서 다루고, <산스크리트를 따라 읽으면> 다음과 같다.

　　"모든 신의 주(데바-이샤)여, <가슴(흐리다야)에 거(居)하는 이(스타 투 야)>, <카울리키 샥티>, 즉 <전체성(쿨라)의 여신(나이카)인 그녀(탐)>에 대해 제게(메) 이르소서(카타야).

　　그러면(예나) 저는(아함) 만족(트립팀)을 얻을 것입니다(라바미)."

슈리 바이라바가 말했다(우바챠).

　　"들어라(슈리누). 은총(恩寵)을 받은(마하 바가) 그대(데비)여!

　　<'더 없는 것'(아눗타람)>은 웃타라의 것조차도 (웃타라샤-아피) (아닌 것이다).

　　카울리카, 이(아얌) 양상(樣相, 비디)은 내(마마) 가슴(흐리드) 공간(비옴니)에 있다(아바스티타).

　　데비, <신들(수라)의 여신(이샤니)>에게 카울리카 싯디를 즉시(바로) 얻는 것을(사댜…담) 말하리라 (카타야미)."

< 1 > 이것은 내 가슴에 있나니

<가슴에 있는 카울리키 샥티>,
그 쿨라 여신을 가르쳐 만족(滿足)을 주소서.

<hṛdayasthā>는 <hṛt + aya + sthā>로,

흐리트(hṛt)는 <'푸르다' 같은 대상적인 경험>과
<'기쁨' 같은 주체적인 경험>과 또한 <몸, 프라나,
붓디로 조건화된 경험자들>의 **의식적인 기반(基盤)**
이다.

아야(aya)는 (그 자신의 자유로 생겨난) 항아리,
천 등의 <다양한 대상적인 지식>을 의미하고,

스타(sthā)는 <(그들 속에 거하는) 이 번쩍이는
샥티>를 말한다.

그러므로 **흐리다야-스타**는 "(자신의 자유로) 모든
<대상적이고 주체적인 경험>과 또 <그 경험자들>의
의식적인 기반으로 생겨난, 여러 대상적인 지식에
거하는 번쩍이는 에너지"를 의미한다.

그 쿨라 여신(쿨라-나이카)을

① 아눗타라 수준에서, **쿨라-나이카**는 <'경험자,
경험, 대상' 전체(쿨라)를 통할하는 신성(나이카)>을

말한다. 그녀를 **나이카**라고 하는데, <(모든 경험의) 대상>, <경험>, <경험자>를 현현시키는 것이 그녀이고, <**브라흐미** 등 여신 전체의 활력 **에너지**>이기 때문이다.

② **샥티** 수준에서, 그녀는 <감각, 신경계 전체의 내밀한 핵심>이고,

③ **나라** 수준에서, 그녀는 모든 생산의 근원인 <여성과 남성의 생식기(生殖器)>다.

카울리키

① **카울리키**는 <모든 현현(주체와 대상)에 내재하더라도 그 자신은 **아쿨라**인 자(초월하는 자)>를 말한다.

② <**쿨라** 안에 거하나 **아쿨라**인 자(즉 현현과는 구별되는 순수한 **의식**)>가 **카울라**(즉 **쉬바**)다.

<(그녀 안에) 이 **카울라**가 동일한 형태로 거하는 그녀>가 **카울리키**이다.

<현현 전체(**쿨라**)>가 그렇게 거하는데, 그 존재가 <**쉬바**(**아쿨라**)의 빛>에 근거하기 때문이다.

스판다 카리카는 말한다.

참나의 힘과 접촉(接觸)하게 되면
그것과 동등하게 된다.

그 힘을 의지하는 만트라는
전지(全知)의 힘을 행하여
그 주어진 기능을, 감각이 그렇듯이
<몸에 갇힌 자들>에게 행한다.

네메사는 신들의 주(主)라는 호칭으로, 브라흐마
비슈누, 루드라 등을 가리킨다.

가르쳐 만족을 주소서.

소마난다는 탐 메 카타야 대신 탄 메 카타야로
읽고, 탓을 <그러므로>로 설명했다. "그것을 말해
주소서. 그것으로 저는 지고한 기쁨의 만족을 얻을
것입니다. - 지고한 **붊이**의 기쁨으로 오는 자유를
즐길 것입니다." 그는 또 **라바미** 대신 **브라자미**로
읽는다. 뜻은 똑같다.

라바미-아함에서 **아함(나)**이라는 말은 항상 "모든
경험자의 생명인 무엇(영혼)"으로 이해해야 한다.
<나의 본성에 대한 가르침>을 잘 이해하면, 사람은
자신을 신성(神性)으로 아는 만족을 얻고, <완전한
나-의식>의 만족을 얻는다. 이것은 이미 명백한 것
이다.

소마난다는 흐리다야를 <흐리트의 아야(진보)>
즉 <중심(**가슴, 마음**)의 지식>으로 풀었다.

"아비나바굽타는 데비의 질문에 대해 이 주석을 지었다. 그것은 <가슴의 공간에 존재하는 마야의 매듭을 끊어 흩어버리기 위해>, <모든 병의 뿌리인 마야의 무지를 영원히 종식시키려는 마음을 위해>, <쉬바로 관통되어서 그 시원한 샘물을 들이키기를 바라는 목마른 마음을 위해> 트리카의 핵심을 설명하는 것이다."

바이라바가 답했다.

그 <질문>에 존재하는 보물 전체를 열기 위해, **"바이라바가 답했다."** 답했다는 과거시제 사용의 의미는 이미 말했다. 반복할 필요가 있겠는가?

바이라바는 <우주를 지속하고 유지하는 자>이고, 또 <나-의식의 위대한 만트라를 소리하는 자> 즉 <끊임없이 자신을 알아채는 자>다.

[바이라바의 <바(bha)>는 어근 <bhṛ(지속하다, 유지하다)>에서 왔고, <라바(rava)>는 소리를 의미한다.]

단지 <ma+ha+a> 형태인 <회귀적인 움직임>의 견해에서, 여기서 우세한 것은 **샥티만** 즉 **쉬바**다. (확장에서는 **샥티**가 우세하고, 수축에서는 **쉬바**가 우세하다.)

그러므로 다음이 대화의 서론에서 요지다.

① **신성의 의식(삼빛)의 시초 스판다**

(신성의) **지고한 <의식의 힘>**은 그녀의 본성에 따른 확장의 찰나에는 **바이라바**와 다르지 않은데, **잇차 샥티(의지의 힘)**라고 한다.

그녀의 실세식인 확장은 가나 **샥티(지식의 힘)**로 **파라-아파라** 혹은 **파쉬얀티** 형태를 떠맡고,

또 **크리야 샥티(행위의 힘)**로 아파라 혹은 마드 **야마**와 **바이카리** 형태를 떠맡는다.

[**파쉬얀티**는 **파라 샥티**의 단일성을 가지고 있고, **아파라 샥티**의 다양성의 싹도 가지고 있다. 그래서 **파라-아파라**라고 한다.

마드야마는 미묘한 형태로 다양성이 시작된 단계다. 그래서 **아파라**라고 한다.

바이카리에는 완전한 다양성이 있다.]

② 질문의 성격

우주 형태로 확장하는 **파라-샥티**의 본성에 대한 물음을 <질문>이라고 한다. 바로 그 **샥티**인 **데비**가 그녀 자신에 대한 질문을 시작하는 자다.

이 <확장의 성격에 대한 심사숙고(深思熟考)>가 <가장 우수한 언설기관(**파라 박트라**, 좋은 입, 가장

탁월한 말)이 되는 것이라고 하며, 그것은 <질문과 대답>으로 구성된다.

그 말은 흡수(철수)의 회귀적 움직임을 구성한다. 제한된 의식을 갖는 **지바**인 "ㅁ(m)"에서 시작하여, 내면의 **샥티** "**하**(ha)"에 이르고, 마지막은 **지고의 의식**인 **아눗타라** 즉 "**아**(a)"에 즉시 흡수된다.

바이라바는 그의 안에 우주의 확장 전체가 포함 되어 영원한 응답자로서 거한다. 확장과 회귀라는 과정은 시간 너머여서, 이 <질문-대답>은 한결같은 본성의 진리이다.

[이 단계에서는 질문과 대답의 차이가 전연 없다. 질문 그 자체가 대답이다.

<경험적인 개아의 수준>에서는 질문자가 갑(甲) 이면 응답자는 을(乙)이고, 질문이 한 순간을 점유 하면 대답은 다른 순간을 점유하고, 확장과 회귀에 연속이 있다.

그러나 <경험을 초월한(선험적) 수준>에서 그것은 연속적이지 않고, 시간 너머다. 그것은 영원의 영역 으로, <질문자와 응답자>, 또 <질문과 대답>이라는 이원이 없다.

그것은 창조적 활동이라는 <영원한 긍정>을 소리 하는 **실재**의 박동이다.]

이것이 아눗타라와 관련되는 파라 삼반다이다. 나의 스승 샴부나타는 그것을 트리카 경전(經典)의 골자와 핵심이라고 했다.

      ❧   ❧   ❧

들어라, 복(福)을 받은 자여!
아눗타라에는 어떤 말도 맞지 않다.

카울리카, 이것은 내 가슴에 있나니
<전체성(全體性)을 얻는 일>을 드러내리라.

슈리누 데비 마하바게 웃타라샤-아피-아눗타람

카울리카-아얌 비디 데비 마마 흐리드-비옴니
    아바스티타
카타야미 수라-이샤니 사댜스 카울리카-싯디담

데비에 대해서는 앞에서 설명했다.

(1) 복을 받은 자(마하-바가)의 첫 번째 해석
    <지고한 자(쉬바)를 자신의 면으로 가진 그녀>를 가리킨다.

(2) **복을 받은 자**(마하-바가)의 두 번째 해석

바가는 어근 **바즈**(bhaj, 흠모하다)에서 왔으며, **마하-바가**는 <(논의되었고 또 논의하려는 설명에 따른) 엄청난 신성의 힘을 주는, **찬양 받을 그녀**>를 의미한다.

(3) **복을 받은 자**(마하-바가)의 세 번째 해석

마핫은 <위대한 자>로, **아나슈리타 쉬바**를 가리키는 말이고, **바가**는 <부분>을 말한다. 그러므로 **마하-바가**는 <위대한 자가 한 부분인 그녀>이다. 왜냐하면 자신 안에 36 **탓트와** 전체의 시초(始初) 또한 품고 있기 때문이다.

(4) **복을 받은 자**(마하-바가)의 네 번째 해석

분배, 분석의 견지에서 **마한**을 <부분>으로 불렀는데, <그녀의 부분이 **마한** 즉 **붓디**인 그녀>다.

(자신의 자유로 생겨난) 다양한 대상과 행위에서 <결정하는 일>에 관여하는 **붓디**라고 부르는 **의식**의 단단한 덩어리는 신성의 **샥티** 그녀 자신이다.

소마난다는 말한다.

"다양성의 영역에서 즉 다양성이 만연한 인간의 수준에서 그녀(**파라 샥티**)는 **붓디**로 알려져 있다.

붓디(지성)는, 그 미묘하고 편재하는 상황에서, 항상 **쉬바**의 고유한 우주 의식이다."

(5) **복을 받은 자**(마하·바가)의 다섯 번째 해석

바가는 <다름, 분리>를 의미할 수 있다. 접미사 matup으로 **바가**라는 말은 <다름이나 분리를 가진 것> 즉 <분리된 존재>를 의미한다. 분리된 존재들에서, 하나를 다른 것과 구분하는 것으로 확인이 만들어진다.

<대상들의 순수한 확인> 즉 <**붓디**의 비결정적인 (**니르·비칼파**) 면>이 닿지 않는다고 하더라도 – 즉 세상의 여러 대상들의 유쾌하고 또 유쾌하지 않는 면과 관련을 가지지 않는다고 하더라도 - 그러나 그 **붓디**는 <결정적인(**사·비칼파**) 면>에서 대상들을 하나씩 분리된 것으로 인식한다.

붓디의 유쾌한 상태는 **삿트와**의 흐름이 있다고 보는데, 그것은 **붓디**의 유쾌한 상태가 **다르마**(법), **아이슈와라**(주권, 主權), **갸나**(앎), **바이라갸**(초탈, 超脫)의 형태이기 때문이다.

만약 수행자가 **붓디**의 유쾌한 면에서라도 <깊은 층> 즉 <초기의 비결정적인 상태>로 들어간다면, 그는 <그런 면 밑에 있는> 지복의 영역에서 자신을 발견할 것이다.

(6) **복을 받은 자**(마하·바가)의 여섯 번째 해석

마하·바가는 <maha+a+bhaga>로 나눌 수 있다. **마하**는 **자갓·아난다**이다. <방해받지 않고, 완전

하고, 통합적인, **신성의 자유의 지복**>을 말하고,

<a>는 **이샷** 즉 <가벼운>의 뜻이고,

바가는 <일부>를 의미한다.

그러므로 **마하-바가**는 <(그녀의) **지복의** 가벼운 부분만이 (사람들에게) 소용이 있는 **자갓-아난다**의 데비>를 의미한다.

우리의 삶에서 어떤 행복이 있든, 그것은 **지복**의 거주지인 <우주적 창조의 에너지> 속으로 들어가는 것으로만 가능하다. 그것은 삶에서는 제한된 작은 양(量)으로만 나타나는데, **비사르가 샥티**가 내적인 핵심적 면에서는 실현되지 않았기 때문이다.

밧타나라야나도 똑같은 것을 말했다.

"**바와**(有界), **아바와**(無界), **아티바와**(超界)
세 가지 세계에서 찾을 수 있는 기쁨이란
그[신(神)]의 기쁨의 한 방울일 뿐이러니
나는 기쁨의 대양(大洋)에 절하노라."

(7) **복을 받은 자**(마하-바가)의 일곱 번째 해석

마하-바가는 "ma-ha-a처럼 앞서 언명한 형태로 가는 그녀가 **마하-바가**다."로 풀 수 있다. 이 말이 의미하는 바는 <'a-ha-m'의 형태로 확장된 **주**의 기쁨은 **샥티**의 핵심적 형태이고, 또 그것이 **파라**의 본성이다>는 것이다.

들어라(슈리누). 복을 받은 자여!

그러므로 **최고의 여신†은 모든 것을 "듣는다."** 그녀는 "**듣는 힘**"의 형태로 거하며, <모든 소리를 의미 있는 전체로 엮어서, 알맞고 적절한 연결에 영향을 주는 것으로 이루어진> 통치력(統治力) 즉 **스와탄트리야**를 갖는다. 그 소리는 귀에는 분명한 것이지만, 실은 <혼합되어 진동하는 음절 덩어리의 연속>일 뿐이다. 만약 <적절한 연결에 영향을 주는 이 힘>이 없다면, 우리는 특정한 단어를 듣더라도 웅성거리는 혼합된 소리 속에서 그것을 놓치고는, 보통 "(나는) 그것을 듣지 않았다."고 한다.

[<**최고의 여신(파라밧타리카)**>†은 학습(學習)에서 **강력한 힘**이다. 그녀는 우주에서 소리 나는(울리는) 모든 것을 **듣는다**.

그녀의 통치력인 **스와탄트리야**는 상칼라나-아누산다나로 구성된다. **상칼라나**는 <구별된 소리들의 알맞고 적절한 연결에 영향을 주는 것>을 말하고, **아누산다나**는 <그것을 명확하고 의미 있는 전체로 엮는 것>을 의미한다.]

<의미 있는 전체로 엮는 것>이 없는, 단지 웅성거리는 혼합된 소리도 - 그것도 감각기관의 인식의 대상이다. - 또한 "들었다."라고 한다. 보통 그렇게 말한다. 그러나 실제로는, 그 혼합된 소리는 단지 귀에만 들어가고, 듣는 사람에게 <그 소리가 나타내는 말>을 파악하게 할 수 없다. 그러니 그것은 <혼란한 소리의 덩어리>로만 남는다. 그 말들과는 다른 것이고, 단지 웅성거리는 혼란한 소리다.

그 말들을 밝히려는 의도가 있을 때면, 그때는 혼란한 소리는 생성될 수 없다. 그렇게 할 이유가 없기 때문이다. 의미 있는 말을 하려고 할 때, 그때 거기에는 분명한 발음이 있다. 분명한 발음과 함께, <똑같은 종류의 불분명하고 혼란한 소리>라는 것은 없다. 명확하게 발음하지 않아서 의미 있는 전체로 짜 맞추지 못할 때, 바로 그 말을 혼란한 소리라고 한다.

말을 <의미 있는 전체>로 짜 맞추려고 주의하면, 어느 정도 이해가 있을지도 모른다. 그러므로 그런 경우, 필요한 것은 그 단어들의 적절한 연결이다. **적절한 연결을 일으키는 것이 파라 샥티 여신 즉 <지고의 창조적인 힘>이다.**

스판다 카리카가 말하듯이 "**<그 힘>을 의지하는 만트라**"다. 실제로 "듣는다, 본다, 말한다, 그친다." 등은 오직 여신만의 것이다.

카타 우파니샤드도 말한다.

"색깔과 형태, 맛, 냄새, 감촉, 소리,
 성교의 기쁨을 아는 것은 이 **참나** 홀로다.
 이 **참나**로 알려지지 않고 남는 것이
 이 세상에 무엇이 있겠는가!"

"**듣는다**"는 것은 단지 시끄럽고 혼란한 단어들에
귀를 빌려주는 것이 아니다. **쉬바** 자신은 **스왓찬다
탄트라**에서 **자파**를 구분하며, 그만두었다.
 "오직 자신 안에서만 들리는 그것을 **우팜슈 자파**
라고 한다." 이 안에서, **참나** 홀로 **마드야마** 단계
에서 듣는다. 달리 어떤 몸에서가 아니다. 이것이
말하는 바다.
 [**우팜슈 자파**에서는, 그 **자파**를 하는 수행자라도
그의 육체의 귀로는 그 **만트라**를 들을 수 없다.
"자신 안에서 듣는다"는 것은 오로지 <그 **만트라**를
스판다(자기-경험의 고동)로 경험한다>는 의미다.]

 <발성 기관>과 <조음(調音) 양상>이 뚜렷할 때,
그때는 치아와 입술이 닿고 떨어지는 것으로, 아주
낮은 **톤**으로 지껄이는 말조차도 가까이 앉은 사람
에게는 들릴 수 있고, <**사샤브다**가 되는 **자파**>가
일어날 것이다.

"다른 사람에게 들릴 수 있는 그것을 **사샤브다 자파**라고 한다."

우팜슈 자파는 곁에 가까이 앉은 사람도 이득이 없다. 혀가 움직이는 것과 입술이 닿는 것은 알아 챌지도 모르지만, 그것을 들을 수 없다. 그 말들이 바깥으로는 들리지 않고, 오직 **마드야마** 단계에서 행해지고 있기 때문이다. 수행자 자신만 들을 수 있다.

공기와 부딪히는 것으로 단어들이 영향을 받지만 그 부딪힘은 들을 수 있을 만큼 강하지 않다. 이런 **자파**에서는 입술의 움직임도 뚜렷이 읊조리는 말의 단계로 들어가지 않고, 그 **자파**가 지속될 때까지 자체에 한정된다.

만약 그 시각에 입술과 손 등이 멈추고, 그곳에 발성 기관으로 인한 분명한 표현이 있으면, 그리고 말의 발효(發效)에서 가까이와 멀리 들리도록 작고 큰 소리가 연속적으로 생성되면, 그때 그것은 다른 사람에게 들린다. 그것은 **바이카리** 수준의 소리일 것이다.

[**아비나바굽타**는 데비에게 **들을 것**을 요구하는 비의(秘義)를 말한다. 그녀는 <**듣는 힘**> 그 자체다.

웅성거리는 혼란한 소리가 들리고, 비록 그것이 귀에는 들렸고, 다른 것들이 어떤 것도 파악할 수 없는 동안도, **그녀는 항상** <그것이 명확하게 발음 되었는지, 그냥 불분명하고 혼란한 소리인지> **모든** <소리의 의미>를 파악할 수 있다!

들어라. 복을 받은 자여!

이제 실험적으로(라도) 한번 들어보라. 위 경문의 소리를…… "**들어라.**"는 그 의미가 잘 들리는가?

각설하고,
"**들어라. 복을 받은 자여!**"에서 다루어야 하는 인칭과 호칭의 문제는 제 5 장으로 미룬다.]

☯

아눗타라에는 어떤 말도 맞지 않다.
(웃타라샤·아피·아눗타람)

① "**모든 것은 모든 것의 축소판(縮小版)이다.**"
<가장 가까운 것(웃타라마피)>은 <가장 가깝지 않은 것(아눗타라)>과도 동일하다. 그렇지 않으면 그것은 존재할 수 없다. 그러므로 <가까운 것>도 그 성격을 <가까운 것>으로 밀쳐두면 <가깝지 않은 것>이 된다.

경문을 **웃타라샤피 아눗타람**으로 읽으면, **웃타라샤**는 제 6격인 소유격으로 <무시하면, 밀쳐두면, 고려하지 않으면, 묵살하면>의 의미로 사용되었다. 그러므로 **웃타라샤피 아눗타람**은 <가까운 것>에서 그 "가까운" 성격을 고려하지 않으면 <가깝지 않은 것>이 된다는 의미일지도 모른다.

프리트비(흙)에서 **아나슈리타 쉬바**까지 <가까운 것>의 이 차이(다름, 분화)조차도 <분화되지 않은 것(**아눗타라, 지고**)>에서 완전히 쉬는 것으로 차이(다름, 분화)의 이 특성을 얻는다.

"<다르다>는 그 확신은

<다른 대상들>에선 올 수 없나니

지고가 자신으로 동화되지 않는 한……

<다른 대상>은 **지고**에서만 알려지느니"

[<다양성이 가득한 **프리트비(흙)**에서 **아나슈리타 쉬바**까지의 현현 전체>인 '가까운 것' 즉 **웃타라**는 <분화되지 않은 순수한 의식의 단계>인 **아눗타라**에 쉬는 것 없이는 존재할 수 없다. **비갸나 바이라바 "같지 않은 같은 것"이 되라**의 설명 참조.]

② **웃타라**는 <뒤쪽>을 말할지도 모른다. 그러면 **웃타라샤피 아눗타람**은 <(이) 책의 뒷부분에서도 그 답을 찾을 수 없다>일 것이다.

[데비는 **마드야마** 단계에서 묻고 또 **바이라바**는 **파쉬얀티** 단계에서 대답한다는 것은 이미 말했다. 그리고 **파쉬얀티**는 **파라**의 외적인 확장의 첫 번째 단계이니, 어떻게 그것이 **파라**의 상태를 기술할 수 있겠는가! 그러므로 **파쉬얀티** 단계에서 제공되는 **바이라바**의 모든 설명에도 불구하고 **파라**의 본성은 대답되지 않은 채 남는다.]

③ <**파라**의 첫 번째 확장인> **파쉬얀티** 단계에서 주어지는 내 대답보다도 더, 이 **아눗타라**가 최고의 진리다. 이 <대답 없는 (질문도 없는) **아눗타라**> 혹은 <**침묵(沈黙)**>이 최고의 진리다.

④ **웃타라**는 (**잇차**, **갸나**, **크리야 샥티**의 삼위로 촉발된) <현상들> - 욕망, 지식, 행위를 의미할지도 모른다. 그러니 **아눗타라**는 위 모든 것과 **웃타라**가 그친 단계이다.

결국 무엇이 **아눗타라**인가? 대답은 "**카울리카 비디**로 나아가는 그것이 **아눗타라**다." **카울리카**는 앞에서 <**쿨라와 아쿨라**의 본성인 것>이라고 했고, **비디**는 **아나슈리타 쉬바**에서 **숫다 비디아**까지의 대-현현(**마하-스리슈티**)를 말한다. "**비디**"는 그것이 시행된 것 때문이다.

이제 **아눗타라**는 대-현현으로 나아간다. 그것은 그 안에 수백억의 제한되지 않은 현상적인(**마이야**) 창조물을 품는다. "그것에서 모든 것이 나아간다."

("無名 天地之始, 有名 萬物之母"다!)

[**쿨라**는 **샥티**를, **아쿨라**는 **쉬바**를 말한다. **쿨라-아쿨라트마**는 <쉬바와 샥티가 '**하나**'로 융합된 것(본성인 것)>을 말한다.

대-현현은 **아나슈리타 탓트와**에서 **슛다 비디아**까지의 창조를 말하고, **마야**에서 **프리트비**까지의 창조는 **아반타라 스리슈티**로 알려져 있다.]

그러므로 이 우주는 **의식**(순야 프라마타), **마음**(푸랴슈타카 프라마타), 프라나(프라나 프라마타), **몸**(데하 프라마타)의 네 가지의 경험자와 <기쁨과 고통의 주관적 경험>, <감각들(경험의 수단들)>, <다섯 요소와 항아리 등의 미묘하고 거친 경험의 대상들>로 구성되어, 차이나 다름이 없이 <**하나**인, **지고한 신성의 의식**(意識)> 안에 거한다. 그것은 단순히 **의식**의 형태다.

신성의 **우주 의식**은 결코 그치지 않지만, 그것이 그치는 것으로 우주적인 어둠의 사태가 있더라도, 거기에는 (대상들의) 상호 부재로 구성되는 차이는 존재하지 않는다. 모든 대상들은 그 상태에서 다양하기 때문이다.

만약 모든 것이 우주적인 **바이라바**의 **의식** 안에 있지 않다면, 그러면 감각을 대상 쪽으로 충동하는 <미-확정적인, 맨 처음의 인식>조차도 있지 않을 것이다. 그러므로 거기에는 존재들의 군집 전체가, 적절한 대상성의 모습도 없이, 모든 차이를 결여한 채, 오직 **나-의식**과 동일하게 있다. 거기에는 그 어떤 것도 절대적으로 차이가 없다. 그 우주적인 **바이라바 의식** 안에, 현현 전체(**카올리카 비디**)가 명백하게 쉬고 있다.

36 **탓트와**로 구성되는 이 우주는, <지고한 **샥티**이고, "우주적 창조의 박동(**사만야 스판다**)"의 성격인 **쉬바**>에 의해 창조되었더라도, "특별한 창조적 박동(**비쉐샤 스판다**)"이 특징이고, **샥티**가 우세한 그 자신의 형태로 그 **의식** 안에서 쉰다.

이것이 <대상들 자신의 본성(**의식**) 안에서 그들의 내속(內屬) 관계 즉 고유성>이 의미하는 것이다. "그 안에는 모든 것이 존재한다."

[**사만야 스판다** 즉 우주적 창조의 박동은 **쉬바**의 본성이고, **비쉐샤 스판다** 즉 특별한 창조적 박동은 **샥티**의 본성이다.]

쉬바와 샥티의 본성인 이 대상들의 군집(群集)은, 쉬바는 그 특징이 "우주적인 창조의 박동(사만야 스판다)"이고, 샥티는 "특별한 창조적 박동(비쉐샤-루팜)"인데, (우리를) 가르치기 위해 다만 한 형태로부터 오로지 **주**에 의해 분리되었다고 하더라도, 사실은 그것은 하나로, 창조적 **에너지**의 핵심이고, **절대 자유의 나-의식**인 아눗타라이다.

이 창조의 과정(카울리카 비디)이 내재한(고유한) 그것의 성격은 어떤 것인가? **바이라바**는 말한다.

카울리카, 이것은 내 가슴에 있나니
(카울리카-아얌 비디 데비 마마 흐리드-비옴니)

여기서 **가슴**(흐리다야)은 <모든 **존재**를 수용하는 곳(빛나는 기초적 거처)>을 말한다.

<푸르다> 등에서 <(인간) 벌레>까지의 존재들은, 끝까지 분석하면, **의식** 안에서 쉬는 것이 없으면 아무것도 아니다. <푸르다> 등은 실제로 경험자에 속한다.

<푸르다> 등의 핵심은 "푸른 것이 (내게) 보인다. (나는) 푸른 것을 본다."에서처럼 <방해받지 않는 **나-의식**에 포함되는 것>으로 구성된다.

내 가슴에 있나니(마마 흐리다야-비옴니)

① 마마 흐리다야-뵤마에서

흐리다야(가슴)는 <'푸르다' 등의 수많은 대상의 수용처>를 말하고,

뵤마(공간)는 <특별한 대상들의 우주가 차별이 없는 공간에서 암시된 방법으로 전체적으로 거하는 곳>을 의미한다.

② 마마는 <분별과 분별하지 않는 것 모두에서 자신을 표현하는 의식의>를 의미하고,

흐리다얌은 <마지막 쉬는 곳>, 나(아함 aham)를 의미한다.

아함(aham)의 회귀적 움직임 즉 나라 형태의 <ma+ha+a>에서, <ma>가 나타내는 대상적 현상은 점(點)으로 용해되어, <ha>가 나타내는 쿤달리니 샥티로 들어가고, 마지막으로 아눗타라의 <a> 속으로 들어가는데, 그것은 모든 것과의 동일시이고, 그것은 아눗타라가 된다. 이것이 <내 가슴이라는 공간(마마 흐리다야-비옴니)>의 의미다.

<그로부터 우주가 나아가고, 그 안에서 우주가 쉬고, 홀로이고, 영원하고, 그 본성은 덮일 수 없는 것이고, 자기 조명적이고, 결코 부정될 수 없는 것>, 그것이 아눗타라, "더 없는 것", 절대다.

스판다 카리카는 말한다.

**<온 세상>이 그 안에서 쉬며,
또 그로 말미암은 것이 아닌가?**

Yatra sthitam idam sarvam karyam
　yasmat-cha nirgatam

　그(쉬바)가 덮개(마야)에 의해 방해받는 것으로
가정되더라도, 그는 여전히 그의 자유로, 그 덮개
자체의 형태로 빛난다. 그러므로 주는 항상 지식과
행위의 본성이다.

　[덮개, 마야, 말라 등은 주의 외부에 있는 어떤
것이 아니다. 그들은 그들의 존재를 그에게 빚지고,
그의 안에 용해된다.]

　소사(小辭) yat은 － <yasmin sarvam(그의 안에
모든 것이 있고) 혹은 yatra(그 안에서)>와 또
<yatah sarvam(그로부터 모든 것이 나오고) 혹은
yasmat(그로 말미암은)>은 다른 형태이다. － 모든
격(格)의 의미를 전한다.

　"idam sarvam sthitam(이 모든 것이 쉰다)"의
문장에서 그것은 처격(處格)으로, "야스민 파라마
쉬바(지고의 쉬바 그의 안에서)"의 의미로 쓰였고,

"idam sarvam nirgatam(이 모든 것이 나온다)"
에서는 탈격(奪格)으로 "야스맛 파라마쉬바(지고의
쉬바 그로부터)"의 의미로 쓰였다.

이것이 명백하고 직접적인 의미다.

탈격의 의미에서 "yasmat cha nirgatam(그로
말미암은)" "yatah sarvam(그로부터 나오고)"의
<우주적 (현현의) 확장의 근원인 그것>,

또 처격의 의미에서 "yatra sthitam(그 안에서
쉬며)" "yasmin sarvam(그의 안에 있고)"의 <내
가슴의 공간에 거하는 그것>, 그것이 아눗타라다.

아눗타라가 우주의 확장과 흡수의 중심인 것은
확고한 것이므로, 바이라바는 이제 확장을 확고히
한다. 그것을 전문 용어로 "크리야 샥티 비사르가"
라고 하는데, <비마르샤가 본성인 크리야 샥티의
외적인 확장(비사르가)>을 의미한다.

그는 "카타야미(드러내리라)"라는 말로 시작한다.
즉 "나는 그대에게 말하고 있다."

그 확장의 측면이 a-ha-m(나), 파라(지고), 아눗
타라(더 없는 것)이다. <파라-아파라 샥티를 나타
내는 파쉬얀티, 마드야마>와 <아파라 샥티를 나타
내는 바이카리>로 구성되는 외부적인 확장에서도
그것의 단절되지 않는 연속성은 최고의 진리다.

카타야미는 "나는 적절한 이름을 사용하여, **바이카리**까지 **파라 샥티**로부터 일어나는 발언(發言)과 또 여러 경전의 표현과 세속적인 표현들을 말하고 있다."는 의미다. "모든 곳에 있는 이"가 말이다.

파라의 첫 단계든, **아파라(바이카리)**의 마지막 단계든 둘 다 **파라 샥티**의 표현이고, **파라-아파라**(**파쉬얀티**와 **마드야마**)의 확장의 단계 또한 불변의 **아눗타라**가 드러난 것이다.

소마난다도 똑같은 것을 말한다.

"**카타야미**는 '나 **바이라바**는 질문의 열성 때문에 말한다. <**모든 것 안에 의식**(意識)**으로 현존하는 나**>가 이것을 선언하고 있다.'는 의미다."

내 가슴이 - <스승의 **논거**>와 <**경전**의 가르침>, 그리고 <개인적 **경험**>으로 정화되었는데 - 완전히 받아들인 것은 (바로) 이 설명이(었)다.

☯

항상(사댜) (드러내리라)

[<한글 경문(번역)>에는 포함되지 않았다. 그러나 **프라탸비갸 흐리다얌** 20절 등의 설명으로 보탠다.]

① 지고한 주(主)의 본성을 "사댜(늘, 항상)"라고 한다. 사댜는 <sat+yah>로 풀 수도 있는데, 그러면 "야 파라메슈와라 탓 샷" 즉 <위대한 주라는 그가 이 존재계(샷)다>라는 의미다. (그러므로 "사댜"는 <우주 전체인 그>라는 의미다.) <의식의 빛인 프라카샤와 또 그 빛을 나로 여기는 비마르샤 둘 다인 바이라바>로부터 떨어져 존재할 수 있는 것은 어떤 것도 없다.

어떤 일에서든, 샷타(존재), 삼반다(관계), 아르타-크리야(목적)의 세 가지가 있다. 그것들이 다른 것이라고 하더라도, 모든 것의 존재이유는 샷타 즉 있는 일(존재)이다. 샷타 없이는 삼반다와 아르타-크리야의 가능성은 있을 수 없다.

만약 사람이 <있는 일에서 다른 있는 일>이나 <목적의 다른 목적>을 찾으려고 한다면, 거기에는 무한소급이 일어날 것이다. 샷트와 혹은 <영원한 존재>는 그것 홀로 다른 사물들을 그들의 생명과 또 비마르샤로 생겨난 분명한 형태로 이끌어내는 것이다. 그 존재가 <절대 자유의 의식이 핵심인> 나-느낌으로 가득 찬 바이라바다.

② 사댜는 "사티-삿루페 야샤티 얏남 카로티" 즉 <본성이 샷인 그는 활동적인데, 그는 활동력의 바로 그 생명이기 때문이다>로 해석될 수도 있다.

이 **사댜**는 접미사 kvip을 붙여 중성으로 취급할 수 있다. 어떤 노스승은 **사댜** 대신에 <sat+yat>으로 읽었다. 어떤 경전은 말한다.

"(항아리, 천 등의) 모습에서 빛나는 힘은 **삿** 즉 **존재**(存在) 그 자체다."

스판다 카리카도 말한다.

"그것이 <궁극의 실재(實在)**>다."**
[그것(실재)이 최고의 의미에서 삿이다.]

소마난다도 말한다.

"**삿**(쉬바)인 그것이 <**궁극의 실재**>다. 우주는 그 <**궁극의 실재**>로 편만하기 때문에, 그 우주 또한 **쉬바**다. 그래서 <**모든 것인 그**>라는 그의 본성은 바르게 선포되었다."

[첫 번째 것은 **사댜**(sad-yah)를 <yah sat>으로 해석했다. "**그**(yah) 즉 **파라메슈와라**, 지고의 **주**는 **삿**(sat) 즉 이 우주 자체다."
두 번째 것은 "**삿** 즉 이 우주가 **그**(yah) 즉 **바이라바**다."

아비나바굽타가 말하려는 것은 쉬바가 우주이고, 우주가 쉬바라는 것이다.]

<전체성(全體性)을 얻는 일>을
카울리카-싯디담

이 아눗타라의 행동하는 힘의 확장은 <카울리카-싯디담>이란 표현으로 설명된다.

카울리카는 이미 설명했고, 이제 그것의 <완전한 성취(싯디)>를 설명할 것이다. <카울리카의 진정한 본성이 정해지고, 확립되는 것>이 그것의 완전한 성취다. 즉 아눗타라는 <카울리카 비디 즉 창조적 과정>의 진정한 성취이다.

그 <최고의 경험자(신성의 의식)> 안에서, 모든 것은 - 쿨라와 아쿨라(샥티와 쉬바)는 - 바로 그 의식(意識)이 된다. 거기에서는 인식되고 알려지는 모든 것이 본성 자체의 견고함을 얻는다.

"트리카는 최고보다 더 높다."

[트리카는 최고라고 여기는데, ① 쉬바라는 초기 현현이든, ② 샥티 즉 다양한 면의 에너지이든, ③ 나라 즉 대상적인 현상이든, 그것은 항상 아눗타라 라고 가르치기 때문이다.]

"샤이바 체계는 베다(Veda)보다 더 높고, 좌도 탄트라는 샤이바보다 더 높고, 우도 탄트라는 좌도 보다 더 높다.

쿨라 체계는 우도보다 더 높고, 마타는 쿨라보다 더 높고, 트리카 체계는 그것보다 더 높다.

사실, 그것은 모든 것의 최고다."

[여기서 샤이바는 남인도에서 유행한 이원론의 샤이바 싯단타를 가리킨다. 좌도의 바마라는 말은 <아름다운, 매력적인>의 의미로, 5 M가 유명하다. 우도의 닥쉬나는 <하라!>와 <하지 말라!>는 것이 가득하다. 탄트라 알로카는 "닥쉬나는 (엄격하고 또) 무서운 수행으로 가득하다."고 했다.

쿨라 체계는 (의례의) 준수를 강조하는데, 처방된 수행의 준수 때문이다. 마타는 알려져 있지 않고, 자야라타는 8 경전이 마타에 속한다고 했다.]

니샤차라 경전은 말한다.

"좌도에서 입문하고 최고의 진리를 안다고 여겨 지는 선생도 바이라바의 길(바이라바 경전)에서는 헌신의 의례를 겪어야 하고, 또 쿨라의 길에서는 새로운 입문을 해야 한다.

쿨라에서 입문한 자는 카울라의 길에서는 입문을

해야 하고, **카울라**에서 입문한 자일지라도 **트리카**에서는 새로운 입문을 해야 한다."

[여기에서의 **바이라바** 경전은 **루드라 바이라바** 경전을 말하는 것이지, **파라 트리쉬카**가 지지하는 비-이원의 **바이라바** 경전이 아니다.

쿨라와 **카울라**는 유사성이 많다. 그러나 **쿨라**의 강조점은 준수이고, **카울라**는 우주적인 단일 의식이다.

카울라와 **트리카**는 비-이원론이지만, **카울라**는 **갸나**(지식), 준수, **크리야**(행위), **요가**(실천)가 강조하는 것이고, **트리카**는 거의가 **갸나**와 **요가**다.]

사르바차라도 말한다.

"좌도에서 입문하고 최고의 진리를 안다고 여겨지는 선생은 이제 <여러 가지 **바이라바** 체계> 즉 **쿨라**, **카울라**, **트리카**에서 차례로 정화의 의례를 격어야 한다."

이것 홀로 모든 단계에서 - 보통 사람이든, **베다**(Veda), **샤이바 싯단타**, 좌도, 우도, **쿨라**(**샥타**), **마타** 체계이든 - **쉬바**의 양상이다. 그것은 <최고의 경험자로 거하는 **그**>이다.

"<영원히 모든 것인 **그**>, **그**에게, <다양(多樣)한 이>에게 나는 경배하노라."

그러므로 "**이 모든 것이 진실로 아눗타라다.**" - 이를 그의 신학(神學)의 주제로 선언한 **소마난다**는 이 **파라 트리쉬카** 주석에서 말한다.

"무슨 말을 더 하겠는가!
모든 것이 **아눗타라**이기에 **아눗타라**다."

☯

이런 명확한 설명을 제쳐두고, 시원찮은 이들이 이것을 어떻게 설명했는지 지적하는 것은 잘못일 것이다. <문법과 논리, 전통적인 가르침의 지식이 없고, 개인적인 (영적) 경험이 없는 사람>과 가지는 대화가 부끄러울지라도, 분별 있는 사람들을 위해, 여기에 <**아눗타라**에 대한 그들의 설명의 예(例)>를 옮긴다.

(그러니 아래 "……" 부분은 건너뛰어도 좋다!)

"1절과 2절 전반(前半)에서 **아눗타라** 등의 말을 사용하는 것으로, **쉬바**에게 존재하는 질문이 주어졌고, <**흐리다야스타 투 야 샥티**>에서 샥티에게 존재하는 질문이 주어졌다. (책의) 대답하는 부분 즉 <슈리누 데비… 웃타라샤피아눗타람> 부분에서 제공된 설명이다. '웃타라 즉 샥티의 확장에 대해 들어라. 그리고 아눗타라 즉 쉬바의 확장에 대해 들어라.'

이 경우에, 만약 설명이 트리카의 견지에서라면, 나라에 대한 세 번째 질문의 사태가 일어나고, 또 설명이 야말라의 견지에서라면, 거기에서도, 그것은 두 개의 분리된 존재가 아니다. - <쉬바와 샥티의 결합>이 야말라로 알려져 있다. 그러므로 각각에 대한 분리된 질문은 정당화될 수 있다.

(다음에 나오는) 아타의 의미도 또한 맞지 않을 것이다. 두 개의 동질의 실재에서, 아타라는 말은 <하나의 분명한 우월>과 <다른 것의 명확한 즉시적 순서>를 가리킨다. 웃타라(샥티)의 본성의 확신이 없이는 아눗타라(쉬바)에 대한 질문은 논리적이지 않다.

오래된 다른 책에도 그런 구절이 있다.

'오 주여, 저는 트리카에 존재하는 영적 지식의 말씀을 읽었으므로, 당신의 은혜를 통해 웃타라에 존재하는 지식도 얻었나이다.'"

☯   ☯   ☯

그러므로 <소마난다의 주석과 부합하게 배웠던 스승들>만이 모두에게 덕(德)일 것이다.

"아비나바굽타는 <훌륭한 가르침과 전통이 없어 사람들을 오도(誤導)하는 끔찍한 주석들> 때문에, <비바라나(해석)라는 이글거리는 태양>으로 어둠을 몰아내고 굽어진 것을 바로 폈다. (이것은) <가슴의 연꽃>을 트리카의 수련으로 정화하고, 속박이라는 얼어붙은 시냇물을 녹인다."

["<사람들을 오도(誤導)하는 끔찍한 설교(說敎)와 책들> 때문에" 필자 역시 한때 "이글거리는" 어떤 울분(鬱憤)으로…… 결국은 교회도 그만두고.]

그래서 <그것에서 이 카울리카 창조가 일어나고, 그 안에서 이 카울리카 창조가 머물고, 그것으로 이 카울리카 창조가 구성되는 것>을 아눗타라라고 한다.

< 2 > 가슴이라는 공간

　가슴("hṛd, hṛdaya")은 파라 트리쉬카의 중심
상징이다. 그것을 "상징(象徵)"이라고 하는 것은,
어떤 "개념"보다도 더 다층적(多層的) 의미를 가리
키기 때문이다. 우리는 앞서 2절 <"가슴에 있는"
카울리키 샥티>에서 흐리다야스타(hṛdayasthā)를
<hṛt + aya + sthā>로 분석한 설명을 들었다. 그
설명은 "가슴"이라는 말의 포괄성과 광대함을 보여
준다.

　다른 논의로 들어가기 전에, 파라 트리쉬카 전체
에서 <hṛd, hṛdaya>를 한번 보자.

① 　2절 : 가슴에 있는(흐리다야-스타)

② 　4절 : 내 가슴에 있나니(마마 흐리드-비옴니)

③ 10절 : <바이라바의 가슴>이라
　　　　　　　(흐리다얌 바이라바-아트마나)

④ 11절 : <참 신(神)의 가슴>이라
　　　　　　　(흐리다얌 데바데바샤)

⑤ 25절 : <가슴의 씨앗> 안에
　　　　　　　(흐리다야-비자-스탐)

⑥ 27절 : <가슴>(흐리다야)

⑦ 35절 : 가슴의 연꽃에 거하는 씨앗을 명상하라
　　　　　　　(흐리트-파드마-안타르가탐 댜옛)

우리는 **아비나바굽타**가 여러 수준에서 설명하는 것을 이미 보았다. 그리고 예습(豫習)도 한다.

가슴은 2절 데비의 질문과 4절 **바이라바**의 대답에서 공(共)히 또 연(連)하여 나온다. 그녀는 **주**를 호칭한 후 <아주 개인적인 것>으로 - "객관화할 수 없는" - 질문을 한다(대답을 요구한다).

이 <비밀 중의 비밀(秘密)>을 일러 주소서.
에탓-구히암 마하-아구히암 카타야스와
  마마 프라보

아비나바굽타는 "마하-(아)구히암"을 두 가지로 분석한다.
  ① 내 **주**여. <이 비밀, 이 **엄청난 비밀**>을 말해 주소서(마하-구히암).
  ② 내 **주**여. <이 비밀, 이 **크게 감추어지지 않은 비밀**>을 말해 주소서(마하-아-구히암).

이것은 다시 **탄트라** 계시(啓示)의 이중성을 보여 준다. 즉 **탄트라**는 <감추어져 있고> 또 <모두에게 명백히 열려 있다>는 것이다.
  <감추어진 것>이 드러나지 않을 것이 없고
  <숨은 것>이 나타나지 않을 것이 없느니라.

"이것은 신비(神秘)의 비밀이다. 왜냐하면 그것이 **구하**(동굴)나 **마야**에 거하기 때문이다. 그 안에서는 본성이 알려지지 않고, 명확하지 않다.

또 그것은 크게 감추어지지 않았는데, 왜냐하면 그것은 모든 이에게 기쁨의 근원으로 알려져 있기 때문이다. (궁극적인 분석에서) <아는 자(주체)>, <지식>, <알려지는 것(대상)>의 다른 상태 안에서 나눠지지 않은 채 거하는 것은 **슛다 비디아** 여신 그녀이다.

그러나 <**삼위**의 구도(構圖)>는, **마야**의 상태에서, 그 안에 지나치게 반영된 분화의 통찰력을 준다. 우주의 방사(放射)의 근원인 **마야** 또한 실제로는 <신성의 지식(**슛다 비디아, 쉬바 비디아**)> 그 자체다. 그러므로 밝혀진 원리에 따라, 이 **슛다 비디아** 즉 <신성의 지식>이, 이런 면에서 알려지지 않을 때면 **마하 구하**(<엄청난 동굴>)이다.

왜냐하면 <아는 자> 등(으로 분화되어 나타나는) 형태의 삼위인 그녀가 <미분화의 고귀한 상태>로 시야에서 숨겨져 있기 때문이다. **트리카** 경전에는 실제로 <**슛다-비디아 마야**> 홀로 삼위의 신성으로 경배의 대상이다."

아비나바굽타가 **흐리다야**(**가슴**)를 마야와 동일시 하더라도, **우파니샤드**에서는 여전히 **구하**(동굴)는 가슴과 동의어이다. **파라마르타-사라**의 서시에서 **아비나바굽타**는 <하나인 **지고**(파라마)가 많은 동굴(**가슴**)로 들어갔다>고 한다. 그러나 여기서는 **마야**를 **숫다-비디아**[상승(上昇)에서 "순수한" 순서의 첫 번째 **탓트와**]의 의미로 또 <현현의 근원>으로 취(取)한다.

그리고 전형적인 말장난으로 **아함**(aham)의 역순 **마하**(m-ha-a)를 취한다.

"이제 이 **마야**의 엄청난 동굴에서 - 그의 가슴은 <우주 전체의 출현의 거대한 창조적인 움직임이고 근원인> 신성의 지혜(**숫다-비디아**)로 가득하다. - 자신에 고유한 기쁨의 역동성(力動性)으로 일어나는 '**ma-ha-a**' 형태의 회귀적 움직임은 진실로 <**비밀 중의 비밀**(秘密)>이다.

이 비밀은 <**ma**(나라)>와 <**ha**(샥티)>가 가리키는 <**대상적인 현현**>으로부터 <**핵심적 본성**>으로 가는 **귀향의 움직임이 있다**는 것을 말한다. 그 귀향의 움직임은 <핵심적 본성> 즉 <**a**(쉬바)>가 가리키는 <신성의 자유를 상징하는 **나-의식, 방해받지 않는 바이라바 의식**>에서 쉬는 것으로 끝난다.

현현에서, **파라 바크**로 알려진 <자연스럽고 본래적인 **만트라**>의 기쁨으로 가득한 형태는 - **지고의 신성**의 중얼거림은 - '**나**(아함, a-ha-m)'이다."

만약 **아함**(aham) 즉 <중심의 **나-의식**>이 모든 현현의 쉬는 곳이라면, ma-ha-a는 <창조의 근원으로의 회귀적인 움직임>을 상징한다. 그는 **웃팔라데바**의 **아자다프라마트리 싯디**를 인용한다.

"'현현된 모든 현상들이 **참나**에서 쉬는 것을 **나-의식**이라고 한다.' 즉 <진정한 **나-느낌**>은 철수의 과정에서 <항아리, 천 같은 모든 외부적인 대상이 그들의 다양함에서 철수되어 쉬게 되는 것> 혹은 <핵심적이고 방해받지 않는 **아눗타라**의 양상에서 마지막으로 쉬는 것>이다. 이 **아눗타라**의 양상이 <진정한 **나-느낌**>이다."

아함(aham)의 상징 전체는 이 간략한 주석 속에 들어 있다.

"확장의 과정에서 <더 없는, 불변의 **바이라바**>는 **아**(a)의 형태다. 그것은 자연스럽고 기본적인 소리로서, <음소 **에너지** 전체의 생명>이다.

그는 확장의 과정에서 **샥티**의 상징인 **하**(ha)를 떠맡는다. 확장(비사르가, 창조)은 **하**(ha, "ह") 즉 **쿤달리니 샥티**의 형태이기 때문이다.

그다음 그는 **나라**["ㅁ(m)"] 즉 대상적 현상들을 상징하는 점(點 "·")으로 확장한다. 그것은 <**샥티**의

확장 전체> 즉 <우주의 현현 전체>가 **바이라바**와 동일하다는 것을 가리킨다."

아함(a-ha-m)과 **마하**(ma-ha-a)는 **트리카**의 세 요소를 가지며, 그것은 **전체성**(全體性)을 의미한다. 또 **아함**과 **마하**는 <현현과 철수의 움직임>을 나타낸다.

바이라바의 대답의 **내 가슴에 있나니**(마마 흐리다야-비옴니)의 해석에서 **흐리다야**를 다음과 같이 정의한다.

"**내 가슴**인 그것은 <모든 존재하는 것들의 장소, 빛나는 기초적 거처(居處)>이다."

모든 것은 그 기초를 - 의지(依支), 지지(支持)를 - **의식**(意識)에 두기에 존재하는 것이다.

"① 마마 흐리다야-뵤마에서
흐리다야(가슴)는 <'푸르다' 등의 수많은 대상의 수용처>를 말하고,
뵤마(공간)는 <특별한 대상들의 우주가 차별이 없는 공간에서 암시된 방법으로 전체적으로 거하는 곳>을 의미한다.

② **마마**는 <분별과 분별하지 않는 것 모두에서 자신을 표현하는 의식의>를 의미하고,

흐리다얌은 <마지막 쉬는 곳>을 의미한다."

<**지고**의 여신> <**파라**> <**아눗타라**>가 곧 "**가슴**" 그녀 자신이라는 것은 앞에서 논의한 모든 개념과 연결되면서 **탄트라 알로카**에는 명백하게 기술되어 있다.

"그러므로 이 우주는 **주** 안에서 반영(反影)이다. **바이라바 의식**의 <완전히 반영적인 공(空)> 안에 있다. 그 의식 밖의 어떤 것의 영향으로 일어나지 않는다. 자신 밖의 다른 어떤 것에 의지하지 않고 자신을 우주로 체현하는 **주**의 이 능력은 스승들이 '창조성(**프라티바**)', '여성스러움의 궁극(**아눗타라**)' 이라고 부르는 지고의 여신이다.

[혹은 현대의 뇌과학 용어로 <(다분히) 우뇌적인 것>이라고 불러도 좋다. 아니면 <좌우 뇌의 동시적 활성>!]

그것은 <최고의 보편성의 힘>이고, <그것을 초월 하더라도, 우주를 현현하기 위해 소리 'a'에 담긴 신성 **바이라바**의 능력>으로, 그 힘과 더불어 **주**는 항상 하나다. 지복의 힘(**아난다 샥티**, ā)은 이 둘의 조합, '열정의 포옹(**삼갓타**)'이다. 그것에서 우주가

의식 속으로 내뿜어진다. 이것이 <우주를 초월하는 것>과 <우주에 내재하는 것> 둘 다의 너머에 있는 **궁극의 실재**다. 그것은 '**여신**(데비)', '**핵심**(사라)', '**가슴**'이다. 그것은 <절대적 잠재성(비사르가)>의 최고의 전능한 상태이다."

그것을 산더슨은 요약한다.

"**아비나바굽타**가 <영감(靈感)의 원천>이라고, 또 <실현되어야 할 목표>라고 말하는 **가슴**은 <절대적 잠재성(비사르가)>의 상태다. 그 안에서 의지, 인식 (지식), 행위의 세 가지 힘과 다중, 이중, 단일의 세 가지 양상이 <지복하고, 모든 것을 끌어안는 **의식**> 속에 녹아 있다."

가슴의 상징은 <궁극의, 지고의 **나-의식**>과 분리될 수 없다. **나-의식**은 만트라의 힘이다. ("만트라-비랴 = 아함") 탄트라 알로카의 아나보파야에서 아비나바굽타는 만트라의 문맥에서 "**거대한 가슴**", "**지고의 가슴**"이라고 부른다.

"우주적인 <자기 각성(회광반조)>의 본성 때문에, 이 **의식**의 자발적인 '공명(共鳴)'은 항상 일어난다. 이것을 '**지고의, 거대한 가슴**'이라고 한다."

자야라타는 주석한다.

"자동적으로 일어나는 이 '공명'은 <지고한 말씀(**파라 바크**)>의 본성이다. 그것은 <**나-의식**을 구성하는 우주적인, 내면의 소리(**나다**)>이다.

(우주가 완전히 용해되어 있는) **가슴**에 거하는 이 <자기 각성>은, 대상을 인식하는 행위의 그 시작과 그 끝에서 경험된다. 그것을 경전에서는 '(**의식**의) 우주적 진동'으로 표현한다. 그것은 자신의 참나 안에서 어떤 고조(高潮)의 성격이다."

아비나바굽타는 실제적인 경험의 암시가 없이는 어떤 것도 하지 않는다. 만약 그런 경험이 없는 것이라면, 이 모든 논의는 단지 이론적이 될 것이다. 그래서 **스와-비마르샤** 혹은 **파라마르샤**가 경험될 수 있는 것의 **힌트**를 준다. 어떤 감각이 일어나고 그것이 끝나는 순간 말이다. 이런 순간을 **알아채**는 수행의 예로 **비갸나 바이라바**에 있는 것을 든다.

재채기가 일어날 때, 배고픔이 시작될 때 알아채라.

재채기가 일어나는 그 순간과 끝나는 순간조차도 깨달음의 상황이 될 수 있다. 그런 순간에, <모든

경험의 아래에 있는> **사만야 스판다**가 접촉(인식)
될 수 있다.

그다음 **스판다**, <**우주 의식**의 역동성(力動性)>의
정의가 뒤따른다.

"**스판다**는 미묘한 움직임, **스푸랏타**, **번쩍이는
것**으로, 다른 어떤 것에 의존하지 않는다. 그것은
의식이라는 대양의 물결이다. **의식**은 파도 없이는
있을 수 없다.

<파도가 없거나(고요)>, <파도와 다른 움직임이
있는 것>은 대양의 본성이다.

(그러니) 이것(**가슴** 혹은 자기 각성)은 핵심(**사라**)
이다. 왜냐하면 이 감각 없는 우주는 그것의 핵심
으로 **의식**을 가지기 때문이다. 우주는 **의식**에 의존
한다. **의식**이 우주의 기초이고, 그것의 핵심은 그
'**거대한 가슴**'이기 때문이다."

이 치밀한 구절이 가리키는 것은 명백히 <**우주적
가슴**의 고유한 역동성>이다. 그것은 <**자신을 알아
채는 일**>과 동일하고, <우주적 진동>과 동일하다.
그래서 **실재**(實在) 전체의 **의식-본성**과 동일하다.

다른 구절에도 주의했듯이, 다른 중요한 개념을
사용했다고 해도, 서술 전체는 "**가슴**"으로 이끈다.
- 그것은 **핵심**(**사라**), **의식**(**삼빗**, **칫**) 등이 하는 것

보다도 더 가까이 다가온다. 이것은 다시 **가슴**의 상징으로 확인된다. **가슴** 즉 심장(心臟)은 "역동적이고, 박동(搏動)하는 곳이고, 울려 퍼지고", 그러나 "고요하고……", 그것은 "**의식**"이라는 <통합하는 처소(장소)>로, 핵(사라)이다.

아비나바굽타는 이 책의 끝에서 '**거대한 가슴**'의 정의를 요약한다.

"<그 안에 우주 전체가 빛나는 것>,
 <모든 곳에서 스스로 빛나는 무엇>,
 그 <번쩍이는 빛> 홀로 실재의 **핵심**이러니
 (그것 홀로 **지고의 가슴**이러니)"

그리고 <수슘나에서 **쿤달리니**의 상승으로 경험하는 합일의 상태>를 언급한다.

"지고의 기쁨으로 가득한 <수슘나의 가슴>이,
 <스리슈티 비자 '소'의 확장과 수축이
 동시(同時)로 펄떡이는 그 가슴>이 있나니
 그것을 그리며 명상(冥想)할지어다.

<그것> 그 안에는 명상하는 것이든, 기억하는 것이든, 회고하는 것이든, 행하는 것이든 모든 것이

쉬게 되고, 또 <그것>으로부터 모든 것이 현현되어 나온다. - 그것은 **그 가슴**이다."

자야라타는 <자연적으로 소리 나는 **드바니**>와 <지고의 말씀>을 동일시한다. 그것은 동시에 <**나-각성 (覺醒)**의 내적인 소리>이다.

그다음 구절이 보여주듯이 "**거대한 가슴**"은 다시 <**가슴 만트라**> "Sauḥ"와 동일시된다. 이것은 <제 8 장> **가슴의 씨앗**에서 <**핵심 만트라**>로 다룬다.

<**가슴**이라는 상징>은 그렇게 강력하여, 대관식 (戴冠式)으로 전개 전체의 끝에 온다. 어떤 면에서 설명이 따로 필요 없는 표현이다.

다음은 **이슈와라-프라탸비갸** 카리카에서 자주 인용되는 것이다.

"**의식**은 그 핵심적 본성으로 <반성적 자각(회광 반조)>을 가진다. 그것은 자유롭게 일어나는 **지고의 말씀**(파라 바크)이다. 그것은 절대적 의미에서 **자유**이고, <지고한 참나>의 주권(통치권)이다.

주(註) : 이것은 <첫 번째(원초적) 말>로서, 그 안에는 <표현될 수 있는 것>은 분화되어 있지 않고, 그것 안에는 시작도 끝도 없고, 그것은 <끊임없이

계속되는 **의식**>과 **절대 자유**로 구성된다. 이것은 순수한 자유이고, 다른 어떤 실재로부터도 독립적이고, 그것은 '주권(主權)'이라는 이름을 가진다.

그것은 <빛나는 진동(스푸랏타)>이고, <절대적인 존재(마하-삿타)>이고, 시공간에 한정되지 않는다. 그것은, 그것이 **그**의 핵심인 한에서는, 지고의 **주**의 **가슴**이라고 말한다.

주(註) : 그것은 본성에서, <빛나는 진동>이고, 이 <빛나는 진동의 주체>이다. 그것은 <존재하지 않는 것(비존재)>의 대응관계로 이해할 수 없지만, 그것은 또한 비존재로 편만하다. 그것은 존재하고 있으며, 현존(現存)하고, 존재의 행위의 주체이다. 그리고 영원하다. 시간과 공간으로는 닿을 수 없기 때문이다. 그것은 <**의식**의 활동성의 힘>이고, 그의 핵심은 <반성적 자각(회광반조)>이다. 그것은 <모든 것인> 지고한 **주** 그 자신의 기초를 구성한다. 여러 경전들은 그것을 '**가슴**'이라고 부른다."

<**지고한** 신성의 **가슴**>은 가슴의 다른 수준들을 <**인간 감정의 자리**>라고 하면서 **배제하지 않는다.** 아비나바굽타가 아름다운 시로써 표현했듯이……

"<감각의 모든 대상을 이해하는 일에 있어서 앞, 가운데, 뒤에서 움직이는 것>, 그것은 우주적이고, 최고의 **샥티**의 영광(榮光)을 받았고, 그것은 진실로 **<신성의** 창조적인 **의식>**이다. 그 **의식**에 흡수된 자에게, 어떻게 그 **신성의 의식**이 없어 생기는 의기소침이 일어날 수 있겠는가?

무지한 자는 몸, **프라나** 등에 있는
엄청난 부(富)를 향유할 수 없나니
가슴을 짓누르는 무력감만 있구나

우주 전체 속으로 즐거움을 느끼는
지고의 여신이 **가슴**으로 들어가면
그때 아, 그녀는 **장난스럽게**
완전한 마지막 봉헌(奉獻)을 하누나"

[**가슴**의 중요한 의미는 <핵심 **만트라**> 혹은 **흐리다야 비자**로서, 제 8 장에서 따로 다룬다고 했다.

그리고 (혹 여유가 있는 분은) Muller-Ortega의 『The triadic **heart** of Śiva』를 읽는 것도 좋을 것이다.]

이제 **내 가슴에 있나니**에서 "**내(나의)**, 마마"의 소유대명사(所有代名詞)도 살핀다.

데비의 질문에서 간단하지만 아주 개인적 표현인 "**마마 프라보**"는 분석의 시발점이 된다. **아비나바굽타**는 우선 **카타야스와**를 쪼개어 **스와**를 마마와 합쳐서 "**내 자신**"으로 **주**를 호칭한다.

보통의 말투에서 "<나의 (것)>이라는 말은 주체에 관련된 어떤 대상"을 가리킨다. 그러나 이 관계는, **웃팔라데바**의 **아자다프라마트리 싯디**에서 보이듯, "**참나**의 핵심적 본성 안에서 쉰다." 이것과 다른 인용에서 가리키는 바는 소유대명사의 보편화 즉 우주성이다. **마마**는 **비슈바** 즉 우주를 의미한다는 말이다.

그다음 여기서 그는 영적인 경험의 미묘함으로 들어간다. **상키야**, **요가**와 불교(佛敎) 등 다른 곳의 수행자들은 **사마디**의 상태에서는 "나의 (것)"이란 개념이 사라지는 것을 경험하지만, **사마디**의 상태에서 나올 때, 그들의 개인성의 이전 인상은 다시 나타난다.

"내 (것)"과 "내 (것이) 아닌"의 제한된 개념은 **웃팔라데바**의 **쉬바스토트라발리**에 아름답게 표현되어 있다.

"'이것은 내 것이고, 이것은 내 것이 아냐'
애착과 혐오의 이런 느낌들은
오 주여, <당신과 하나임의 통찰>의 도끼로
그 뿌리를 내리치소서."

아비나바굽타는 그의 스토트라에서, <소유>와 <무소유>가 의미하는 복잡함 전체를 요약한다.

"'아무것도 내 것이 아냐'라는 생각으로
감각 없는 피조물들 오그라들었나니
'아무것도 내 것이 아냐' 바로 그 말이
내게는 곧 '나는 모든 것이다'라네
하여 나는 고귀(高貴)한 자리 얻었노라"

세속적 존재들의 경우에 소유의 결핍이라는 것은 불행이라는 저주일지도 모르지만, 그러나 깨달은 이에게는 그의 우주성(보편성)의 조건이다.

아비나바굽타는 바이라바의 대답 "마마 흐리드 비옴니[내 가슴 (공간)]"로 돌아온다. 그것은 다시 가슴의 우주성이다. 공간(비옴니)에서 "내(마마)"가 강조되었는데, 즉 "뵤마(공간)는 특정한 대상들의 우주가 '(매달려) 유지되는' 곳이다." 마마는 실제적으로 <주체에 속하는 어떤 대상적인 경험>을 의미한다.

소유대명사의 이런 설명이 보여주는 것은 다음과 같다. 보통, 우리의 말에서 "소유"라는 것은 개인 소유자에 한정되는 것을 가리킨다. <소유하지 않는 것(무소유)>은 결핍과 가난으로 이해된다. 개인성과 소유를 극복하는 도중에 있는 수행자의 경우에는, 이것은 그들이 <사마디의 상태>에 있을 때만 일어난다.

그러나 **아눗타라**의 문맥의 **<거대한 가슴>**에서는 소유조차도 <궁극적 **나-의식과의 하나됨의 표지**>일 뿐이다. 그러므로 움직임은 <**마마**에서 **아함**으로>, 또 <**아함**에서 **마하**(ma-ha-a)로>다.

비갸나 바이라바는 간곡(懇曲)히 권한다.

느껴라. "나의 생각"을

눈을 감고, 내 생각을 느껴라. <끊임없는 생각의 흐름>이 있다. 그 생각들을 느껴라. 많이 느낄수록, 더 많은 것이 드러날 것이다.

그것이 정말로 <나의 생각>인가? **많이 느낄수록 <나의 것>이라고 말할 가능성은 더 적어진다.**

실제로, <내면의 고요(**의식**)>만이 <나의 것>이다. 우리는 그것과 함께 태어났고, 그것과 함께 죽을 것이다.

그러므로 <현현의 **카울리카** 방식>은 무엇인가? 그것이 어떻게 **아눗타라**로부터 나아가는가? 그것이 어떻게 **아눗타라** 안에 머무는가? 어떻게 **카울리카 비디**가 **아눗타라** 그 자체의 형태인가?

책의 뒷부분에서도 **아눗타라**가 주인공일 것이다. 이 모든 설명은, <스승의 논거>와 <전통적 경전의 가르침>, <개인적인 경험>으로 **실재(實在)에 대한 이해를 이미 얻은 이들을 위해서, 주 바이라바가 책 뒷부분에도 헌신할 것을 제안한 것으로다.**

여기에는 <**아눗타라가 어떻게**(아눗타람 카탐)로 시작하여 두 절 반에서 결론을 내리는 질문과 또 **들어라, 복을 받은 자여**(슈리누 데비)로 시작하여 한 절 반에서 결정적인 진술로 끝나는 대답으로, 그런 확실한 가르침으로, 다양성의 인상이 완전히 파괴된 자들>에게, 또 <**아눗타라** 단계에 들어가는 것으로 **지반 묵티** 상태를 얻은 자들>에게 깨달음의 완전한 만족이 있다.

그러므로 나는 "<강한 확신으로 정화된 자들>은 많은 것으로 만족하여 쉬게 될 것"을 두 팔을 들어 선언한다. 이제, **바이라바인 아눗타라**의 티끌 하나

없는 거울에 내재하는 <카울리카 상태>의 철저한 숙고를 위해, 책의 다른 부분이 시작된다.

[이 책에서는 제 5 장까지가 **파라 트리쉬카**의 <빔바 부분>인 제 1 부이고, 제 6 장부터 <**프라티 빔바 부분**>인 제 2 부가 시작된다.

1 부는 <**아눗타라**의 본성>을, 2 부는 <외적인 현현 혹은 확장>을 기술한다. <거울의 비유>에서, <거울("**의식**의 **하늘**")>은 **삼하라**(철수)의 과정에서 빛의 근원으로 알려져 있고, <거울 안의 영상들>은 **스리슈티** 혹은 현현의 과정으로 알려져 있다.]

☯

여기에서 **아비나바굽타**는 <현현 전체(**카울리카 비디**)>의 존재이유가 **아눗타라**(**우주 의식**)인 것을 보여준다. 그는 **마하-바라타**의 한 구절을 인용하여 그것을 <살아나게> 한다.

야스민 사르밤
야타 사르밤
야 사르밤 사르바타슈차 야
야슈차 사르바마요 니티암
타스마이 사르밧마네 나마

그의 안에 모든 것이 있고
그로부터 모든 것이 나오고
그는 모든 것이고, 모든 곳에 있나니
모든 것에 내재하고, 영원한
<모든 것의 나인 그>를 경배하노라.

우선 그는 **야타-사르밤** 즉 "**그**로부터 모든 것이 나오고"를 취하여, 신성으로부터인 현현의 확장을 상술한 뒤, 다음과 같이 결론짓는다.

"그것으로부터 <**쉬바-샥티**> 즉 <창조성이라는 신성의 통찰> 자체로 나아가는 것은 이 **아눗타라**다."

그다음 그는 **야스민-사르밤** 즉 "**그**의 안에 모든 것이 있고"를 취하고, 그의 논의를 요약한다.

"그 안에서 명확하게 이 모든 우주적인 현현이 쉰다." - 그것이 **아눗타라**다.

이후에 **사르바타슈차 야** 즉 "(**그**는) 모든 곳에 있고"를 취하고, 다음과 같이 결론짓는다.

"첫 단계인 **파라**로부터, 그다음 그것의 확장인 **파라-아파라**, 마지막으로 거친 물질세계의 현현인 **아파라** 단계까지, 불변의 **아눗타라**의 확장은 모든 곳에 편재(遍在)한다."

이제는 사르밤 야 즉 "그는 모든 것이고"를 취하고, 소마난다의 말을 적절히 인용한다.

"존재계인 그것은 최고의 **실재**(實在)다. 우주는 그 **실재**의 본성이다. 그러므로 모든 것이 **쉬바**다."

마지막으로 모든 것의 구성요소는 **아눗타라**이며, <모든 것(전체성)>인 "**그**"에게 경배한다고 말한다.

모든 것에 내재하고, 영원한
<모든 것의 **나**인 **그**>를 경배하노라.

이것이 곧 <최고의 영성 철학(靈性哲學)>이고, 또 <최고의 종교(宗敎)>다.

제 5 장

인칭과 호칭

"너는 왜 너이고, 나는 왜 나인가?"

"전에는 네가 나이더니, 이제는 내가 너로구나!"

우리가 <"**나**"와 "**너**"라는 말>을 공적(公的)으로 - <문자화(文字化)된 것>으로 - 대한 것은 아마도 초등학교 국어책이었을 것이다. 물론 그런 말이야 그 전에 알았겠지만……

위의 인용은 한 아메리카 인디안 추장(酋長)의 말과 우리나라 서산(西山) 대사의 말이다. 그들은 오늘 우리에게 물으며 또 가르친다.

도대체 <인칭(人稱)>이라는 것은 무엇인가?

그리고 <호칭(呼稱)>……

"나는 나를 무엇이라고 부를 것인가?"
  - 나는 그 무엇으로 살아갈 것인가? -

산스크리트 문법이, 해석에서 좋은 도구일 뿐만 아니라 **실재(實在)**를 이해하는 데 좋은 **모델**이라는 것은 잘 알려져 있다. <생각과 언어 사이의 밀접한 관련성>과 <언어학적이고 문법적인 사변(思辨)의 중요성> 말이다. 그것은 다른 언어 문화권에서는 잘 찾아볼 수 없을 것이다.

문법학자들의 작업 방식은 인도 영성 철학에서는 곧잘 적용되는 것이며, **카시미르 쉐이비즘**에서는 특히 중요하다.

여기, <밑변의 좌우의 점이 b와 c이고, 꼭짓점이 a인 삼각형>이 있다고 하자.

꼭짓점 a는 <산스크리트 문자 "a(아)">, <**쉬바**>, <프라마타(주체)>, <**아함("나")**>, <**잇차(의지)**>를 나타내고,

점 b는 <산스크리트 문자 "ha(하)">, <**샥티**>, <프라마나(지식)>, <**트밤("너")**>, <**갸나(지식)**>를 나타내고,

점 c는 <산스크리트 문자 "m(ㅁ)">, <**나라**>, <프라메야(대상)>, <**이담("이것")**>, <**크리야(행위)**>를 나타낸다.

<말>과 <실재>의 관계에서 그 형이상학적 배경은 **<모든 것은 서로 관련이 있다>** 는 것이다. "사르밤 사르바트마캄"은 <전체는 각 부분으로 존재하고, 모든 것은 다른 모든 것과 관련이 있고, 모든 것은 다른 모든 것으로 되어 있다>는 의미다.

실제로, 다른 어떤 종류의 분리와 한정도 존재할 수가 없다. **의식의 역동성(비마르샤)이라는 이 순환으로부터 벗어나 있는 것은 아무것도 없다!**

카시미르 쉐이비즘의 <쉬바>-<샥티>-<나라>의 **삼위** 는 <말의 문법적인 구조>뿐만 아니라 우리의 <심리적인(생각의) 얼개>를 보여준다.

나(아함)	너(트밤)	그것(탓)
일인칭	이인칭	삼인칭

☯

들어라. 복(福)을 받은 자여!

모든 것을 "듣는" 지고의 여신은, 호칭의 형태로 보아(**들어라. 데비여!**) "샥티"를 가리킨다. 우주의 모든 것은 <나라>-<샥티>-<쉬바>의 형태다. 그러므로 **우주의 모든 것은 이 삼위(三位)로 구성되어 있다.**

[여기서 <나라>는 프리트비에서부터 마야까지의 모든 대상적인 현상을 나타내고,

<샥티>는 슛다 비디아, 이슈와라, 사다쉬바를 나타내고,

<쉬바>는 쉬바와 "샥티"를 나타낸다.]

<(대상으로) 그 자체에만 한정되고, 감각이 없는 것>은 주로 **나라**의 범주다. 예를 들어, "항아리가 있다."고 한다면, 이것은 삼인칭에 대한 언급으로, 일인칭과 이인칭을 뒤로 두고 있다.

[여기서 **아비나바굽타**는 문법(어법)의 <이분법적 시각>을 - 문법에서는 물론 삼분법일 것이다. 즉 "갈라보는 것"을 - 극복하려고 한다. 인칭대명사는 유동적으로 사용되어, 삼인칭(대상)은 이인칭으로, 이인칭은 일인칭(주체)으로 흐르는 것을 보여준다. 당연히 역순(逆順)의 흐름도 있다. 그러나 이인칭을 필요로 한다.]

(그러므로) 호격(呼格)의 문법 구조는 (일인칭과 관련하여) 이인칭을 분석하는 상황을 준다.

"이것"으로 보이는 것도, 호칭(呼稱)이 되었으면, <호칭하는 자>의 나-느낌으로 완전히 뒤덮인다.

<말하는 자>와는 다른 "이것"이 "너"로 호칭되면, 그것은 샥티의 형태가 된다. "그대가 서 있다."에서 이것이 이인칭의 의미이고 또 <호칭의 원리>다. 즉 내가 서 있다는 것으로, 이것이 서 있다는 것이다. 보통 때는, <다른 사람의 "나">는 <말하는 사람의 "나">와는 다르지만, <호칭의 과정>에서, <말하는 자>는 (**나-느낌**이 특징인) <피-호칭자>의 자유의 기쁨을 그 자신의 것으로 동화한다. 그리고 그것을 <그 자신의 **나-느낌**의 방해받지 않는 기쁨>과 동일하게 여겨, 그에게 말하기 시작한다.

이 빛 안에서, 그는 진정한 이인칭의 의미에서 그에게 말하고 있다. 이런 의미가 - <말하는 자>와 <호칭되는 것>이, 다르더라도, <호칭하는 일>에서 하나가 된다는 - <**파라-아파라** 여신>의 표징이다. 그녀의 특징은 <다양성 속의 단일성>이다.

[논의 전체가 그 "(절대적이고 궁극적인) **나**"에게 기초하고 있다. **웃팔라데바**가 가장 강조한 것이다.

"그 <순수한 빛의 자아(自我) 안에 쉬는 것>을 **나-의식**이라고 한다. 모든 의존에서 자유롭고, 다른 어떤 주체로부터도 독립적이기 때문에 '쉼'이라고 부른다."

"**절대**는 **의식**(삼빗)에 확립된다. 그러므로 그것은 오직 <자신의 **의식**에서 쉬는 것>이다.

이것은 (정확하게는) 그 '**나**'의 완전을 **알아채는** '**나-느낌**(아함-바와)'이라고 부른다."]

반면에 <다른 것에 대한 어떤 언급에서도 완전히 독립적인> **나-의식**의 방해받지 않는 기쁨의 자유 안에서, <"나는 서 있다."라고 표현되는 것>은 모든 면에서 작용하고 있는 **파라 샥티**다. 일인칭의 탁월함이 그 안에 놓여 있다. **바가바드 기타**는 말한다.

"**나**는 멸(滅)도 불멸(不滅)도 초월하기에
<**지고의 자아**('**나**')>로 존경을 받노라."

위에서 **산스크리트** 동사 **아스미**(asmi, 영어의 'am')가 "**나**(I)" 즉 일인칭과 관련하여 사용되었다. 멸과 불멸 둘 위에 그것의 탁월함을 가리킨다.

[일인칭에서 작동하고 있는 것은 **파라 샥티**이고, 이인칭에서 작동하는 것은 **파라-아파라 샥티**이고, 삼인칭에서 작동하는 것은 **아파라 샥티**이다.

삼위의 견지에서 일인칭은 <**쉬바**의 상태>이고, 이인칭은 <**샥티**의 상태>, 삼인칭은 <**나라**의 상태>이다.

그리고 <궁극의 "나"(아함-바와)>와 <제한적인 자아-의식(미타-프라마트리, 에고로서의 "나")>과의 혼동에 의한 오해는 없어야 한다.]

여기 모든 경우에서 언급된 것은 <몸과 동일시된 제한된 나>가 아니다. 감각의 대상일 뿐인 <(몸과 동일시된) 제한된 나>는 <진정하고, 제한되지 않은 나>와는 양립할 수 없다. 이 <제한되지 않은 나>가 자기 조명적인 **쉬바**의 본성이다. <자기 조명적인 (우주적이고 제한되지 않은) **의식**>에는 어떤 감소나 증가도 없다. **아-프라카샤**의 본성인 감소와 증가는 **의식의 빛**의 양상일 수 없고, **의식** 속으로 들어갈 수 없다. 감소와 증가의 상태에만 관련 있는 중간 상태 또한 아무것도 아니다.

그러므로 <쉬바의 **우주 의식**과 분리될 수 없고, 모든 상대성으로부터 자유로운> "**나**"의 그 개념은, 증가와 감소의 상황에서는 적용될 수가 없고, 또 <대상성>과 <대상성의 부재(**순야**, 空)>가 가리키는 중간 상태의 상황에서도 적용될 수 없다.

[이런 분류는 철학적인 중요성뿐 아니라, 심리와 사회 분야에서도 막대한 영향을 주는 것이다. 거기에서 작동하는 것은 거의가 <진정한, 영적인 **나**>가 아니고, **아함카라** 즉 <에고로서의 나>이다. 그것은

<우주적인 **나**> 안에서 <하나됨>을 실현하지 못하는 한, 다른 에고들과 충돌한다.

심리학자들은 <에고로서의 나>의 감소와 증가가 무엇을 의미하는 것인지를 정확히 안다! 그 감소는 <자신감의 감소와 상실>로 이끌고, 증가는 <이기적(자기중심적)인 행동>으로 이끈다. 둘 다 <진정한, 중심의 **나-의식**(아함-바와)>과는 동떨어진 것이다.

그러나 <나-너>는 진정한 인간관계로 부정되지 않는다. 사실, 일인칭과 이인칭은 서로가 가까워서, **산스크리트**뿐만 아니라 모든 언어에서도 보인다.

예를 들어, 독일어의 동사 <sein(있다, ~이다)>은 "Ich bin – Du bist – Er ist"에서처럼 이인칭의 bist는 일인칭의 bin과 삼인칭의 ist를 결합한다. 즉 "bist = bi(n) + (i)st"이다.]

"너"라는 이인칭의 개념이 분리를 가리키는 것이라고 하더라도 실제로 "나"의 개념과 유사하다. "그러므로 너와 나 둘은 무성(無性)으로 기술된다." 즉 남성과 여성 둘 다에서 사용된다.

몸의 다양으로 수(數) 등은, 이중(二重)의 복수는 **파라-아파라 샥티**의 견지에서, 다중(多重)의 복수는 **아파라 샥티**의 견지에서 적용하는 것이 적절하다. **신성의 자유**의 샥티로 결정되는 그 차이는 <여러

몸의 경우>에도 <하나>도 여겨진다. 그것은 "우리 둘, 너희 둘, 우리 모두, 너희 모두" 같은 말에서 추적될 수 있다.

몸(마음)과 관련이 있는 감소와 증가는, **의식**의 경우에는 상징적으로나 비유적으로도 쓸 수 없다. 그런 것은 **의식**에는 합리적으로 적용될 수가 없기 때문이다.

[그리고 만약 우리가 <나와 너>의 수준에서 인간 관계를 말한다면, <감각이 없는 것으로 여겨지는, 소위 삼인칭>에서는 어떠한가?]

"**모든 것은 모든 것의 축소판(縮小版)이다.**" 이 우주적인 원칙에 따르면, <감각이 없는> 삼인칭의 것들도 그 무감각을 벗고 이인칭과 일인칭을 사용할 수 있게 된다. 이를테면, "들어라, 산이여!"에서 삼인칭은 이인칭으로 되고, 또 "산 중에, 나는 **메루**로라."에서는 삼인칭이 일인칭으로 취급되고, "나 **차이트라**(김 아무개)가 말하노니"에서는 일인칭이 삼인칭으로 취급되었다.

샥티에 존재하는 이인칭은 **샥티**의 성격을 벗고는 삼인칭의 양상을 얻는다. "두려움이 사라진 그대는 용맹 그 자체로라."에서 <그대>는 호칭의 형태로 사용되지 않고, 삼인칭의 양상을 적절히 획득한다.

247

"당신"은 (<존경하는 이>인) "스승" 같은 말과 같이 사용하는데, "스승 당신께선 말씀하셨습니다."에서 **나라**의 성격인 삼인칭으로 사용된다.

샥티의 성격인 이인칭은 **쉬바**의 성격인 일인칭의 양상도 얻는데, "오 그대, 내 사랑이여, 그대가 곧 나로라."는 많이 쓰는 것이다.

쉬바의 성격인 일인칭 또한 **첫**인 일인칭을 벗고, **나라**의 성격인 삼인칭과 **샥티**의 성격인 이인칭의 양상으로 간다. "나는 누구인가?" "이것이 나다." "오 나여!" "이런! 내게" "아, 나에게" 등에서 나의 방해받지 않는 자유는 가라앉고, 현저하게 된 것은 분리된 <이것>이다. 그런 경우 그것은 마치 **아파라 샥티**의 특징인 저 분리(分離)와 같다. 다른 말로, **나라 루파** 즉 <현저하게 되는 삼인칭>이다.

"오 나여!" 등에서 **쉬바**는 **파라-아파라 샥티**의 고동과 접촉한다. 즉 이인칭의 영역으로 들어간다. 그러나 그런 경우, 선행하는 상태는 이전의 성격을 넘어서는 것 없이 후속의 상태를 획득한다. 그러니 **나라**의 성격인 삼인칭은 명확하게 **샥티**의 단계로 오르고, 일인칭의 **쉬바**의 단계까지 오른다. 그러나 오르는 것의 반대 과정은 용납되지 않는다.

[<쉬바의 양상>은 <샥티의 양상>에도 있고, 또 <샥티의 양상>은 <나라의 양상>에도 있다. 그러니 <쉬바의 양상>은 모두에 있다.

나라 루파는 먼저 **샥티 루파**로 오르고, 그다음 **쉬바 루파**로 오른다. 샥티 루파를 제쳐두고 **쉬바 루파**로 바로 오를 수 없다.

위 설명은 언어에서 삼인칭은 다른 것으로 녹아든다는 것이다. **사물과도 <인간관계>로! - 그것은 심리적인 현상이다.** 그것은 또한 <주체적인 경험의 대상화>와 <대상적인 경험의 주체화>를 포함한다.

(바가바드 기타 10장의) 크리슈나의 많은 동일시 중 **아비나바굽타**는 하나를 말하지만 - "산 중에, 나는 메루로라." - 그 (신성) "**나**"와의 동일시라는 과정 전체는, 감각이 없는 삼인칭이 이인칭을 지나 <모든 것을 포괄하는 일인칭>으로 변형하는 원리를 보여준다.

"그것(그, 그녀)"은 "너"로 인격화되고, 그다음 참 주체인 "나" 속으로 들어간다. **트리카**의 용어로, **나라**는 샥티로 인격화되고, 쉬바에서 내면화된다.

크리슈나의 그 "나"가 **다른 대상들과 동일시되는 것은 상징화(象徵化)를 보여준다. "나"** 혹은 자아는 결국 인간의 자기 자신의 내면성(內面性)의 경험일 뿐이다. 베단타 등에서도 자아 즉 **아트만**은 많은 이미지로 표현되어 있고, 또 이 이미지들은 다시 일인칭 속으로 녹아든 삼인칭이다.]

삼위의 각각은 본성을 포기하지 않고, 세 가지 형태가 된다. 단수형의 **쉬바-바와**, 이중 복수형의 **샥티-바와**, 다중 복수형의 **나라-바와**다.

"**하나**가 **둘**이 되고, 둘이 된 후 그것은 **여럿**이 된다." <하나> 혹은 <똑같은 것>에서, 그것이 오직 일자(一者)일 때, 그것은 <쉬바의 성격>을 가진다. 거기에는 대응하는 다른 것이 없기 때문이다. 어떤 대응관계가 있을 때, 그것은 <**샥티**의 성격>이고, 다수의 경우는 <**나라**의 성격>이다.

<**가타**(항아리 하나)>는 **쉬바-바와**를 나타내고 또 <**가타우**(항아리 둘)>는 **샥티-바와**를, <**가타아**(많은 항아리)>는 **나라-바와**를 나타낸다.

합성어에서 수(數)가 복합적이지 않으면, 동격일 것이고 접속사 "와(과)"로 연결된다. 많은 사물이 어떤 단일성을 형성하여 **쉬바**를 가리키는 예로는 <**가타파타파샤나**(항아리와 천과 돌)>가 있다.

동사도 **티슈타티**(하나가 서 있다)는 **쉬바**를 나타내고, **티슈타타**(둘이 서 있다)는 **샥티**를, **티슈탄티**

(여럿이 서 있다)는 **나라**를 나타낸다. 사실, 현현 전체는 단지 **하나**(쉬바)에서 생겨난 **크리야 샥티**의 확장이다.

"<여럿>이 <하나>로 줄어드는 것으로
 - **나라**와 **샥티**가 **쉬바**로 되는 것으로 -
 속박에서 해방되지 않을 자 누구인가!"

삼인칭, 이인칭, 일인칭이 동시에 사용될 때, 더 낮은 것이 더 높은 것 속으로 흡수되는데, 더 높은 것이 더 낮은 것의 진상을 포함하기 때문이다.

"**사 차 트밤 차 티슈타타**(그와 그대가 서 있다)"에서 동사 **스타**(서다)의 수(數)는 이인칭으로 쓰였는데, 그것은 삼인칭이 이인칭에 흡수된 것을 나타낸다.

"**사 차 트밤 차 아함 차 티슈타마**(그와 그대와 나는 서 있다)"에서 동사 **티슈타마**는 일인칭 복수인데, 그것은 삼인칭과 이인칭이 일인칭에 흡수된 것을 가리킨다.

[다양성보다는 단일성을, 대상성보다는 주체성을 우위에 두는 것은 **트리카**의 **불이**를 반영한다.

그리고 언어가 <형이상학적 **실재**의 거울>이라면, 그것은 **산스크리트**어에만 한정될 수는 없다.]

문법학자들이 규칙을 따르는 것은 이런 <완전한 이해의 상태>, <본래적인 완전한 **나-의식의 남은 흔적**> 때문이다. 유사하게 다른 지역의 말에서도 - 불교도들이 사용하는 **빠알리어, 안드라와 드라비다**인의 말에서도 - "**가슴의 본능적 느낌을 따르는**" <말>과 또 <그 의미>는 **나라, 샥티, 쉬바**의 형태로 이해(理解)를 나른다.

전에 내가 말했듯이 "<**가슴에 직접 닿지 않는 것**>은 전혀 <**말**>이 아니다."

그러므로 이런 이해는 모든 것에서 본래적인 것이다.

"**나라, 샥티, 쉬바의 형태가 없다면**, <말>도, <그 의미>도, <정신적인 움직임>도 **없다**."

말리니비자야 탄트라는 말한다.

"**쉬바**의 한 **샥티**로 거하고, (일, 이, 삼인칭으로 말의) 등급(等級) 전체를 통할하는 것으로, 그렇게 그녀는 그대와 관련되어 있다."

탄트라-사뭇차야 또한 말한다.

"이 우주는 <벌레>와 <**전지자**(全知者)> 둘 다를 다루면서, 삼인칭, 이인칭, 일인칭으로 늘 확립되고 또 모든 방식으로 관련되어 있다."

그래서 삼, 이, 일인칭으로 구성되는 이 우주를 <(트리카) 전통의 명확한 이해>의 가르침을 따라 설명했다. <삼, 이, 일인칭으로 구성되는 경험의 이 포괄적 순서>는 **주**의 **자유 의지**로 나타난 것이다.

[**아비나바굽타**는 문법(文法)의 논의에서 **삼위**의 상호의존성을 보여줄 뿐 아니라, 신성의 편재하는 성격에서 **삼위**의 궁극적 정체성 또한 잘 드러낸다. 그리고 겸손히 결론짓는다.]

오직 소수의 가슴에만 호소력이 있는 이 주제는 이것으로 충분하리라. 그들은 스승(성령)으로부터 가르침을 받아, 품위 있는 취미를 가지고 있으며, <고급 독자>로서 - **"아는 이"**의 책에서 많은 것을 잘 **"읽는 자"**이며 - **은혜** (恩惠)를 받음으로 정화된 이들이다.

그래서 **"들어라, 복**(福)**을 받은 자여!"**의 설명이 끝났다.

일인칭인 **바이라바**가 이인칭인 **데비**에게 말할 때, <데비는 **바이라바**와 다르지 않다>는 것을 이해해야 한다. 이것을 증명하기 위해, **아비나바굽타**는 우리가 사용하는 말에서 여러 가지 예를 든다.

이인칭은 일인칭과 동화되고, 삼인칭은 이인칭과 동화된다. 그는 모든 언어에서 이런 어법(語法)이 사용되는 것은 우연이나 편의성의 문제가 아니라, 형이상학적 진리를 가리키는 것임을 증명한다.

쉬바와 그의 **샥티**는 <하나>이다. 마치 <문법에서 처음은 단수이고, 그다음에 이중과 다중의 복수가 있듯이>, <인칭에서 먼저 일인칭이 있고, 이인칭과 마지막으로 삼인칭이 있듯이>, 현현에서는 단수와 일인칭은 **쉬바**의 상징으로 있고, 이중과 이인칭은 **샥티**의 상징으로, 다중과 삼인칭은 **나라** 즉 대상적 현현의 상징으로 있다.

또 <그것들이 함께 사용되기 위해서는 삼인칭은 이인칭에, 이인칭은 일인칭에 귀의하듯이>, **나라** 즉 **프라메야**(대상)는 알려지기 위해서는 **샥티** 즉 **프라마나**(지식)에, **프라마나**는 그 마지막 충족을 위해서 **쉬바** 즉 **프라마타**(아는 자)에 귀의해야 한다.

☯

쉬바스토트라발리의 한 절에 대한 **크세마라자**의 주석에는 <인칭과 인칭대명사>에 관한 특기할만한 것이 있다.

첫 번째 사람은 두 번째 사람과는 구별되고
세 번째 사람과도 또한 그렇다네.
당신 홀로 위대한 사람(마하-푸루샤)이러니
모든 사람의 피난처("**쉼터**")라네.

하리(비슈누)가 <**위대한 사람**>인 것은 잘 알려져 있다. 그는 <**다른** 감독하는 자아의 본성을 통하여 얻는, 모든 지식(인식)의 그 분화되지 않은 핵심을 아는 모든 주체들의 경우에서> (다른 인칭과 함께) 이인칭 **당신**이 특징이다. - 이것은 명확하다.

그래서 경전은 "그는 **비슈누**교도들이 **비슈누**라고 부른다."고 한다.

"**당신**은 **위대한 사람**인데, 당신의 존재가 **사칼라**에서 **사다쉬바**까지의 모든 사람의 지지와 근저이기 때문이다."

"다른"이라는 말로 그는 **다른** 의미를 함축한다. "**하나**"는 불이를 의미한다. **홀로**(alone=all+one)도 그런 의미다. 이것이 한 가지 의미다.

반면 문법적 방법에 따르면, <일인칭인 그것>은 이인칭, 삼인칭으로 분화되게 된다. **마하-푸루샤**는 특별한데, 자신의 성향 때문에 **<고립된 일인칭>을 반영하여 이인칭의 의미를 가지기 때문**이다. 모든 사람의 지지와 근저인 것이 **쉼**의 상태이다.

모든 대상성이 반영되고 또 오식 수세싱 **인에게** 쉬는 일은, 사람이 "**그도** 요리하고, **너도** 요리하고, **나도** 요리한다."고 하려는 것을 "**우리**는 요리한다." 고 표현할 때처럼, 그런 문법적인 사용에서, 이것이 의도된 의미라는 것을 알아채야 한다.

왜냐하면 **당신**은 모든 사람[즉 일, 이, 삼인칭]의 지지와 근저, 즉 모든 조건적인 사람들 밑에 있는 <조건화되지 않은 **의식**>이기 때문이다.

그러므로 <(반영적인) 알아채는 일>이 있을 때, "그것이 내게 보인다. 그것이 내게 보였다"에서 "이것", "저것"의 두 요소가 <인식하는 주체>와 <인식되는 대상>으로 나뉘더라도 **<진정한 인식자>** 즉 **프라마트리** 안에서 현현되는 것이다.

그러므로 **당신 홀로** 마하-푸루샤, **위대한 주**다. 왜냐하면 **마하-데바**처럼 **마핫**이란 말은 당신에게만 적용되기 때문이다.

아비나바굽타가 일인칭, 이인칭, 삼인칭의 복수 전체를 일인칭 복수의 형태로 취한 것은 일인칭의 우월을 가리키는 것인데 반해, 위의 모든 사람의 근저인 최고의 사람, **마하-푸루샤**에 대한 기술은 무엇이 중요한가? 이것은 **그**가 홀로 <조건화되지 않은 의식>이고, 다른 모든 사람은 조건화되었다는 것이다.

이런 문법적 논의는 ① **트리카(삼위)**의 보편성과 ② 모든 사람과 그들의 관계 밑에 존재하는 순수 **의식**인 "**신성**" 즉 **절대**의 "**나**"를 보여주는 데 충분하다.

<세 가지 인칭>에 관한 이런 논의를 잘 살피면, 우리 사회에 엄청난 덕(德)이 될 수 있다. 아무도, <살아 있는 어떤 것>도, 심지어 <기식(氣息) 없는 사물>도 고립되어 있지 않다는 것이다.

그것들의 진정한 관계는, 모든 것 아래에 혹은 뒤에 숨은 **신성**의 **나** 즉 **의식** 안에 위치하기 때문이다. 아무것도 배제되지 않는다.

그러므로 사람이 이 제한적인 에고를 금하면서, 영적으로, **중심**의 **나-의식**에 다가갈수록, **실재**인 전체와 더 많이 연결, 상호(相互) 연결된다.

아, "사르밤 사르바트마캄!"

트리카	샥티	인칭	수(數)
쉬바	파라	아함(나)	단수(하나)
샥티	파라-아파라	트밤(너)	이중(둘)
나라	아파라	탓(그것)	다중(여럿)

탓(그것)에는 **이담**(이것), **사**(그), **사아**(그녀) 등이 들어간다.

['호칭(呼稱)'에 대한 논의는, 제 5 장의 제목으로 올린 것과 몇 군데서 언급한 것으로, 줄인다. 호칭 등 **말**의 좀 더 깊은 의미는 『**기호와 언어로 읽는 12가지 세상 이야기**』 - 학문의 경계를 넘어서 - (김은일 지음)를 참고하라. 그리고…… 꼭 기억하라. **"나는 나를 무엇이라고 부를 것인가?"**]

이제 이 책의 <제 2 부>에 해당하는 <거울 속의 영상>을 다룬다.

카울리카 비디 즉 <우주의 현현>은 다음과 같다.

제 6 장

절대 (絶對)의 현현

<우리 훈글>은 "ㄱ ㄴ ㄷ ㄹ ㅁ ㅂ ㅅ ㅇ ㅈ ㅊ ㅋ ㅌ ㅍ ㅎ"의 자음(子音) 14개와 "ㅏ ㅑ ㅓ ㅕ ㅗ ㅛ ㅜ ㅠ ㅡ ㅣ"의 모음(母音) 10개와 복자음, 복모음으로 구성된다.

그것에서 지금 우리가 하는 모든 <말>과 그 모든 <생각(사상과 철학과 종교 등)>이 나온다. 그래서 그것으로 상대방을 비난하고……

역사(歷史) 이전부터 인류의 <그 모든 생각>은 실은, (모든 언어의) **모음과 자음에서** - <말>에서 - **나온 것이다.** 실로 "우주적 현현"이다. **이런 것을 절실**(切實)히 느껴라.

아 등의 열다섯 모음은 점(點)에서 끝나고
그 끝은 <행위 힘>이 합하여 달과 해가 되누나.

카에서 마까지 다섯 행(行)의 자음에는
프리트비에서 푸루샤까지의 탓트와가 있고,

바유 아그니 살릴라 인드라의 넷 반자음(半子音),
마지막은 샤 등의 브라흐마 오중주단(五重奏團).

그러므로 빛나는 이여!
아에서 크샤까지는 <우주적 현현(顯現)>으로
<모든 만트라와 지식의 음문(陰門)>이니라.

위 <한글 경문>인 산스트리트 경문의 영자(英字)
표현과 그 풀이는 대략 다음과 같다.

< 5 >

아 등의 열다섯 모음은 점(點)에서 끝나고

그 끝은 <행위 힘>이 합하여 달과 해가 되누나.

Atha-a-adyās-tithayaḥ sarve svarā
   bindu-avasānagāḥ
Tadantaḥ kālayogena soma-sūryau
   prakīrtitau

아타-아-아댜스-티타야 사르베 스와라
   빈두-아와사나가
타단타 카알라요게나 소마-수리야우
   프라키르티타우

   "이제(아타) 아(a) 등(아-아댜) 열다섯(티타야)은
모두(사르베) 점(點, 빈두, 아누스와라)에서 끝나는
(아와사나가) 모음(母音, 스와라)이고,

   그것(탓)의 끝은(안타) <크리야 샥티(카알라)의
연결(요게나)을 통해> <소마(달)와 수리야(해)[즉
비사르가, ":"]>로 알려져 있다(프라키르티타우)."

< 6 >

카에서 마까지 다섯 행(行)의 자음에는

프리트비에서 푸루샤까지의 탓트와가 있고,

261

Pṛthivyādīni tattvāni puruṣa-antāni pañcasu
Kramāt-ka-adiṣu vargeṣu ma-kāra-anteṣu
  suvrate
프리티비-아디니 탓트와니 푸루샨타니 판차수
크라맛카디슈 바르게슈 마카란테슈 수브라테

"프리트비(프리티비)로 시작해(아디니) 푸루샤로
끝나는(안타니) 탓트와들은
  카로 시작하여(아디슈) 마 소리(카라)로 끝나는
(안테슈) 다섯 행(行)[판차수… 바르게슈]에 연속적
으로(크라맛) 있다.
  고결한 이여(수-브라테)"

< 7 >
바유 아그니 살릴라 인드라의 넷 반자음(半子音),
마지막은 샤 등의 브라흐마 오중주단(五重奏團).

Vāyu-agni-salila-indrāṇām dhāraṇānām
  catuṣṭayam
Tadūrdhvaṁ śa-adi vikhyātaṁ
  purastād-brahma-pañcakam
바유-아그니-살릴라-인드라남 다라나남 차투슈타얌
타두르드밤 샤-아디 비캬탐
  푸라스탓-브라흐마-판차캄

262

"바유, 아그니, 살릴라(水), 인드라와 관련되는 반자음(半子音, 다라나) 4중주단(四重奏團)이 있고 (차투슈타얌),

그 후에(탓-우르드밤) 잘 알려진(비캬탐) 샤 등 (샤-아디)을 브라흐마의 5중주단(五重奏團, 판차캄) 이라고 부른다(푸라스탓)."

< 8 - 9a >
그러므로 빛나는 이여!
아에서 크샤까지는 <우주적 현현(顯現)>으로
<모든 만트라와 지식의 음문(陰門)>이니라.

A-mūlā tat-kramāt-jñeyā kṣa-antā
  sṛṣṭi-rudāhṛtā
Sarveṣām-eva mantrāṇāṁ vidyānāṁ ca
  yaśasvini
아-물라 탓-크라맛-게야 크샤-안타
  스리슈티-루다리타
사르베샴-에바 만트라남 비디야남 차 야샤스비니

Iyaṁ yoniḥ samākhyātā sarva-tantreṣu
  sarvadā
이얌 요니 사마캬타 사르바-탄트레슈 사르바다

"그러므로(탓) <아>를 기초(물라)로 하여 연속적
으로(크라맛) <크샤(챠)>로 끝나는(안타) 그것은
<우주적 현현(스리슈티-루다리타)>로 알려져 있다
(게야).

　　영광스런 이여(야샤스비니), 이것(이얌, 현현)은
모든 탄트라에서(사르바-탄트레슈) 항상(사르바다)
모든 만트라와 모든 지식(사르베샴 에바 만트라남
비디야남 차)의 근원(요니)이라고 한다(사마캬타)."

< 1 > 음소의 방사

먼저 **산스크리트** 경문의 낱말부터……

티타야는 <태음일(太陰日, 달의 날)>을 가리키는 **티티**의 복수로, 음력(陰曆)의 각 <두 주간>에는 15 **티티**가 있어, **티타야**는 **열 다섯**을 의미한다.

카알라는 <미묘한 **크리야 샥티**>, **카알라-요게나**는 <**크리야 샥티**의 연결을 통해서>라는 뜻이다.

비사르가는 <창조, 확장>의 뜻으로, 두 방향이 있다. **중심**(내면) 쪽으로 향하는 <철수의 과정>인 구심성과 <현현의 과정>인 원심성이다. **비사르가**는 두 점(":")으로 표현되는데, 위의 점은 **소마**(**달**)로 **크리야 샥티**의 (구심성의) 회귀적 움직임을 말하고, 아래 점은 **수리야**(**해**)로 (원심성의) **크리야 샥티**의 확장으로 우주에서 **쉬바**의 현현을 가리킨다.

크라맛은 첫째는 <krama+ad>으로 <모든 연속을 삼키는>의 뜻이고, 두 번째는 <연속적으로>이다.

전자는 <**쉬바**(神)에게는 연속이란 없다>는 것을 말하고, 6절의 <연속적으로>는 경험적 개아와 관련해서 사용된 것이다.

모음(母音) **열여섯**은 다음과 같다. 괄호 안 영자(英字) 위의 "-"는 장모음(長母音)을 나타낸다.

अ (a), आ (ā), इ (i), ई (ī), उ (u), ऊ (ū),

ऋ (r̥), ॠ (r̥̄), ऌ (l̥), ॡ (l̥̄),

ए (e), ऐ (ai), ओ (o), औ (au), अं (aṃ), अः (aḥ)

자음(子音)은 **서른넷**으로 <처음 **다섯 행**(行)>의 영자 표기와 **탓트와**의 관계는 다음과 같다.

क (ka)	ख (kha)	ग (ga)	घ (gha)	ङ (ṅa)
흙(地)	물(水)	불(火)	바람(風)	아카샤
च (ca)	छ (cha)	ज (ja)	झ (jha)	ञ (ňa)
냄새	맛	모양	감촉(感觸)	소리
ट (ṭa)	ठ (ṭha)	ड (ḍa)	ढ (ḍha)	ण (ṇa)
생식	배설	발	손	말
त (ta)	थ (tha)	द (da)	ध (dha)	न (na)
코	혀	눈	피부	귀
प (pa)	फ (pha)	ब (ba)	भ (bha)	म (ma)
마나스	아함카라	붓디	프라크리티	푸루샤

다라나 혹은 **안타스타** 문자인 **반자음**(半子音)은 다음의 **넷**으로

य (ya), र (ra), ल (la), व (va)

<ya>는 바유-비자, <ra>는 아그니-비자, <la>는 살릴라-비자, <va>는 인드라-비자를 상징한다.

여기서 비자라는 말은 <이들 문자가 바유 등을 위해 만트라로 사용된다는 것>을 가리키며, 마야와 그 칸추카들로 연결된다.

샤 등의 브라흐마 오중주단은 다음의 **다섯**으로

श (śa), ष (ṣa), स (sa), ह (ha), क्ष (kṣa)

śa는 마하마야를 가리키고, ṣa는 숫다 비디아를, sa는 이슈와라를, ha는 사다쉬바를, kṣa는 샥티를 가리킨다.

["क्ष (kṣa)"는 <क + स (ka + sa)>로 크샤 혹은 챠로 발음한다고 하는데, 크샤트리아, 크세마라자 등으로 일단 크샤로 한다.]

아에서 비사르가까지의 <**열여섯 모음**(母音)>은 쉬바의 본성을 나타내고,

또 카에서 크샤까지의 <**서른넷 자음**(子音)>은 샥티를 나타낸다.

[이들로 구성되는 <문자 8(9) **그룹**과 그 통할하는 여신>과 <**쉰 가지 루드라**>는 스판다 카리카에서 다루었다.]

여기서 위의 **산스크리트 알파벳**이 <어떤 식으로 생겨났고(?), 그 **상징**(의미)**하는 바가 무엇인지**>를 크세마라자의 요약(要約)으로 살펴본다.

먼저, **모음**(母音)이다.

파라 트리쉬카와 또 **탄트라 알로카**에 따르면, **아눗타라 샥티**의 첫 번째 면(스판다)은 "**아쿨라**"의 형태를 떠맡은 <지고의 **나-의식**>이다.

<그것의 "몸(쿨라)">은 문자 ① "अ (a)"이다.

이 <a>는 **쉬바**의 <**칫**(Chit) **샥티**(**의식**의 힘)>를 나타낸다.

[**쿨라**는 그 안에 <**쉬바**와 **샥티**가 구별할 수 없는 단일성으로 있는 상태>다. **아쿨라**는 그것과는 다른 상태 즉 <**쉬바**의 상태>이다. 이것이 **아쿨라**의 한 가지 의미다. 두 번째로, **쿨라**는 <몸>을 의미한다. **아-쿨라**는 <아의 몸> 즉 그것의 몸이 문자 <a>인 것을 의미한다. 그것은 **칫 샥티**의 표현이다.

아쿨라는 이런 이중의 의미가 있으므로, 이것을 해석(解釋)이 아닌, 번역에서 명확히 끌어내는 것은 불가능하다.]

아함 혹은 **나-의식**이 <세계로 현현하는 힘>이 더 확장됨에 따라, <**아난다**(ānanda) **샥티**(**지복**의 힘)>가 놀이를 시작하며 문자 ② "आ (ā)"의 형태를 떠맡는다.

그때 **나-의식**은 <**잇차 샥티**(**의지**의 힘)>를 일으키며, <**아-크숩다**(동요되지 않은) 상태>에서 **잇차**(iccha)의 문자 ③ "इ (i)"를 떠맡고, <**크숩다**(동요된) 상태>에서 **이샤나**(īshana, **주**(主)) 혹은 **이쉬트리**(īshitri, 지배력)의 문자 ④ "ई (ī)"로 나타난다.

[**아-크숩다**는 <동요(動搖)되지 않은>을 의미하고, **잇차 샥티**가 <외부로 현현하려고 결심한 상태>로, 아직 대상성(對象性)의 영향을 입지 않았다.
크숩다는 <동요된>으로, **잇차 샥티**가 대상성으로 채색(彩色)된 상태이다.
다음의 <**갸나 샥티**(**지식**의 힘)>에서도 똑같다.]

그다음 **갸나 샥티**가 <동요되지 않은 상태>에서 그녀는 **운메샤**(unmesha, 지식)를 가리키는 문자 ⑤ "उ (u)"로 나타나고, <동요된 상태>에서는 대상적 모습의 원인이 되는 **우나타**(ūnata)로 즉 <단지 아직 **갸나**에 불과한 것인, **갸나**의 결핍(缺乏)>으로 나타난다. 문자 ⑥ "ऊ (ū)"로 표현된다.

이 일 다음에는, 우주적 현현의 진행에서 약간의 회귀적(回歸的)인 움직임이 있다.

번갯불이 처음에는 희미하다가 그다음 더 밝게 번쩍거리듯이,

<동요되지 않은 **잇차 샥티**>의 <i>가 <불(火)의 씨앗 문자>인 <r>과 결합하여 ⑦ "ऋ (ṛ)"가 되고,

<동요된 **잇차 샥티**>의 <i>가 <r>과 더 단단히 결합하여 ⑧ "ॠ (ṝ)"가 된다.

똑같은 방식으로 <동요되지 않은 **잇차 샥티**>의 <i>가 <땅(견고성)의 씨앗 문자>인 <l>과 결합하여 ⑨ "ऌ (ḷ)"가 되고,

또 <동요된 **잇차 샥티**>의 <i>가 <l>과 더 단단히 결합하여 ⑩ "ॡ (ḹ)"가 된다.

문자 <ṛ>와 <ḷ>는 단지 <들리는 소리>를 암시할 뿐이(고, 실제로 문자로 산출되지는 않는)다.

불과 땅의 씨앗 문자인 <r>과 <l>이 단지 **잇차 샥티**의 미묘한 대상으로, 소리만 그것에 부과되고, 단지 자신의 빛에 동화되어 자신 안에서만 쉬므로, 그것들을 <**암리타**(불멸의) 문자>라고 한다.

또 실체의 외관을 갖추었지만, 어떤 변화도 겪지 않고, 다른 문자를 산출할 수도 없으므로, 이 넷을

<환관(宦官, 샨다) 모음>이라고 부른다.

   [우리는 그냥 <**반모음(半母音)**>이라고 하자.]

   이제 앞에서 언급한 **아눗타라**(anuttara)의 문자 <a>와 또 **아난다**의 문자 <ā>가 잇차 샥티의 <i>와 결합하여 삼각형(三角形)의 문자 ⑪ "ए (e)"를 형성한다.

   또 **아눗타라**의 문자 <a>와 **아난다**의 문자 <ā>가 **운메샤**의 문자 <u>와 결합하여 문자 ⑬ "ओ (o)"를 만든다. 이것은 **크리야 샥티**를 포함하는 것을 나타낸다.

   그리고 **아눗타라**의 문자 <a>나 **아난다**의 문자 <ā>가 앞에서 말한 <e>의 결합하여 육각형(六角形) 문자 ⑫ "ऐ (ai)"가 형성되고,

   아눗타라의 <a>나 **아난다**의 <ā>가 위에 언급한 <o>의 결합하여 삼지창(三枝槍)의 ⑭ "औ (au)"가 형성된다. **여기에는 잇차, 갸나, 크리야의 세 가지 샥티 모두가 가장 명확한 형태로 결합되어 있다.**

   [문자 "ए (e)"는 <삼각형의 모음>이라고 하는데, **샤라다** 문자에서 삼각형처럼 쓰기 때문에, 또 **칫, 아난다, 잇차**의 세 가지 **샥티**가 형성에 작용하기 때문이다.

또 문자 "ऐ (ai)"는 **샤라다** 문자에서 육각형처럼 쓰고, "ㅐ"로 발음하고,

문자 "औ (au)"는 유명한 **열네 번째 모음**으로, "ㅗ"로 발음한다.]

그다음 지고의 **나-의식**은 문자 ⑮ "अं (aṃ)"에서 빈두[점(點), "·"]의 형태로 <우주의 분화되지 않은 지식>을 표현한다.

그것은 또 <위아래로 있는 두 점(":")>의 형태로 **비사르가** 단계를 보여준다. 그것은 <내적인 것>과 <외적인 현현>이 동시적(同時的)인 것을 의미한다. 문자 ⑯ "अः (aḥ)"로 표시한다.

[빈두("·")가 의미하는 것은 - 이것은 **훈글**에서 하늘을 의미하는 "ㆍ"(아래 아)와 같을 것이다! - <a> <ā> <i> <ī> 등의 이 모든 현현에도 불구하고 **아눗타라 샥티**는 <아는 자> 혹은 <주체>로 남는 것을 가리킨다.

산스크리트에서 "빈두"는 <점(點)>과 <**아는 자**> 둘 다를 의미한다. "베티 이티 빈두." 즉 "빈두는 <아는 자>이다."이다. **아눗타라 샥티** 혹은 지고의 **나-의식**으로부터 일어나는 그 모든 대상성(對象性)에도 불구하고, 이것 즉 **나-의식**은 불변의 영원한 주체(主體)로 남는다.

또 **비사르가**("∶")가 의미하는 것은, <아래 점>인 **샥티**의 견지에서는 <외부 세계로의 확장>이지만 또 동시에 <위의 점>인 **쉬바**의 견지에서는 <이 우주 전체가 **쉬바**의 **나-의식**에서 쉰다>는 것을 말한다.]

이제, **자음**(子音)이다.

창조적인 <**나**>는 내적인 알아채는 일에 있어서는 <현현의 **파노라마** 전체가 오로지 **아눗타라** 상태 안에서 쉬는 것>으로 보여주고, 외적인 알아채는 견지에 있어서는 <다섯 문자의 각 **그룹**에서 다섯 **탓트와**의 확장>으로 보여준다.

"a, i, u, ṛ, ḷ"의 **샥티**를 통해, 이제 다섯 문자의 각 **그룹**은 **카**(ka)에서 **마**(ma)까지, **프리트비**에서 **푸루샤**까지의 **탓트와**를 나타낸다.

"a, i, u, ṛ, ḷ"의 다섯 문자 각각은 다섯 **샥티**를 가진다. 그러므로 이들 각각으로부터 다섯 문자의 **행**(行, **바르가**, **그룹**, 무리)이 일어난다.

	샥티	문자(자음 ① ~ ㉕) 이름	해당 **탓트와**
1	a	ka, kha, ga, gha, ṅa	5 **마하부타**
2	i	ca, cha, ja, jha, ña	5 **탄마트라**
3	ṛ	ṭa, ṭha, ḍa, ḍha, ṇa	5 **행위기관**
4	ḷ	ta, tha, da, dha, na	5 **감각기관**
5	u	pa, pha, ba, bha, ma	**마나스** 등

[아눗타라 샥티의 <a>로부터 ka, kha, ga, gha, ṅa의 다섯 문자의 한 행이 있고,

잇차 샥티의 <i>로부터 ca, cha, ja, jha, ña의 다섯 문자의 한 행 등이 있다.

크세마라자는 아눗타라의 <a>와 잇차의 <i> 등 모두가 다섯 샥티를 갖는다고 말한다.

즉 아눗타라의 <a>는 <칫, 아난다, 잇차, 갸나, 크리야>의 다섯 샥티를 가지고,

그리고 잇차의 <i>는 <잇차, 칫, 아난다, 갸나, 크리야>의 다섯 샥티를 가진다.

이들 각각이 다섯 샥티를 가지면, 이들 각각으로 부터 다섯 문자의 한 행(그룹)이 일어난다.

바차카(이름, 말)로 다섯 문자 그룹 각각은 바챠 (그 이름, 말의 대상)로 해당 다섯 탓트와의 그룹을 가진다.]

바로 이 샥티들과 더불어, 푸루샤 혹은 <제한된 경험자> 안에 위치하는 마야의 니야티 등의 덮개와 함께, 나-의식은 음소학(音素學)에서 "안타스타"로 알려진 네 문자를 나타낸다.

㉖ "य (ya)" ㉗ "र (ra)" ㉘ "ल (la)" ㉙ "व (va)"

안타스타는 <안에 위치한>으로, 인간의 내면에 위치한 **마야**의 힘의 산물이기 때문이다.

경전에서는 **다라나**(집중, 장악)라고 하는데, 이것들이 주체의 의식을 장악(掌握)하는 것으로 우주를 **잡고** 있기 때문이다.

[우리는 (위의 **반모음**처럼) **반자음**(半子音)이라고 하자.

크세마라자는 안타스타가 인간의 마음에서 작동하는 **마야**의 **칸추카**(덮개) 때문이라고 하면서, <ya>는 **니야티**로, <ra>는 **카알라**, <la>는 **라가**와 **비디아**, <va>는 **칼라**와 **마야**로 결정된다고 한다.

그러나 **아비나바굽타**는 **탄트라 알로카** 3장에서 다음과 같이 설명한다.

<동요되지 않은, 동요된> **잇차 샥티**(<i>, <ī>)가 칫인 **아눗타라**(a) 쪽으로 향(向)할 때, 그때 <ya>를 낳는다.

(이는 잘 관찰하면, 한글에서 " ㅣ + ㅏ = ㅑ "가 되는 것과 비교가 된다. 혹은 " ㅣ + ㅓ = ㅕ ")

잇차 샥티와 동일시된 <ṛ>가 **아눗타라** 쪽으로 향할 때, 그때 <ra>가 나타나고,

잇차 샥티와 동일시된 <ḷ>가 **아눗타라** 쪽으로 향하면 <la>가 나타나고,

또 유사하게, 운메샤(<u>)가 아눗타라(a) 쪽으로
향할 때, <va>가 나타난다.

(이것은 "ㅜ + ㅏ = ㅘ"와 비교될 수도 있다.)

안타스타 문자를 형성하는 것은 **잇차**와 **운메샤
샥티**이고, 이는 내면의 힘이기 때문에 **프라마타** 즉
주체와 동일시된다. 이들 <ya> <ra> <la> <va>를
안타스타라고 부르는 것은 옳다.

그러나 음소학에서 이들을 **안타스타**라고 부르는
것은 이들이 모음과 자음 사이에 있기 때문이다.
즉 이들은 자음도 모음도 아니다.]

마야 위에서, 다양성(多樣性)이 사라지고, 그녀의
핵심적 본성과 함께 <다양하지 않음>이 나타날 때,
나-의식은 [이 단일성(單一性)의 **의식**의 열성적인
열기와 함께] 네 가지 **우슈마** 문자를 나타낸다.

(**우슈마**는 <열(熱), 열정, 열망>을 뜻한다.)

㉚ "श (śa)", ㉛ "ष (ṣa)", ㉜ "स (sa)"
㉝ "ह (ha)"

이 **우슈마** 문자에서 **나-의식**은 <완전한 암리타
문자> 즉 "स (sa)"를 문자의 전체 현현에서 끝에서
두 번째로 **보여주고**,

마지막으로 **나-의식**은 <이 우주는 말(바차카)과 그 대상(바챠)으로 구성된다>는 것을 깨닫게 하기 위해, 프라나 비자["ह (ha)"]를 보여주며,

<6의 과정(샷-아드와)>의 확장의 형태에서 **아눗타라 샥티**에 의해 <문자 "ह (ha)" 안에서(**아나하타-마야**)> 그것의 완성을 가져온다.

[<6의 과정(**샷-아드와**)>은 다음과 같다. 우주는 **바차카**(주체)와 **바챠**(대상)로 요약할 수 있다.

	주체	대상
1) **파라**(즉 **아베다**) 수준	바르나	칼라
2) **파라-아파라**(**베다-아베다**) 수준	만트라	탓트와
3) **아파라**(즉 **베다**) 수준	파다	부와나

아비나바굽타는 **잇차 샥티**는 세 가지 형태, 즉 <i> <r̥> <l̥>에 나타나고, **참나**의 내적인 빛에 의해 영향을 받은 이것들은 밖으로 <śa> <ṣa> <sa>로 나타난다고 한다.

<śa>는 **슛다 비디아**, <ṣa>는 **이슈와라**, <sa>는 **사다쉬바**를 나타내고,

<ha>는 <비사르가의 한 거친 형태>일 뿐이다.

"ह (sa)"를 <완전한 암리타 문자>라고 하는 것은 그것이 자신 안에 <우주의 현현>을 함축하기 때문

이다. **카시미르 쉐이비즘**에서는, **쉬바**가 <우주를 현현하는 것>은 그의 핵심적 본성의 폄하가 아닌 <본성의 실현(實現) 내지 완성>이다.

모음의 <r̥> <r̥̄> <l̥> <l̥̄> 이 넷은 어떤 형용사도 붙지 않은 그냥 **암리타**라고 부른다. 이들은 오로지 자신 안에서만 쉬기만 하고, 어떤 것도 생산하지 않기 때문이다.

그러나 <sa>는 <사다쉬바의 상태>를 나타낸다. 그러므로 이것은 중요하다.

"ह (ha)"는 <쉬바의 **비사르가 샥티**>의 한 형태이다. 그러므로 미묘한 형태의 <ha>는 각 창조물의 내면에서 <(그것 편에서는) 어떤 노력도 없이 끊임없이 소리 나고 있다>.

아비나바굽타는 그것을 **아뱍타 하-칼라트**마라고 부르는데, **자야라타**는 이렇게 주석했다.

"<ha>에 존재하는 이 **비사르가**는 단지 내면의 진동일 뿐, 분명한 문자로 읊조리는 것이 아니다."

"아무도 그것을 의도적으로 발음할 수도 없고, 또 (내면의 진동으로) 그것이 소리 나는 것을 막을 수도 없다. 그러므로 그것은 **아나하타-마야**다. 즉 성대(聲帶)를 통한 마찰로 나는 소리가 아니다.

<ha>는 **샥티를 가리킨다**. 그렇게 **그것은 모든 프라나의 근원**이다."]

그러므로 <위대한 만트라>의 최고의 에너지는, <나-의식의 형태> 안에서, 프라탸하라의 방법으로 <우주는 아(a)와 하(ha)의 자궁(아함) 안에 있다>는 것을 보여주는 것으로 구성된다. 아(a)와 하(ha)는 아눗타라와 아나하타의 상징이고, 쉬바와 샥티의 상징이다. 웃팔라데바는 말한다.

"나라는 개념은 <의식의 빛이 자신 안에서 쉬는 것>을 함축하고 있다. 그것이 모든 외적인 기대를 배재하는 한, 그것은 (자신 안에서) '쉬는 것(쉼)', '온전(穩全)'으로 알려져 있다.

그것은 또한 <절대 자유>이고, <주된 행위성>과 <주권(主權)의 힘>이다."

[프라탸하라는 산스크리트 문법의 전문 용어로, 여러 개의 문자를 하나의 어휘로 이해하는 것을 말한다. 첫 문자 아(a)와 마지막 문자 하(ha)를 묶어 아하로 보고, 아함 즉 나, 자아로 이해한다.

아하("अहं")는 산스크리트 알파벳의 모든 문자를 포함하고 있고, 또 각 문자는 대상을 가리키므로, 아하는 모든 대상의 총합(總合) 즉 우주를 말한다.

이것의 철학적 진리는 <이 우주 전체는, 하나의 구분되지 않은 상태에서, 쉬바 혹은 궁극의 실재 안에 있다>는 것이다.

산스크리트에서 "나(아함)"는 "ॐ"으로 쓰는데, 하(ह) 위에 빈두(점, "·")가 있다. **아누스와라**라고 하는데, 우리 "훈민정흠"의 "흠"과 같은 발음이라고 하며, 이 **빈두**는 철학적 중요성이 있다.

아눗타라 즉 **궁극의 실재**의 명확한 고요함에서 <형이상학적 강조점>이 일어난다. 이것이 **빈두**로 알려져 있다. 이것에서 <있어야 할 우주>는 한 점으로 모인다. 이 **빈두**가 **가니부타 샥티** 즉 <**한 점으로 압축된 창조의 힘**>이다. - 마치 (<한 방울의 정액>과) <하나의 수정란>과 같다! - 그것은 아직 주체와 대상으로 분화되지 않았다. 그것은 **칫-가나** 즉 <압축된 **의식**>, "**씨앗**", "**알(卵)**"로, 그 안에는 <현현되어야 할 세상과 모든 존재의 분화되지 않은 압축>이 잠재적인 가능성으로 놓여 있다.

하 위의 점(빈두)은 **아**와 **하**를 하나로 연결하고, <**쉬바**가, **샥티**를 통해서 **프리트비**까지 나타났다고 하더라도, 분화되지 않은 전체(全體)로 남는다>는 사실을 나타낸다.

vindu는 어근 vid(알다)에서 왔고, <**아는 자**>를 말한다. 그것이 **아비나바굽타**가 "<나누어지지 않은 빛인 그것>, <모든 분화에도 불구하고 변하지 않고, 자신의 고유한 **일자성**(一者性)으로부터 벗어나지 않은 그것>이 우리에게는 빈두다."라고 한 이유다.]

마트리카의 마지막은 쿠타 비자다.

㉞ "क्ष (kṣa)"

그것은 <ka>와 <sa>의 조합으로, <아눗타라의 핵심(카)>과 <비사르가의 핵심(사)>의 조합의 결과이다.

[쿠타는 <최고의, 가장 우수한, 신비한>의 의미로 쿠타 비자는 <kṣa>의 신비한 이름이다. 쿠타는 <두 할란타 문자의 조합으로 일어나는 한 문자>의 전문적인 이름이다. <쿠타 문자>라고 부른다.

아눗타라는 문자 카 행(行)의 핵심이라고 한다. 앞서 기술했듯이 카는 아눗타라의 상징인 모음 <a>에 의해 형성되었기 때문이다.]

<산스크리트 문자의 신비(神秘)>에 대한 설명은 이것으로 충분하다. "마트리카의 지식보다 더 높은 지식은 없다." 여기서는 간단하게 취급했지만, 나 크세마라자의 스승 아비나바굽타는 파라 트리쉬카 비바라나와 탄트라 알로카에서 자세히 설명했다.

[㉖ ～ ㉞ 문자가 나타내는 상징은 크세마라자와 아비나바굽타에서 약간 차이가 있으나 그냥 그대로 받아들이는 것이 정신건강에 좋다!]

싯다-암리타에서도 말한다.

"<신성의 **의식**>은 창조적 에너지의 형태에서는 '**쿤달리니**'로 알려져 있다. 그녀는 <모든 것의 **씨앗**이고 **생명**>이다. 그녀로부터 세 가지 문자 그룹이 생산된다. **아눗타라**(a), **잇차**(i), **운메샤**(u).

이 세 가지로부터 여러 가지 문자가 나온다. 즉 <a>로부터 <ā>, <i>로부터 <ī>, <u>로부터 <ū> 등 **비사르가**(':')까지.

카에서 사까지 문자들은 **쉬바**의 창조적 에너지 (비사르가)에 의해 생산된다. 그 **비사르가**는 <다섯 길>로 현현되는데, 하나는 ① <외부로(우주의 확장 형태로)>, 넷은 <내부로>다. - 즉 ② 가슴으로, ③ **나다**로(목으로) ④ 위대한 단계로(두 눈썹 사이로) ⑤ **브라흐마란드라**로 - 그러므로 그것은 가슴에서 머리꼭대기까지 편재(遍在)한다.

첫 문자 <अ (a)>와 마지막 문자 <अं (aṃ, "·")>가 결여된 **만트라**는 - 즉 **아함**(**나**)이 없는 **만트라**는 - 가을날 구름과 같다. [인도(印度)의 가을날 구름은 비를 만들지 못하므로 소용이 없다.]

진정한 영적(靈的)인 안내자는 <아(a)로 시작해서 'ㅁ(·)'로 끝나는 **만트라(아함 즉 나)**>를 설명해야 한다. **바이라바** 같고, **신(神)** 같은 스승은 나 자신처럼 경배할 가치가 있나니 - (지금의 이 경문은 **쉬바**가 **파르바티**에게 말하고 있는 것이다.) - 그가 <찬양의 송가> 등 어떤 것에서도 지고의 **나-의식**과 연결된 것을 느끼듯이 - (수행자도) <그런 식으로> 모든 것을 알면(느끼면), 그는 모든 것을 **만트라**로 인식한다."

스판다 카리카도 말한다.

파슈 안에 있는 쉬바의 이 힘이
속박(束縛)의 근원이다.
이 힘이 실재의 접근법인 것을 알 때,
해방(解放)의 성취를 낳는다.

[**쿤달리니**는 <현현되지 않은 상태>에서는 모든 현현의 **씨앗(비자)**이고, <현현된 상태>에서는 모든 것의 **생명(지바)**이다.

쿤달리니라는 말은 <신성의 창조적 에너지> 즉 <**쉬바**의 **나-의식**의 비사르가 샥티>를 말한다.

그것은 세 바퀴 반(半)으로 꼬여 있다고 하는데, 세 바퀴는 <(**나-의식**의) 대상적 측면(프라메야)>과

<지식의 측면(프라마나)>과 또 <주체적 측면(프라마타)>을 나타내고,

남은 반(半) 바퀴는 <그 자신 안에 주체적 측면과 대상적 측면 둘 다가 분별할 수 없는 단일성으로 있는 **프라마 측면**>을 나타낸다.

또 **쉬바**의 최고의 창조적 에너지인 **파라 샥티**가, 창조적이지만 아직 기능하고 있지 않을 때, 그녀는 잠자는 **뱀**처럼 세 바퀴 반을 똬리를 틀고 있는데, ① **샥티 쿤달리니**라고 부른다.

그녀가 생명으로 현현하기 위해 외부로 향할 때, 그녀를 ② **프라나 쿤달리니**라고 하며, 이 단계에서 **삼빗(의식)**은 **프라나(생명)** 속으로 전이(轉移)된다. 이 **프라나 쿤달리니**는 살아 있는 모든 것에 있다.

생명에서 **의식**으로 되돌아가는 역방향의 움직임에서 그녀가 **의식**이라는 본래의 형태를 떠맡을 때, 그녀는 ③ **파라 쿤달리니**라고 부른다. 이 단계에서 <나>와 <세상>과의, 혹은 <참나>와 <참나가 아닌 것>과의 합일-의식이라는 기쁨이 있다. 모든 것이 <**나**의 한 형태>로 보인다.

싯다-암리타의 긴 절을 인용하며, **크세마라자**는 (1) 어떻게 창조적 **샥티 쿤달리니**가 **바차카**(말)와 **바챠**(대상) 둘 다로 현현하는 것으로 **프라나 쿤달**

리니의 단계로 이행(移行)하며, (2) 어떻게 그녀의 비사르가 샥티(창조적 에너지)가 인간의 삶 속에서 자신을 현현하며, (3) 마지막으로는 모든 수행자를 그들의 본래의 <**신성**의 **나-의식**>으로 - 이 **신성**의 **나-의식**으로부터 **쿤달리니** 형태의 비사르가 샥티 홀로 <**삶**이라는 **놀이**>를 시작했다. - 귀향(歸鄕)의 여정을 촉구하는지를 보여준다.

비사르가는 <방사(放射), 현현, 투사>를 말한다. 비사르가는 <**신성**의 투사하고 현현하는 창조적인 에너지>, <**아눗타라**의 최고의 창조적 에너지>를 말한다. 다음의 세 가지 측면이 있다.

① **파라 비사르가**는 <ā(आ)>로 표현되고, **아난다 비사르가**로 알려져 있다. **아베다** 혹은 <분별하지 않음>을 보여주는 **샴바바 비사르가**이다.

② **파라-아파라 비사르가**는 <aḥ(अः)>로 표현되고 **샥타 비사르가**로 알려져 있다. 그것은 **베다-아베다** 혹은 <다양성 가운데 단일성>이다.

<अः>의 ":"에서 아래의 점은 <창조적 에너지의 우주로의 확장>을 나타내면서 **쉬바**와는 다른 것을 가리키고, 위의 점은 <우주와 **쉬바**와의 동일성>을 가리킨다. 그러므로 그것은 **파라-아파라**이다.

③ **아파라 비사르가**는 <ha(ह)>로 표현되고, **베다** 즉 다양성을 나타내며, **아나바 비사르가**로 알려져

있다. 그것은 자신의 근원(根源)과의 어떤 언급도 없는 우주의 현현과 관련된다.]

이제 **산스크리트** 문자(음소)와 상징에 대한 이런 기본적인 지식을 가지고 다시 **아비나바굽타**에게로 돌아가자.

< 2 > 니르비칼파 삼빗 - 말과 생각의 밑바탕

본성이 아(a)인 <아눗타라 그 자체>가 이 모든 우주의 현현이다. 이것이 여기에서 확인되고 있는 무엇이다.

5절의 <atha(이제)>가 그 현현을 연결하고 있다. 그 의미는 <우주의 현현을 구성하는 것은 **아눗타라 다**>라는 것이다. 앞에서 말했듯이, 현현에서도 또한 시간과 관련되는 (더 빠르고 더 늦은) 연속(連續)은 없다고 하더라도, **주** 자신의 자유 의지를 통해서 <가르침을 받는 자>와 <가르치는 자>로 나타나는 한은 (더 빠르고 더 늦은) 연속을 받아들여야 한다. 그러므로 그것은 이런 연속에 관련한 것이고, **아타** 라는 말은 <즉각적 순서>의 의미에서 사용되었다. 즉 <그 뒤에> **현현된 우주의 형태로 나타나는 것은 아쿨라 그 자체이다!**

여기의 **아타**는 데비의 질문에 대한 즉각적 대답 이라는 연속을 가리키지 않는다. 여기 **아타**는 같은 교설에 있는 동종의 목적을 순서적으로 정돈하기 위한 것이다. (데비의 질문과 **바이라바**의 대답은 둘 다 <**실재**의 상태>에 관한 것으로, <같은 교설의 동종의 목적>을 위한 것이다.)

그렇지 않으면, 모든 경우에서 침묵 뒤의 즉시의 의미에서도 **아타**를 사용하는 일이 있을 수 있다.

"글쎄, 그럴지도 모르지. 그렇게 사용한다고 해서 곤란한 게 무엇인가?"라고 묻는다면, 대답은 이것이다. "그런 사용을 제외하고는, 그 어떤 것도 경험(經驗)에서는 찾을 수 없다."

소마난다는 "atha의 <a>는 **쉬바**를 나타내고 또 <tha>는 **샥티**를 나타낸다."는 경전을 언급하면서 **아타**를 **아눗타라**로 설명한다. <tha>와 <ha> 둘 다 끊임없는 상호 침투의 의미로 사용되었다. <ha>도, <tha>도 **샥티**를 나타낸다. 그러니 **아타**는 **아하**의 의미에서 사용되었는데, 그것이 <지복의 처음 확장에서, 끝없는 대상을 현현하는 **샥티**와 다른 것이 아니기 때문에>, <모든 존재의 생명인 **나-의식**의 최고의 **나다**에 의존하기 때문에>라는 것이다.

나 **아비나바굽타**는 그런 경전을 잘 알지 못하기 때문에 상세히 조사하지 않았다. 아마도 그는 그런 경전을 직접 대했기 때문에, 수백 가지의 추론과 해석이 가능한 이 책의 함축적인 가르침을 그렇게 해석했을 것이다. 그는 <입문의 의식>에 사용하는 "가루(둘리)"의 의미를 자세하게 나누었는데, 여기 <**아타**가 **쉬바**와 **샥티**를 의미한다>는 것도 문자의 상징성을 다루는 그런 경전에 의해서일 것이다.

나는 - <그의 가르침>으로 정화되었고, 또 그의 책의 곤란(困難)을 제거하는 것으로 나 자신을 정화하기를 바란다. - 그가 도달한 그런 해석에는 전혀 관심이 없다. 문자의 상상적이고 상징적인 해석에 따른 만트라(아타)의 미묘한 의미의 차이는 어떤 사람에게는 소용이 될지도 모르나, **모든 시대 모든 나라의 사람들에게**는 그럴 수가 없는 것이다. 그러므로 나는 그런 것에 대해서는 기술하지 않는다.

그런 해석은 <개인적인 (영적) 경험>과 <스승의 합리적인 설명>으로 확신을 갖는 이에게는 쓸모가 없다!

[필자는 프라탸비갸 흐리다얌에서 **요가 수트라** 첫 문장의 "아타"를 <다르게> 다루었다. 그 의미도 유념(留念)하시기를!]

이제 우리의 주제를 돌아가자. 이 절의 **아댜**는 <a+adya>로 나누고, <**아** 등>을 의미한다. 아니면 athadya를 같이 취급해 <atha+adya>로 분석할 수 있는데, 이 경우 atha의 tha는 발음을 쉽게 하기 위해 사용했을 뿐이다.

그 의미는 다시 **모음**의 첫 번째인 <**a**>일 것이다. 이런 문맥에서 **아댜**라는 말은 <순서의 맨 앞(가장 중요한 것)>이나 <근접>의 의미가 아니라, <**그의 존재계는 아 등(等)(아와 다른 모든 문자)에서 계속**

된다>를 말한다. 그러므로 여기서 <"아"가 소리의 최고의 단계>라는 것이 결정적으로 제시되고 있다. 그 안에는 이들 문자에서, **의식**만으로 구성되는 <습관적이 아닌, 영원하고, 자연적인 형태>가 있다. **의식**의 본성에는 모든 것의 다양함이 늘 현존한다 (**사르밤 사르바트마캄**).

그 <최고의 신성> **파라**는 - 그녀는 **아눗타라**의 역동적 형태일 뿐이다. - 미분화라는 최고 단계로 구성되어 있더라도, 끝없는 다양성으로 가득한데, **파쉬얀티** 등의 **파라-아파라** 확장을 행하는 것으로 그녀 안에 가지고 있다. "<거기에 있지 않은 것>은 다른 어딘가에 있을지도 모른다."는 격언은 그녀의 경우에는 적용될 수 없다. 제한이라는 악취 나는 찌꺼기라고는 없고, <**나-느낌**의 처음이고, 늘 있는, 창조적인 활동>으로 알려진 그 여신, **의식**(意識)을 (정신적으로) 장악하라.

동(動), 부동(不動)의 대상들이 거기에 있다. - 이 모든 것이 가장 진실하고 변함없는 형태로 신성의 **바이라바 의식** 안에, 완전하고 지고한 **나-의식**의 형태 안에 거한다. 그것들은 자신들의 진정한 본성에서 끝없이 다양하게 펼쳐지는 것으로 이끌어져, <가장 불분명하게, 약간 더 분명하게, 좀 더 분명한 형태로> 나타나는 수백 가지 사물의 출현의 시간에 인식된다.

<전지(全知)의 단계>이고, 어떤 제한도 없는 최고 진리이고, 자연적인 **파라밧타리카(파라 여신)>**는, <극도의 **은혜**로 정화되어 그 상태를 강력하게 알아 채는 이들>에게서, 또 <믿음이 없기 때문에 생기는 불확실성, 의심 등 불순(不純)이, 끊임없는 **영적인 훈련**의 맷돌 위에서 완전히 으깨어진 이들>에게서 갑자기 나타난다.

의심이 있는 자들의 경우도 어떤 경우는, 그들이 **실재**를 볼 수 있을 때, 완전하고 자연적인 형태가 아니더라도, 약간의 제한된 형태로 **의식의 전지한 단계**는 나타난다. **칼라타**는 말한다.

"날숨과 들숨의 움직임에서 **투티**를 점차로 제거 하면 - 호흡이 멈추는 순간이면 - 전지와 전능을 획득한다."

이런 일은 - <파라밧타리카의 전지> 즉 **<생각이 없는 상태>** - 나 자신의 경험(經驗)으로 알려지는 것이지만, 지금은 추론(推論)으로 설명한다.

[인도(印度)의 논리학은 차분하게 따지지 않으면 난해할 수밖에 없다. 독자는 다음에 나오는 문장의 의미가 혹시 잘 다가오지 않더라도 그냥 계속 읽어 나가시길…… <큰 그림(?)>을 보는 데에는 지장을 주지 않을 것이다.]

(1) 긍정적 추론(안바야 타르카)

　"니르-비칼파 삼빗" 즉 <생각이 없는(**비결정적, 미확정적인) 의식**>은, <그것의 효능에 의해> 어떤 것을 이해 안으로 가져오고, 특별한 목표를 위해 <그것의 차후의 적합성에 의해> 마지막에 <**참나의 상태**>라는 형태를 얻는다. 그것은 <"푸르다" 등의 모든 연속적, 확정적인 인식>에 선행한다는 확고한 의견 일치(同意)를 받는다. 그것들은 서로 양립할 수 없는 것으로 여겨지고, <"푸르고, 노란" 그 모든 인식 등>에 나누어지지 않은 채 편만하다.

　인정하건대 양립할 수 없는 것이다. 예를 들어, <어떤 그림의 **통합적인 인식**>(그림의 여러 부분의 차이가 뚜렷하지 않다.), 혹은 <높은 산에 선 이의 **전체적인 조망(쉬카라스타)**>(모든 것이 한눈에 들어온다.), <공작새 꼬리의 **통합적인 인식**>(푸른색 등 여러 색깔이 분리되어 눈에 띄지 않는다.) 등.

(2) 부정적 추론(비아티레카 타르카)

　그러나 <**미확정적인 의식(니르-비칼파 삼빗)**>, 즉 <"푸르고, 노란" 등과 같이 여러 가지로 양립할 수 없이 지각된 것들이, 나누어지지 않은 채 편만하지 않은 것>은, 그 자신의 효능으로 생겨난, 예를 들어

<"푸름"에 완전히 꼼짝 못하게 된 어떤 인지(지각, 생각)를 일으킨, 그런 "푸르고, 노란" 등의 끝없이 확정적인 지각(지각된 대상)>보다 <앞서는 것으로> 여겨질 수 없다.

[욕망이 일어나기 전에, (생각이 일어나기 전에) 어떻게 내가 있다고 말할 수 있겠는가?의 설명을 참조하라.]

그것은 "운메샤", "프라티바(통찰, 직관)" 등의 다른 이름으로 알려져 있는데, <두 가지 다른 (결정적, 확정적인) 생각 혹은 인지 사이에서> 일어난다. <방금 끝난 하나의 생각>과 <이제 막 일어나려는 다른 생각> 사이에서 말이다. 이것이 **탄트라**에서 <**"생각이 없는**(비결정적, 미확정적인)" **의식**>으로 극찬(極讚)되는 무엇이다. 위의 추론에서 "푸르고, 노란" 등의 상호 양립할 수 없는 확정적인 인지(의 대상) 혹은 생각으로 여겨지는 것에 선행하는 무엇 말이다.

그러므로 **니르-비칼파 삼빗**(미확정적인 **의식**)은 끝없는 확정적 인지(의 대상) 가운데 구분되지 않은 채 거한다. <**두 가지 확정적인 생각**(지각) **사이의 그 간격**>은 두 가지 생각 사이의 차이 때문에 **결코 부정될 수 없다. 그 간격은 의식만으로 구성된다.**

그렇지 않으면 - 그 간격에 의식이 있지 않으면 - (의식이 있지 않은) 그 간격으로 인해, 의식의 남은 흔적이 적출되어, <그 간격에 선행한 생각(의식)>과 <그 간격에 후속되는 생각(의식)> 사이의 <기억>, <적절한 연결> 등이 불가능하게 될 것이다.

위 특징을 갖는 프라티바(통찰, 직관) 즉 <미확정적인 의식>에 관한 모든 스승들의 가르침에는 전혀 부조화가 없기 때문에, 그것은 아싯다 헤투(증거가 없는 추론)의 오류에서 자유롭다. 그것은 어떤 습관적이고 통상적인 신호를 이해하는 것에 의존하지 않기에, 순수한 <미확정적인 의식>이다.

자연스럽고, 습관적이지 않은 미확정적인 의식은 - 본래의 마음은 - 그것은 <순수한 의식>과 동일하다. 무감각한 것과는 완전히 다르고, <확정적인 의식>과 어떤 유사성도 없다. 왜냐하면 그 안에는 어떤 분화도 나타나지 않기 때문이다. 대상이란 그 특징적 차이가 뚜렷할 때만 알려진다.

<결정적(확정적인) 인식(생각)들>은 <미확정적인 의식> 없이는 일어나지 않는다. 그것들이 스스로 나타나는 데는 자유롭지 않기 때문이다. 이 자유는 오직 <미확정적인 의식>에만 속한다. 습관적이거나 통상적인 신호를 회상하는 수단이 되는 것은 오직 <미확정적인 의식>이기 때문이다. 어떻게 통상적인

생각(신호)을 회상하는 일이 <미확정적인 의식(의 작용, 기능, 경험) 없이> 가능할 수 있겠는가?

그런 **의식**에서, 앞서의 원리를 따르면, 거기에는 시간 등의 제한이 없다. 그러니 나의 묵직한 말로 정의한 <신성의 미확정적인 **의식**>인 프라티바는 이런 종류의 것이다. 즉 **제한되지 않은 본성, 모든 것의 그 자아(自我)이다. 그녀는 처음과 끝에서뿐만 아니라, 중간 상태에서도 다른 현재, 과거, 미래의 확정적 이해가 출현하는 근원이다.** <식별(識別)에 능숙한 자들>은 "알라야.비갸나(아뢰야식)"를 경험하였다. 즉 이런 방식으로 - <미확정적인 **의식**>의 방식으로 - <통일된, 통합적인 지식(인지, 인식)>을 경험한 것이다.

<미확정적인 **의식**> 뒤에 즉시 일어나는 <확정적 이해(생각)>에 대한 것은 이미 말한 바다. 그러므로 거기에는 **프로반둠**(증명되어야 할 것) 즉 <확정적 인식>을 위한 <증거가 없는 추론>은 전혀 없을 뿐더러, "**프라티바 갸나**"는 똑같은 것에 획일적으로 남는 미확정적 의식에만 한정된다고 할 수도 없다. 그것은 여러 가지 <확정적 인식(비칼파)>에 분리된 위치를 할당하고, 그리고 또 **프라티바 갸나**에 반대 되지 않는다. 그것은 늘 확정적 인식을 일으키는 데 관여하고, 또 가끔은 순수한 미확정적인 형태로

나타날 뿐이다. <미확정적인 **의식**>으로부터 확정적 의식의 완전한 분리나 배재는 없다.

그러므로 <미확정적인 **의식**>과 다른 어떤 이해 사이의 모순은 없다. <미확정적인 **의식**>은 단순히 간헐적이지도 않고, (<확정적 의식>의) 균일한 땅이 아닌 것도 아니다. 어떤 수상쩍고, 반대되는 것도 그것으로부터 배재될 수 없다. 반대되는 것조차도 그들의 존재이유를 <미확정적인 **의식**>에서 갖는다.

<그림 등의 통합적 인식> 같은 예에서도, <입증 불가능> 등의 결점은 그 근거(배경 즉 <미확정적인 **의식**>)에서 거부된 채 있다. <주된 근거(배경)>와 관련된 결점>이 거부될 때, 그 주된 근거(논리)와 유사한 예에서 결점을 발견할 경우는 남지 않는다.

다른 사람들에 의해서도 <확정적인 것의 근거인 미확정적인 **의식**>은 실제적으로 해결되었다. 그러므로 그것을 반복하는 수고를 왜 하겠는가!

"<감각의 모든 대상을 이해하는 일에 있어서, 앞, 가운데, 뒤에서 움직이는 것>, 그것은 우주적이고, 최고의 **샥티**의 영광(榮光)을 받았고, 그것은 진실로 <**신성의** 창조적인 **의식**(프라티바)>이다. 그 **의식**에 흡수된 자에게, 어떻게 그 <**신성의 의식**>이 없어서 생기는 의기소침이 일어날 수 있겠는가?"

"무지한 자는 몸, 프라나 등에 있는
엄청난 부(富)를 향유할 수 없나니
가슴을 짓누르는 무력감만 있구나

우주 전체 속으로 즐거움을 느끼는
지고의 여신이 가슴으로 들어가면
그때 아, 그녀는 장난스럽게
완전한 마지막 봉헌(奉獻)을 하누나"

(몸, 프라나 등은 푸랴슈타카와 순야-프라마타를
포함한다.) 스판다 카리카도 말한다.

도둑처럼 무력감(無力感)은 생기를 훔쳐간다.
무력감은 무명(無明)으로부터 생긴다.
운메샤로 무명이 사라지면,
그 원인이 없는데 그것이 지속되겠는가!

한 생각으로 점유된 마음에서
<다른 것>이 일어난다.
그것은 "운메샤"로 알려져 있고
스스로 경험해야 한다.

"현자들은 <원초적 제한 조건(아나바 말라)> 즉
무명을 마이야 말라와 카르마 말라의 원인이라고

한다. 윤회계라는 고목의 그 씨앗(아나바 말라)은 지고의 **의식**(意識)(파라 삼빗)의 불 속에서 즉시로 타버린다."

말리니비자야 탄트라는 말한다.

"**말라**는 <자신의 본성에 대한 무지> 혹은 무명 외에 아무것도 아니다. 이 무명이 **삼사라**(마이야 **말라**)의 원인이고, 이는 또 **카르마 말라**의 원인이 된다."

그러니

"만약 **운메샤**로 무명이 사라지면, 그것의 원인이 없는데, 어떻게 무력감(의기소침)이 지속되겠는가?"

그래서 <미확정적인 **의식**>의 본성이 기술되었다. - 그것은 <확정적 의식>에도 편재(遍在)한다. 만약 <미확정적인 **의식**>이 모든 국면에서 <확정적 의식>에도 편재하지 않다면, 그러면 어떤 것으로, 무엇에 의해 그 따르는 것이 그렇게 밀접히 연결되겠는가?

[즉 (자신의 본성을 모르는) 무명에서 무력감이 생기고 파괴되며, 또 **운메샤**로 무명의 파괴가 있겠는가?]

그런 경우라면, 모든 것이 <nṛ와 pa 속에서 조사하는 것>과 같을 것이다(헛될 것이다).

[nr와 pa는 함께 발음되면 왕을 의미하는 소리가 되지만, 간격을 두고 따로 발음하면 아무 의미도 없는 소리가 된다.

그렇게 무력감은 무명과 서로 연결되어 있는데, 무명이 **운메샤**로 제거되면 그때 그 순서는 이해할 수 있는 것이다. 그렇지 않을 수 없다.]

그러므로 여신(파라 바크)의 최고의 힘은 **아**로 시작하여 **크샤**로 끝나는 모든 문자의 형태이며,

<그녀 자신의 **자유 의지**로 막 일어나려는> **파라-아파라** 형태 등을 **그녀 자신 안에 감싸는 것으로 확장하고**, 파쉬얀티 등에 내재하며,

그녀의 확장으로 명백히 발생한 것인 모든 요소, 세계, 대상으로 구성되는 다양한 현현의 그 **의식**과 동일한 <창조적 기쁨>을 가지며,

주 바이라바의 현존에 의해서 드러나는 놀라운 사실들로 구성되는 <지고의 **실재**>의 본성이며,

그녀의 **참나의 순수한 거울** 안에서, 끝없는 현현, 유지, 흡수를 드러내는 <지고의 창조적 힘>이다.

이 설명으로 <이것이 이 절 **아타아댜** 등으로 **주 바이라바**에 의해 완전히 결정적으로 증명되는 무엇이다>는 것이 확고하게 되었다.

이 긴 설명은 데비의 질문 "어떻게 **아눗타라**가 **카울리카 싯디**를 일으키는가?"에 대한 **바이라바**의 대답의 서론이다.

실질적인 해석은 이후에 될 것이다. 이 서론에서 **아비나바굽타**는 두 가지를 강조한다.

① **카울리카 스리슈티** 혹은 <우주적인 현현>은 **아눗타라**와는 다른 어떤 것이 아니다. 그것은 **카울리카 스리슈티**로 나타나는 **아눗타라** 그 자체이다. "이 엄청난 현현인 것은 **아눗타라** 그 자체이다."

② 현현 전체는 <신성의 창조적인 에너지> 안에 거한다. 이 창조적인 에너지는 **파라 바크** 즉 <우주 쪽으로 소리를 내는 에너지>다. **파라 바크(지고의 말씀)**는 곧 "**파라-나다**"로 <신성의 마음의 창조적 고동>이다. 그것은 낮은 수준에서 소리의 형태를 취한다.

파라 바크의 에너지는 우주의 현현을 일으키는 <의식적인 에너지> 형태로 **아**에서 **크샤**까지 여러 가지 문자로 흘러들어 간다. **문자(음소)라는 것은**

원래의 형태에서는, 인간 수준에서처럼 그냥 습관적인 것, 관습적인 것, 상투적인 것이 아니다!

파라 바크는 역동적이고, 창조적인 **의식**이다. 이 **의식**의 본성은 "니르-비칼파"로, 즉 <결정적이지 않고, 확정적이지 않고, 분화되지 않은 것>이다. - <생각이 뚜렷하지 않은, 생각이 자유로운, 한마디로 생각이 없는 상태>이다.

아비나바굽타는 "파라 바크", "프라티바(통찰)", "운메샤", "니르-비칼파 삼빗(생각이 없는 **의식**)"을 거의 동의어로 본다. 그것들은 모두 **아눗타라**의 <**나-의식**의 똑같은 창조적 에너지>와 관련이 있다.

모든 <확정적인 대상들>과 <인식들>, <개념들>은 "사-비칼파카(생각)"라는 용어로 묶을 수 있는데, **니르-비칼파 삼빗**에 내재하고 그것에서 일어난다. 카울리키 스리슈티 혹은 우주적 현현 전체는 단지 **니르-비칼파 삼빗**의 표현이다.

아비나바굽타는 니르-비칼파 삼빗을 아주 넓은 의미로 사용했다. <신성의 창조적 **의식**>의 의미와 <(모든 현현의 바로 그) **생명**(生命)>으로 말이다.

☯

니르-비칼파 삼빗, <생각이 없는 (상태의) 의식>! 그것을 다시 짚어본다. 그것이 <모든 수행의 최후 목표이고, 모든 인간 현상의 근원>이므로!

아비나바굽타는 이 파라 트리쉬카의 해석에서 <앞의 네 절(제 1부)>에 삼분의 일을 할애한다. 제 1부는 아눗타라가 중심이고, 제 2부인 나머지 서른 두 절은 카울리카 비디(창조의 순서)가 중심이다. 앞서 아눗타라의 해석 중 하나를 따르면, 제 1부는 결국은 침묵(沈黙)으로 향하게 된다. 절대(絶對)에 관한 것은 어떤 대답도 적절하지 않기 때문이다.

반면에 제 2부는 웃타라가 그 초점인데, 언어와 만트라의 영역 전체로 들어간다. 제 1부는 <파라와 파쉬얀티의 영역> 즉 <말의 초월적이고 표현되지 않은 상태>일 것이고, 제 2부는 <마드야마와 바이 카리의 영역>일 것이다.

이 이행(移行)의 부분에서 아비나바굽타는 그의 해석의 정당성과, 아눗타라와 웃타라의 비-이원성 [불이(不二)]을 명확히 한다. 현현과 언어를 다루는 제 2부 또한 아눗타라 외에 아무것도 아니기 때문 이다.

"책의 뒷부분(2부)에서도 아눗타라가 주인공일 것이다. 이 모든 설명은, <스승의 논거(육티)>와

<전통적 경전의 가르침(아가마)>, <개인적인 경험(스와삼베다나)>으로 <'**실재(實在)**'에 대한 이해를 이미 얻은 이들을 위해서>, 주(主) 바이라바가 책 뒷부분에도 헌신할 것을 제안한 것으로다."

육티와 아가마, 스와삼베다나는 상보적(相補的)이고 서로를 강화하는 것이다.

그는 또한 <진보된 자들>에게는 제 1부 네 절의 설명으로 **지반 묵티**를 얻고 <**아눗타라**의 상태>로 들어가는 것이 충분하다고 말한다.

"그러므로 나는 '<강한 확신으로 정화된 자들>은 많은 것으로 만족하여 쉬게 될 것'을 두 팔을 들어 선언한다. 이제, **바이라바**인 **아눗타라**의 티끌 하나 없는 거울에 내재하는 <**카울리카** 상태>의 철저한 숙고를 위해, 책의 다른 부분이 시작된다."

이 두 부분을 <빔바와 **프라티빔바** 부분>이라고 한다. 둘째 부분은 반영(反影)의 이론, 즉 <**지고의 의식** 안의 반영으로서의 우주>를, 언어의 반영과 **탓트와**(실재)의 "cosmo-the(o)-andric[우주(宇宙)-신(神)-인간]" 수준을 포함하기 때문이다.

이제, 5절로 들어가기 전에, 질문을 포함하는 첫

네 절과 대답의 시작 사이의 연결을 견고히 해야 한다. 앞서 지목한 대로, **데비**는 그녀의 질문에서 **탄트라**(경전)의 핵심적인 내용을 기술한다. **비갸나 바이라바**의 서두와 유사하고, 그 차이는 <이론적 지식>과 <수행에서 그것의 실현>에 있다. **그것만이 <완전한 만족(滿足)>을 줄 수 있다.** 경문과 해석의 나머지는 <만트라의 수행>과 <의례(儀禮) 너머의 명상>을 펼치는 데 헌정되었고, 이는 **요기**의 모든 욕망의 **만족**과 **전지**(全知)로 이끈다(36절). 데비가 추구하는 **만족**은 <**루드라**와 **루드라아**의 결합>으로 얻어진다(37절). 이 결합에 참여하는 것으로 **요기** 혹은 수행자는 "자신의 **진정한 자아**에서 **쉬는 것**을 의미하는 <초월적인 상태>의 획득"에 도달한다. - 이것은 <바이라바의 상태>다.

트립티(만족)와 **비슈란티(쉼)**는 그 의미가 가까워 둘 다 <완전과 충족의 상태>를 가리킨다. 24절에는 **만트라** 수행을 통해 <**쉬바**와 동일시된 자>를 또한 **트립타** 즉 "**자족**(自足)**하고**"라고 하며 **완전히 만족 되었다**고 한다.

말리니비자야 탄트라의 주석에서 **아비나바굽타** 는 <그의 마음>을 자신의 큰 스승인 **웃팔라데바**의 <**웃팔라**(연꽃)의 향기를 찾는 꿀벌>로 표현한다.

"그를 통해 내 마음의 꿀벌은 절대의 지복으로 **완전한 만족**을 얻노라(모으노라)."

오로지 아눗타라가 <이런 만족>을 줄 수 있다. 이런 만족의 상태에 대한 묘사는 <시간을 극복하는 것("삼키는 것")>과 관련이 있다. ("시간 가는 줄 몰랐다."는 우리의 경험에서도 확인할 수 있다.)

"이것은 슈리 다마라 탄트라에서 쉬바가 말한 것이다. '자신의 <빛의 원(圓)>에 고정되고, 지고의 넥타를 맛본 후에, 그는 과거와 미래로부터 나누어지지 않은 현재 안에 지복으로 거해야 한다.'"

아비나바굽타는 이를 모든 수축(收縮, 상코차)을 녹여서(이완하여) 만족으로 이끄는 <시간을 삼키는 것>으로 요약한다.

[의식이 수축하여 "마음" 등이 되고, 탄트라는 <의식의(을) 확장(시키는 것)>을 말한다.]

제 2부가 아타, "이제(지금)"라는 말로 시작되는 것은 명확하다. 그것은 모든 경전에서 시작하는 말이고, 앞의 경문(계시)과의 이어짐으로 관련되는 것이다. 그는 이 말과 함께 그 문제에 맞닥뜨린다. <음소적 현현> 뿐만 아니라 <창조의 전개 전체>와 더불어, 시간의 요소가 온다. 시간이란 아눗타라의 수준에서는 없는 것이다.

["아-카알라-칼리타(시간에 제한되지 않는 것)"는 아눗타라의 별칭이다.]

그러므로 그의 첫 번째 관심은 <시간적 순서>의 어떤 가능한 오해도 불식(拂拭)하는 것이다.

[<시간적 순서(크라마)>는 6절과 8절에 나온다.]

5절에서 9절까지는 음소학적 우주의 현현을 요약한다. **탓트와** 수준에 상응하는 **산스크리트 알파벳** 음소의 행렬이다. **탓트와**는 "요소" "범주" "원리" "실재의 수준" 등의 이름이 있다. 베티나 보이머는 "cosmo-the(o)-andric element" 혹은 "실재"라고 부른다. 그 안에 다섯 **마하부타**와 다섯 **탄마트라**의 <우주적 요소>와, 다섯 감각과 마음, 지성, 자아의 <인간적 구성 요소>와, **사다쉬바**, **이슈와라**, **샥티**, **쉬바**의 <신성>까지의, 현현의 여러 상승의 수준이 있기 때문이다. 우리는 물론 <**탓트와**>와 <언어의 요소(음소)>의 대응 관계를 살핀다.

탓트와와 언어, **알파벳** 등의 세부적인 내용으로 들어가기 전에, **아비나바굽타**의 관심은 **아눗타라**와 그것의 현현의 비-이원성을 확립하는 것이다. 그는 이것을 <영적인 경험에 호소하는 것>뿐만 아니라, <철학적 논의>로서 행한다.

우리 역시 이 전문 주제로 들어가기 전에, 그가 <긴 한 문장으로 요약한 것>을 보는 것이 도움이 될 것이다.

"그러므로 여신(파라 바크)의 최고의 힘은 아로 시작하여 크샤로 끝나는 모든 문자의 형태이며,

<그녀 자신의 **자유 의지**로 막 일어나려는> **파라-아파라** 형태 등을 **그녀 자신 안에 감싸는 것으로 확장하고**, 파쉬얀티 등에 내재하며,

그녀의 확장으로 명백히 발생한 것인 모든 요소, 세계, 대상으로 구성되는 다양한 현현의 그 **의식**과 동일한 <창조적 기쁨>을 가지며,

주 바이라바의 현존에 의해서 드러나는 놀라운 사실들로 구성되는 <지고의 **실재**>의 본성이며,

그녀의 **참나의 순수한 거울** 안에서, 끝없는 현현, 유지, 흡수를 드러내는 <지고의 창조적 힘>이다."

위에서는 <지고의 여신(파라 바크)의 포괄성>과 <똑같은 신성의 **실재** 안에서, 하강의 수준>이 명확하게 표현되어 있다. **아눗타라**와 <그것의 창조>의 비-이원성은 **파라 바크** 여신이다. 상징의 함축은 지고의 여신의 창조성(創造性)이다. **가르비크리타**, **가르비카라**라는 표현은 자궁(子宮, **가르바**)이라는 이미지로 나타난다. 그녀는 자신의 <우주적 자궁> 안에 창조 전체를 품고 있다. 현현의 여러 단계를 일으키는 유일한 "원인"은 그녀 자신의 자유, **절대 자유(스와탄트리야)**이다. **지고의 말씀**으로, 그녀는 파쉬얀티, 마드야마, 바이카리의 단계로 하강하며,

그 안에 언어와 음소 등의 모든 요소가 들어 있다. 동시(同時)에 그녀는 세계, 대상, <외부적 현현>을 일으킨다. 그녀 자신이 **마하-스리슈티** 즉 <창조의 전체성>이기에, 그녀는 **스리슈티**, **스티티**, **삼하라**, 과거, 현재, 미래의 모든 국면을 아우른다.

그러나 다시 어떤 이원적인 해석을 피하기 위해, **아비나바굽타**는 즉시 이 모든 것은 단지 <그녀의 **의식**이라는 순수한 거울 안의 영상>일 뿐인 것을 말한다. 그래서 **빔바-프라티빔바**의 철학적 주제를 소개하는데, 이는 제 2부 전체가 강조하는 것이다. 그래서 위 문장은 우주와 언어의 현현 주제 전체를 요약한 것이다. 실제로, 창조 전체는 <지고한 **주**의 드러남(계시)> 외에 아무것도 아니며, 그는 <그의 창조적인 힘>과는 분리될 수 없는 <하나>다.

이제 우리는 **카울리카-스리슈티**, <현현 전체>로 이행하는 주제로 돌아왔다.

앞서 언급한 대로, **아비나바굽타**가 풀어야 할 첫 번째 문제는, 그가 **절대**의 비-이원성을 유지하려면, <시간의 문제>이다. **아타**는 5절의 바로 그 첫 번째 단어이고, 또 **카알라-요게나**라는 표현이다. **아타**는 보통 <선행하는 것>과 <그 후속(後續)>에 관련된다. 여기에서 그가 인정하는 유일한 후속은 <가르치는 자>와 <가르침을 받는 자>의 차이이다. 그렇지만 그것은 지고한 **주**의 자유로 드러나는 것이다. 그러므로 시간에 종속되지 않는다.

그는 **아**를 **쉬바**와, 또 **타**를 **샥티**와 동일시하는 **소마난다**의 해석을 인용한다. <타>와 <하>는 같은 편재(遍在)를 가지기 때문에 **하** 또한 **샥티**를 나타낸다. **아타**는 어떤 현현이나 경험의 초기 급등에 관련된다. **아비나바굽타**는 그의 전임자와는 관점이 다른데, 그는 자신에게 알려지지 않는 그런 경전에 근거하여 <상징적 문자들로 기록된 **만트라**의 힘>을 보면서, **소마난다**를 미묘하게 비평한다. 이것은 또 **만트라**와 관련된 문자에는 중요성을 주지 않는다는 의미에서 흥미롭다. 그는 <소리(나다)>에 중요성을 둔다. **소마난다**의 가르침으로 자신이 정화되었다는 것을 말하면서도, 중요한 곳에서는 달리한다. 그런 설명은 어떤 경전에 근거한 것이더라도 <상상적인 해석>으로 가는 것이며, **경문을 <보편적으로 수용해야 할 이해>로부터는 멀리 떨어진 것이다.** 그의 보편성에 대한 관심을 우리는 볼 수 있다.

"(어떤 단어) 문자의 상상적이고 상징적인 해석에 따른 **만트라**(**아타**)의 미묘한 의미의 차이는 어떤 사람에게는 소용이 될지도 모르나, **모든 시대 모든 나라의 사람들에게는** 그럴 수가 없는 것이다. 그러므로 나는 그런 것에 대해서는 기술하지 않는다.

그런 해석은 <개인적인 (영적) 경험>과 <스승의 합리적인 설명>으로 확신을 갖는 이에게는 쓸모가 없다."

이것은 주된 논의에서 벗어난 것이다. 그렇지만 <경전의 해석>에 다른 빛을 주는 것이다.

그다음 그는 5절의 주된 주제로, 음소의 현현과 상응하는 **탓트와**로 돌아온다.

5절 **아타** 뒤의 첫 단어는 **아댜**이다. 그것을 다시 "**아**로 **시작**하는"의 통상적인 의미 대신에 **아댜**의 <시간적인 함의>를 피하고 더 깊은 의미를 준다.

"그 의미는 다시 **모음**의 첫 번째 <a>일 것이다. 이런 문맥에서 **아댜**라는 말은 <순서의 맨 앞(가장 중요한 것)>이나 <근접>의 의미가 아니라, <**그**의 **존재계는 아** 등(等)(**아**와 **다른 모든 문자**)**에서 계속된다**>를 말한다. 그러므로 여기서 <'**아**'가 소리의 최고의 단계>라는 것이 결정적으로 제시되고 있다. 그 안에는 이들 문자에서, **의식**만으로 구성되는 <습관적이 아닌, 영원하고, 자연적 형태>가 있다."

그는 **아디**, **아댜**를 "**태고(太古)의**"의 뜻으로 취하고, **아눗타라**의 상징인 <a>는 다른 모든 문자의 존재론적 기초를 구성하며, 그리하여 모든 언어의 기초를 구성하는 것으로, 그리고 **파라 바크(지고의 말씀**)와 또 <순수한 **의식[신(神)]**>과 동일한 것으로 본다. [이것이 "**아(어)**"가 **훈글**의 **첫 모음**인 이유일지도…… "**엄마**"의 "어"와 비슷한 "**아**", 아!]

우리가 잘 아는 **바가바드 기타**(10:33)도 말한다. **"나는 글자 중의 '아'자(字)요"**(함석헌 주석)

André Padoux는 그의 책 『Vac(말)』에서, 앞의 "그 <최고의 신성> **파라**는 - 그녀는 **아눗타라**의 역동적 형태일 뿐이다…… 그 여신, **의식**(意識)을 (정신적으로) 장악하라." 부분을 이렇게 번역했다. (줄이고, 고쳐 옮긴다.)

"이들 음소의 <**지고의 말씀**의 차원>은 <하나>다. 거기서 이들 음소는 순수 **의식**의 형태로, 창조되지 않고, 영원히 존재한다. 그런 순수 **의식**의 조건에서 존재계의 분리된 형태란 없다. 이 **지고의 여신**은 <비-이원성>의 이 상태를 유지하는 동안도, 자신 안에 **파쉬얀티** 등의 국면을 가진다. 그래서 무한한 다양성의 자궁이다…… 수축이라는 불순의 그 모든 흔적에서 자유로운 이 <신성의 **의식**>을 고려하라. 그것은 <조명하는 직관(프라티바)>이라고 부른다."

이것은 중요하고 압축된 구절이다. <말의 지고의 수준('**지고의 말씀**의 차원', **파라 바크 부미**)>에서 <**a**>로 대표되는 음소들을 갖는 것 - 그것은 언어의 모든 다른 형태가, 모든 다양성에서, 지고의 수준 안에 포함된 단계다. **파쉬얀티** 등의 하강은, **파라-아파라**는 "초월과 또 내재의" 중간적 단계에 해당하고, **아파라**는 "더 낮은, 내재의" 수준으로, 거기에서 언설은 내적인 형태(**마드야마**)와 외적인 형태(**바이카리**)를 떠맡는다. 그래서 언설(말)과 대상적 현현의 무한한 다양성은 다시 "그녀의 자궁 안에 들어 있다."

기본적인 것은 "**사르밤 사르바트마캄**" 즉 "모든 것은 모든 것 안에 들어 있다." 혹은 "모든 것은 하나의 부분 안에 들어 있다."이다.

<**태고의, 지고의 말씀**>과 <**의식**>의 이 동일성은 **프라티바** 즉 통찰(洞察, Insight) 혹은 직관(直觀, Intuition)이라는 주제로 이끈다. 이 풍부하고 복합적인 개념은 따로 들여다볼 필요가 있다.

☯

<프라티바>

"프라티바"는 <언어>와 <인식론>, <시적, 미학적 영감>, <계시의 신비>와 또 **<궁극의 실재>**, <파라 여신>의 영역을 연결하고 묶어주는 개념이다. 다시 **아비나바굽타**의 천재성(프라티바)이 모든 영역에서 번쩍인다. 그는 이 말을 문법학파 **바르트리하리**의 **바캬파디야**와 **웃팔라데바**의 **이슈와라-프라탸비갸카리카**에서 취했다. 문맥에 따라 여러 가지로 번역되었다. "직관적 통찰", "조명(빛)", "창조적 의식", "직관의 빛을 주는 여신", "시적 영감", "즉시성과 신선함이 특징인…… 빛의 번쩍임, 계시" 등등.

주의해야 할 것은 <**절대**(파라, **아눗타라**)의 면>에서와 그리고 <'이해와 깨우침의 어떤 번쩍임을 직감하고 나누려는 **요기**(수행자)와 탐미주의자'의 면>에서의 의미다. 이런 이중적인 의미가 **아비나바굽타**가 <미학과 신비적 경험>에 접근하는 열쇠로 **프라티바**라는 말을 쓰도록 만들었다.

아비나바굽타에게 알려진 그 개념의 배경을 알기 위해서는 두 가지 정의(定義)를 봐야 한다. 하나는 시적인 맥락에서, 다른 것은 재인식(再認識)의 철학에서다.

① "프라티바는 시인의 <지적(知的)인 가슴>이다. 그의 마음은 그의 '라사(맛, 감동)'에 적합한 말과 의미를 생각하는 데 집중되어 있다. 그것은 잠깐 동안 그의 마음이 <의식의 핵심적 본성과 접촉하는 것(스와루파-스파르샤)>에서 일어난다.

그것은 세 가지 모든 세계에서 존재하는 사물을 마치 그것들이 우리 눈앞에 <바르게(그렇게) 있는 것처럼> 보이게 만든다. 그래서 그것은 쉬바의 <제 3의 눈>으로 알려져 있다."

② "이 <직관적 빛(프라티바)>은, 여러 가지 모든 대상의 연속으로 영향을 받는데(덮여있는데), <아는 주체>이다. 그것은 연속과 제한이 없는 의식으로, 마헤슈와라다."

우리는 우선 왜 아비나바굽타가 이 시점에서 - 언어와 우주에서, 절대와 <그 현현>의 비-이원성을 정당화하고, <음소의 방사(放射)>와 <그 상응하는 탓트와>에 대한 논의 전체로 들어가기 전에 - 이 프라티바에 관한 여담(餘談)을 하는지 살펴야 한다.

그는 언어와 대상적 실재의 다양성과 특수성을 다루면서 우리가 사라지는(길을 잃는) 것을 바라지 않는다. 그러므로 그것은 그런 <개념적 열쇠>만이 아니다. 그런 것이라면 삼빗, 의식, 파라 바크의 개념으로도 충분하다. <조명하는 통찰>로 암시된 함의(含意)를 갖는 것은 정확히 프라티바이다. 그러므로 <영적 수행과 경험>이라는 요소는 이후 논의 전체의 이해에 필수적이다.

그는 (마치) 이렇게 말하는 것 같다.

"읽는 자, 그대에게 프라티바(Insight)**가 없다면,** 이후의 논의 전체를 이해할 수 없을 것이다!"

[영어의 "In-sight"는 <안(내면)의 시력, 시야>를 말한다. 필자는 그런 **"보는 눈"**이 그립다.]

그래서 그는 경고한다.

"수축이라는 불순이 흔적조차도 없는 - <원래의 조명하는 통찰(직관, **프라티바**)>이라고 부르는 - **<신성의 의식>**을 계속해서 명상하라!"

프라티바-갸나를 위해 사용된 비유는 **즉각적이고 포괄적인 시야**를 가리킨다. 즉 **쉬카라스타-갸나**는 <높은 산 위에서의 조망(眺望)>과 비교된다. 거기에서는 모든 것이 **한눈에**(한꺼번에) 보인다. (나누어 보는) 연속이 없다. 다른 비유는 공작새의 꼬리를 보는 것으로, 깃털의 색깔과 모양은 **일별**(一瞥)**로** 인식된다.

아비나바굽타는 **논증과 영적 경험** 둘 다로 프라티바라는 개념을 살아 있게 한다. 기본적 논의는 프라티바는 **니르비칼파 삼빗** 즉 <사고 구조물이 없는(생각이 없는) 순수 **의식**>과 똑같다는 것이다. 사고 구조물은 모든 지각(知覺)과 인식, 생각, 그러므로 언어의 기초이다. 이 <순수 **의식**>은 특정한 인식 혹은 생각 사이의 간격에서 경험된다.

위의 André Padoux는 말한다.

"**아가마**들이 '프라티바(통찰)', '**운메샤**(눈을 뜸, 하늘이 열림)' 등의 이름으로 찬양하는 이 **의식**은 두 가지 인식(생각) 사이에 - 하나가 그치고 다른 것이 나타나기 전에 - 있다. 그것은 분화되지 않은 것으로, '푸르다' 등의 <모든 분화된 사고 구조물>보다 선행한다. …… 두 인식 사이에 그런 간격이 있는 것은 부정될 수 없다. 그러므로 이 간격은 <순수 **의식**>으로 되어 있다."

이 <사이의 허공>과 **니르비칼파** 상태가 이론과 수행에서 순수 **의식**에 접근하는 핵심이다. **스판다 카리카**는 이 **운메샤**에 대해 자세히 다루고, **비갸나바이라바**는 그 상태로 들어갈 수 있는 확실한 예를 많이 제공한다.

사랑하는 이여!
앎과 알지 못함, 다 떠나라.

사랑하는 이여!
쾌락에도 고통에도 주의하지 말라.

탄트라 알로카(11:75-80)에는 <음소적(音素的) 의식(바르나-삼빗)>의 문맥에서 프라티바를 다룬 것이 있다.

"<아는 능력(통찰)이 깨어난 이>는 방해물이 없는 관계로, 음소, 문장 등을 창출할 수 있게 된다.

<창조되지 않은 실재>가 많을수록 <기쁨의 경이(차맛카라)>가 더 증가한다는 것은 명백하다.

창조적 통찰(프라티바)이 일어나는 일은 <마야에 속하지 않는(아-마이야) 본래의 말>에 <습관적이고 관습적인 의미>를 점차로 용해하는 것으로 된다.

<(때 묻지 않은) 처음 말(음소)>의 힘이 특징인 직관(直觀, 프라티바)의 사람은 확실히 시적 재능과 수사법(修辭法)의 재능을 얻는다.

그러니 <(말의) 어떤 관습적 제한도 없이, 그것의 최고의 형태에서, 순수한 **의식** 안에서 쉬는 그>가 무엇을 알지 못하며, 무엇을 행하지 못하겠는가?"

우리는 나중에 <마야에 속하지 않은 본래의 음소 (아댜-바르나)>와 <마야의 영역에 속하는 관습적인 언어(상케타)> 사이의 중요한 구별을 다룰 것이다.

프라티바에 관한 여담을 거두며, 그는 시 형태의 요약을 준다. (<세 번째 나오는 문장>이다!)

"<감각의 모든 대상을 이해하는 일에 있어서, 앞, 가운데, 뒤에서 움직이는 것>, 그것은 우주적이고, 최고의 샥티의 영광(榮光)을 받았고, 그것은 진실로 **<신성의 창조적인 의식>**이다. **그 의식에 흡수된 자에게, 어떻게 그 신성의 의식이 없어 생기는 의기소침이 일어날 수 있겠는가?"**

<프라티바, 은혜(恩惠), 그리고 영적 수행>

프라티바는 "갑작스런 통찰", "번쩍이는 직관", "조건화되지 않은 의식"의 성격으로, 본질적으로 **은혜(샥티-파타)**와 밀접하다. 그것 또한 갑작스럽고, 조건화되지 않은 것이고, 조명(빛)을 주는 것이다. 그러므로 그런 상태를 얻는 데 어떤 **영적 수행**이 필요하고 의미가 있는지 의문이 생긴다.

아비나바굽타는 <자신을 현현하는 **절대 의식의 자유 전체**>를 보호하는 한편, <단순한 정적주의의

수동성>을 피하는 것으로 아주 균형적인 방식으로 대응한다. 그는 말한다.

"<전지의 단계이고, 어떤 제한도 없는 최고 진리이고, 또 자연적인 파라밧타리카(파라 여신)>는, <극도의 은혜로 정화되어 그 상태를 강력하게 알아채는 이들>에게서, 또 <믿음이 없기 때문에 생기는 불확실성, 의심 등의 불순(不純)이 끊임없는 영적인 훈련의 맷돌 위에서 완전히 으깨어진 이들>에게서 갑자기 나타난다.

의심이 있는 자들의 경우도 어떤 경우는, 그들이 실재를 볼 수 있을 때, 완전하고 자연적인 형태가 아니더라도, 약간의 제한된 형태로 의식의 전지한 단계는 나타난다."

"영적인 훈련의 맷돌"이라는 이미지는 <통찰>과 탄트라 수행의 마지막 결과(36, 37절)인 <전지>를 얻는 데에는 노력(努力)이 배제되지 않는다는 것을 보여준다. <알아차림의 강도(强度)>는 우리가 읽는 이 경전이 속하는 <갑작스런 깨달음[재인식(再認識) 혹은 돈오(頓悟)]>의 학파에서는 필수적 조건이다. 다른 조건은 <의식의 수축으로부터의 자유(아-상쿠치타)>이다.

그러나 정화되지 못하고 강력한 알아차림(각성)이 확립되지 못한 자들도, 어떤 순간에는 **프라티바**를 경험하는 때가 있다.

비갸나 바이라바는 그런 예를 보여준다. 그것은 (누군가에게는) 일시적일지는 모르지만, **니르비칼파** 상태를 나누어준다.

"기쁨이 일 때 그것이 되라."
"잠드는 순간을 알아채라."
"고요히 통증에 집중하라."
"완전히 지쳐서 쓰러져라. 그때"
"깊은 우물을 들여다보라."
"재채기가 일어날 때, 배고픔이 시작될 때
 알아채라."

[위의 것들은 한 방편, 한 방편이 너무나 소중한 것인데 <한 줄로 그냥 읽고는> 훌쩍 넘어가는 것이 필자는 안타까울 뿐이다. **비갸나 바이라바**를 참고하면서 두고두고 **음미 (吟味) 하라**.]

아비나바굽타는 "이해와 통찰을 얻는 데는 **은혜** 혹은 **하나님의 뜻**이면 충분하고, 어떤 노력도 요구되지 않는다."는 생각에 풍자적으로 대응한다.
(다음에 나오는 내용이지만 미리 인용한다.)

"만약 신의 뜻(의지)은 완벽하여, 그것은 논의할 수 없다고 한다면, 그러면, 책(冊)을 읽고 집중하는 것과 또 설명, 논의 등은 쓸데없는 일일 것이고, 이 무거운 짐은 확실히 금지되어야 한다. '그냥 조용히 앉아 있어야 하고, <신의 뜻> 홀로 구원 받아야 할 사람을 구원할 것이다!' 사람으로 그런 생각을 하게 하는 것도 <신의 섭리>이고 <신의 뜻>이다?

사람은 <자신을 위해 숙고하는 것 없이, 향락을 채우며 두 다리를 뻗고 편안히 누워 있어서는 안 되며>, <나 자신의 **영적 수행과 부합하여 나타나는** (**주**의 강력하고 강력한) **은혜**로 생기는 가장 미묘한 숙고를 위해, (그런) 능력이 있는 **지성을 사용하지 않고 게으르게 앉아 있어서는 안 된다!**> 그러므로 내가 제기한 이런 문제는 모든 면에서 검토되어야 한다. 나는 그것을 이런 식으로 그만두지는 않을 것이다."

이는 중요한 것인데, 계시 전체의 목표가 처음에 말했듯이, **은혜**를 주는 것이기 때문이다. 이 전통은 산더슨이 <신성의 의식에 "subitist[돈수(頓修)]"의 접근 방법>이라고 부른 것에 속한다. **아비나바굽타**는 **이슈와라-프라탸비갸 비브리티 비마르쉬니**에서 정적주의자("은혜만능주의자")들의 태도에 반대하여 <논리적 이성(프라마나)>의 중요성을 말한다.

"(만약 누가) **아가마**(계시의 권위)는 **그**에 의해, **신**(神)**의 의지**만으로 수용된 <언어의 표출>이라고 한다면, 그러면 논리학자가 무슨 소용이 있겠는가?

오, 그대는 나쁜 논리학자이구먼! **신** 홀로 자신을 현현하고, 반영(反映)하고, 또 반영하게 만든다(**프라카샤와 비마르샤**)? 그것이 그런 경우라면, (그대는) 왜 침묵으로 남지 않은가? 그러면 책을 쓰고, 가르치고 배우는 것이 무슨 소용인가? ……

그러나 그것은, **그 자신**의 뜻으로, 저자(著者)로 알려지고, <깨달은 자>일 뿐만 아니라 <깨달아야 할 제자>로 알려지는 것은 **신**(神) **그 자신**이다."

ॐ

<니르비칼파 삼빗 ― 말과 생각의 밑바탕>

아비나바굽타는 다른 형태의 논증으로 "<분화된 모든 개념과 생각, 언어>는 <분화되지 않은 순수한 **의식**(니르비칼파 삼빗)>에 기초한다."는 것을 확고하게 한다. <분화된 모습>은 그 **밑바탕으로 있는** <분화되지 않은 상태>가 없이는 가능하지를 않다. 왜냐하면 **비칼파**는 현현하는 데는 어떤 독립성도 없기 때문이다.

우리가 언어를 사용하는 것을 가능하게 만들고, <관습(과 경험)을 기억(하고 회상)하는 일>에 의존할 수 있는 것은 오직 **니르비칼파 삼빗**이다. 그러므로 "어떻게 (언어의) 통상적인 신호(생각)를 회상하는 일이 <미확정적인 **의식**(의 경험) 없이> 가능할 수 있겠는가?"

이런 논의를 더 이상 할 필요는 없다. 왜냐하면 이것은 <**의식**만이 유일(唯一)한 것>이라는 불교의 유식론(唯識論, **삼빗-아드바야-바다**)의 **밑바탕**이기 때문이다. 재미있는 것은, 꼭 동일성은 아니더라도, 상동관계이다. **아비나바굽타**는 불교도들의 **알라야-비갸나** 즉 <기층(基層, **밑바탕**) 의식>을 발견한다. 그는 여기서 불교도들을 <식별(識別)에 능숙한 자들(비베카-쿠샬라)>이라고 부른다.

제 2부의 서론의 끝에서 그는 <통찰(**프라티바**)의 기쁜 상태>와 그것의 반대인 <의기소침의 상태>를 대조한다. 그것은 <신성의 **의식**의 결핍>과 <자기 자신의 본성에 대한 무지>로 인한 것이다. 이것은 논의를 완성하는 데 필요한 것이다.

그는 신성의 **의식**을 재인식하는 데 방해가 되는 "불순"을 언급한다. 그는 **말리니비자야 탄트라**를 인용한다.

말라와 무지(無知)를 동일시하는 것으로써, 그는 의례(儀禮) 너머의 해방하는 **지식**(知識)의 중요성을 강조한다. 데비의 바로 그 첫 질문에서 표현된 것처럼 말이다. "**어떻게 이런 지식**(知識)**으로**……"

이 긴 서론에서, 그는 "**니르비칼파 삼빗**(생각이 없는 의식)", "**프라티바**(직관적 통찰)", "**파라 바크**(말의 지고한 단계)", "**운메샤**(깨어남, 열림, 의식의 펼쳐짐)"의 개념들이 거의 동일한 것임을 확고히 함으로써, 다음에 필요한 그 **배경**(背景, **밑바탕**)을 명확하게 했다. 이 개념들의 근원은 다르지만, 그는 그것들은 **의식**의 같은 수준에 속하는 것임을 보여준다. 그것은 이 책의 <현현의 전개>에 따른, 또 우리가 그것을 이해하는 일에 **밑바탕**이 된다.

< 3 > 탓트와의 전개

그것이 그러하므로 이 절의 의미는 이제 결정적으로 확립되었다. 아에서 비사르가까지의 문자는 쉬바 탓트와를 나타낸다. <ka>에서 <ṅa>까지는 흙에서 아카샤까지의 5대 요소를 나타내고, <ca>에서 <ña>까지는 냄새에서 소리까지의 다섯 탄마트라를, <ṭa>에서 <ṇa>까지는 생식에서 말까지의 다섯 행위기관을, <ta>에서 <na>까지는 코에서 귀까지 다섯 감각기관을, <pa>에서 <ma>는 마나스, 아함카라, 붓디, 프라크리티, 푸루샤를 나타낸다.

<ya>에서 <va>까지는 바유 비자, 아그니 비자, 잘라 비자, 인드라 비자를 통해서 라가, 비디아, 칼라, 마야 탓트와를 나타낸다. 이들은 "다라나"로 알려져 있는데, 경험적 개아(아누)를 <바이라바의 우주적 힘>과는 다르게 생각하게 하기 때문이다. 여기에는 <원인자(the causer)>와 <원인이 되는 것(the caused being, 피사역주(?))>의 두 가지 형태 때문에 두 개의 사역동사가 포함되어 있다.

그러므로 <빛이고, 가장 높고 완전한 상태이고, 바이라바와 동일하고, 우주적인 자기 자신> 안에서 칼라, 비디아 등의 상태가 유지되고 있다.

쉬바-드리슈티는 말한다.

325

"**의식**(칫)과 **지복**(아난다)으로 빛나는 **자아**(自我) 홀로, **의지의 힘**(잇차)은 방해 받지 않고, 쉬바로서 모든 대상 쪽으로 움직이고, 그 **지식**(갸나)과 **행위** (크리야)는 항상 널리 퍼져 있다."

스판다 카리카도 말한다.

<온 세상>이 그 안에서 쉬며,
또 그로 말미암은 것이 아닌가?

그러므로 **주**는 그 자신을 가리어 <자신의 빛으로 빛나는 자신> 안에, **라가, 비디아, 칼라, 니야티**의 상태를 떠맡는다. 다시 말해, 그는 본성이 무감각인 <이것인 것(대상성)의 상태>를 취하는 것으로 현현한다. 그다음 그는 다시 이 모든 대상성을 **나-느낌**으로 둘러싼다.

그러므로 순수한 **쉬바-의식**인 사다쉬바와 **이슈와라**로서 **주**의 이 상태는 동사 "dhṛ"의 한 가지 사역형에서 **힌트**를 얻는다. 이 경우 또한 <나인 것>으로 <이것인 것>을 둘러싸는 일은 <둘러싸여야 하는 그것(이것인 것)>이 이미 영향을 받았을 때만 일어난다. 또 모든 의식인 순수한 **주**의 견지에서는, 다름을 나타내는 <이것인 것>은 그 상태로(<의식과 분리된 다른 어떤 것>으로) 남을 수 없다. 그러므로

<둘러싸여야 하는 것>이 일어나지 않은 일에서는, <나인 것>으로 <이것인 것>을 둘러싸는 일은 사실 인정될 수 없다. 그런 경우 쉬바를 포괄자(包括者)로 생각하는 것은 적절하지 않다. **그의 포함(包含)하고 포괄하는 활동이 없으면, 적절한 (참) 원인이 없기 때문에, 그 어떤 것도 나타날 수 없다.** 이것은 내가 여러 번 언명한 것이다.

그러나 <이것> 즉 <외부로 나타남>은 일어난다. 이것은 <이것> 즉 <외부로 나타남>이, 이제 신성의 빛과 다르더라도, **주** 자신의 힘을 통해 외적으로 나타난다는 것을 의미한다. (**주** 외에는) 다른 어떤 원인도 불가능하기 때문이다. **사람은 자신의 의식에서 <모든 형태로 나타나는 것은 곧 신성의 의식이다>는 사실을 지켜볼 수 있다.** 그러니 우주가 **나** 자신인 동안, 즉 (초월의 측면에서) **참나**와 동일한 동안, 그것이 (내재의 측면에서) <이것>으로 다르게 나타난다는 것은 명확하다. <이것>은 (**사다쉬바**와 **이슈와라**의 경우에서처럼) 온통 빛인 <**나**> 안에서 오직 동격(同格)으로 나타난다.

그러니 위의 설명에서, 이것이 확실히 가리키는 것이다. "<**나**>라는 수단으로 (즉 **그** 자신과 동일한 샥티의 수단으로), **어떤 <아는 자>이든지, <알아야 할 모든 것(카알라, 라가 등)>을 <아는 것>은 주**

자신이다!" 그 누가 <아는 자>일지라도, 즉 제한된 경험자일지라도, 그 역시도 <아는 자>로 나타나기 때문에, **참나** 그 자신이다. 그러므로 그는 제한된 **샥티**(카알라, **라가** 등)를 의존하고, 제한된 **샥티**를 통해 <아는 자>와 <알아야 할 것(대상)>을 완전히 다르게 경험한다. **라가**(욕망) 등을 통해, **그(쉬바)**는 **파슈**의 상태로 감소되었다. 그러므로 **라가** 등은, 앞서 말한 것처럼, **쉬바**의 원인자(선동자)의 위치를 떠맡아, <그렇지 않으면 그가 그의 **샥티**로 여길> 그 상태를 제한된 방식으로 본다.

그래서 두 번째 사역동사 "ṇic"이 작동하기 시작하여, **라가, 카알라** 등은 **지바**(경험적 개아)로 표기되는 **쉬바**의 유일한 원인이 되고, **"다라나"**라고 칭한다. 동사의 사역형이 작동되더라도, 동사 어근의 의미는 결코 상실되지 않는다. 그러므로 이 경우 역시 어근 <dhr>의 사역력(使役力)은 오로지 <**프라카샤**를 가지는(**의식**인) 것>에만 적용될 수 있다. 즉 **라가, 비디아, 칼라**에 적용될 수 있다. 왜냐하면 그것들은 **샥티**이기 때문이다. 그것들은 의식적인 것으로 **"드리야마나**(dhriyamaṇa)" 즉 작동하는 데 원인일 수 있다. 그것들은 이제 작동자(作動者, 피사역주, 被使役主)가 된다.

전에 **쉬바-드리슈티**의 주석에서 나는 말했다.

"<해야만 되는 것>을 위해 그 권능(權能)을 가진 **그** 홀로 **해야만 하게 되어질 수** 있다."

문법학파의 **바르트리하리**도 말한다.
"(실행의 능력을 가졌지만) **아직 행동을 시작하지 않은 자**의 경우에서 어떤 방향 혹은 명령이 주어질 때는, 질문 등에 관련한 동사는 'loṭ'의 명령형으로 사용되지만, **이미 행동을 시작한 자**에게 방향 혹은 명령이 주어질 때는 대체로 'ṇic'의 사역형(使役形)을 사용한다."

[우리말 문법도 잘 모르는데, **산스크리트** 동사의 명령형과 사역형이라…… 하여튼 <사역(使役)>이란 "causative(**원인이 되는**)"(것)에 관한 것이다.]

다른 경전에서 **칸추카** 즉 덮개로 알려진 것은 "**다라나**"로 표기되었다. 어떤 경전은 말한다.

"**파슈**(제한된 개아)에게서 **비디아, 마야, 니야티** 등은 그들 자신의 상태를 속박의 원인으로 본다. 그러므로 그들은 노력으로 정화되어야 한다."

[<정화되어야 한다>는 것은 **아누산다나**에 의해 **아눗타라**와 연합하고 그 안에서 용해된다는 것을 의미한다.]

소마난다는 아드바이타의 견지에서 다라나라는 말을 <사지(四肢), 구성물>의 의미에서 썼다. 그는 경험적 개아의 경우에서 라가, 칼라, 비디아 같은 모든 상태는 참나와 관련해 <대상적으로> 취해져야 한다고 말한다. 그런 해석은 특별한 방식이다.

"<지고한 경험자의 관점을 완전히 알지 못하는 사람>은, <제한적인 개아의 관점을 가진 사람>은 그 자신이 의심의 바다로 가라앉는다. 그가 어떻게 다른 이들을 건네겠는가?"

<śa>에서 <kṣa>까지는 마하-마야, 슛다 비디아, 이슈와라, 사다쉬바, 샥티의 다섯을 나타낸다.

마야 위이고 슛다 비디아 아래에, 비갸나칼라의 거주처인 다른 범주가 있어야 한다. "마야 위 슛다 비디아 아래에 비갸나칼라가 있다."고 한다. 만약 마하-마야가 한 범주로 받아들여지지 않으면, 그때 마야 범주인 프랄라야케발리의 거주처와 또 슛다 비디아 범주인 비디아-이슈와라의 거주처에서, 그 어느 것이 비갸나칼라의 거주처일 것인가?

그러므로 말리니비자야 탄트라는 비갸나칼라는 아나바 말라 한 가지만 갖는다고 선언한다. 그것이 슛다 비디아 아래에 있더라도, 마이야 말라 등은 나타나지 않는다. 그들의 경우 다양성이 원인이 된

다른 대상들이 나타나지 않기 때문이다. 그러므로 그들은 자신의 본성에 대한 무지인 **아나바 말라**만 가진다. **숫다 비디아**의 은혜를 통해 깨닫게 되는 그들은 **만트라, 만트레슈와라, 만트라마헤슈와라**라고 말한다. **말리니비자야 탄트라**에서는 **아난타 밧타라카**가 <비갸나칼라의 상태>를 획득한 여덟 **루드라(지바)**를 깨웠다고 한다.

"그들을 저 **숫다-비디아, 이슈와라, 사다쉬바**와 연합하면서, 그(**아난타밧타라카**)는 유사하게 그들의 관할 영역과 함께 7 천만 **만트라**로 현현되었다."

(**트리카** 철학과는) 다른 경전에서는, **마하마야**는, **마이야 말라**와 **카르마 말라**가 없는 것으로 보고 **숫다-비디아** 범주의 마지막 부분이라고 한다. 어떤 곳에서는, 자신에 대한 무지인 **아나바 말라** 형태의 장애 때문에 그 상태를, 마치 어떤 경전이 **라가**를 경험적 개아에 고착된 것으로 보듯이, **마야의** 극단으로 본다. 그러므로 그것은, 마치 **트리카** 경전에서 **니야티**와 **카알라**를 (**라가**와 **칼라**로부터) 분리하여 기술할 수 없듯이, 분리하여 생각할 수 없다. 이런 견해에 따르면, <śa>, <ṣa>, <sa>, <ha>, <kṣa>로 표현되는 다섯 **브라흐마**는 **숫다-비디아, 이슈와라, 사다쉬바, 샥티, 아나슈리타 쉬바**를 말할 것이다. 이것은 나중에 더 명확해질 것이다.

그들은 "브라흐마"로 알려졌는데, 어근 <br̥h>는 <엄청나게 자라다, 성장하게 하다>의 뜻이기 때문이다. 그들을 브라흐마라고 하는 것은 첫째, (엄청나게 자란다는 견지에서) 그들은 다름을 초월했기 때문이고, 둘째 (성장하게 하다는 견지에서) 그들은 다양성의 우주를 만들기 때문이다.

경전을 따라 이들 **서른넷** 범주는, **처음이고 태고** (太古)의 문자인 <a>에서만 쉰다.

이런 연결에서, 이것이 검정되어야 할 무엇이다. 우선 <a> 모음 행에 배치된 **쉬바 탓트와**가 있고, 그 다음 <ka> 행의 다섯 요소 등이 있고, 마지막은 <kṣa>에 배치된 **샥티**가 있다. **스리슈티, 스티티, 삼하라**에 존재하는 **만트라**의 하강에서 이 특별한 순서는 무엇인가?

[**스리슈티**는 **크리야**에 존재하고, **스티티**는 **갸나**, **삼하라**는 **잇차**에 존재한다. 또 **스리슈티**는 **크리야 샥티**에 의해 대부분 지배되는 **아파라 샥티**의 **아바타라**이고, **스티티**는 **파라-아파라 샥티**의, **삼하라**는 **파라 샥티**의 **아바타라**이다.]

말리니비자야 탄트라, 싯다-탄트라, 스왓찬다 탄트라 등의 모든 경전에서는 <kṣa>에서 <a>까지, **프리트비**에서 **쉬바**까지의 **탓트와** 혹은 존재계의 범주를 나타내는 문자의 배열은 똑같은 방식으로 주어져 있다.

말리니비자야 탄트라는 말한다.

"처음의 **프리트비 안다**는 **다리카**로 편재하고, 그 안에는 **프리트비 탓트와** 하나만 인정된다. **바르나** (문자), **파다**(말), 만트라의 연속을 고려하는 것에 반해, 연속에서 분리하여 고려해야 할 것은 **크샤 바르나, 크샤 파다, 크샤 만트라**뿐이다."

[**다리카**는 **프리트비 탓트와**에, **아퍄이니**는 **잘라 탓트와**에, **보디니**는 **아그니 탓트와**에, **파비트리**는 **바유 탓트와**, **아와카샤**다는 **아카샤 탓트와**에 편재한다.

어떤 **바르나**는 **아르나** 혹은 만트라라고 하는데, <그것에 반영하는 자>를 보호하기 때문이다.]

말리니비자야 탄트라에서 말리니에 따르면, 그 안에는 <pha> 등으로 되는 **모음과 자음의 혼합된 배열**이 있다. - 프리트비 등의 배열은 마지막 문자 <pha>로 시작한다. **마트리카**에서는 그런 혼합된 배열이 없다. 그리고 여러 문자에 **탓트와**의 배치가 다르더라도, **말리니**와 **마트리카** 둘 다에서 마지막 문자에는 **프리트비 탓트와**를 똑같이 배치했다.

<말리니에 따른 문자의 배열>

"na, r̥, r̄, l̥, l̄, tha, ca, dha, ī, ṇa, u, ū, ba, ka, kha, ga, gha, ṅa, i, a, va, bha, ya, ḍa, ḍha, ṭha, jha, ña, ja, ra, ṭa, pa, cha, la, ā, sa, aḥ, ha, ṣa, kṣa, ma, śa, aṃ, ta, e, ai, o, au, da, pha"

말리니비자야 탄트라에서는 말리니와 관련해서 또 세 가지 비디아에 따라서 말한다.

"흙 범주는 <pha>에서 언급되었고, <da>에서 <jha>까지 - 물에서 프라다나(프라크리티)까지 - 23 범주를 연속적으로 표시해야 한다."

"쉬바 탓트와에는 한 문자 만트라 aum이 있고, 세 문자 만트라 aghore는 샥티에, 한 문자 만트라 hrim은 사다쉬바에 있다."

[세 가지 비디아는 파라, 파라-아파라, 아파라와 관련된다. 파라 비디아는 현현하려는 **의지**로 **절대** 안에서 쉬는 것이고, 그것은 오직 **잇차** 샥티이다.

이것이 **갸나 샥티**와 더불어 현현의 형태가 결정될 때, <**잇차 샥티**와 **갸나 샥티**의 혼합된 상태>가 **파라-아파라 비디**아다.

크리야 샥티의 수단으로 현현이 막 생겨나려고 할 때, 그때가 **아파라 비디**아다.

이것은 <주체(**프라마타**)>, <경험과 경험의 수단(**프라마나**)>, <경험되는 대상(**프라메야**)>으로 구성되는 경험의 조건이다.]

파라-아파라 데비에 따르면, aum은 **쉬바**와 관련하고 aghore는 **샥티 탓트와**와 관련한다. 연속되는 **탓트와**의 순서가 고정된 것은 이런 방식이다.

[위 <**쉬바 탓트와**에는 한 문자 **만트라** aum이 있고> 등에서 관련된 전체 **만트라**는 이렇다.

"oṃ aghore hrīḥ paramaghore huṃ ghorarūpe haḥ ghoramukhi bhīme bhīṣaṇe vama piba he ru ru ra ra phat huṃ haḥ phat"

"**칼라(안다)**"는 **아는 자를 아는 일** 『**프라탸비갸 흐리다얌**』에서 <우주의 다섯 단계(**칼라**)>로서 다루었고, 여기서는 **아눗타라**를 중심으로 <좀 더 자세하게(?)> 복습한다.

1) 프리트비 안다 :
   다리카 칼라, 니브릿티 칼라라고도 하며,
   프리트비(地) 탓트와 하나로 구성되고,
   아나바, 마이야, 카르마 말라가 작용하고,
   다양성의 상태로 아슛다 아드와다.
   관할 신성은 브라흐마로
   프라크리티 안다에 포함된다.

2) 프라크리티 안다 :
   아퍄이니 칼라, 프라티슈타 칼라라고도 하며,
   잘라(水)에서 프라크리티까지의 탓트와로,
   아나바, 마이야, 카르마 말라가 작용하고,
   다양성의 상태로 아슛다 아드와다.
   관할 신성은 비슈누로
   마야 안다에 포함된다.

3) 마야 안다 :
   보디니 칼라, 비디아 칼라라고도 하며,
   푸루샤에서 마야까지의 탓트와로,
   아나바, 마이야, 카르마 말라가 작용하고,
   다양성의 상태로 아슛다 아드와다.
   관할 신성은 루드라로
   샥티 안다에 포함된다.

4) 샥티 안다 :
　　웃파이니 칼라, 샨타 칼라라고도 하며,
　　마하마야와 **숫다비디아, 이슈와라, 사다쉬바**와
　　또 **샥티 탓트와**로 구성되고,
　　아나바 말라만 작용하고,
　　단일성 안의 다양성의 상태로 **숫다 아드와**다.
　　관할 신성은 **사다쉬바**로
　　아눗타라에 포함된다.

5) 아눗타라 :
　　아와카샤다 칼라, 샨타티타 칼라라고도 하며
　　모든 **탓트와** 너머에 있고,
　　그 안에 모든 **탓트와**를 포함한다.
　　그것은 모든 **말라** 즉 제한을 넘어 서고
　　또 모든 **말라**를 이해한다.
　　관할하는 신성은 **아눗타라** 자체다.
　　그것의 상태는 **아베다**(단일성)의 하나다.
　　그것은 모든 **아드와** 너머이다.
　　아눗타라는 모든 곳에 편재(遍在)한다.]

　아파라 데비의 견해에서는 이렇게 말한다.

　"하나 반 문자 **만트라**는 프리트비 안다와 프라
크리티 안다에 편재하고, 한 문자 **만트라**는 **마야**

안다와 샥티 안다에 편재한다. 아파라 만트라의 편재는 역순으로 기술되었다."

그러므로 탓트와의 배열은 다음과 같다. 즉 phat 만트라는 프리트비, 프라크리티 안다와 관련되고, huṃ 만트라는 마야 안다와, hriṃ 만트라는 샥티 안다와 관련된다.

[아파라 데비의 만트라는 즉 "hriṃ huṃ phat" 이다. phat 만트라는 문자가 하나 반이고, 이것은 프리트비 안다와 프라크리티 안다를 덮는다. hriṃ 만트라는 한 문자이고, 샥티 안다를 덮는다. 우주 전체는 아눗타라 안의 샥티 안다, 샥티 안다 안의 마야 안다, 마야 안의 프라크리티, 또 프라 크리티 안의 프리트비 안다의 전개로 구성된다.]

파라 만트라의 편만(遍滿)이 관련되는 한, 아래 말리니비자야 탄트라의 말처럼 다른 순서로 있다.

"프리트비, 프라크리티, 마야의 세 안다는 음소 <sa>로 편재하고, 네 번째인 샥티 안다는 삼지창인 <au>로 편재하고, 모든 것을 초월하는 자 쉬바는 비사르가(aḥ)로 나타낸다. 이것이 파라의 편재를 기술하는 방법이다."

[이것은 "Sauḥ" 만트라와 관련된다.

<sa>는 프리트비, 프라크리티, 마야 안다의 세 영역, 즉 프리트비에서 마야까지의 31 탓트와를 나타내고,

<au>는 크리야, 갸나, 잇차와 함께 슛다-비디아, 이슈와라, 사다쉬바를 나타내고,

비사르가(:)는 쉬바와 샥티를 나타낸다.]

마트리카-사드바와, 라티쉐카라, 쿨레슈와라의 만트라는 파라 트리쉬카와는 다른 배열이 있다. 또 다른 탄트라에서는 많은 방식의 반대되는 배열이 있다.

그러나 **파라 트리쉬카에서는 전혀 다른 배열이 눈에 띈다.** 그러므로 경전에 익숙한 사람들에게는 이것은, 마치 <유리나 조개 팔찌>가 자체 성분의 충돌로 가끔 조각이 나듯이, 그런 원칙에 파괴적인 것으로 보인다. 그것은 그냥 관습적인 것일 수가 없다. 그것은 상상에 따라 여러 가지로 결정된다고 하더라도, 반대의 것으로 보인다. 예를 들어, 인도 남쪽 지방에서는 **차우라**가 <붉은 쌀>을 의미하는데 **신두** 주민들에게는 <도둑>을 말한다. 신두 주민들에게 <붉은 쌀>은 **크루라**이다. 그렇지만 우리 **카시미르**에서는 **크루라**가 <현맥(玄麥), 밀, 쌀>을 의미한다.

만약 말(**만트라**)이 관습적인 것으로 취급된다면, 그것은 그것의 불확실함 때문에 - <더 높은 진리와 관련이 없는 것 때문에>, <'정화되어야 할 것'과 '정화자' 사이의 관계에 관해서는 소용이 없는 것 때문에> - 명확하게 결정될 수 없다.

설마 <관습적인 말>조차도 신(神)의 뜻(의지)에서 파생된 것이라고 한다면, 신의 뜻이 없이는 어떤 것도 있을 수 없고, 신의 뜻으로 관습이 나온 것은 잘 알려져 있다고 한다면 - 평화는 (특정 개인의) 복지와 번영을 위해서 **아퍄야나** 의례로 얻어지고, 그 의례는 전적으로 이름, 말, 경전 등에 의존한다. 그것은 전적으로 관습적이다. - 그때 나의 대답은 **모든 것은 단지** (모든 나라, 모든 시대, 모든 인간에서) <**하나의 관습적인 말**>**에 의해서만 얻어질 수 있다**는 것이다. 왜 (다른 나라, 다른 시대를 위해) 다른 관습에 의탁할 필요가 있겠는가!

만약 사람이 오직 관습에만 의존한다면, 끝없는 관습의 문제가 일어날 것이다. <자신이 믿는 경전에서 오는 관습>, <다른 경전의 관습>, <대중적인 관습>, <특정 집단의 관습>, <일부 스승들로부터 내려오는 관습>, <각 사람들을 위한 특정한 관습> 등등. 이 문제는 다시 검토되어야 할 것이다. 이들 세세한 사항을 다루는 것은 소용이 없다.

"<정화자>와 <정화되어야 할 것> 사이의 관계는 어떤 경우에는 똑같을 것이다. 우리의 목적을 얻는 데는 이것으로 충분하다." 문맹(文盲)의 사람들이 중얼거리는 이런 말은 그들에게 어울리는 것이다.

만약 신의 뜻(의지)은 완벽하여, 그것은 논의할 수 없다고 한다면, 그러면, 책(冊)을 읽고 집중하는 것과 또 설명, 논의 등은 쓸데없는 일일 것이고, 이 무거운 짐은 확실히 금지되어야 한다. '그냥 조용히 앉아 있어야 하고, <신의 뜻> 홀로 구원 받아야 할 사람을 구원할 것이다!' 사람으로 그런 생각을 하게 하는 것도 <신의 섭리>이고 <신의 뜻>이다?

사람은 <자신을 위해 숙고하는 것 없이, 향락을 채우며 두 다리를 뻗고 편안히 누워 있어서는 안 되며>, <나 자신의 **영적 수행과 부합하여 나타나는** (주의 강력하고 강력한) **은혜**로 생기는 가장 미묘한 숙고를 위해, (그런) 능력이 있는 **지성을 사용하지 않고 게으르게 앉아 있어서는 안 된다!**> 그러므로 내가 제기한 이런 문제는 모든 면에서 검토되어야 한다. 나는 그것을 이런 식으로 그만두지는 않을 것이다.

그러므로 이런 일을 깊이 생각하면서, 내가 그 난제를 없애는 동안 가만히 있어라.

이 <질문-대답>은 그것의 전체성(全體性)에서 - 부분적이 아니다. - 진실로 신성의 **파라 바크** 즉 <우주적 관념 (작용)>에 거한다. 그의 정수는 모든 것에서 독립적인 **절대 자유**이고, 능가할 수 없고, 성취할 수 없는 가장 어려운 것을 성취할 수 있고, 다른 것에 의존하는 것에는 호리(毫釐)라도 영향을 입지 않는다. 이 점은 전에도 충분히 말한 것이다. 그렇더라도 모든 의문을 위해서 자세히 설명한다. 그 의문은 **쉬바 탓트와** 뒤에 **프리트비 탓트와**를 (그대가) 언급했을 때 떠오른 것이다. 이 (특별한) 순서는 어떤 것인가? 나는 그것이 순서가 없다고 말한다. 그것은 무순(無順)으로, **자신 안에 끝없는 다양성을 포함하는 주의 최고의 자유이다.** 이것이 **트리카** 전통의 가르침이다.

그러므로 <**바이라바**에 존재하는 최고의 신성의 **실재(파라)**>는 그 안에 <분화되고(**아파라**)>, <분화되고 분화되지 않은(**파라-아파라**) 힘>을 포함하고, 나중의 것을 그녀의 자리로 만들면서(나중의 것도 통합하면서) **사다쉬바**와 **아나슈리타 쉬바**보다 더 우월한 데 거한다.

[일단 **파라**는 **빔바**, 구체, 거울이고, 다른 모든 것은 **프라티빔바**, 영상, 반영이다. 다음의 설명은 **뱀과 얼나 이야기**와 **탄트라 사라**에서도 다룬다.]

예를 들어, **말리니비자야 탄트라**는 처음에 다음 말로 사다쉬바를 언급한다. "**<세상과 떨어져 미소 짓는 거대한 이이며, 의식과 무의식 둘 다인> 사다-쉬바는 <파라(지고한 신성의 샥티)의 자리>로 명상되어야 한다.**" 그리고 <**나단타** 상태로 들어간 사다쉬바가 그녀의 자리다>라는 말로 결론을 짓는다. 그다음 "이 모든 것이 그녀의 자리다."고 말하면서, "**사다쉬바의 배꼽에서 명상해야 할 샥티의 세 갈래 창(槍)이 일어난다.**"고 선언한다. 언급된 세 갈래는 "**샥티, 비야피니, 사마나**"이다. (샥티 위 더 높은 곳은) "이것이 가장 분명한 자리다."라고 기술된 <세 송이 연꽃 형태>의 <**운마나**의 최고의 거처> 즉 <**우르드바 쿤달리니**의 상태>가 있다. 삼지창의 세 갈래 위의 <세 송이 연꽃>은 **파라-파쉬얀티, 파라-마드야마, 파라-바이카리** 세 여신의 자리를 만든다.

["**<세상과 떨어져 미소 짓는 거대한 이, 의식과 무의식 둘 다인> 사다-쉬바**"에서 "세상과 떨어져" 있는 것은, 그가 <지상 세계의 존재가 아닌 것>을 말한다. 그는 <거대한 이>인데, 이 세상에서 떨어진 다른 영혼은 아직도 그들이 다르다는 느낌을 가지지만, **사다-쉬바**는 다르다는 느낌이 전혀 없기 때문이다. "미소 짓는"은 <**파라**(초월적인 **샥티**)를 위해

자리를 마련하는 그의 기쁨>을 보여주는 것이다. 여기의 **이슈와라**는 **이슈와라 탓트와**가 아닌, **사다-쉬바**를 가리킨다.

　사다-쉬바는 동시에 의식적이고 무의식적이라고 표기된다. 그는 초월적인 **샥티**와의 동일성과 관련해서는 의식적이고, 이 세상에 만연히는 느낌과 관련해서는 무의식적이다. **마하-프레타**라고 한다.

　샤이바 체계에서는 <**빔바-프라티빔바** 이론>이 있다. 즉 <더 낮은 영역에 존재하는 주요 요소들은 더 높은 영역에서 그들의 본래의 근원을 갖는다>는 원리이다. 현현에 존재하는 **파쉬얀티**, **마드야마**, **바이카리**는 그들의 본래의 형태를 **파라**의 더 높은 수준에서 가진다. 더 높은 수준에서 본래의 형태를 **파라-파쉬얀티**, **파라-마드야마**, **파라-바이카리**로 부른다. **파라**는 가운데 연꽃에, **파라-아파라**는 오른쪽 연꽃, **아파라**는 왼쪽 연꽃에 자리한다.

　존재계의 모든 범주들은 두 가지 면을 가진다. 첫 번째는 <본래의 구(球, 구형, 원, **빔바**)>이고, 두 번째는 <그것의 반영(反影)>이다. <본래의 구>는 **파라 샥티** 안에 있다. <본래의 구(**빔바**)>가 **파라**에 현존하지 않으면 어떤 존재계도 반영(反影)을 갖지 못한다. 지고의 본래의 구는 분명히 **파라**이다. 남아 있는 바니들 즉 **파쉬얀티**, **마드야마**, **바이카리**의 빔바(본래의 구)들 또한 **파라**에 현존한다.

말리니비자야 탄트라가 말한, 에너지의 형태인 **파라 파쉬얀티**, **파라 마드야마**, **파라 바이카리**의 세 여신조차도 **사다쉬바**의 배꼽으로부터 나오는 세 갈래 위의 연꽃에 거한다. 그러나 **파라 샥티**는 위 셋조차도 통할한다.

프라나바의 마트라(모라)는 다음과 같다. (이것은 쉬바 수트라에서 다루었다.) 즉 ① a, ② u, ③ m, ④ 빈두, ⑤ 아르다 찬드라, ⑥ 니로디니, ⑦ 아나하타 나다, ⑧ 나단타, ⑨ 샥티, ⑩ 비아피니와 ⑪ 사마나. **여덟 번째** 나단타가 사다쉬바의 **상태이다.** 열두 번째 마트라인 ⑫ 운마나가 있는데, 그것은 이 모든 것을 초월하는 **파라**의 자리를 구성한다. **파라**의 세 가지 연꽃은 **스리슈티**, **스티티**, **삼하라**다. **파라**는 **우르드바 쿤달리니** 너머이다.

그녀는 거기에 <신성의 에너지의 형태>로 있다. 그러므로 그녀의 자리는 **파라마 아사나** 즉 <가장 분명한 자리>이다. 왜냐하면 이 자리는 그녀 자신까지 뻗치기 때문이다.

운마나는 또한 **파라**의 특별한 자리인 **우르드바 쿤달리니 파다**라고도 부른다. 위의 설명은 **탄트라 사라**의 그림을 참조하라.]

이것이 지고의 **파쉬얀티**로 알려지고, **사다쉬바**의 상태("**나다**의 끝")로 알려진 **갸나 샥티**의 궁극적 한계이더라도, 이것은 곧 지나가버려야 할 것이다. **파라**의 상태는 이보다 더 높기 때문이다.

쉬바-드리슈티에서도 말하듯이, "우리 체계에서 **갸나 샥티**이고, **사다쉬바 상태를 나디내는 씨나-파쉬얀티**의 수준이 얼간이 문법학파에서는 최고의 수준이다."

[문법학자들은 **바크**(말)에는 **파쉬얀티, 마드야마, 바이카리**의 세 가지 상태가 있고, **파쉬얀티**가 최고라고 한다. **트리카**에서는 **파라**가 최고다.]

내면의 영적 **참나** 쪽으로 내향된 **붓디**는 **파라-파쉬얀티**의 수준이고, 관할하는 신성은 **파라-사다쉬바**다. **파라-파쉬얀티**는 **파라-사다쉬바**의 상태인 **갸나 샥티**에서 끝난다. 그리고 **파라-사다쉬바**의 이 상태가 <**아나슈리타 쉬바의 샥티**>이다.

참나 쪽으로 내향된 **아함카라**와 **마나스**를 관할하는 신성은 **파라-비슈누**와 **파라-브라흐마**이고, 활동 영역은 **파라-마드야마**와 **파라-바이카리**이다. 그러니 그들이 마지막 쉬는 곳은 **파라-사다쉬바**와 **파라-이슈와라**의 **크리야 샥티**이다. 이것은 경전과 개인의 경험으로 증명된다.

(다음 표가 위의 설명을 더 명확하게 할 것이다. PS는 **파라-사다쉬바**, PI는 **파라-이슈와라**를 가리킨다.)

	내향된	빔바	신성	
1	붓디	파라-파쉬얀티	파라-사다쉬바	PS의 갸나
2	아함카라	파라-마드야마	파라-비슈누	PS의 크리야
3	마나스	파라-바이카리	파라-브라흐마	PI의 크리야

그러므로 <**파라-파쉬얀티** 너머>가 **파라** 여신의 단계이고, 거기에서는 모든 것이 자신으로 보이고 자신과 동일한 것으로 이해된다.

<**숫다 비디아**의 단계>와 <**마야**의 단계(**프랄라야 칼라**의 상태)>에서 **바사나**(**프라카샤**와 **비마르샤**의 양상)가 동일하게 있더라도, "이것(대상성)"에 대한 이해는 다르다. **숫다 비디아**는 주체와 대상 전체가 유일한 **나** 속에 반영된다. 그것은 "나는 이것이다."처럼 **나-의식**에 의해서 완전히 지배되는 것으로만 이해된다. 그러므로 "나"와 "이것" 둘 다가 지고의 **의식**에 반영되어 동일한 것으로 보이고, 또 그렇게 공통된 근저를 가진다고 말한다.

그러니 모든 존재는 **이슈와라**의 단계에서는 **파라-아파라** 상태 즉 <다양성 속의 단일성의 상태>를

가지고, **마야** 단계(와 **프랄라야칼라**의 단계)에서는 **아파라** 상태 즉 <다양성의 상태>를 가진다.

그렇다고 해서, **이슈와라** 상태와 **마야** 상태 그것 자체를 **파라-아파라**와 **아파라**라고 이해해서는 안 된다. [그 상태에서 **파라-아파라**와 **아파라**인 것은 오직 그들의 대상(**프라메야**)이다.] 그러므로 **루드라 야말라 탄트라**가 단언한 것과 **웃팔라데바**가 **이슈 와라**와 관련해 **파라-아파라**에 대해 말한 것이 상충 (相衝)된다고 의심할 여지는 전혀 없다.

만트라마헤슈와라의 경우에, **나-느낌**은 최고의 진리로서의 지식을 갖는다고 하더라도, **아파라**인(즉 <더 낮은 순서>인) **이슈와라**와 **숫다 비디아**의 **나-느낌**과는 다르다. 나(**아비나바굽타**)의 경험(**삼빗**)은 "이것"은 단지 이것이다. (즉 <**숫다 비디아, 이슈 와라**의 **나-느낌**>은 <**사다쉬바, 샥티, 쉬바**의 **나-느낌**>보다 더 낮은 순서이다.)

그러나 **비갸나칼라**는, 지식의 순서가 "이것" 즉 대상성의 경험이 결여되어 있다고 하더라도, "나"의 알아채는 일만을 가진다. 그들은 **대상적인 실재를 알아채지 못하고 "나"의 알아채는 일만을 가지기 때문에 아프라붓다**(깨어 있지 못한 이)의 범주**다**. **프랄라야케발리**는 "나"와 "이것" 둘 다를 알아채지 못하므로 그들은 확실히 깨어 있지 못하다.

프랄라야-케발리와 **순야 프라마타**의 단계에서, <미확정적 **의식**의 빛으로, 그것은 (확정적 의식의) 바로 그 생명인데, 그런 종류의 (미확정적 **의식**의) 근본적인 감수성이 있더라도>, <그들은 그 존재를 오직 미확정적 **의식**의 은혜에 기인하고, 그것에서 분리된 어떤 방식으로 있을 수 없더라도>, 그들이 <공의 경험의 상태>로부터 일어났을 때, 뒤에 그런 경험을 다루고 판단하는 것은 다양성의 의식으로 결정되고 또 <확정적인 의식>의 성격의 것뿐이다. 예를 들어, 이런 것이다. "**이것은 몸 등이다. 나는 단지 '나', <아는 자인 것>이고, 이것은 항아리다. '이것'인 무엇은 단지 <지식 등의 대상>일 뿐이다.**"

[**프랄라야칼라**와 **순야 프라마타**는 오랜 기간의 **모하(마야)** 때문에 영혼이 잠자고 있는 상태이다. 그러나 한 가지 차이가 있다. **순야 프라마타**에서는 미묘하게 **프라나**와 **아파나**가 움직이는 것이 세상이 용해(**프랄라야**)될 때까지 계속된다. 그러나 둘 다의 **상치타 카르마**는 이 상태에서 **삼스카라**로 있다.]

프랄라야칼라와 **순야 프라마타**의 경우에, 그런 종류의 의식을 일으키는 능력을 갖는 것은 오직 <미확정적 **의식**>뿐이다. 그 **니르비칼파**보다 다른 어떤 것도 그런 확정적 의식의 원인으로 알려질 수 없다고 하더라도, 만약 다른 어떤 것이 근원으로 가정된다면, 그것은 궁극적으로 그런 종류의 <분화되지 않은 우주 의식(즉 니르비칼파 혹은 미확정적 **나-의식**)>으로 끝날 것이다. **현현에서 끝없는 다양성을 일으키는 그 힘이 변함없는 것으로 증명되는 것은 <미확정적 나-의식>의 이 능력 때문이다.**

이 미확정적 **나-의식**의 존재에서, 창조성이라는 그것의 통치권은 결코 멈추지 않는다. **바이카리**와 **마드야마** 단계에서, 그 안에는 **마야**에 속한 미묘한 대상성이 있는데(**마야**의 힘을 통한 미묘한 차이가 있는데), 이런 종류의 차이를 이해하는 일은, 만약 그것이 미확정적 **나-의식**에서 완전히 배재된다면, 가능할 수 없다.

그러나 지고의 **의식**에서, **프라카샤**와 마찬가지로 **비마르샤**도 수행에서 그것을 이행(履行)하기 위한 것이다. 그러므로 그 안에서는, <마치 물이 물 안에 있고, 불꽃이 불꽃 속에 있는 것처럼>, 모든 사물이 완전히 **의식**과 동일한 것으로 보인다. 단순히 비친 상(像)과 같지 않다. 가르치기 위해 이 여신(**파라**)을 기술할 때는, 그녀는 낮은 견해로부터 여겨지는 것으로만 (우리의) 인지의 영역 속으로 오게 된다.

유사하게 **의식**의 영적인 빛의 본성인 **바이라바**는 자증(自證)이고, 시작이 없고, 원초적이고, 또 모든 것의 궁극이고, 모든 것에 현존한다. 다른 무엇을 **그**와 관련해 말하겠는가! 그는 그의 빛을 <존재계 모든 범주(36 **탓트와**)와 모든 대상적 현상>의 확장에서 동일하게 나타내고, 그것 모두를 <결코 사라지지 않는 **자기-기쁨** 속에서> 그 자신으로 본다. 그 자신과 동일한 것으로 인식하는 그것은, **자기-계시**를 <마야로 일어나는 '끝없는' 미래의 현현과 흡수 속에서> 분명하게 만든다. 그래서 그는 바로 그것들의 형태로 나타난다.

[**바이라바**는 모든 것의 근원이기 때문에 **원초적**이고, 모든 것이 결국 그 안에서 쉬기 때문에 **궁극**이고, 모든 것을 현현하는 것은 그의 **에너지**이기 때문에 그는 모든 것에 **현존**한다.]

여러 가지 형태로 나타나는 동안도, 만약 그가 <처음과 중간의 것 즉 오직 **프라카샤**에 기초하는 대상성의 상승과 확장>을 고려하지 않았다면, 그때 <처음(**바이라바** 의식)>과 <이어지는 상태(대상성의 확장과 용해)>의 빛나감에 관한 의심의 가능성은 제거되지 않을 것이고, 결과적으로 세계의 실체는 미지일 것이고, 그것 때문에 진정한 <**바이라바**의 상태>의 완전한 정체성은 파괴되고 확립되지 못할 것이다.

이것은 **바이라바**에 의존하는 더 낮은 **파쉬얀티 바니** 등의 밀착의 단절로 이끌 것이다. 그러므로 **파라**는 그런 상태의 이어짐 때문에, 단지 이름만 **파라**로 남는다. 만약 **바이라바 의식**(프라카샤)이 그의 본성으로 그런 배려(생각)를 가지지 않았다면, 그때 <되려고 하는(가능성이) 대낭직 우수>는 나타나지도 않을 것이고 확장하지도 않을 것이다.

그래서 다음과 같은 말은 적절치 않다.

"대상 전체를 견고한 기초에 두지 말라. 그것을 불완전한 채로 두라. <다양하지 않다>는 이런 말을 타도하자. **바이라바**가 <모든 것의 기저라는 것>을 증명되지 않은 채 두라. 소위 <**파라** 지상주의>는 다양성의 녹이 슬게 두라."

그러므로 이것 홀로 가능하고, 또 적절한 것으로 나타난다. 즉 **바이라바**의 빛은, 외부적 현현의 첫 단계에서 그것의 목표로 **프리트비 탓트와**를 갖고 **비마르샤 샥티**를 통해 하강의 행진에서 **프리트비** 쪽으로 움직임을 계속한다.

[<어떤 경험>이 아닌, 언설로는 표현과 이해가 서로 어렵다. 그렇다고 "**그렇다고 믿**(어버리)**자!**"고 할 수도 없고…… 지성을 통한 이해(노력)를 관두고 나 자신을 속이려는 묘한 메커니즘(소위 "믿음")을 발동하는 이 <간교하고 치사(恥事)한 마음>!]

< 4 > 사르밤 사르바트마캄

**<모든 탓트와는 축소판(縮小版)이라는 이론에 따른
"모든 탓트와의 완전성(完全性)">**

마지막 탓트와, 프리트비는 흙(地)으로서 자신의 특성을 유지하는 반면, 그 안에 수많은 선행하는 탓트와(물, 불 등)를 자신과 분리할 수 없는 것으로 붙잡고, 그 형태로 나타나며 그런 면으로 보이는 것은 그 자체가 완전한 것이다.

그 앞선 탓트와 물(水) 또한 뒤의 탓트와(흙)를 그 배경으로 가지고 거기에 있는 모습과 지각력과 동일하며, 뒤의 탓트와의 완전성을 포기하지 않고, 앞선 모든 탓트와들의 완전함을 자신의 범위 내로 필연적으로 가져온다. (흙 탓트와에서처럼) 그런 식으로 보고 신중하게 여기는 것은 똑같은 방식으로 통합적인 것이다.

그러니 모든 앞선 탓트와 불(火) 등은 그 뒤의 두세 개의 탓트와와 분리되지 않으면서, 그들에게 축적된 바이라바의 본성과 일치하여 그 자신 안에 <앞선 탓트와들의 기쁜 실재>를 포함하여 완전히 통합적이다.

그러니 그 **탓트와**는 <자신이 선택한, 자기 조명적인 **바이라바**>에 아주 근접한 어떤 형태가 되고, **섬**이라는 자기 선택적인 거주처가 되는 그 형태는 **바이라바**로 규정된다.

그대는, **바이라바**를 생각하는 데 능숙한데, 그를 명상하는 것에 몰두하게 된다. 산피 오수, 나무 등 대상이 없는 광야(曠野)의 나누어지지 않은 광경은, 아니면 이런 제한들로도 풍경의 전체성을 준다면, 그것은 <**바이라바 의식**>으로 들어가는 잘 알려진 방편을 제공한다.

비갸나 바이라바는 말한다.

광야에 머물라.

"수행자는 나무가 없는 곳이나 산, 아니면 벽을 응시해야 한다. 어떤 지지도 없는 정신의 상태는 용해될 것이고, 마음의 동요는 그칠 것이다."

그렇지 않고, 만약 거기에 부분적 인식이 있다면, 똑같은 광경을 보는 처음 인식이 통합적인 인식이 아니라면, 그때 <**바이라바 의식**>과 <다름과 분별로 가득한, 더 낮은 상태의 의식>의 차이가 무엇인가? 그 차이는 <**바이라바 의식**>은 <**존재계의 끝없는 다양함의 (합일의) 기쁨**>을, <부분적이고 파편적인

의식>의 상태와 비교하면, "통합적으로" 여긴다는 것이다. <적절한 수련을 받고, 신성의 **의식** 속으로 침투한 사람들>은 이 차이를 스스로 안다.

만약 짐승 같은 사람의 **가슴의 연꽃이 주로부터 쏟아지는 은혜의 빛에 잠기지 않으면**, 그때는 나의 이런 수백 마디 말도, 날카로운 칼날과 같은 말로 그들 가슴을 찌르더라도, **가슴의 연꽃**을 피어나게 할 수 없고 목적을 성취할 수 없다.

항아리 같은 사물에 수행자는 <통합적인 시각>을 던진다. (**그릇을 전체로 바라보라.**) 이런 경우에도 <미확정적인 **의식**>은 즉시 항아리의 모습을 **전체로** 취하고 (그것의 구성요소의 부분을 취하지 않는다.) 그다음 그것에 대한 모든 확정적인 개념을 만들고, 그것들은 최후의 껍질인 **부분**을 출발하여 내부로, 가장 내면의 곳으로 들어가 마침내 다시 <미확정적 상태> 안에 용해된다. 그러므로 다른 유사한 예를 더 드는 것은 소용이 없다.

이런 일에서도 <**쉬바 탓트와(원리)**>는 모든 경우에서(**흙**에서도) <미확정적인 실재>로서 내재하는데, <**확정적 상태를 만드는 절대 자유를 가지는 것**>은, 그 자체는 끝없는 것이더라도, **명백히 모든 실재에 앞서는 것이다**. 이런 일에서는 견해의 차이가 없다.

이 **쉬바 탓트와**(원리)는, 만약 그것이 궁극적인 **흙** 요소에 거한다면, 완전한 것으로 여겨질 수 있다.

그러므로 **흙**의 **의식**은, **흙 요소에 내재하는 모든 탓트와를 알아챌 수 있을 때만**, 한 대상으로 있는 **흙**의 모습에도 불구하고 <중심의 **실재**>와 동일하게 나타날 수 있다. (**아, 샥티여! 의식의 한계를 알라.** 그래서 "**모든 현상의 그 너머를 보라.**")

<"방사의 원리"에 따른 흙 탓트와의 완전성>

흙 탓트와(요소)의 진정한 상태는 **쉬바**의 핵심적 본성이다. 어떻게 그러한가? <**쉬바**가 그의 현현을 아래로 **흙**까지 방사(放射)하는 과정>으로다.

<하향의 방사 과정(**바마나-육티**)>은 다음과 같다.

쉬바 탓트와는 **샥티 탓트와** 속으로 확장한다. 그의 **절대 자유**로 <한 상태(**사다쉬바**의 상태)>가 영향을 입고, (현현과 더불어) 그 안에는 <다르지 않음의 느낌>이 (**쉬바 탓트와**처럼) 그렇게 완전히 확고하지 않다. 이제 앞선 **탓트와**가 어떤 **탓트와** (**이슈와라**의 상태)로 생겨날 때, <다름의 모습>이 - 현현의 모습이 - 동질이고, 그다음 **숫다 비디아 탓트와**가 있고, 그 안에는 <다름의 모습>이 있다. (그러나 그것은 **나-의식**이 우세하다.)

다시 그의 힘을 통해, 거기에는 한 상태가 생겨나는데, **의식**의 절대 자유는 점차로 수축되고 있다. 즉 **마야 탓트와**다. 그때 **마야**가 지배하는 경험자가 나타나고, 다섯 덮개가 그의 경험의 영역이다. 그때 분화되지 않은 **프라다나** 혹은 **프라크리티**(세 가지 구성요소가 평형 상태인 **프라크리티**)가 생겨나고, 그다음 그것의 전개물인 **붓디 탓트와**와 또 **붓**디의 전개물인 **아함카라**(나를 만드는 원리)가 생겨나고, **아함카라**는 **마나스**, 감각기관, 행위기관, **탄마트라** (인식의 일차적 요소)의 근원이고, **탄마트라**는 거친 요소 즉 **에테르**, 물 등과 마지막으로 **다라** 혹은 **흙** 으로 확장한다. (그러니 **흙** 요소의 진정한 상태는 **쉬바**의 핵심적 본성이다.)

[위의 설명에 따른 <**흙 탓트와**의 완전성>을 표로 요약하면 다음과 같다.

다음 표에서 **아함**은 <나(주체성)>, **이담**은 <이것 (대상성)>, **아베다**는 <단일성(비-이원성)>, **베다**는 <다양성>을 가리킨다.

『**쉬바 수트라**』에서는 역순(逆順)으로 - 다음에 설명할 <용해의 과정>으로, 천로역정(天路歷程)으로 - 다루었다. 아직도 <**산스크리트** 용어에 익숙하지 않은 분들>은 그것과 서로 비교하면서 읽으면 좋을 것이다.]

1	아함과 이담의 완전한 균형	쉬바 탓트와
2	쉬바가 "A-ha-m"으로 확장	샥티 탓트와
3	절대 자유로 아함 속에 이담 출현	사다쉬바
4	아베다의 수축과 베다의 초기 불빛	이슈와라
5	아베다와 베다가 균형	슛다 비디아
6	아베다의 감소와 베다의 증대	마하마야
7	완전한 베다	마야
8	마야에 거하는 성범석 개아	푸루샤
9	개아를 지배하는 마야의 자손	칼라 등
10	삿트와, 라자스, 타마스의 균형	프라크리티
11	프라크리티의 첫 변모(變貌)	붓디
12	붓디의 두 가지 변모	아함카라, 마나스
13	아함카라의 변모	감각, 행위 기관
14	인식의 일차적 대상	탄마트라
15	탄마트라의 거친 요소로 변모	아카샤 등
16	현현 전체의 궁극적 한계	프리트비(흙)

<"용해의 과정"에 따른 흙 요소의 완전성>

흙 요소가 악쉐파 즉 <이전 **탓트와** 속으로 점차 용해의 과정(그라사나-육티)>을 계속하면, 그것은 **쉬바**의 본성(스와루파)을 가리킨다. 그것이 감각의 다섯 대상으로 다섯 **탄마트라**를 가리키듯, 그렇게 그것들은 그것에 의해 암시되어, 자신들의 형태를 입증하기 위해서, 그들의 이전 잘 확립된 근원을 가리킨다. 그것은 다시 자신들의 일련의 방해받지 않은 선행 근원을 가진다.

<물질적인 원인인 것은 그 결과에서 지속될 수 없다>고 말하는 것은 전혀 옳지 않다. 어떤 경우에 있어서, 도구적인 원인 등은 그 결과와 어느 정도 연관되지 않는다고 말할지도 모르지만, 물질적인 원인인 것은 그렇게 말할 수 없다. 이 문제는 인과관계(因果關係)를 다룬 나(아비나바굽타)의 책에서 많이 논의된 것이므로, 여기에서 그것을 논의하는 것은 현재 주제의 진행에 방해가 될 뿐이다. 그러므로 여기서는 자세하게 다루지 않는다.

[<인과관계의 진정한 의미>는 **탄트라 사라**에서 (도) 다루고 있다.]

그러니 (역순을 따르면) 처음은 완전성을 가지는 **흙**이다. 그다음은 **물**로, 그것 또한 자체 안에 모든 **탓트와**의 특징을 흡수하여 완전성으로 나타난다. 그것이 자체 속으로 흡수되는 것으로, **흙 탓트와**에 현존하는 **프라카샤-비마르샤**는 <흙의 완전성>의 남은 흔적(삼스카라)을 전이(轉移)하는 것으로 완전하게 된다. 마지막으로 **흙** 자체는 <통합적 신성의 **의식**>이다. 즉 **쉬바** 그 자신이다. 그러니 제한된 공간조차도 **브라흐만**의 형상 전체를 포함한다.

경전은 그것을 발견하고 선언한다.

"각각의 **탓트와**는 36가지 **탓트와**의 모든 특징을 갖는다."

그것은 스판다 카리카의 가르침이기도 하다.

모든 대상을 보고픈 수행자가
그것들에 편재(遍在)할 때,
그때, 무슨 말이 소용 있겠는가!
스스로 경험할 것이다.

"요기가 모든 대상을 보기를 원할 때, 그들 모든 대상에 편재하는 것으로, 즉 그의 의식의 빛으로 그것들 모두에 주입하는 것으로…… 그런 때 무슨 말이 더 필요하겠는가? [그 광경의 장관(壯觀)을] 스스로 경험할 것이다."

사람은 이를 가슴에 새겨야 한다. 마지막 구절은 똑같은 사실을 가리킨다. 그러므로 다른 무슨 말을 더 하겠는가!

☯

<모든 탓트와의 쉬바 탓트와에 대한 의존성>

어떤 사물이 어떤 <특정한 성질(性質)>이 없이 존재할 수 없을 때, 그때 그 특정한 성질은 그것의 본성(스와루파)이다. 마치 <"쉼쉬파(나무)"가 되는

것>은 <나무의 본성을 가지는 것>을 의미한다. (즉 나무가 되는 것이 없이는 "쉼쉬파"일 수가 없다.)

주의 **절대 자유**로 사물들이 고정된 순서로 확장하지 않을 때, 그때 어떤 사물은 그 본성인 것이 없이도 생길지도 모른다. **흙** 등의 후속의 **탓트와**는 **물** 등의 선행하는 **탓트와** 없이는 생겨날 수 없다. 그러므로 선행하는 **탓트와**는 후속 **탓트와**의 특성인 것이다. **흙 탓트와**는 **물 탓트와** 없이는 존재할 수 없다. 왜냐하면 그것은 확실한 지지의 매개물에서 <견고성이 발견되는 곳>에서만 있기 때문이다. (또 **물**의 현존 때문에 **흙**의 견고성이 있다.)

[<견고성>이란 <강하거나 긴밀하게 결합된 것의 단단함>을 말한다. **흙** 요소가 <**물**-원자 요소>로써 치밀하게 결합한 것이 없으면, **흙**의 견고성은 있을 수 없다.]

이런 규칙적인 순서로, 다섯 거친 요소는 다섯 **탄마트라** 없이는 존재할 수 없고, 이들 감각 또한 <확인하는 지성인 **붓디**>, <**나-의식**인 **아함카라**>, <개념과 **이미지**를 만드는 **마나스**>로 되는 내적인 정신기구가 없이는 존재할 수 없다. 이 모든 것은 <원시의, 미분화의, 미묘하고 단단한 근인(根因)> **프라크리티** 없이는 존재할 수 없다. **프라크리티**는 <제한된 경험자인 **푸루샤**> 없이 어떻게 존재할 수 있겠는가? **푸루샤**는 <시간과 **칼라** 등의 올가미>에 걸려 있고, 그것은 그 자신의 제한으로 스스로에게 부과한 경험의 특징이다.

어떻게 (제한의 원인인) **신성의 절대 자유** 없이 <제한되지 않은 **의식**>의 제한이 있을 수 있겠는가! (제한된 **푸루샤**가 있겠는가!) **신성의 절대 자유의 다른 이름은 마야다.**

[이 제한은 **신성의 절대 자유**(스와탄트리야)의 다른 이름일 뿐인 **마야 샥티**로 온다.]

마야 형태에서 <**신성의 절대 자유**>에 의한 이 제한의 상태는 <약간의 제한되지 않은 실재(**슷다 비디야**)>, <제한되지 않은 실재(**이슈와라**)>, <약간 확장되는 실재(**사다쉬바**)>와 <완전히 확장된 실재 (**샥티**)> 없이는 일어날 수 없고, <핵심이 무제한성 (無制限性)인 그것>의 점차적인 수축에 반비례하여 있다. 이 모든 실재는 <**절대 자유**이고 또 완전한 **빛**이 그 정수인 **바이라바**> 없이는 아무것도 아닌 것이다.

범주의 이 규칙적인 순서는 사람의 경험에 따라 진실로 받아들여진다. 경전도 말한다.

"**물**이 포함된 **흙**의 범주가 견고성 없이 어디에서 발견되겠는가? (즉 흙의 견고성은 접착성 때문이고, 접착성은 액체 없이는 가능하지 않다.)"

그러므로 만약 **흙**이 그 안에 선행하는 **물** 범주를 갖는다고 한다면, 어떻게 그것이 우리를 동요하게 하겠는가! 오히려 그것은 오직 <완전하고 다양한 **바이라바인, 지고**의 **의식**(파라 삼빗)>의 지지 안에 있을 뿐이다.

☯

<파라의 빔바 영역에서 시간(時間)의 형태>

파쉬얀티인 **파라-아파라**와 **바이카리**인 **아파라**의 존재계로 들어오는 경우에, 다른 말로 미래와 과거 시제의 경우에는, 존재계의 **탓트와**의 다름과 일치하여, 현재, 과거, 미래 세 가지로 나타나는 시간의 "말뭉치" 전체는, **파쉬얀티**에서는 약간 분명하고, **마드야마**에서는 더 분명하고, **바이카리**에서는 완전하게 분명한데, **파라**에 적합한 형태 안에서, <**파라** (**지고**의 **의식**)의 영광> 속에 거한다.

[**파라** 상태는 항상 현재이고, <**영원한 지금**>이다. **파라-아파라** 상태는 미래이고, **아파라** 상태는 과거이다. "**파라**에 적합한 형태 안에서, <**파라**의 영광> 속에 거한다."는 의미는 다음과 같다.

파라의 빔바에서, 과거와 미래는 **빔바**의 이 형태에서는 현재이다. 즉 **파라**의 적합한 특성인 <항상

현재>이다. **파라**에서 "시간"이란 경험적인 의식의
특성인 <상대성(相對性)의 감각>에 기초하지 않기
때문이다. 현대의 아인슈타인의 <상대성의 원리>를
생각해 보라.]

<일어날 것(미래의 **파라-아파라** 상태)>과 <지난
것(과거의 **아파라** 상태)>은 분명히 <**원초(原初)의,
태초(太初)의 빛**(항상 현재인 **파라** 상태)> 안에서
반짝인다. 미래는 분화되지 않은 무엇에서 일어날
"명확한 다름"과 관련해서만 사실로 상정된다.

예를 들어, "**칼키**(미륵불, **메시야**)가 나타나 모든
사악한 자들을 멸할 것이다."를 보자. 만약 미래에
관한 이 진술이 <앞선 어떤 현재>에 경험되지 않았
다면, 어떻게 **푸라나**(불경, 성경)에 기록될 수 있었
겠는가? 만약 이전의 어떤 세상에서, 기록된 대로
사악한 자를 멸한 **칼키**가 있었다면, 그러면 이런
의문이 생긴다. "그 **칼키**가 <이전의 똑같은 자>를
가리키는가? 아니면 다른 자인가? 만약 그가 다른
자라고 한다면, 그가 정말 다른 자인 것을 어떻게
알 수 있는가? 어떻게 그것이 의식에 분명한가?"

만약 똑같은 **칼키**라면, 왜 그가 나타나는 시간이
차이가 있는가? 만약 "그는 시간에 구애(拘礙)받지
않는다."고 한다면, 그것을 어떻게 증명할 것인가?

만약 그는, 의식의 바로 그 본성이어서 다양하기 때문에 시간에 구애받지 않는다고 한다면, 그러면 내가 한 그 진술은 왜 아닐 것인가? 즉 모든 것이 <내 혀끝과 가슴에 변함없이 현존하는 바이라바> 안에 있고, 그는 시간의 영역을 초월하는 의식이고, 우주적 에너지로부터 영구히 분리될 수 없고, 그는 절대 자유로 발휘된 에너지의 수축과 확장을 통해 나타나는 우주적으로 알려진 수백 가지의 현현과 흡수와 동일하고, 그는 <열린 눈과 보는 눈으로> 고결하게 받아들여야 할 지고의 주이다! 왜 인간은 스스로 진리를 확인하지 않고 또 "마음껏(목청껏)" 그것을 기술(진술)하지 않는가?

그러므로 이런 사실은 확고하다. 즉 쉬바 그는 시작도 끝도 없고, 자기 조명적이고, 그의 핵심은 통합적이고 독립적인 절대 자유이고, 그 자신 안에 존재계의 범주 전체를 감싸고 있고, 그의 최고의 진리는 자신이고, 그의 영원한 현존 때문에, 그의 존재가 모든 것과 조화하고 또 모든 것에 베푸는 그의 은혜 때문에, 시간(時間)의 영역 너머에 있는 바이라바로서 거하며, "어떤 특별한 상태"라는 그 말조차도 맞지 않은 파라(지고의 의식)에 거한다. 이 경전에 따르면 그는, 제한된 특정의 연속적인 현현 안에가 아닌, <전체적 형태의 현현(마하-스리

슈티)> 안에 거한다. 위 사실은 이 경전의 견해와 완전히 조화를 이룬다.

그가 모든 범주(탓트와)를 하나하나씩 감싸고 또 범주 전체를 <한 반구(半球) 전체(삼푸티-카라나)> 안에 집단적으로 감싸는 것 때문에, 그는 <반구형 그릇의 방식(삼푸타-요가)>으로 거한다. - 이것이 우리 스승들의 전승(傳承)이다.

"파쉬얀티의 단계로 출발하면, 다름(구별)의 시작 때문에 거기에는 부분적인 속박의 놀이가 있다."고 할 것이다. 그러므로 위로 파쉬얀티까지는 <정화되어야 할 것>과 <정화자>의 관계의 원리는 부인할 수 없다. 스왓찬다 탄트라는 말한다.

"고결한 자여, 흙에서부터 사다쉬바까지의 모든 범주는 늘 그렇듯이 생산과 파괴와 연결된 것으로 알려진다."

<빔바-프라티빔바의 원리(原理)>

<파라-아파라 샥티의 성격을 갖는 파쉬얀티>는 파라 샥티 그녀 자신의 에너지로 구성되는 거울과 같다. 그 안에서 파라는 반영(反影)으로 빛난다. 그 형태는, <그것의 본래의 상태>와 <반영> 둘 다에서 항상 똑같은데, 반영이라고 부르지 않는다. 얼굴에

대한 단순한 언급 혹은 참조가 반영이 아니듯이, 그것의 본성은 단지 <본래의 얼굴>이기 때문이다.

그러나 똑같은 것이라고 하더라도 다른 방식으로 나타난다. 예를 들어 <얼굴의 상(像)>은 역순이다. 앞은 뒤가 되고, 왼쪽은 오른쪽이 되는 등이다. - 그런 것을 반영이라고 한다. 반영은 <본래의 것>과 유사하다. 같지 않은 것이 아니다.

그러므로 **파라밧타리카** 즉 **지고**의 **의식**은, **파라-아파라**의 투명한 거울에 비치는 동안도 <**흙** 등의 범주들이 가득한 그녀의 반영>을 분리된 형태로 <그녀의 핵심 **파쉬얀티**>로 가지고, 그래서 분리된 범주의 연속을 가지면서, 분리된 범주에서조차도, 그녀가 자신 안에 내적으로 자연적이고 통합적이고 절대적으로 진실한 것과 또 <**카**>와 다른 문자들의 변함없는 이해를 안는 것 때문에 현존한다. 그리고 <**카**> 등의 문자를 그들의 성격과는 다른 통합적인 방식으로 나타낸다.

그러므로 **파라 샥티**가 (**파쉬얀티**가 본성인 **파라-아파라**의) 동질이고 투명한 거울에, 그녀의 **절대 자유**로 다양성을 일으키는 것으로, **흙 물** 등으로 이해되고 또 그녀 자신과 동일한 범주의 반영으로 비칠 때, 그때 **흙** 등 범주의 역순(逆順)이 생긴다.

지고의 **의식**(파라)에서 <샥티 탓트와인 그것>은 (반영으로) 파라-아파라에서는 프리트비 탓트와가 되고, <프리트비 탓트와인 그것>은 샥티 탓트와가 된다. 이것이 <크샤>로부터 위로 파라-아파라에서 프리트비 등의 위치이다.

<항상 통합적이고, 무한하고, **절대 자유인** 바이라바 안에서는 어떤 변화도 있을 수 없다>는 것은 여러 번 밝혔다. (바이라바인) **의식**에는 결코 어떤 과잉과 감소도 있을 수 없기 때문이다. 한마디로 **부증불감**(不增不減)이다.

[아눗타라인 <바이라바 **의식**>은 빔바와 프라티빔바 둘 다를 초월한다. 그것은 빔바-프라티빔바 교설이 잘 통하지 않는 **모음**으로 나타난다. **모음은** <태고(太古)의 파라>든 <궁극의 바이카리>든 항상 **모든 수준에서 쉬바를 나타낸다.**]

지고의 **의식**의 이해에서, 존재계의 모든 범주는 단지 **의식**의 본성의 것이다. (그것들은 모두 **쉬바**이다.) 그 이해의 최고의 진리는 <카>에서 <크샤>까지의 **샥티**의 확장이다. 그러므로 <지고의 **의식**(파라)>에서는 다양성(다름, 차이, 분별)이 완전히 결여되어 있다. **파라-아파라**에서는 반영의 원리에 따라 <다양성 속에 단일성>이 있다.

<카>에서 <크샤>까지 문자의 화환(花環)을 가진 **파라-아파라** 상태가, 자신보다 높은 수준에 있는 **파라**에 존재하는 범주를 반영으로 유지할 때, 그때 <**마이야**가 아닌, (거친 감각으로는) 들리지 않는, 지고의 **카**에서 **크샤**까지 문자들, 범주들>은 역순을 얻는다. 즉 위는 아래가 되고, 아래는 위가 된다.

이것은 더 높은 수준인 본래의 것(**빔바**)의 본성의 힘을 통해 반영에서는 더 낮은 수준을 얻는 일이 일어난다는 의미다. 그러므로 "**크샤** 안에 **프리트비 탓트와**가 있다."는 진술은 <정화되어야 할 것>과 <정화자>의 견지에서는 모순이 없다. **파라** 상태의 변함없는 연속성 때문에 **파라-아파라**의 상태에서도 <카>와 다른 문자들의 끊임없는 연속이 있다.

<**파라**의 가슴에 **파쉬얀티**의 나타남 때문에>, <**파쉬얀티** 안에 **마드야마**의 출현 때문에>, <**마드야마**의 본성에 현존하는 **바이카리**의 경향 때문에>, **바르나**(문자, 음소), **만트라**(말), **파다**(문장)가 연속적으로 일어난다. 그러나 이들은 (<정화자>가 아닌) **쇼다**(<정화되어야 할 것>) 수준으로 남는다. 그러나 이 일은 내버려두라. 이것은 다루어야 할 주제가 아니다.

[**바르나**(문자, 음소)는 **파라**와 **파쉬얀티**에서 시작하고, **만트라**(말)는 **파라-아파라** 혹은 **마드야마**에서

시작하고, **파다**(문장)는 **아파라** 혹은 **바이카리**에서 시작한다. 정화(淨化)라는 것은 영적 수련(**사다나**)에서, **바이카리**에 있는 **파다**가 **파쉬얀티**와 **파라**에 있는 **바르나**의 수준으로 올라야 한다는 것을 의미한다. 그것은 또 침묵으로 가는 길이기도 하다.]

☯

<말리니 상태 등의 해명(解明)>

말리니에 따르는 문자 등의 다른 배열이 있다고 하더라도, **주**께 헌신한 자와 **트리카**의 가르침으로 무지의 매듭이 끊어진 자들은 완전한 확신을 위해 논의의 주제를 이해하도록 하라. 고귀한 영혼들은 <**파쉬얀티**의 가장 높은 지점(**아나슈리타 쉬바**의 **샥티**)을 능가하는 최고의 **의식**(**파라 샥티**, **신성**)이 있다>는 것을 잊어서는 안 된다.

[**파쉬얀티**의 가장 높은 지점은 마지막 지점으로, 처음 지점은 **이슈와라 탓트와**, 중간은 **사다쉬바 탓트와**, 마지막 지점은 **아나슈리타 쉬바**이다.]

그러니 **마드야마 샥티**의 상태(**파라-마드야마**)는 **파라 삼빗**의 영역에 거한다고 말하고 있지만, **파라**

-아파라의 수준까지 내려왔다. **마드야마**(파라-마드야마)는, (항아리, 천 등처럼) 명확한 대상성을 갖는 **이슈와라**의 **크리야 샥티**의 영역인 자신의 주권 안에서, 모든 단계에서 덮개 덮인 형태로, 대상 안에 말을, 아니면 말 안에 대상을 덧붙인다.

만약 **대상이 우주적이면, 그것을 가리키는 말도 우주적이어야 한다.** 그것은 그런 상태여서, "서로를 오가는(**롤리바와**)" 각자의 것을 덧붙이는(부과하는) 일은 가능하다. 그 외에는 아니다.

[**롤리바와**는 전문 용어다. 이것은 말(**바차카**)과 그것의 대상(**바챠**) 둘 다가 아주 밀접하여 하나가 다른 것을 나타낸다는 의미다. **마드야마** 수준에서 그것들은 서로에게 동일시되어 하나가 다른 것을 나타낼 수 있다. 이것이 **트리카**에서 "**아댜사**"라는 말이 의미하는 것이다. "<(그 사람이 한) **말**>이 곧 <**그 사람**>이다." "말씀이 육신이 되어" 등.]

한 조각의 천은 약간만 짧아도 다른 것을 완전히 덮을 수 없다. <**말**>과 <**대상**>은, 만약 그것이 본성으로 **함께 연관된다면, 우주적이 될 수 있다.** 씨앗(비자)의 성격인 **모음**과 그릇(자궁, **요니**)의 성격인 **자음**은 **쉬바**와 **샥티**를 나타낸다. 그러므로 전자는 <지시하는 자>이고 후자는 <지시되는 것>이다.

말리니비자야 탄트라는 말한다.

"이 문자의 영역에서, **쉬바** 즉 **모음**은 **비자**(씨앗, 정액, 精液)라고 하고, **샥티** 즉 **자음**은 요니(그릇, 자궁, 子宮)라고 한다."

"문자의 영역은 두 가지가 있다. **비자**와 **요니**. 이 중에서 **모음**은 **비자**로 여겨지고, **카**로 시작하는 **자음**은 **요니**로 여겨진다."

말리니비자야 탄트라에도 기록되었듯이, **쉬바**는, 경험자의 그의 본성을 포기하지 않는, **바차카** 혹은 지시어(指示語)이고, 또 대상성 안에 거하는 **샥티**는 **바챠** 혹은 <지시되는 것>이다. 다양성의 보통 세계에서조차도, 모든 **바차카** 혹은 중요한 말은, 모음과 자음 두 가지 측면에서, 주체의 상태와 동일시될 때만 성공적이다.

우리는 이제 **쉬바**를 나타내는 **모음**의 형태에서 **비자의 응고**가 **샥티**의 형태에서 **자음**을 나타내는 **요니인 것**을 설명할 것이다. <요니 문자(**자음**)>의 확장은 <비자 문자(**모음**)>가 그 까닭인 때문이다.

그러므로 만약 거기에 <**모음** 형태의 **비자**와 **자음** 형태의 자궁의 결합>이 있으면, 다른 말로, **쉬바**와 **샥티**의 동질의 합일(合一)이 있으면, 그때는 얼마나 즐겁고 놀라운 일이겠는가! 그 어떤 노력도 없이 - 경운(耕耘)과 파종(播種) 등이 없이 - **보가**(향유)와 **목샤**(해방) 둘 다 일어날 것이다.

비자-바르나(**모음**)는 그 자체로 충분하고, **요니**-**바르나**(**자음**)는 동등하게 그러하다. 그러므로 어느 것이 원인이고 어느 것이 결과인가? 그런 논쟁은 무한한 다양성으로 쏟아지고 있는 **의식**을 기술하는 우리를 방해할 수 없다. **마야**의 지배를 받는 세속적인 거래에서도 <연속적인 문자와 말에 명확함을 주는 언설>은, 빛의 성격이어서, <생각하는 일>을 유발하고, 통합된 의미를 유발하는 성격을 가진다.

<**지고의 의식**(**파라 삼빗**)>은 문법학파 등에서는 엄청난 숙고(熟考)로 증명되었다. 그러나 우리 전통에서 가르침을 성실히 따르는 이에게는 노력 없이 확립되었다. 그래서 우리는 문법학파로 가는 것을 권유(주장)하지 않는다. 거기에서 얻는 것이라고는 언설에서 약간의 세련됨일 것이다.

그러므로 (**트리카** 체계를 따르면) <아홉 문자로 구성되는 **핀다-만트라**>와 **마하 만트라**에 관련한 (문자와) 말의 연속과 불연속, 우선과 나중인 것에 속하는 질문과 의심은 저절로 용해된다.

[**핀다-만트라**는 "h, s, r, kṣ, m, l, v, y, ṇūṃ" 으로, 사이에 모음의 가로막음이 없다.

마하 만트라는, 예를 들면 "Oṃ namaḥ Śivāya (**옴 나마 쉬바야**)"처럼, 단어가 문장 구성으로 연결 되어 있다.]

<말리니 유형(類型)의 기술(記述)>

그러므로 **말리니 만트라**만 중간 상태의 수준에서 (파라-아파라 수준에 위치한 **파쉬얀티** 수준에서) 샥티의 주되고 지고한 상태이다. 그러므로 **말리니 비자야 탄트라**는 말한다.

"만트라를 아는 자는, 만트라와 탄트라를 따르는 이들이 바라는 대상을 성취하기 위해, 냐사에 관해 수행해야 한다. **말리니**의 **냐사**는 (의례의) 특정한 처방으로부터 자유롭고, <샥타 몸>을 위해 **모음과 자음의 혼합된 배열을 가진다.**"

[냐사는 <몸의 여러 부분에, 특정한 몸짓과 함께 **만트라**와 기도를 수반하여, 여러 다른 신성(神性)을 정신적으로 배정(配定)하는 것>을 말한다.

<샥타 몸>은 신성의 에너지(샥티)로 충전된 몸을 의미한다.]

이 기술(記述)로 **말리니**는 **모음과 자음의 혼합된 배열을 가진** 것이 선언되었다.

또 **말리니비자야 탄트라**는 말한다.

"수행자는 만트라를 (제한된 것들과 대상적 현상들인) 나라에게도 (지고의 탓트와인) 쉬바에게도 향하지 말고, **샥티에게로 향해야 한다!!!**

나라와 **쉬바**는 즐거움과 해방을 줄 수가 없는데,
나라는 무감각하고, **쉬바**는 힘이 없기 때문이다."
　[힘(샥티)은 오직 샥티(힘)에게만 있다!]

☯

<파라-아파라 의식>에서 – **거울**에서 – 말리니와
마트리카의 **탓트와**의 편재는 다음과 같다.

　말리니의 na, ṛ, r̄, ḷ, l̄, tha, ca, dha, ī, ṇa,
u, ū, ba, ka, kha, ga의 **첫 열여섯 음소**는 쉬바-
샥티 탓트와로 편재하고,
　마트리카의 a, ā, i, ī, u, ū, ṛ, r̄, ḷ, l̄, e, ai, o,
au, aṃ, aḥ의 **열여섯 모음**은 쉬바 탓트와로 편재
하며,
　말리니의 **나머지 서른넷 음소**와 또 마트리카의
서른넷 자음은 다음의 탓트와로 편재한다.

	말리니	탓트와	마트리카	탓트와
1	gha	사다쉬바	ka	샥티
2	ṅa	이슈와라	kha	사다쉬바
3	i	슛다 비디아	ga	이슈와라
4	a	마야	gha	슛다 비디아

5	va	니야티	ṅa	마하마야
6	bha	카알라	ca	마야
7	ya	라가	cha	칼라
8	ḍa	비디아	ja	비디아
9	ḍha	칼라	jha	라가
10	ṭha	푸루샤	ña	푸루샤
11	jha	프라크리티	ṭa	프라크리티
12	ña	붓디	ṭha	붓디
13	ja	아함카라	ḍa	아함카라
14	ra	마나스	ḍha	마나스
15	ṭa	슈로트라	ṇa	슈로트라
16	pa	트박	ta	트박
17	cha	착슈	tha	착슈
18	la	라사나	da	라사나
19	ā	그라나	dha	그라나
20	sa	바크	na	바크
21	aḥ	파니	pa	우파스타
22	ha	파다	pha	파유
23	ṣa	우파스타	ba	파니
24	kṣa	파유	bha	파다
25	ma	샤브다	ma	샤브다
26	śa	스파르샤	ya	스파르샤
27	aṃ	루파	ra	루파
28	ta	라사	la	라사
29	e	간다	va	간다
30	ai	아카샤	śa	아카샤
31	o	바유	ṣa	바유
32	au	테자스	sa	아그니
33	da	잘라	ha	잘라
34	pha	프리트비	kṣa	프리트비

< 5 > 말리니와 마트리카

(1) 파라 의식에서 쉬바 탓트와와 관련해서

사정이 이러하여, **모든 것은 다른 모든 것 안에 있기 때문에**, 우선 말리니의 **첫 열여섯 문자** 즉 "na, ṛ, ṝ, ḷ, ḹ, tha, ca, dha, ī, ṇa, u, ū, ba, ka, kha, ga"가 어떻게 <파라 **의식**>과 관련하여 순차로 **쉬바**의 개념을 주는지를 살펴본다.

사르바그라-루파타에 기초한, **파라 의식** 안에서 <말리니 **첫 열여섯 문자**>가 나타내는 쉬바의 편재 (遍在)는 다음과 같다. (382쪽의 표를 볼 것!)

1) na : 말리니의 na는 마트리카에서 **슈로트라** (귀, 듣는 것)를 상징하고 **지고의 의식**에서는 **나다** (**소리**)로, 다른 말로, **아함-파라마르샤(나-의식)**로 나타난다.

2) - 5) ṛ, ṝ, ḷ, ḹ : 그것은 이 네 음소(**모음**)로 들어간다. 이것들은 **쉬바**의 본성인 <불멸(不滅)의 자궁>인 한, **암리타 비자**이다. **나다**(소리) 형태의 **나-의식**은 여기서 번창하고 성장을 얻는다.

6) tha : 말리니의 tha는 마트리카에서 **라사나** (혀, 맛)를 상징한다. 그래서 곧 이 단계로 들어가,

나-의식은 "**나**"로서 본성의 맛(향취)을 즐긴다.

7) ca : 말리니의 ca는 **마트리카**에서 **간다**(냄새)
를 상징하고, 또 잘 알려진 대로 **간다**는 **흙**의 속성
이다. **쉬바 탓트와**에서 **간다**는 "나는 항상 이것과
같았다."는 형태의 **프라탸비갸**(재인식)의 상징이다.

8) dha : dha는 **마트리카**에서 **트박**(피부, 감촉)
을 상징한다. 자아-재인식의 상태에서, **나**는 **샥티**
(영적인 **에너지**)와 **접촉**하는 그 의식을 즐기고, 또
그것과의 동일성을 재인식한다.

9) ī : 위 상태는 <출산력 있는 에너지의 상태>로
알려져 있다. 이제 그것은 **말리니**의 음소 ī가 나타
내는 **이샤나 비자**를 통해 <출산력 있는 에너지>로
확립된다.

10) ṇa : ṇa는 **마트리카**에서 **바크**(말)로 알려진
<감각(의미)의 힘>을 상징한다. 이는 **카라나 샥티**,
다른 말로, <**아눗타라**와 다르지 않은 **마야 샥티**>
다. <이(바크) 안에 반영된 존재>를 말한다.

11) u : **카라나 샥티**에서 더 나아가서, **말리니**의
u가 가리키는 **운메샤**(지식이 열리는 상태)가 있다.
이것은 내향의 상태다.

12) ū : 이것은 **프라사라**(확장) 쪽으로의 경향이
있다. **말리니**의 ū가 가리키는 외향의 상태다.

13) ba : ba는 **마트리카**에서 **붓디**를 상징한다.
붓디의 기능은 <확인하는 일>이다. 그것은 **샥티** 안

에서 **붓디**로 대표되는 자기-존재의 확인에서 쉰다. (현현의 초월뿐만 아니라 내재도 암시하면서)

14) **ka** : **ka**는 마트리카에서 **프리트비**(견고성)를 상징한다. **프리트비**(**흙, 땅**)의 단단함은 견고성을 가리키고, 이는 **나-의식**은 그 자신의 본성 안에서 견고함을 얻는 것을 의미한다.

15) **kha** : **kha**는 마트리카에서 **잘라**(유동성)를 상징한다. **잘라**(**물**)의 특성은 **라사**(맛, 기쁨)를 가리키고, 이는 **나-의식**이 자신의 지복 안에 잠겨 있는 것을 의미한다.

16) **ga** : **ga**는 마트리카에서 **아그니**(**불**)를 상징한다. **아그니**는 **프라카샤**(빛)를 가리키며, 이는 **나-의식**은 자신의 본성 안에서 **프라카샤**로 그 자신을 안다는 것을 의미한다.

☯

위의 **말리니**와 **파라 의식**의 관계에서 **아비나바굽타**는 다음과 같은 요점을 끌어낸다.

"**사르밤 사르바트마캄!**" 즉 "<모든 것>은 <다른 모든 것>으로 이루어진다!" 이것은 기본 원리이다. **쉬바**는 현현에 내재한다. **쉬바**는 어떤 특정 요소에 한정되지 않고 <모든 것의 실재>이기 때문에, 우주에서 <모든 것의 실재>를 포함하지 않는 것은 아무것도 없다. 예를 들어, <프리트비(흙)는 견고성이고 간다(냄새)의 속성을 갖는다>고 할 때, 그것은 오직 견고성만이 프리트비의 유일한 것이라는 것을 의미하지 않는다. 그것은 단지 견고성이 프리트비에서 현저하다는 의미다. 그것은 다른 요소 또한 축소형(縮小型, 미니어처)으로 갖고 있다.

트리카 철학은 이 현현 전체(우주)는 파라 샥티(파라 바크, 초월적 로고스)의 표현이라고 한다. 이 파라 바크는 창조적 에너지다. 알파벳의 모든 문자(철자, 음소)는 <어떤 형태의 에너지>를 나타낸다. 트리카 전통에서 산스크리트 알파벳은 마트리카와 말리니의 두 가지 구조의 배열이 있다. 마트리카는 <작은 어머니> 혹은 음소의 창조적 에너지를 의미하고 또 말리니는 <산스크리트 알파벳 50 문자의 말라(꽃목걸이)를 걸고 있는 데비>를 말한다. 그런 이유로 가끔 마트리카를 푸르바-말리니라고 하고, 말리니를 웃타라-말리니라고 하는 이유다. 그러나 말리니라는 말은 마트리카에서는 거의 사용하지 않는다. 다른 어원(語源)으로 "말라테 비슈밤 이티 말리니" 즉 <그 안에 우주 전체를 잡고 있는 문자들의 샥티>이다. (어근 말은 <잡다>는 뜻이다.)

마트리카와 말리니의 주된 차이는 문자의 배열이다. 마트리카는 규칙적인 순서로, 모음은 앞에, 자음은 뒤에 (그 유래되는 곳 등에 따라) 연속적인 순서로 배열되어 있다. **말리니**는 불규칙하게 배열되어 있고, 모음과 자음이 뒤섞여, 어떤 연속적인 순서도 관찰되지 않는다.

[필자는 **마트리카**는 <좌뇌(左腦)에 의한, 좌뇌를 위한 것>이고, **말리니** 배열은 <우뇌(右腦)에 의한, 우뇌를 위한 것>으로 본다.

<말리니 배열>은 우리가 흔히 경험하는 <꿈속의 어떤 사건>처럼 보인다. **꿈**은 아주 혼란한 것처럼 보이지만, 꿈의 **해석을 통해** – <통합적인 시각>을 **가지면** – 그 의미가 아주 깊이 있게 된다.]

"사르밤 사르바트마캄"을 따라, 아비나바굽타는 **말리니** 순서의 **첫 열여섯 문자**가, 마치 **마트리카** 순서의 **첫 열여섯 모음**이 그렇듯이, **쉬바 탓트와**를 나타낸다는 것을 보여준다.

말리니의 첫 열여섯 중에서 ṛ, ṝ, ḷ, ḹ, ī, u, ū의 일곱은 모음으로, **쉬바 탓트와** 자체의 구성물이다. 그러므로 그것들은 어떤 외향의 움직임도 나타내지 않고, 오로지 본질적인 중요성만 갖는다.

ṛ, ṝ, ḷ, ḹ는 **암리타 비자**라고 하는데, **나-의식**이 쉬는 곳이기 때문이다. 그들은 어떤 것도 생산하지 않고, 변화하지도 않는다.

ī는 **이샤나**(지배력)를, u는 **운메샤**(지식의 내적인 개화)를, 또 ū는 **우르드바-슈라야나**(외향의 경향)를

나타낸다. 이들 모음은 단지 **쉬바**의 내적인 삶과 관련된다.

다른 아홉 문자(자음) na, tha, ca, dha, ṇa, ba, ka, kha, ga는 위에서 설명하는 대로, **사르밤 사르바트마캄** 원리를 따라, **마트리카** 순서의 어떤 면도 나타낸다는 것을 보여준다.

이들 열여섯 문자의 **파라 의식**에서 역할 전체의 요약은 다음 표와 같다.

	마트리카에서 상징	쉬바 탓트와에서 상징
na	슈로트라(귀)	나다(**나-의식**)
r̥	암리타 비자	칫-아난다(**의식-지복**)
r̥̄	암리타 비자	칫-아난다(**의식-지복**)
l̥	암리타 비자	칫-아난다(**의식-지복**)
l̥̄	암리타 비자	칫-아난다(**의식-지복**)
tha	라사나(혀)	자기 본성의 맛(기쁨)
ca	간다(냄새)	**나-의식**의 재인식
dha	트박(피부)	샥티와의 동일성
ī	이샤나	본성 안에 머무는 것
ṇa	바크(말)	바크 안에 **나**의 반영
u	운메샤	지식, 지복의 내향 상태
ū	우르드바-슈라야나	외향의 경향
ba	붓디	**나-의식**의 확인(확정)
ka	프리트비(견고성)	**나-의식**의 견고함
kha	아파스(유동성)	**나-의식**의 지복의 맛
ga	아그니(빛)	**의식**의 원초적인 빛

<파라 의식에서 마트리카의 문자 배열표>

모음(쉬바 탓트와)

1	a - 칫(의식)	9	ḷ - 암리타 비자
2	ā - 아난다	10	ḹ - 암리타 비자
3	i - 잇차	11	e - 아스푸타 크리야
4	ī - 이샤나	12	ai - 스푸타 크리야
5	u - 운메샤(갸나)	13	o - 스푸타타라 크리야
6	ū - 우나타	14	au- 스푸타타마 크리야
7	ṛ - 암리타 비자	15	aṃ - 빈두
8	ṝ - 암리타 비자	16	aḥ - 비사르가

자음(샥티와 현현)

ka	kha	ga	gha	ṅa
프리트비	아파스	아그니	바유	아카샤
ca	cha	ja	jha	ňa
간다	라사	루파	스파르샤	샤브다
ṭa	ṭha	ḍa	ḍha	ṇa
우파스타	파유	파다	파니	바크
ta	tha	da	dha	na
그라나	라사나	착슈	트박	슈로트라
pa	pha	ba	bha	ma
마나스	아함카라	붓디	프라크리티	푸루샤
ya	ra	la	va	☯
니야티.라가	비디아	카알라.칼라	마야	
śa	ṣa	sa	ha	kṣa
마하마야	슛다 비디아	이슈와라	사다쉬바	샥티

위의 배열표 <모음(쉬바 탓트와)>에서

① 칫은 **의식**(意識)을
② 아난다는 **지복**(至福)을 가리킨다.
③ 잇차는 <현현하려는 **의지**(意志)>를 말하고,
　　아직 대상성의 영향은 입지 않았다.
④ 이샤나는 **지배력**(支配力)을 말하고,
　　대상성이 물든 잇차이다.
⑤ 운메샤는 갸나 샥티(**지식의 힘**)를 말하고,
⑥ 우나타는 <지식의 결핍>, 즉
　　<대상적 모습의 원인>을 가리킨다.
⑦ ⑧ ⑨ ⑩ **암리타 비자**는 불멸의 문자를 말하고
⑪ 아스푸타 크리야 샥티는 <불분명한 **행위의 힘**>
⑫ 스푸타 크리야 샥티는 <분명한 **행위의 힘**>
⑬ 스푸타타라 크리야 샥티는
　　<더 분명한 **행위의 힘**>
⑭ 스푸타타마 크리야 샥티는
　　<가장 분명한 **행위의 힘**>
⑮ 빈두는 <우주의 분화되지 않은 지식>
⑯ 비사르가는
　　아래의 점은 **샥티**를 상징하며
　　<대상적 세계의 확장>을 의미하고,
　　위의 점은 **쉬바**를 상징하며
　　<우주 전체가 **나-의식**에서 쉬는 것>을 말한다.

\<파라-아파라 의식에서 마트리카의 문자 배열표\>

샥티	kṣa	ka	프리트비(흙)
사다쉬바	ha	kha	아파스(물)
이슈와라	sa	ga	아그니(불)
슛다 비디아	ṣa	gha	바유(바람)
마하마야	śa	ṅa	아카샤(공간)
마야(절대자유)	va	ca	간다(냄새)
칼라-카알라	la	cha	라사(맛)
비디아	ra	ja	루파(모양)
라가-니야티	ya	jha	스파르샤(감촉)
푸루샤	ma	ña	샤브다(소리)
프라크리티	bha	ṭa	우파스타(생식)
붓디	ba	ṭha	파유(배설)
아함카라	pha	ḍa	파다(발)
마나스	pa	ḍha	파니(손)
슈로트라(귀)	na	ṇa	바크(말)
트박(피부)	dha	ta	그라나(코)
착슈(눈)	da	tha	라사나(혀)

\<위의 표를 보는 방법\>은 다음과 같다.

오른쪽 위에서 아래로(ka → tha) 17개 탓트와가 있고, 그다음 왼쪽 아래에서 위로(da → kṣa) 17개 탓트와가 있다. (\<시계 방향\>과 같다.)

오른쪽과 왼쪽은 서로 \<본래의 얼굴\>과 \<거울에 비친 얼굴\>과 같다. \<거울에 비친 얼굴\>은 좌우가 바뀐다. 상하(上下) 전후(前後)가 바뀌는 것이 **파라-아파라 의식**에서 일어나는 일이다.

<파라-아파라 의식에서 마트리카의 문자 배열표>

– 사르반탸-루파타에서 –

kṣa	사다쉬바-샥티	ka	샥티-프리트비
ha	이슈와라-사다쉬바	kha	프리트비-아파스
sa	슛다비디아-이슈와라	ga	아파스-아그니
ṣa	마하마야-슛다비디아	gha	아그니-바유
śa	마야-마하마야	ṅa	바유-아카샤
va	칼라-마야	ca	아카샤-간다
la	비디아-칼라	cha	간다-라사
ra	라가-비디아	ja	라사-루파
ya	푸루샤-라가	jha	루파-스파르샤
ma	프라크리티-푸루샤	ña	스파르샤-샤브다
bha	붓디-프라크리티	ṭa	샤브다-우파스타
ba	아함카라-붓디	tha	우파스타-파유
pha	마나스-아함카라	ḍa	파유-파다
pa	슈로트라-마나스	ḍha	파다-파니
na	트박-슈로트라	ṇa	파니-바크
dha	착슈-트박	ta	바크-그라나
da	라사나-착슈	tha	그라나-라사나

<위의 표를 보는 방법>은 다음과 같다.

오른쪽 위에서 아래로(ka → tha) 17개 문자가 있고, **그다음 왼쪽 아래에서 위로**(da → kṣa) 17개 문자가 있다.

이것은 모든 <이어지는(후속하는) **탓트와**>는 그 자체 안에 <앞선(선행하는) **탓트와**>를 흡수한다는 것을 말한다.

(2) 파라-아파라(파쉬얀티) 의식과 관련해서
   (385쪽의 표를 보라.)

   1) na : 파라 **의식**의 마트리카에서 슈로트라를 나타내고, 똑같은 상태의 **쉬바 탓트와**에서 **나다**를 나타내는 말리니의 na는 파라-아파라 **의식**에서는 마트리카의 ṇa로 반영된다.
   이 상태에서 **마트리카**의 ṇa는 바크(언설, 소리), <직관적 파악의 재능>을 나타내고, 또 **쉬바 탓트와**에서는 **나-느낌**의 상징이다.
   2) - 5) ṛ, ṝ, ḷ, ḹ : 이제 이 **나-느낌**은 확장하는데, **모음 암리타 비자**(ṛ, ṝ, ḷ, ḹ) 안에서 강화된다. 여기서는 반영이나 변형은 없다.
   6) tha : 파라 **의식**의 마트리카에서 라사나를 나타내고, 똑같은 상태의 **쉬바 탓트와**에서 **아난다 라사**(지복의 향미)를 나타내는 tha는 파라-아파라 **의식**에서는 마트리카의 da로 반영된다.
   이 상태에서 **마트리카**의 da는 착슈(눈, 보는 힘)를 나타내고, 또 **쉬바 탓트와**에서는 <**자신을 알아채는 일**>을 나타낸다.
   7) ca : 파라 **의식**의 마트리카에서 간다를 나타내고, 똑같은 상태의 **쉬바 탓트와**에서 **자기-기억**을 나타내는 말리니의 ca는 파라-아파라 **의식**에서는 마트리카의 va로 반영된다.

이 상태에서 **마트리카**의 **va**는 **마야**를 나타낸다. 이때 **마야**는 <**쉬바**와 연합된 순수한 **마야 샥티**>를 가리킨다. **쉬바 탓트와**에서 **마야**라는 것은 **쉬바**의 **스와탄트리야 샥티**(**절대 자유**의 힘)를 나타낸다.

[이런 문맥에서, "**슛다 비디아**"는 **슛다 비디아 탓트와**를 의미하지 않고, "**마야**"는 **마야 탓트와**의 의미가 아닌, **쉬바**의 **마야 샥티**(**스와탄트리야**)인 것을 알아야 한다. **웃팔라데바**는 **이슈와라**-**프라탸비갸**-**카리카**에서 이런 의미로 **마야**라는 말을 사용 한다.

"<**그**와 동일한 대상들과 관련하여 **주**의 지식과 행위로 인정되는 무엇>, <제 3의 것과 함께 똑같은 것>, '**마야**'는 제한된 주체의 세 가지 **구나**다. 즉 **삿트와**, **라자스**, **타마스**."]

8) **dha** : **파라 의식**의 **마트리카**에서 **트박**(피부) 을 나타내고 똑같은 상태의 **쉬바 탓트와**에서 **스와루파**-**스파르샤**("**자기**-**접촉**")를 나타내는 **말리니**의 **dha**는 **파라**-**아파라** 상태에서는 **마트리카**의 **ta**로 반영된다.

이 상태에서 **마트리카**의 **ta**는 외부 감각의 순서 의 마지막인 **그라나**(코, 냄새 맡는 힘)를 나타낸다. **쉬바 탓트와**에서 그것은 **프라탸비갸**(**자기**-**재인식**,

아는 자를 아는 일)를 나타낸다.

9) ī : ī는 쉬바의 **절대 자유**를 나타내는 이샤나 비자(모음, 스와라)를 상징한다. (이 역시 반영이나 변형은 없다.) **절대 자유**의 힘으로 선행하는 상태를 굳세게 잡은 **아함 비마르샤** 혹은 **나-느낌**은 다음 단계로 진행한다.

10) ṇa : 파라 **의식**의 마트리카에서 바크를 나타내고 또 **쉬바 탓트와**에서 스와루파 나다 다샤를 나타내는 말리니의 ṇa는 파라-아파라 **의식**의 마트리카에서는 슈로트라 샥티(듣는 능력)로 반영되고, **쉬바 탓트와**에서 앙기크리타 나다 다샤 즉 <나다 상태의 수용>을 나타낸다.

11) u : 말리니의 u는 파라 **의식**에서 운메샤 즉 <내적인 열림>을 나타내며, 반영과 변형은 없다.

12) ū : 말리니의 ū는 단지 우르드바-슈라야나 즉 <외향의 경향>을 가지며, 반영과 변형은 없다.

u와 ū의 도움으로 **아함 비마르샤**는 다음 단계로 나아간다.

13) ba : 파라 **의식**의 마트리카에서 붓디를 나타내고 또 **쉬바 탓트와**에서 스와루파-니슈차야(자아-확실성, "**자기-확인**")를 나타내는 말리니의 **ba**는 **파라-아파라 의식**의 마트리카에서 ṭha로 반영된다.

이 상태에서 **마트리카**의 ṭha는 파유(항문, 배설 기관)로, <성적(性的)인 기쁨의 자리>이고, <상코차-

비카사, 수축과 확장, 들어옴과 나감>의 상징이다.

14) ka : 파라 의식의 마트리카에서 흙(프리트비)을 나타내고, 쉬바 탓트와에서 견고성을 나타내는 말리니의 ka는 파라-아파라 의식의 마트리카에서 kṣa로 반영된다. 여기서 kṣa는 사르반탸-루파타에 따르면, <사다쉬바 겸(兼) 샥티>를 나타낸다.

15) kha : 파라 의식의 마트리카에서 물(잘라)을 나타내고, 쉬바 탓트와에서 기쁨의 맛을 나타내는 말리니의 kha는 파라-아파라 의식의 마트리카에서 ha로 반영된다. 여기의 ha도 사르반탸-루파타에 따르면, <이슈와라 겸(兼) 사다쉬바>를 나타낸다.

16) ga : 파라 의식의 마트리카에서 불(테자스)을 나타내고, 쉬바 탓트와에서 프라카샤를 나타내는 말리니의 ga는 파라-아파라 상태의 마트리카에서 sa로 반영된다. sa도 사르반탸-루파타에 따르면, <숫다비디아 겸 이슈와라>를 나타낸다.

마지막 세 단계는 본문의 "사다쉬베쉬베슈와라-숫다비디아마얌 바와티"가 의미하는 것이다.

그러므로 쉬바 탓트와는, 그것이 제한되지 않는 점을 고려하면, 사르바그라-루파타, 사르바마드야-루파타, 사르반타-가미타 국면에서 행하듯이 나타나며, 무한의 능력인 것을 말하고 있다.

☯

이 앞에서는 **말리니**의 첫 열여섯 문자로 나타낸 **나다-아트마카 나-의식**의 여러 가지 국면이 어떻게 **쉬바 탓트와**의 **파라** 상태와 관련해 **마트리카**에서 나타나는지를 보여주었다.

여기에서는 **말리니**의 첫 열여섯 문자로 나타낸 **쉬바 탓트와**의 **아함 비마르샤**의 여러 가지 국면이 어떻게 **쉬바 탓트와**의 **파라-아파라** 상태와 관련해 **마트리카**에서 나타나는지를 보여준다.

열여섯 중에 r̥, r̥̄, l̥, l̥̄, ī, u, ū의 일곱은 비자 문자(**모음**)로, **말리니**와 **마트리카** 모두에서 **쉬바**의 측면이므로 변화를 겪지 않는다. 그것들은 **파라**와 **파라-아파라**에서 똑같은 기능을 갖는다.

트리카 철학에 따르면, 음소(음素)는 **사르바그라-루파타**, **사르바마드야-루파타**, **사르반타-가미타**의 세 가지 면이 있다. **사르바그라-루파타**는 <그 자체 그대로의 음소>를, **사르바마드야-루파타**는 <변형을 겪는 음소>를, **사르반타-가미타**는 <마지막에 **슛다 비디아, 이슈와라, 사다쉬바, 샥티** 상태까지 도달하는 음소>를 말한다.

말리니의 여섯 자음 na, tha, ca, dha, ṇa, ba 는 표(表)에서 보는 것처럼 **사르바마드야-루파타**의 법칙 아래 **파라-아파라** 상태에서 다른 음소로 **마트 리카**에 반영된다.

말리니의 세 자음 ka, kha, ga는 사르바마드야-루파타의 법칙 아래 각각 kṣa, ha, sa로 변화를 겪은 뒤 숫다비디아, 이슈와라, 사다쉬바, 샥티가 되는 것을 나타낸다. 그러므로 그것들은 사르반타-가미타 상태와 관련된다.

마트리카에서 흙을 나타내는 ka는 샥티를 상징하는 kṣa로 반영되었지만, 파라-아파라 상태에서 그것은 단지 샥티만이 아니고 사다쉬바-마야 샥티이다. 사다쉬바의 파라마르샤(이해)는 "아함 이담" 즉 "나는 이것이다."로 주체와 대상의 단일성이다. 샥티의 파라마르샤는 단지 "아함"이다. 파라 상태에서는 이담 즉 이것(대상성)은 분리되어 있지 않기 때문이다. 모든 것은 오직 나(아함)이다.

이것이 파라-아파라 상태의 묘사이기 때문에, kṣa 혹은 샥티는 사다쉬바-마야 샥티로 기술된 것이다. 유사하게, 사다쉬바를 나타내는 ha는 파라-아파라 상태에서 이슈와라-마야 사다쉬바이고, 또 이슈와라를 나타내는 sa는 파라-아파라 상태에서 숫다비디아-마야 이슈와라이다.

그러니 변함없고 무한한 샥티로 가득한 쉬바의 편재는, 말리니의 순서에서 첫 열여섯 문자를 통해, <사르바그라-루파타(파라 의식)>와, <사르바마드야-루파타와 사르반탸-루파타(파라-아파라 의식)>의 견지에서 기술되었다.

(3) 아파라에서 말리니의 나머지 탓트와의 혼합

이제 음소를 말리니의 **아파라 의식**과 관련하여 또 그들의 **파쉬얀티** 즉 **파라-아파라 의식**과 관련한 그들의 반영을 기술한다.

아파라 의식의 말리니에서 사다쉬바를 나타내는 gha는 **파라-아파라 의식**의 마트리카에서는 바유로 나타난다.

아파라 의식의 말리니에서 이슈와라를 나타내는 ṅa는 **파라-아파라 의식**의 마트리카에서는 아카샤로 반영된다.

(나머지 모든 문자의 경우에도 똑같은 과정이다. 모든 문자는 **아파라 의식**의 말리니에서 주어지고, 해당 문자가 <**파라-아파라 의식**> 혹은 **파쉬얀티**의 **마트리카**에서 반영된다.

마트리카에서 쉬바의 본성인 **모음** i, a, ā, e, ai, o, au는 어떤 변모(變貌)도 겪을 수 없다.)

상세한 것은 아래 표를 보라. **파쉬얀티**는 **파라-아파라 의식**을 가리킨다.

	아파라 의식의 말리니	파쉬얀티의 마트리카
1	gha - 사다쉬바	gha - 바유
2	ṅa - 이슈와라	ṅa - 아카샤
3	i - 슛다 비디아	i - 잇차
4	a - 마야	a - 아눗타라

5	va – 니야티	va – 마야
6	bha – 카알라	bha – 프라크리티
7	ya – 라가	ya – 니야티
8	ḍa – 비디아	ḍa – 파다
9	ḍha – 칼라	ḍha – 파니
10	ṭha – 푸루샤	ṭha – 파유
11	jha – 프라크리티	jha – 스파르샤
12	ňa – 붓디(디)	ňa – 샤브다
13	ja – 아함카라	ja – 루파
14	ra – 마나스	ra – 비디아
15	ṭa – 슈로트라	ṭa – 우파스타
16	pa – 트박	pa – 마나스
17	cha – 착슈	cha – 라사
18	la – 라사나	la – 칼라, 카알라
19	ā – 그라나	ā – 아난다
20	sa – 바크	sa – 이슈와라
21	aḥ – 파니	aḥ – 비사르가
22	ha – 파다	ha – 사다쉬바
23	ṣa – 파유	ṣa – 숫다 비디아
24	kṣa – 우파스타	kṣa – 샥티
25	ma – 샤브다	ma – 푸루샤
26	śa – 스파르샤	śa – 마하마야
27	aṃ – 루파	aṃ – 빈두
28	ta – 라사	ta – 그라나
29	e – 간다	e – 아스푸타 크리야
30	ai – 아카샤(나바)	ai – 스푸타 크리야
31	o – 바유	o – 스푸타타라 크리야
32	au – 아그니(테자스)	au – 스푸타타마 크리야
33	da – 아파스(잘라)	da – 착슈
34	pha – 프리트비	pha – 아함카라

쉬바 탓트와의 파라 **의식**과 파라-아파라 **의식**과 관련한 **말리니**의 앞의 두 기술에서는 처음 열여섯 문자만 선택했다. 그것은 **말리니** 국면에서 **쉬바**와 관련된 것이다.

파라 의식에서 일곱 **모음** r̥, r̥̄, l̥, l̥̄, ī, u, ū는 어떤 변화도 겪지 않는다. 처음의 넷은 <**나-의식**의 쉬는 곳>에 있다. ī는 <**쉬바**의 **절대 자유**의 힘>을 내포하고, u와 ū는 <**그**의 내향과 외향의 상태>를 가리킨다. 다른 아홉 **자음**은 **말리니**와 **마트리카**의 관계와 여러 국면에서 **나-의식**의 확장을 보여준다.

파라-아파라 의식에서는, 어떻게 **말리니**의 아홉 **자음**이 **마트리카**의 다른 문자로 반영되는지를 보여준다. 그것은 **나-의식**의 다른 국면을 가리킨다. 둘 다가 **쉬바**의 **나-의식**과 관련된다. 단지 그것들은 다른 방식으로 **나-의식**의 확장을 보여준다. 그러니 둘 다 **쉬바 탓트와**와 관련된다.

아파라 다샤에서 묘사된 것은 **말리니**의 나머지 서른 넷 문자의 변모(變貌)이다. **파라 다샤**에서는 **쉬바**의 **나-의식**의 확장을 말한다. 거기에서 음소는 <**쉬바**의 내적인 삶>과만 관련되고 현현은 아니다. 그것이 **파라 다샤**로 알려진 곳이다.

말리니의 **아파라 다샤**에서는 음소는 **탓트와**들과 그들의 변모와 관련된다. 즉 그것들은 현현과 관련된다. 그것이 이 상태가 **아파라**로 알려진 이유다. 그들의 해당 변모는 **마트리카**에서는 **파라-아파라** 상태로 보인다.

말리니의 **아파라** 상태에서, 일곱 **모음** ā, aḥ, aṃ, e, ai, o, au는 현현의 **탓트와**를 나타내지만 그것들은 단지 **마트리카**에서 **쉬바**의 다른 **샥티**를 나타낸다. 대상성의 요소로 나타나지 않는다. 그러므로 **마트리카**에서 그것들의 해당 변모에는 문제가 없다.

말리니의 이들 문자에서, (**말리니비자야 탄트라**에서는) <**샥타 샤리라(샥타 몸)의 구조**>가 **냐사**의 목적으로 기술된 것이다. (**냐사**는 몸의 여러 부위에 각각의 신성을 배정하는 것을 말한다고 했다.)

그러니 <모든 것은 다른 모든 것 안에 있다>는 원리는 완전히 밝혀졌다. 그 밝혀진 원리에 따르면, **파쉬얀티**에 반영을 던지면서, 동시에 **마드야마**에서 그 자신을 문자의 형태와 동일한 것으로 확립하여 얻는 것은 **지고의 말씀(파라 바크)**이다. 그 문자의 형태 안에는 자음이 모음과 불규칙한 순서로 혼합되어 있다. 그리하여 **자음(요니)**과 **모음(비자)**이 뒤섞이는 끝없는 다양성 때문에, 수많은 방식으로 - **아디(等)**라는 말이 가리키듯이 - <여러 모음(**쿨라-**

푸루샤)>과 <여러 자음(쿨라-샥티)>이 속(屬)하는 다양성이 특징인 **말리니** 그 자체가 된다.

"수행자는 **말리니**를 경배해야 한다. 그 말뭉치는 <많은 모음(**쿨라-데하**)과 <많은 자음(**쿨라-샥티**)>으로 구성된다."

[**쿨라-푸루샤**와 **쿨라-샥티**는 ① 모음과 자음, ② <모음이 있는 **만트라**>와 <모음이 없는 **만트라**>, ③ **싯다**와 **요기니**를 가리킨다.]

이런 수행으로 반복된 명상에 몰두하는 **요기**는, 몸과 **프라나**와 관련한 모든 곳에서, 여러 **부와나**, **탓트와**, <몸의 여러 에너지 센터(**차크라**)>에 관한 초능력(**싯디**)을 얻는다.

[**부와나**(영역)에 관한 초능력은, **요기**가 특정한 **부와나**에 관한 힘을 얻게 되면, 더 이상 그 특정한 **부와나**에 태어나지 않는다는 의미이다. 그러므로 특정한 **탓트와**(범주)에 관한 힘을 얻으면 그는 그 범주 위로 오르고, 특정한 **차크라**에 관한 통제를 얻으면 그는 더 이상 그것 아래에 있는 **차크라**의 힘에는 지배되지 않는다.]

특정한 성분으로 만든 약재(藥材)는 특정 결과를 일으키듯이, 특정한 종교적 수행으로 만든 - 예를 들어, **만트라**(성스러운 힘을 가진 말)의 반복, **냐사**

(몸의 여러 부분에 정신적 할당), **호마**(봉헌) 등 -
바와나(종교적 훈련)는 특정한 <영적인 힘>을 성취
하게 한다. 그러나 그 성공은 **니야티-샥티**의 일을
넘어서지 않는 것으로 온다.

["**니야티-샥티**의 일을……"이라는 말은 초능력을
얻는 일에서의 성공 여부는 **신성의 힘을 조절하는
것**에 달렸다는 뜻이다.]

모든 경전의 문헌들은, (만트라에서) 문자를 다른
배열로 두는 것으로 다르게 생겨났다. 이것은 각
경전의 <비갸나>에 따라 - <만트라의 이름과 그
구조>에 따라 - 적절한 것으로 여겨지는 특정 문자
들이 어떤 확고한 승계에 따라 행해진 것이다.

파라가 - **마트리카**와 **말리니**를 포함해 - 어떻게
자신의 창조적 에너지로 활성화된 어떤 **만트라**에
빛을 주는지를 보여주기 위해, 어떤 **만트라**가 선택
되고, 주어진 것은 이런 방식에서다.

니탸-탄트라가 말하듯, na에서 시작하여 pha로
끝나는 **말리니**의 문자의 배열은 주로 **파라 나다**
즉 **파라-파쉬얀티** 안의 그것들의 상태와 일치하여
결정된 것이다.

[**파라 나다**는 빔바의 수준에서 **파라-파쉬얀티**를
의미하고, **파라-아파라 나다**는 **파라-마드야마**를,
아파라 나다는 **파라-바이카리**를 나타낸다.]

말리니에서 모음과 자음을 이런 혼합된 형태로 두는 목적은 파라 나다(파라-파쉬얀티) 속으로의 이 침투(浸透) 때문이다. 그것은 단순히 그들에게 이점이 되리라고 여겨지는 문자나 만트라의 신비에 열중하는 일이 아니다. 바자사네야-탄트라에서는 적절한 순서로 문자를 배치한 뒤에 말한다.

"이것은 비슈누의 거처에 이른 마트리카 문자의 신성의 순서다. (<말리니의 무한한 공간>에 도달한 마트리카 차크라다.) 영적인 안내자의 가르침으로 그것이 완전히 이해될 때, 그것은 제한된, 경험적 개아의 올가미를 끊는다."

트리카-흐리다야도 말한다.

"중요한 것은 무기(武器)나 다른 어떤 것의 그 힘이다. 그러므로 중요한 것은 만트라의 문자의 위치뿐만 아니라, 만트라에 내재한 <창조적 에너지의 힘>이다. 만트라가 정말로 보존되는 것은 <창조적 에너지의 힘> 때문이다. 만약 그 <창조적 에너지의 힘>이 없다면, 남는 것은 문자 몇 개뿐이다."

☯

다른 어떤 측면에서가 아니라, 만트라의 문자만 고려될 때조차도, 만트라는 아나바, 샥타, 샴바바 우파야의 구분에 따라 경전에서 차이가 난다.

[문자의 유사성에도 불구하고, 사용하는 방편에 따라 만트라는 다르게 된다. 어떤 만트라가 아나바 우파야로 사용될 때, 현저한 것은 프라나-아파나 (크리야 샥티)이고, 샥토파야로 사용될 때는 갸나 샥티가 현저하고, 삼바보파야로 사용될 때는 잇차 샥티가 현저하다.

우리 일상에서도 <누가 그 말을 했느냐>, <누가 그 말을 들었느냐>에 따라 그 말이 의미하는 바는 너무나 다르다! 전혀, 완전히 다르다!!]

마야의 중요한 만트라는 차이가 있다. 즉 샤이바 (쉬바) 경전은 "hriṃ", 바이슈나바(비슈누) 경전은 "oṃ", 좌도(左道) 경전은 "sauḥ"를 기술하고 있다.

프라나바 만트라도 차이가 있는데, 베다 경전은 "oṃ", 샥타 탄트라는 "hriṃ", 바이라바 경전은 "hūṃ"을 기술한다.

<참 요가 수행자>를 위해서, **모음**(쿨라-푸루샤)과 **자음**(쿨라-샥티)의 여러 차이에 관한 만트라의 사용 규칙이 있다.

"모든 모음은 자음 앞에 두어야 한다. 또 자음은 모음 뒤에 두어야 한다. 모음은 규칙적인 연속으로 두어야 한다. 이것이 **마트리카 만트라**의 사용 규칙 이다."

그러니 모음과 자음의 혼합인 **말리니**의 형태도 만들어야 한다. 여러 자음 등의 혼합과 더불어 이 **말리니** 여신은 수없이 많게 되고, **파라** 혹은 **아눗타라 말리니**로 알려져 있다.

"<모음이 없는 자음(**할란타** 문자)으로 구성되어, 하나하나가 다른 것 아래에 두어진(세로로 배열된) **만트라**>는 마지막 문자에만 점(點)이 있다.

<모음을 가진 문자로 구성되는 **만트라**>는 각각의 선행하는 문자에 점이 있다. 그런 종류에서는, 각 **만트라**는 선행하는 문자들과 마지막 문자 모두에서 각 문자의 머리에 점을 두어야 한다.

그러므로 그 점은 <모음이 없는 것>과 <모음을 가지는 것>의 경우에서 다를 것이다. 이것이 그런 **만트라**의 순서다. **이것이 <그런 만트라의 무한성(無限性)>을 지적하기 위해**, 위에 말한 것과 같이, **<모음(쿨라-푸루샤)과** 자음(쿨라-샥티)을 조합하는 규칙(비디)>이다."

[그 한 예(例)로 **삼육타크샤리 만트라**가 있는데, "h, s, r, kṣ, m, l, v, y, ṇūṃ"을 (가로와) 세로로 배열할 수도 있고,

또 **아-삼육타크샤리 만트라**는 "yaṃ, raṃ, laṃ, vaṃ"으로 모음이 있고 각 문자 위에 점이 있다.]

그러니 이런 것에 따라서, <만트라의 **모음**(쿨라-
푸루샤)과 **자음**(쿨라-샥티)의 바른 규칙에 헌신하는
수행자>들은, 예를 들어, **만트라마헤슈와라**(항상
쉬바의 핵심적 본성에 잠긴 존재)는 (다른 이들에게
만트라를 전할) 자격이 없게 된다. 그들은 구원을
위해 **만트라**를 줄 수 없다. 그들로부터 **만트라**는
열매를 맺을 수 없기 때문이다.

그러나 이것은 "만트라"에게는 적용될 수 없다.
그들이 명상에 완전히 흡수되었을 때라도 그들은
<**아나마야**의 극한 상태>까지 도달할 수 없기 때문
이다.

[**만트라마헤슈와라**는 **사다쉬바 탓트와**에 거하는
신성이고, **만트레슈와라**는 **이슈와라 탓트와**에 거
하고, **만트라**는 **숫다 비디아**에 거한다.

이런 문맥에서, 위의 "만트라"는 신성을 말하며,
<힘을 가진 성스러운 말>을 의미하지 않는다.

<**아나마야**의 극한 상태>는 **쉬바** 안에서 자신의
개성(個性)을 완전히 잃는 것을 말한다.]

말리니비자야 탄트라는 말한다.

"이 세상에는 **브라흐마**에서부터 잡초의 다발까지
생겨나는데, (창조물을 돕기 위한) **쉬바**가 약속한
삼천 오백만 **만트라**는 충분한 숫자다.

창조물 전체에 은혜를 준 뒤, 그들은 **아나마야**의 상태(**쉬바** 안에서 완전히 용해된 상태)에 도달했다. 다른 말로, 그들은 **만트라마헤슈와라**가 되었다."

["**만트라**"라는 말은 <**말**>이고 또 <**신성**>을 가리키는 말이다. <**하나님**(신성)**은 말씀**(말)**이다!**>는 말이다.

(안 그래도 말이 많은 이 책에서, 이 필자까지 "말로써 말 많으니……" 그렇다고 그 말을 따라 "말 말을까 하노라" 그렇게 말할 수도 없고……

<**아비나바굽타**는 "말의 보고(寶庫)"라는 **말리니 여신**을 계속해서 말하고야 말리니……> 말이다.)

얘기가 약간 빗나가지만, **파라-아파라 의식**에서 <본래의 얼굴>과 <거울에 비친 얼굴>의 그 (상하) 좌우가 바뀌는 현상은 **예수**의 유명한 비유(譬喩) <부자(富者)와 거지 **나사로**>(눅16장) 등에서도 얼핏 읽을 수 있다.

(필자가 이런 <빗나간 얘기>를 하는 이유도 얼핏 읽을 수 있으면 더 좋고……)]

제 7 장

현현의 수준

< 1 > 카울리카 스리슈티
< 2 > 그 거울에 비친 비밀들

[제 7 장 전체는 제 6 장의 "< 1 > **음소의 방사**" 앞부분에 있는 <크세마라자의 요약>을 참고하면서 읽으면 도움이 될 것이다.

또 < 2 > **그 거울에 비친 비밀들** 부분의 <**보다 깊은 읽기**>는 책의 부피를 고려하여 **탄트라 사라**의 해당 부분 등에서 이런저런 식으로 다룬다.]

여담(餘談) 두어 개……

2019년에는 세계적으로도 희귀한 <말과 글자에 관한 영화>가 두세 편 우리나라에서 개봉되었다.

하나는 1월에 일제의 <우리민족 말살>에 항거한 <조선어학회 사건>을 소재로 다룬 <**말모이**>.
"<도시락>이든 <**벤또**>든 배만 부르면 됐지."에서 "**말**은 (한) 민족의 정신이요, **글**은 (그) 민족의 생명이다."로 연결되는 <어떤 성장(成長)>을 말한다는 점에서 가슴 뭉클했다.
<**말과 글**>은 (우리가 <앵무새>가 아니라면) 곧 <**그 사람 자체**>다!

또 하나는 7월에 나온 <한글 창제(創製)에 관한> <**나랏말싸미**>.
글자가 <소리를 담는 그릇>이라면 – 녹음테이프, CD 등이 아닌 – <진동이라는 청각적인 그 무엇>을 <시각적인 기호(記號)>로 바꾸는, 이 마법(魔法)과 같은 <**진정(眞正)한 소리글자**>!
그 <수많은 (역사 왜곡이라는) 힐난(詰難)의 **말**과 격려의 **소리**>를 고스란히 담아내는 "**한글**"이라는 위대한 <오선 악보(五線樂譜)>……
그리고 지금 이 책의 그 **산스크리트**(雅語)!

참고로, 불교의 시조(始祖) **붓다**는 산스크리트가 아닌, **프라크리트**인 **빠알리**(pāli)어를 사용했다고 한다.

마치 예수가 히브리어나 헬라(그리스)어가 아닌 아람어를 썼듯이 말이다.

[<역사(歷史) 왜곡>이라…… 가만히 생각해보면, 왜곡(歪曲) 아닌 것이 어디 있었던가? 승자의 시각으로 기술된다는 역사뿐만 아니라…… 그 <역사를 기술하는 언어> 자체도 끊임없는 왜곡을 겪고 있지 않은가…… 아, 우리는 언제쯤 이 <마이야 말>의 영향권에서 벗어나려는지……]

그리고 3월에는 멕시코 영화 **<나는 다른 언어로 꿈을 꾼다>**가 있었다. 사라져가는 시크릴어(語)를 소재로 펼쳐낸 **<꿈과 상징의 언어>** 즉 영화였다.

(소재와 줄거리, 그리고 소위 "드러난 주제"만을 파악하는 수준에서 벗어나면, 아주 좋은 영화다.)

그리고 우리가 배우려는 이 **"사랑의 언어"**……

비갸나 바이라바에서부터 시작된 이 **<가당찮은 무엇>**에 대한 것 말이다.

그러니 **우리는 지금** (<한국어>로 말하고 또 읽고 있지만), **어쩌면 서로가 <다른 언어>를 말하고 또 읽고 있을지도 모른다!**

아 등의 열다섯 모음은 점(點)에서 끝나고
그 끝은 <행위 힘>이 합하여 달과 해가 되누나.

카에서 마까지 다섯 행(行)의 자음에는
프리트비에서 푸루샤까지의 탓트와가 있고,

바유 아그니 살릴라 인드라의 넷 반자음(半子音),
마지막은 샤 등의 브라흐마 오중주단(五重奏團).

그러므로 빛나는 이여!
아에서 크샤까지는 <우주적 현현(顯現)>으로
<모든 만트라와 지식의 음문(陰門)>이니라.

< 5 >
아 등의 열다섯 모음은 점(點)에서 끝나고
그 끝은 <행위 힘>이 합하여 달과 해가 되누나.

Atha-a-adyās-tithayaḥ sarve svarā
  bindu-avasānagāḥ
Tadantaḥ kālayogena soma-sūryau
  prakīrtitau
아타-아-아댜스-티타야 사르베 스와라
  빈두-아와사나가
타단타 카알라요게나 소마-수리야우
  프라키르티타우

  "이제(아타) 아(A) 등(아-아댜) 열다섯(티타야)은
모두(사르베) 점(點, 빈두, 아누스와라)에서 끝나는
(아와사나가) 모음(母音, 스와라)이고,
  그것(탓)의 끝은(안타) <크리야 샥티(카알라)의
연결(요게나)을 통해> <소마(달)와 수리야(해)[즉
비사르가, ":"]>로 알려져 있다(프라키르티타우)."

< 6 >
카에서 마까지 다섯 행(行)의 자음에는
프리트비에서 푸루샤까지의 탓트와가 있고,

Pṛthivyādīni tattvāni puruṣa-antāni pañcasu

Kramāt-ka-adiṣu vargeṣu ma-kāra-anteṣu
  suvrate

프리티비-아디니 탓트와니 푸루샨타니 판차수

크라맛카디슈 바르게슈 마카란테슈 수브라테

"프리트비(프리티비)로 시작해(아디니) 푸루샤로
끝나는(안타니) 탓트와들은
  카로 시작하여(아디슈) 마 소리(카라)로 끝나는
(안테슈) 다섯 행(行)[판차수... 바르게슈]에 연속적
으로(크라맛) 있다.
  고결한 이여(수-브라테)"

< 7 >

바유 아그니 살릴라 인드라의 넷 반자음(半子音),
마지막은 샤 등의 브라흐마 오중주단(五重奏團).

Vāyu-agni-salila-indrāṇāṁ dhāraṇānāṁ
  catuṣṭayam

Tadūrdhvaṁ śa-adi vikhyātaṁ
  purastād-brahma-pañcakam

바유-아그니-살릴라-인드라남 다라나남 차투슈타얌

타두르드밤 샤-아디 비캬탐
  푸라스탓-브라흐마-판차캄

"바유, 아그니, 살릴라(水), 인드라와 관련되는 반자음(半子音, 다라나) 4중주단(四重奏團)이 있고 (차투슈타얌),

그 후에(탓-우르드밤) 잘 알려진(비캬탐) 샤 등 (샤-아디)을 브라흐마의 5중주단(五重奏團, 판차캄) 이라고 부른다(푸라스탓)."

< 8 - 9a >
그러므로 빛나는 이여!
아에서 크샤까지는 <우주적 현현(顯現)>으로
<모든 만트라와 지식의 음문(陰門)>이니라.

A-mūlā tat-kramāt-jñeyā kṣa-antā
  sṛṣṭi-rudāhṛtā
Sarveṣām-eva mantrāṇāṁ vidyānāṁ ca
  yaśasvini
아-물라 탓-크라맛-게야 크샤-안타
  스리슈티-루다리타
사르베샴-에바 만트라남 비디야남 차 야샤스비니

Iyaṁ yoniḥ samākhyātā sarva-tantreṣu
  sarvadā
이얌 요니 사마캬타 사르바-탄트레슈 사르바다

411

"그러므로(탓) <아>를 기초(물라)로 하여 연속적으로(크라맛) <크샤(챠)>로 끝나는(안타) 그것은 <우주적 현현(스리슈티-루다리타)>로 알려져 있다(게야).

영광스런 이여(야샤스비니), 이것(이얌, 현현)은 모든 탄트라에서(사르바-탄트레슈) 항상(사르바다) 모든 만트라와 모든 지식(사르베샴 에바 만트라남 비디야남 차)의 근원(요니)이라고 한다(사마캬타)."

< 1 > 카울리카 스리슈티

파쉬얀티, 마드야마, 바이카리의 상태를 떠맡은 **파라 바크** 여신은, 그녀의 주된 양상[즉 **마드야마** (파라-아파라 상태)]에서, <말리니 여신>이 된다. 이 단계에서 그녀는 무한(無限)하게 되어, 떠맡은 여러 가지 형태를 따라 다양하게 나타난다.

그래서 모든 형태가 되어서, **파라**(지고한), **파라-아파라**(미묘한), **아파라**(거친)의 세 가지 두드러진 면을 통해서, 문자(음소, **바르나**), 말(만트라), 문장 (파다)의 상태를 떠맡는다.

[말리니는 **파라** 상태에서는 문자(바르나)의 보고 (寶庫)이고, **파라-아파라** 상태에서는 말(만트라)의 보고이고, **아파라** 상태에서는 문장(파다)의 보고다. **말리니는 파라-아파라 상태의 상징이다.** 그러나 파라-아파라 상태에서도 그녀는 **파라, 파라-아파라, 아파라**로 나타난다.]

이 삼중(三重)의 면은 <정화(淨化)의 견지>에서 취급되어야 한다. **파쉬얀티**에 보이는 속박의 근원들은 정말로 미묘한 것이다. 그것들은 미묘한 측면에서 정화되어야 한다. 왜냐하면 속박의 근원들이 내면에 있기 때문이다. **파쉬얀티** 수준에서 속박의 근원들이 미묘하므로 그 정화는 미묘한 수준에서 이루어져야 한다. 왜냐하면 속박은, 그것이 미묘한 수준(양상) 안에 놓여 있을 때 속박이기 때문이다.

샥티의 외적인 확장을 점점 더 알 수 있는 **마드 야마** 수준에서, **파쉬얀티**는 <정화의 도구>로 나타난다.

마치 옷의 주름에 있는 때와 더러움을 씻어 내는 것으로 주름 밖에 있는 때와 더러움은 저절로 씻어지듯이, <미묘한 수준에 있는 더러움>을 제거하면 **마드야마** 수준에 놓여 있는 더러움은 저절로 제거된다.

[거친 형태가 **쇼다** 즉 <정화되어야 할 것>이고 미묘한 형태는 **쇼다카** 즉 <정화자>이고, 또 미묘한 형태가 <정화되어야 할 것>이고 더 미묘한 형태는 <정화자>라는 것이다. 이 관계는 **아눗타라** 즉 **지고**까지 간다.]

그러므로 **바이카리** 단계는 **파라 삼빗** 안에 놓여 있는 것으로 여겨지고 있다. **파라** 상태 안에 있는 **바이카리** 상태는 불가능하지 않다.

[**파라 샥티**의 자궁 안에 **파라 바크**가 있고, **파라 바크** 안에 **파쉬얀티**가, **파쉬얀티** 안에 **마드야마**, **마드야마** 안에 **바이카리**가 놓여 있다. 결과적으로 **바이카리**는 **파라 삼빗** 안에 있다.]

어린아이에서 <언설기관>과 <조음(調音) 현상>의 발달이 두세 살에 된다고 하더라도, 그들의 **언어 발달은 나날이, 다달이 늘어난다**는 것은 잘 알려진 것이다. 만약 **마드야마**에서 – 그것은 **파라 바크**에 내재한다. – (**바이카리**의 확장에 의해 뚜렷하게 될 언설기관과 조음 현상의 발달과 일치하게) 문자의 윤곽이 도무지 나타나지 않는다면, 그러면 하루 된 아이와 한 달 된 아이와 한 살배기 아이에서 언어 발달의 차이는 전연 없을 것이다.

어린아이의 언어 발달의 정도는 <들리는 말>과 <보이는 대상>이 그의 마음에서 연상되는 인상으로 증가한다. 파라마르샤 혹은 <정신적 연상(聯想)>은 <(거칠고 미묘한) 말> 없이는 가능하지 않다. 말은, <현현된 거친 형태>로 외부로 표현되었든지, <현현되지 않은 미묘한 형태>로 내적으로 암시되었든지, **바이카리**의 한 면이다.

신생아에서 아직 발성기관이 발달되어 있지 않을 때라도, <**바이카리**의 미묘한 형태>는 **마드야마**에 내재한다. 그는 그 <**내적이고, 미묘하고, 현현되지 않고, 암시적인 기어(基語, proto-language)**>로써 들리는 말과 보이는 대상을 연관 지을 수 있다.

바이카리의 구성요소는 어떤 암시된 형태로 그의 마음에 현존하고 있다는 것 또한 받아들여야 한다.

이런 것이 없으면, 그는 언어의 암시된 형태조차도 가질 수 없고, 이것이 없으면 그는 보이는 대상과 들리는 말을 연관 지을 수 없을 것이기 때문이다.

만약 <그런 발달로부터 생기는 차이에 의해 구별되는 것>을 **마드야마** 그 자체라고 한다면, 우리는 "어떻게?"라고 물을지도 모른다. 이 점을 주의해서 다루도록 하자.

아이들은 말을 듣고 사물을 보면서 그의 언어는 발달한다. 그는 정신을 들리는 말에 고정하게 된다. 들리는 말은 **바이카리** 수준이다. (<뜻을 가진 말>이다.) 이 <말들>과 관련해서는, 그는 (마치 형상을 알아볼 수 없는) 맹인처럼 태어난 것과 같다. (그는 여러 소리를 듣지만 그것들이 무엇과 관련되는지 알지 못한다.) 그러므로 언설기관과 조음(調音)으로 구성되는 **바이카리**는 확실히 **마드야마**에 내재한다.

농아(聾啞)에 있어서도 그 조건은 유사하다. **파라** 여신의 의식은 모든 것을 포함한다는 것은 이미 말했다.

그러니 **바이카리** 그녀 자신은, **마드야마**를 통해 발달을 얻는데, <그녀가, 말과 그 대상으로 완전히 현현되고, 상대적 다양성을 표현하면서, 자신 안에 존재계의 범주의 망(網)을 가지며, 자신 안에 남는 한>, 그녀는 **아파라**이다.

파라에 내재하는 **마드야마** 단계의 발달은 **파라-아파라**로 알려져 있다. **파쉬얀티**의 성장 역시 **파라-아파라**로 알려져 있다. 그녀 자신 안에서 **파라**는 신성의 여신이다.

<쇼다카-쇼다나-쇼댜>

그러므로 <정화되어야 할 상태>와 <정화자>에는 세 가지 위치가 있다. **쇼다카**(정화하는 자)는 **우주의식**으로, 그의 확장은 우주적이다. 그 확장은 이런 방식 즉 **삼위**의 방식으로 일어난다고 이미 말했다.

[**삼위**의 방식이란 <쉬바-샥티-나라>, <바르나-만트라-파다>, <파라-파라-아파라-아파라> 등등과 여기 <쇼다카-쇼다나-쇼댜>를 말한다.]

쇼다나(정화의 수단)에 있어, 행위는 신성 자신의 것이다. 그는 자신의 **절대 자유**로 자신에게 부과한 제한을 떠맡고, 그의 **샥티**의 영광 안에서 쉰다.

쇼댜(정화되어야 할 것)는 <제한되고 경험적인 존재>의 속박의 그물로, 그는 **파쉬얀티 바크** 단계에서 처음 막 시작된 다양성의 느낌으로 가득하다. 다양성의 느낌은 **파라-아파라** 여신에 의해 확장된 제한된 존재들의 **샥티**이다.

파라-아파라 여신은 파티 샥티 형태의 박동하는 파쉬얀티이고, 또한 사다쉬바의 갸나 샥티에 의해 발달된 파슈 샥티이고, 또 바이라바와 다르지 않은 파라와 유사한 지위에 있다.

바이라바는 (불, 해, 달) 삼위의 연합된 형태로, 37 범주를 초월한다. 이것은 잘 아는 사실이다.

[위의 파라-아파라 여신은 원래의 빔바 파쉬얀티(파티 샥티)를 의미하고, 파슈 샥티는 프라티빔바(반영된) 파쉬얀티 바크를 의미한다. 전자는 동요(크쇼바)가 없이 있고, 후자는 동요와 함께 있다.

삼위는 <불(아그니)-해(수리야)-달(소마)>로 구성된다. 불은 경험자(주체, 프라마타), 해는 지식(프라마나), 달은 대상(프라메야)의 상징이다. 다시 불은 잇차(의지), 해는 갸나(지식), 달은 크리야(행위)의 상징이다. 바이라바는 이 세 가지 모두가 연합된 형태다.

아눗타라는 아그니(불), 수리야(해), 소마(달)의 세 가지 눈이 있다. 이 셋은 10+16+12=38 칼라를 갖는다. 대상인 37 가지 칼라는 아눗타라의 본성이 아니고, 38번째 칼라가 아눗타라(바이라바)의 본성이다.]

소마난다는 쉬바-드리슈티에서 말한다.

경험적 주체로 <우리에게 들어온 쉬바>는
<우주로 확장된 쉬바>에게 순종하기를!
<그 자신일 뿐인 방해물>을 없애기 위해
그 자신의 샥티인 <파라의 수단>으로!

쉬바-드리슈티에서 활동하는 <전체>는 - 그것이
<정화자(쇼다카)>든, <정화하는 수단(쇼다나)>이든,
<정화되어야 할 것(쇼댜)>이든 - **쉬바**의 이 형태를
가리킨다.

정화의 일에서는, <뒤따르는 것>은 <선행하는
것> 속에서 용해되어야 한다.

[이것은 <정화되어야 할 것>은 <정화의 수단>에
용해되어야 하고, 또 <정화의 수단>은 <정화하는
자> 속에 용해되어야 한다는 말이다.]

"(<정화되어야 할 것>인) <바른 것>과 <바르지
않은 것>, <진실>과 <거짓된 것> 둘 다를 떠나라.
(그것들을 **참나** 안에 용해하라.) <진실>과 <거짓된
것>을 떠나며 <모든 것을 떠나는 것> 또한 떠나라.
(<정화되어야 할 것>을 포기하는 것으로 <정화하는
수단>의 형태인 **만트라** 또한 포기하라.)"

이것이 **트리카** 경전의 탁월함이다. <정화하는
자>조차도, 또 <정화의 수단>도 정화되어야 한다는

것은 아름답다. 세 가지 모두가 - 쇼다카, 쇼다나, 쇼댜, 다른 말로, 파쉬얀티, 마드야마, 바이카리 - 동시에 파라(지고한 바크)에 존재한다.

　[이것은 마지막으로 <정화되어야 할 것(쇼댜)>과 <정화의 수단(쇼다나)> 둘 다를 포기해야 한다는 의미다. 나의 <진정한 자아>에 굳게 서라.]

　인간은 바이카리를 통해 무엇을 <말>하고, 마드야마를 통해 <생각(개념화)>하고, 파쉬얀티를 통해 어떤 <미확정적인 상태>를 경험하고, 파라를 통해 내적으로 어떤 <진리(실재)>를 경험한다.

　세 가지 상태 모두에서 완전히 거하는 것은 오직 **주(主) 바이라바**이다. **원초적 경험에 대한** 전통의 가르침을 자세히 살피면 - (또 우리 **자신의 경험을 살피면**) - 그것은 **나 자신의 <선험적(경험 이전의) 의식>이라는 것은 확고한 것이다. 이것은 반박될 수 없는 사실이다.**

　이것은 <시간의 의미>에서는 동시적이 아니다. 그것의 미묘함 때문에 그것은 뚜렷하지 않다. 그러므로 거기에는 동시성(同時性)이라는 추정만 있다. 마치 수백 송이의 꽃봉오리가 함께 피어나는 것이 동시적으로 보이듯이, 그것도 그러하다.

만약 "동시적"이라는 것이 <똑같은 시간>에 일어나는 것을 의미한다고 한다면, 그것은 정말로 무슨 의미이겠는가? 내가 전에 밝힌 원리에 따르면 - 즉 **시간은 오로지 <사고(思考)의 구조물>일 뿐인데 - <내향의 의식>에서 시간이 무엇이겠는가? 시간의 핵심은 <대상들이 나타나고 사라지는 그 연속적인 경험>에 있다.** 그 시간의 핵심은 <**"시간이란 없는" 내향의 의식**>을 알아채는 일이 없는 것으로 구성될 뿐이다.

시간이 (<날숨과 들숨>, <계절의 변화> 등처럼) 연속적인 대상들과의 병치(竝置)로 경험되더라도, 그것이 <비(非)-시간적 **의식**>을 압도할 수 있다는 반론이 허황된 것은 아니다. **<연속적인 대상>은 <연속적이 아닌, 밑바탕의 의식>을 통해 그 자체가 알려지기 때문이다. 그렇지 않으면, 어떻게 시간 그 자체가 하나의 <뚜렷이 다른 대상>으로 알려질 수 있겠는가!**

[우리는 다음에 **탄트라 사라**에서 <시간(時間)>에 대해 깊이 다룰 것이다.]

<상호 의존>이라는 오류(誤謬)는 사람이 사물을 <자기 자신 안에서 발견되는 **의식**의 빛>에서 분리했기 때문에 일어나는 것이다. <중얼거릴 수 있는

모든 것>은 <미확정적 **의식**(니르비칼파 **갸나**)>에 의존해야 한다. <많은 꽃과 잔가지들이 함께 돋아 나는 것을 보고 우리는 모두가 돋아난다>고 말하기 때문에 <상호 의존>이라는 똑같은 오류가 있는 것 이다. <원자(原子) 전체>라는 것은 그 <어떤 것>에 마지막 것을 추가하는 것으로 일어나지 않는다. 이 현상은 **카르마**가 아니기 때문이다.

[**아비나바굽타**가 표현하고자 하는 것은, <'전체' 이고, 통합적인 사실인 무엇>은 **시간 너머**라는 것 이다. 그것은 부분들의 총합으로 구성되지 않는다. <부분들의 추가로 전체가 되는 무엇>은 시간적인 **카르마**(행위)의 결과이다. 그러나 **파리푸르나** 즉 <진정한 전체>는 **카르마**의 결과가 아닌, **시간 너머** 인 **크리야 샥티** 즉 저 <무위지위적(無爲之爲的)인 힘>의 표현이다.]

적절한 연결은 <미확정적인 지식>이 있지 않는 곳에서는 확립될 수 없다. **적절한 연결**을 조사하는 일은 만약 기억의 단절이 있다면 가능할 수 없고, 그리고 기억은 <미확정적 지식>에 의존한다. 그러 므로 **적절한 연결**의 조사는 미확정적 지식 없이는 이루어질 수 없다. 이것은 다른 경전의 주석에서 상세히 다루었다. 그러니 논의 중인 주제에서 단지 방해물일 뿐인 이런 논쟁이 무슨 소용이 있겠는가!

그러므로 **파라** 여신은 <정화하는 자>로 거하고, **파라-아파라** 또한 **아고라** 등의 힘들이 거하는 곳에서는 <정화하는 자>로 행동한다. 그들의 도움으로, 영적 수행자들인 **비갸나칼라**는 **만트라마헤샤** 등이 되었다. **브라흐미**와 다른 여신들의 은혜를 통해, 작은 영적 수행자들은 **브라흐마**, **비슈누**와 다른 것들이 되었다. 진실로 자신 안에서 완전하고 전체적인 자신의 힘의 군집을 통해, **절대 자유**로 자신의 힘을 **브라흐마**와 다른 것들에 불어넣고, 그것들을 (그것들의 영역에서) 자유롭게 하는 자는 **주 바이라바**다. 이 외에 다른 무엇이 있을 수 있겠는가!

[**아고라** 등은 제 2 장에서도 다루었다.]

그러므로 이것이 **트리카**의 또 다른 탁월함이다.
- <정화하는 자>조차도 정화되어야 한다!

[위의 <정화하는 자>는 **만트라마헤슈와라** 등의 그런 <정화하는 자>다. <정화하는 자>에게 "나는 <정화하는 자>다." 즉 "나는 깨달았다."라는 생각은 씻어내야 할 얼룩이다. 이런 것 또한 없애야 한다.]

"**트리카**는 **쿨라**보다 높다."는 말은 옳은 말이다. 그러므로 <정화하는 자>, <정화의 수단>, 그리고 <정화되어야 할 것>의 **삼위**의 성격 때문에, **트리카** (철학)는 변함이 없다.

나의 찬양에서도 말했듯이, "트리카의 세 가지 면이 있을 때" 여기에는 <무한의 반복>이란 없다. 이 가르침의 모든 것은 주(主)의 최고의 **의식**의 한 조각이기 때문이다. "<정화되어야 할 것(쇼댜)>을 정화한 그 <정화의 수단(쇼다나)> 또한 떠나라." - 사람은 그것을 이런 식으로 여겨야 한다.

　마지막으로, **<정화하는 자>도 또한 정화되어야 한다. 자신 안에서 다르다는 생각이 일어나는 한, 그것 또한 속박이다.** 정화 또한 최고의 의미에서, <모든 불순을 태워 없애는 데 능숙한> **바이라바의 의식**과 다르지 않은 불이다. <정화되어야 할 것>, <정화의 수단>, <정화하는 자>는 **바이라바** 속으로 들어간다. 그때 그것은 **온전**(穩全) 그 자체이다.

　그래서 26절은 말한다.

　"이 만트라를 - 이런 말을 - **아는 자는**……"

ॐ

　최고의 **의식**과 동일한 <파라-아파라 신성들>은 다방면에 걸쳐 있어서, **말리니비자야 탄트라**가 말하듯이 <세속적이고 성스런, 무한히 다양한 말과 그 대상>을 포함한다.

파라-아파라 만트라의 수족과 같은 요기니들은 여덟이다. 그들은 5, 6, 5, 4, 2, 3, 2, 3의 문자를 연속적으로 포함하고, 22 문자에 해당하는 호칭의 주격 형태로 구성된다.

[<파라-아파라 만트라>는 다음 19 파다로 구성된다. ① 옴 ② 아고레 ③ 흐리이 ④ 파라마고레 ⑤ 훔 ⑥ 고라루페 ⑦ 하 ⑧ 고라무키 ⑨ 비메 ⑩ 비샤네 ⑪ 바마 ⑫ 피바 ⑬ 헤 ⑭ 루 루 ⑮ 라 라 ⑯ 팟 ⑰ 훔 ⑱ 하 ⑲ 팟

이 만트라에서 루 루, 라 라, 팟, 훔, 하, 팟은 쉬바에 속하므로 관심이 없고, 그 나머지가 샥티에 속하므로 관심을 둔다.

<파라-아파라 만트라의 수족과 같은 요기니들> 여덟은 아래와 같이 30 문자를 포함한다.

	신성	만트라	문자 수
1	브라흐미	옴 아고레 흐리이	5
2	마헤슈와리	파라마고레 훔	6
3	카우마리	고라루페 하	5
4	바이슈나비	고라무케	4
5	바라히	비메	2
6	인드라니	비샤네	3
7	차문다	바마	2
8	요게슈와리	피바 헤	3

<22 문자에 해당하는 호칭의 주격 형태>는 다음
과 같다.

아고레(3)+파라마고레(5)+고라루페(4)+고라무키
(4)+비메(2)+비샤네(3)+헤(1) = 22]

그러니 <정화하는 자>와 <정화되어야 할 것>의
이 관계는, 이미 작성되었거나 장차 작성되어야 할
만트라에 존재하는 <끝없는, 사전 조정된 부호>를
포함하는 것으로 구성된다. 이것은 <무한 반복>에
이르지 않고, 또 무관하지도 않고, 너무 넓게 침투
하지도 않는다. <관용(慣用) 부호>는 영적인 지식을
가리킬 수 없다고 말할 수 없다. 이것은 받아들여
진다. 이것이 그 위치인지라, 이제 우리는 (경문의)
주제를 논의할 것이다.

❧   ❧   ❧

아 등의 열다섯 모음은 점(點)에서 끝나고
그 끝은 <행위 힘>이 합하여 달과 해가 되누나.

Atha-a-adyās-tithayaḥ sarve svarā
    bindu-avasānagāḥ
Tadantaḥ kālayogena soma-sūryau
    prakīrtitau

5절 단어들의 구문론적인 연결은 처음에는 아와 <다른 모음>들이 <aṃ>까지 있다는 것을 가리키고, 그 끝에는 **크리야 샥티**의 연결을 통해, **소마(달)**와 **수리야(해)**로 알려진 것이 일어난다는 것이다.

탓안타의 **탓**은 앞 절과 관련된 **아쿨라** 즉 **아눗타라(바이라바)**로 이해된다. 그러므로 "**아쿨라**"는 자신 안에 <유발하는 힘(칼라나)>을 포함한다. 왜냐하면 **쿨라 샥티**(우주적 창조의 힘)가 그 안에 내재하기 때문이다.

[**아쿨라**는 **바이라바**, 초월적 에너지이고, **쿨라**는 현현을 일으키는 **샥티**이다. **아**가 다른 모든 음소에 들어 있듯이, **아쿨라**는 **쿨라**를 포함한다.]

그것은 <유발하는 힘>인 <**비마르샤 샥티**(창조적 **나-의식**의 에너지)>다. 이 **비마르샤 샥티**가 없으면 **네 번째** 상태를 초월하는 **아쿨라**조차도 아무것도 아니다. 왜냐하면 그것은 깊은 잠의 상태에 있는 것이기 때문이다. **투리야**를 뒤쫓는 상태들 - 깨어 있고, 꿈꾸고, 잠자는 - 또한 **투리야**와 유사하다. (그것들도 또한 **비마르샤 샥티**가 없으면 아무것도 아니다.) **비마르샤 샥티**는 **바이라바**의 <지고하고, 신성하고, 더 없는, **절대 자유의 샥티**>로 거한다. <풍성하고>, <야위어 있고>, <풍성하고 또 야위어 있고>, <풍성하지도 않고 야위어 있지도 않다>.

[<신성의 창조적 에너지>는 풍성하다고 하는데, 사물을 자신 밖으로 계속해서 투사하는 것은 풍성하고 부유한 것을 가리킨다. 그녀는 **스리슈티** 즉 방사의 견지에서는 풍성하다.

그녀는 또 야위어 있다고 하는데, 그녀가 방사한 모든 것을 재흡수하기 때문이다. 그것은 고갈되어 있어, 그 손실을 보충하기 위해 현현된 대상들을 다시 취해야 하는 것을 가리킨다. 그녀는 **삼하라** 즉 철수의 견지에서는 야위어 있다.

그녀는 이 둘 다라고 한다. 방사하고 철수하기 때문이다. 그녀는 또 이 둘 다도 아니다. 그녀는 이 모든 조건을 초월하기 때문이다. 그녀에게 적용된 모든 형용사는 단지 인간의 언설의 한계만을 가리킨다. 실제로 그녀는 어떤 인간의 언어로도 표현이 불가능하다.]

바이라바의 **비마르샤 샥티**에서, 이것은 연속과 동시성의 모습 둘 모두에서 전혀 얼룩이 아니다. 앞에서 언급한 <**시간은 오로지 사고의 구조물일 뿐이다**>는 원리를 따라, 연속은 <**지고**의 창조적 자아 **의식**이 무한한 장래의 흡수와 방사를 생기게 하고, 또 연속과 동시성 둘 너머에 있는 신성의 본성에서 연속과 비연속의 모습이 있다>는 사실에 따라 신중하게 생각해야 한다.

"주 바이라바는 절대 자유이고, 완전하고, 전체이고, 편재하다. <그의 자신의 거울에서 나타나지 않는 것>은 존재하지 않는 것이다." 비연속은 그 존재를 단지 의식에서만 가질 수 있다. 의식에는 연속과 비연속 둘 모두의 모습이 있고, 그러므로 연속은 설명을 위해 받아들여야 한다. 연속은 의식에서만 그 존재근거를 갖기 때문에, 언설 형태에서 이 모든 정신적 파악은 오로지 연속이다. 내면의 의식의 것인 그 파악은 단지 비연속적일 뿐이다. 그러니 신성의 지고의 샥티는 항상 이런 종류다. 즉 다방면이고, 다채롭다. 그러므로 그것은 연속과 일치하여, 즉 비연속 안에 연속을 가리키기 위해서, (파니니의 경전에 따르면) 문법학자들은 <a> 뒤에 <t>를 두어 <at>을 만든 것이다.

그래서 주의 절대 자유의 힘은, 의지의 형태로, 그 안에 존재계의 현현은 아직 시작되지 않았고, 내적인 거대한 나-의식으로 구성되는 그 핵심은 <a>로 표기된다. 아눗타라에 거하는 스와탄트리야 샥티(절대 자유의 힘)는 잇차(의지)로 표기되는데, 그것은 <(앞으로) 해야 할 것>이 아직 두드러지지 않은 상태이다.

[여기의 잇차(의지)는 잇차 샥티(의지의 힘)와는 다르다.]

이 **의지**는 단지 <**초월적 존재**(아눗타라-샷타)**의 의식**>의 **한 상태**이다. **주**는 항상 그 자신의 본성을 의식한다. 그는 **아쿨라 샥티**다. 그의 형태를 알아채는 일에서 그가 **쿨라 샥티**를 사용하더라도, 아직 거기에는 **아쿨라 샥티**의 개념이 **쿨라 샥티**의 개념과는 구별이 있다. **아쿨라**는 **바이라비**의 징소석 **나 -의식**이다.

[<a>는 **아쿨라**, **아눗타라**, **쿨라 샥티**의 동일성의 상태다. 이것은 **바이라바-샥티마드-비마르샤-샷타**로 알려져 있다.]

더욱 확장하는 그 **스와탄트리야 샥티**는 **아난다 샥티**를 나타내는 <ā>로 알려져 있다.

<**완전한 잇차**(**의지**)>는 <i>다.

<**장차 갸나**(**지식**)를 붙잡고, 인식하기를 원하는 **잇차**>는, 그의 **절대 자유**를 통해, **이샤나**(주권)를 나타내는 <ī>가 된다.

<u>는 <**알려지기를 바라는 모든 대상적 존재의 근원**>인 **운메샤** 혹은 <**갸나 샥티의 모습**>이다.

운메샤 혹은 <**지식**이 일어나는 일>이, **의식**에서 더 많은 대상성을 향한 욕망을 가질 때, <**초월적 의식**>은 수축(쏠림) 때문에 감소하게 된다. 수축은 <**안에 놓여 있는 모든 형태**> 혹은 <**차후 대상성을**

떠맡는 경향> 때문이다. 그러나 <거의 대상적으로> 내면에 있는 존재 군집은, 그 다양성의 면은 거의 불분명하고, 대상적으로 나타나려는 경향만 있다.

이 감소된 의식은, 그 자체 안에 모든 대상성의 보유 때문에 <소원 성취를 해주는 천상의 암소의 젖통> 즉 **파라 샥티**와 같아서, 대상성 군집 전체를 유지하며 <넓게 펼쳐진 **갸나 샥티**> 즉 <ū>로 현현 하게 된다.

이들 <i>, <ī>와 <u>, <ū> 즉 **잇차 샥티**와 **갸나 샥티**는 **바이라바**의 두 가지 힘이다. **바이라바**의 그 완전한 본성인 첫 번째 것(<i>, <ī>)은 완전하고, "**우마**(Uma)와 함께 거하는 **그**"라는 어원 풀이처럼 **소마**(Soma, **달**)로 거(居)하는 **소마 샥티**와 다르지 않다. 즉 <초월적인 **잇차(의지)**>가 소마이다.

그러므로 <자신의 **아난다**에서 쉬는 **잇차** 형태의 **스와탄트리야 샥티**>는 <**마하 스리슈티**(초월적인 방사)>로 표기된다. 30절에서는 말한다. "**비라는 앉아서 스리슈티 비자를 경배한다.**"

[세 가지 수준의 **스리슈티**(방사, 창조)가 있다.

① **파라 바크(지고의 말씀)** 수준에서는 초월적인 방사(**마하 스리슈티**)로, 이것은 미분화이다.

② **파쉬얀티와 마드야마** 수준에서, **파라-아파라 스리슈티**로 알려져 있다.

③ 바이카리 수준에서, 완전히 분화되었을 때, 아파라 스리슈티로 알려져 있다.]

두 번째 것(<u>, <ū>)은 분리 즉 <바이라바의 잇차 샥티와 동일하게 거하는 대상들의 외부적인 확장>에 관여하는 것으로, 그리고 아누프라베샤 즉 <그것들을 철수시켜 아나슈리타 쉬바 속으로 들어가게 하는 것>에 관여하는 것으로 뚜렷하게 된다.

대상들의 분리로, 그녀는, 대상의 현현과 확장에 관여하듯이 방사하게 된다. 그러니 그녀는 태양 즉 해(수리야)와 같다. (그녀를 해라고 하는 것은, 그 에너지를 밖으로 방사하기 때문이다.)

바이라바의 핵심적 본성과 동일한 것으로 되어, 창조적 의식을 아나슈리타 쉬바 속으로 철수시키려는 욕망으로, 그녀는 철수의 엄청난 힘을 가진 갸나 샥티로 알려진다. 다시, 그녀의 이전의 확장하는 형태를 검토하는 것으로, 그녀는 자신 안에서, 해와 달의 연속적인 형태를 갖는 성향과 함께 달로 상징된, 그녀 자신의 <초월적 의식>의 이전 상태를 찾는다. 역전(逆轉)된 상태에서, <현현의 상징>인 달과 <철수의 상징>인 해의 국면을 찾는다.

[여기의 달(소마)은 초월적 상태(비슈봇티르나)를 나타내고, 해(수리야)는 내재적 상태(비슈마마야)를

나타낸다. 역(逆)의 상태에서, **달**(소마)은 <현현의 상징>이고, **해**(수리야)는 <철수의 상징>이다.]

이 변하는 상태에서, <이제는 **삼하라**를 원하고, 이제는 **스리슈티**를 원하며, **갸나**와 **잇차**가 가끔은 확장 쪽으로 향하고, 가끔은 그렇지 않은 것으로>, 수행자는 <최종적인 것이 아닌 것>을 오류로 여겨서는 안 된다. <확장>과 <확장이 아닌 것>은 계속해서 그 위치를 바꾸기 때문이다. 가끔은 거기에 <**잇차**의 확장>과 <**갸나**의 확장하지 않음>이 있을 것이고, 가끔은 <**갸나**의 확장>과 <**잇차**의 확장하지 않음>이 있을 것이다. 외부적 모습을 보는 잘못을 그만두고, <미묘한 반성(反省)과 심사숙고의 **신성의 힘의 길**>로 나서라.

항아리의 둥근 모습과 색깔 등의 지식이 있을 때, 바로 그 시각에, 스스로 빛나는 <미확정적 지식 (**니르비칼파 지식**)> 또한 대상(항아리)의 지식 혹은 <확정적 지식(**사비칼파 지식**)>과 섞여서 그 자체를 나타낸다. <**항아리의 지식**>에서, 항아리의 다양한 형태(의 지식)에서 <**처음의, 어떤 미묘한 모습**>을 **또한 전하는데, 그 모습의 근원은 똑같다.** 즉 거기에는 **니르비칼파** 곧 <**미확정적 의식**>이 **있다.** 거기에는 다른 어떤 (작용)주체도 완전히 부재하다.

투사하는 대상을 욕망하는 것은 이샤나(주권)로 알려진 이 <미확정적 의식>의 **절대 자유**일 뿐이다. **이것은 우리 자신의 경험으로 증명되는 것이다.**

<잇차(i)와 갸나(u)에서 아눗타라(a)와 아난다(ā)의 영원한 침투>

대상들에 의해 아직 제한되지 않은 그 <미확정적 의식(니르비칼파)>은 - 그것은 거대한 의식이고, 완전하고 전체이고, 바로 그 존재가 **절대 자유**다. - 그 자체 안에 **지복**의 덩어리를 가진 것 때문에 완전히 자유롭다. 그러므로 그 안에 **아난다(지복)**의 현존은 부정될 수 없다. **아눗타라(a), 더 없는 것**, <샥티(창조적 에너지)의 소유자>, 그는 모든 명칭과 묘사 너머이고, 그 핵심은 **지복**의 놀라움이고, 그는 **바이라바**인데, **절대 자유**의 능동적 주체로서 모든 곳에서 - **쉬바**로서 <a>에서 <aḥ>까지, 세상으로서 <ka>에서 <kṣa>까지 - 빛난다.

만약 <**아눗타라(a), 아난다(ā)**>, <**잇차(i), 이샤나(ī)**>, <**운메샤(u), 우나타(ū)**>의 핵심적 본성을 비춘다면, 위의 여섯 음소는 그 기초로 <**의식**의 분리할 수 없는 국면> 즉 **아눗타라(a)** 위상에서 쉬고, 또 이들 신성들(의식의 여섯 에너지)이 분리된 것으로 보이더라도 그들의 기초인 본성으로부터 분리되어 있지 않다는 것을 발견할 것이다. 완전함 때문에 그들의 본성에는 차이가 전혀 없다.

[<모든 것은 모든 것의 축소판이다>라는 그 기초 위에서, 다른 다섯은 각각의 안에 들어 있다.]

이들 **샥티**는, <그것들이 관련하는 경험의 대상 때문에>, 다른 것으로 보인다. 다른 것으로 보이는 일은 경험의 대상이 물리적 제한에 기인하는 한에서만 지속된다. 그러므로 **트리카 사라**는 <**실재**는 머리 그림자의 예를 통해 이해해야 한다>고 한다.

"(석양처럼 해가 긴 그림자를 드리울 때) 내 발로 <내 머리 그림자>를 밟지 못하는 것처럼, 그것은 **바인다비 칼라**다."

[**바인다비**는 <빈두에 존재하는>을 의미하고, 또 빈두(점)는 <최고의 **실재**> 곧 <**아는 자**>인 **의식**을 말한다. 이것은 <**잇차 샥티(아는 자)**>는 <**잇차**의 대상이라는 수단>으로는 파악될 수 없다는 것이다. <**잇차**의 대상>은 그 존재를 **잇차**에 빚지고 있기 때문이다.]

그래서 결정된 (<a>에서 <ū>까지의) 여섯 **샥티**는 **갸나**까지 그 힘을 미친다.

이제 우리는 앞으로 움직이기 시작한 <**행위의 힘
(크리야 샥티)**>을 다룰 것이다. 잇차와 **갸나** 그들
자체는 <다른 종류의 상호혼합으로>, <경탄할만한
이상함으로 가득한, 선행하는 것과 뒤따르는 것의
연속을 수용하는 것으로>, **크리야**라고 부른다.

[<다른 종류의 상호혼합>은 "ṛ=r+i, ṝ=r+ī, ḷ=l+i,
ḹ=l+ī, e=a+i, ai=a+e, o=a+u, au=a+o"와 같다.
<ā>에서부터 <ū>까지는 같은 종류여서 상호혼합이
없고, <ṛ>에서부터 <au>까지 여덟 모음은 **크리야
샥티**의 영역이다.]

충동적인 열의(熱意)는 **크리야 샥티**의 핵심이다.
어떤 상호혼합이 다른 어떤 것과의 **크리야 샥티**의
확장 때문에 일어나든지, 그것은 **아눗타라**가, 마치
개구리가 한 곳에서 다른 곳으로 그냥 도약하듯이,
갑자기 <정신적 파악 너머에 있는 실재의 영역>에,
허공(虛空, **아나슈리타 쉬바** 상태)으로 들어간다는
사실 때문이다. **아눗타라**(a)와 **아난다**(ā)인 **의식**은
크리야 샥티의 처음의 넷(ṛ, ṝ, ḷ, ḹ)의 영역에서는
확장하지 않는다. 왜냐하면 그것은 이름 붙일 수
없는 상태이기 때문이다. <이름과 형상>의 대상이
아니다.

모든 것의 마지막 지지(支持)이고, 모든 종류의
지식에서 활동 전체의 토대(土臺)였던 **아눗타라**와
아난다가 확장을 그친 뒤 **아크슙다**(동요되지 않은)
잇차는 **크슙다**(동요된) **이샤나**로 끝난다. 그것의
<충동적인 열의>가 관련되는 한, 계승하려는 능력
때문에 자신의 영역에서와 또 **아눗타라**와 **아난다**
에서도 확장할 수 있다.

그때 충동적인 열의로 가득한 그 **크리야 샥티**는
(r, $\bar{r}$, l, $\bar{l}$로 나타난) 자신의 형태 속으로 침투하여
- 그것은 공하다(현현이 전혀 없다). - 처음에는 **불**
(테자스)인 빛나는 형태 속으로 뛰어든다. (<r>의
경험으로 나타난다.) 그래서 <r>와 <$\bar{r}$>가 일어난다.
어떻게 이들 문자에서 **잇차 샥티**의 에너지(i)와 또
이샤나 샥티의 에너지($\bar{i}$)가 <r>의 소리와 – 그것의
핵심적 본성이 <빛나는 것>인데 – 연합되는 일이
거부될 수 있겠는가?

[그 안에서 공은 <r>의 **희미한 소리**로 경험된다.
<r>은 **잇차 샥티**의 <i>와 연합하여 <r>가 되고, 또
이샤나 샥티의 <$\bar{i}$>와 연합하여 <$\bar{r}$>가 된다. 그래서
<r>은 **불**(테자스)의 씨앗 문자이다.]

이것이 **푸슈파단타**가 "<r>, <$\bar{r}$>에서 발견되는
테자스와 운동성은 <r>의 일반적인 소리와 더불어
견고하게 된다."고 하는 것이다.

잇차와 이샤나가 허공(虛空) 즉 <어떤 현현에도 자유로운 아나슈리타 쉬바의 상태>로 들어가려고 할 때, 그들은 우선 <빛나는 단계> 즉 <r> 소리와 결합한 <ṛ>와 <r̄>의 단계를 통과해야 한다. 이것 뒤에, <l> 소리를 따르는 잇차와 이샤나는 흙(땅)의 핵심적 본성인 부동(不動)을 나타내는 <ḷ>와 <l̄>의 형태를 떠맡는다.

[불의 씨앗 문자인 <r>은 열(熱)과 유동성의 상징 이고, 흙(땅)의 씨앗 문자인 <l>은 견고와 빽빽함의 상징이다.]

마지막으로 그것은 이샤나의 에너지다. 그것은 모든 대상성의 상태를 피하고, 더 긴 상태로 도약 하여, 부동의 공한 상태("ḷ")에 도달한 뒤, <넓어진 상태("l̄")>를 얻는다. 산스크리트 문법과 일치하여, <ḷ>는 음소 <a> 등의 긴 형태(디르가)는 갖지 않고, 단지 긴 것의 더 긴 형태인 넓어진 상태(플루타)를 갖는다. 이미 기술한 규칙에 따라, <ḷ>의 긴 형태는 별도로 있지 않다. 이 네 문자는 공한 상태로 침투 하는 것 때문에, 불에 탄 씨앗과 같아서 환관 문자 라고 부른다.

그들은 씨앗(모음 상태)의 완전한 결여는 아니다. 쉬바와 샥티를 상징하는 씨앗(모음)도 자궁(자음)도 아닌 것은 존재할 수 없다. 다른 어떤 것의 존재는 말리니비자야 탄트라나 다른 경전에서도 언급되지 않기 때문이다. 세속적(성적)인 즐거움에서도 이런 종류의 **쉼**은 행복한 것이다. 그것이 이 네 문자는 불멸의 씨앗이라고 말하는 이유다.

[규칙을 참고하면, 처음에 외부로 퍼지는 경향이 있는 초월적인 **아눗타라 탓트와**는 갑자기 외부로 나타남을 싫어하여, <**아나슈리타 쉬바**의 상태>로 알려진 허공의 상태로 들어간다는 것을 암시한다. <ṛ>의 면에서는, 그것이 <ṛ>의 긴 측면을 초월하는 것이라고 말할지도 모르지만, 그것은 <ḹ>의 **플루타** 즉 넓어진 면에서 끝나게 된다. **마트라**는 다음에도 나오고, **탄트라 사라**에서 더 다룬다.

<ṛ>, <ṝ>, <ḷ>, <ḹ>의 이 넷은 <환관(宦官) 문자>라고 한다고 했다. 그것들은 공의 상태로 들어가 버렸기 때문에 <불에 탄 씨앗과 같아서> 더 이상 확장할 수 없다.]

잇차(i)와 **이샤나**(ī)가 <모든 것의 앞이고, 그들의 핵심적 본성으로부터 결코 소멸되지 않는> **아난다** 국면과 **아눗타라**의 영역을 꿰뚫을 때, 우리는 **아눗타라**(a) 혹은 **아난다**(ā)에 <i> 혹은 <ī>를 더하여 <e>를 갖고, <a>는 <i>와 결합하여 <e>가 된다고 한다.

역(逆)의 상태에서, 만약 <a>, <ā>가 <i>, <ī>의 뒤에 온다면, <a>와 <ā>의 침투와 더불어 거기에는 다른 문자가 일어날 것이다.

[위의 "<a(ā)> + <i(ī)> = <e>"는 우리 한글로는 "ㅓ(ㅏ)+ ㅣ= ㅔ(ㅐ)"일 것이고, <역의 상태에서>는, 파니니의 산디의 규칙에 따라, <e> 대신에 <ya>가 있고, 우리 한글의 "ㅣ + ㅏ = ㅑ"와 같다.]

만약 <i> 혹은 <ī>가 아난다(ā)를 꿰뚫으면 모음 <e>의 긴 상태가 있을 것이고, 아눗타라(a)를 꿰뚫으면 모음 <e>의 짧은 상태가 있을 것이다.

[고전 산스크리트 문법에서는 <e>, <ai>, <o>가 길고, 트리카 경전과 베다(Veda)의 만트라에서는 <e>, <o>는 짧다. 그러므로 "a + i(ī) = e(短)"이고, "ā + i(ī) = e(長)"이다. 단모음은 쉬바를 상징하고, 장모음은 <쉬바와 샥티의 결합>을 상징한다.]

유사하게 파탄잘리도 말한다.

"<베다(Veda)를 암송하는 사람들> 가운데 라나 야니야 파(派)의 사티암우그리 지파는 반(半)으로 말한다."

[여기서 사티아는 짧은 것의, 우그리는 긴 것의 상징이다. "반으로 말한다."는 "<짧은 e>와 <짧은 o>로 말한다."는 의미다.]

보통 사람들 가운데서도 또한 이 수행은 꽤 분명하다. **샤이바** 경전에서도, **앙가박트라**의 적용에서 (사지 혹은 입과의 연결에서) 그것은 눈에 띄는데, <ai>와 <au>와 비교하여 <e>와 <o>의 짧은 면이 이런 빛에서 고려되어야 한다. 즉 <e>는 긴 <ai> 대신에 <aya>가 되고, 또 <o>는 긴 <au> 대신에 <ava>가 된다. 그래서 모음 <e>와 <o>의 위치가 결정되었다.

이제 <e>가 <a>와 <ā>와 결합하면 <ai>가 된다. 유사하게 **운메샤**(u) 경우도 <a>와 <ā>와 결합하면 <o>가 된다. 그렇게 <ū>도 <a>나 <ā>와 결합하면 <o>가 된다. <o>가 <a>나 <ā>와 결합할 때 <au>가 된다.

[<e>는 **크리야 샥티**의 다섯 번째 단계이고, <ai>는 여섯 번째, <o>는 일곱 번째, <au>는 여덟 번째 마지막 단계이다.]

운메샤(u) 즉 확장하는 **갸나 샥티**가 허공 속으로 침투할 수 있더라도, 그것은 그것이 처음 **잇차**(i)와 **이샤나**(ī) 속으로 들어갈 때만 그렇게 할 수 있다. 허공 속으로 들어갈 수 있는 것은 그런 때 만이다. **잇차**(i)와 **이샤나**(ī)의 경우, 그들의 핵심적 본성의 변화의 문제는 없다. 그러므로 그들의 위치는 이전처럼 남는다. 그러니 <잇차와 **갸나**(i, ī, u, ū)>는 아눗타라(a)의 핵심적 본성 속으로 들어가는 것에 의해서 발달하게 된다. 즉 크리야 샥티의 완전한 발달의 상징인 <au>에 도달한다.

[잇차(i)와 이샤나(ī)는, 그들 안에 다른 요소를 갖지 않지만, 운메샤(u) 혹은 갸나는 그 안에 잇차와 갸나의 두 요소 모두를 갖는다.]

이 후에, 그것들은 그들의 샥티의 변화를 금하고, 미분화의 상태로 올라, 빈두 즉 <aṃ>의 남아 있는 형태 속에 용해된다. 빈두(점)는 순수 **의식**인 **실재**(實在)의 바로 그 본성을 알아채는 것을 나타낸다. 그리고 **아눗타라** 상태 안에 용해된다.

크리야 샥티의 진동은 <au>에서 끝난다. 잇차와 갸나의 진동은 여기에서 끝나는데, **잇차**와 **갸나**는 크리야 샥티에 포함되기 때문이다.

트리카에서 <au>의 본성은 **트리슐라**(삼지창) 곧 **삼위**(三位)로 결정된다. (**잇차**, **갸나**, **크리야**의 세 가지 샥티가 가장 명확한 형태로 있기 때문이다.)

"파라 바크는 세 가지 영역(안다)에 편재하노니
 <sa>와 더불어 프리트비, 프라크리티, 마야에
 삼지창(三枝槍) <au>와 더불어 샥티 안다에
 <aḥ>와 더불어 <모든 것을 초월하는 **그것**>에"

[위의 시에서 특기할 만한 것은 두 가지다.

① 잇차와 더불어 **크리야**의 초기 측면은 **쉬바**의 초월적 상태(비슈봇티르나-마야)와 관련되고, 후기 측면은 내재적 상태(비슈마-마야)와 관련된다.

② "sa + au + : "는 **Sauḥ** 만트라를 만들며, \<sa\>는 **프리트비**, **프라크리티**, **마야 안다**에 존재하는 31 **탓트와**를 나타내고, \<au\>는 **숫다 비디아**, **이슈와라**, **사다쉬바**를, 또 **비사르가**(":")는 **쉬바**와 **샥티**를 나타낸다. 그러므로 **Sauḥ**는 \<신성의 현현 전체\>를 나타낸다.

(**Sauḥ** 만트라는 제 8 장에서 자세히 다룬다.)

아눗타라 그 자체 안에서 현현의 내적인 확장은 \<au\>에서 끝난다. 왜냐하면 이 문자는 **아눗타라** 그 자체 안에서 **크리야 샥티**의 끝을 나타내기 때문이다. 이 뒤에, 현현의 확장은 **아눗타라**의 단일성 안으로 철수된다. \<aṃ\>의 점(".")은 **아눗타라**에서 내적인 현현의 용해의 상징이다.

이 \<내적인 현현\>은 **빔바**이다. 즉 \<세상이라는 외부적인 현현의 반영\>인 **프라티빔바**의 근원이다. \<내적인 현현\>은 **아눗타라** 그 자체에서 내부적으로 성취되며, **스와루파 스리슈티** 즉 \<내적인 본성 그 자체 안에서의 현현\>으로 알려져 있다.

<a>에서 <au>까지의 모음들은 **아눗타라** 내에서 내적인 현현을 나타내고, <aṃ>은 **아눗타라** 내에서 내적인 현현의 용해와, 또 **친마야-푸루샤-탓트와** 즉 **샴바와-탓트와**와의 동일시를 나타낸다.

<**잇차 샥티의 발달된 형태**>가 **갸나 샥티**이고, <**갸나 샥티의 발달된 형태**>가 **크리야 샥티**이다. 그러므로 **크리야 샥티**는 잇차와 갸나를 포함한다.

아비나바굽타는 탄트라 알로카에서 말한다.

"**크리야 샥티**가 <소마(잇차 샥티), 수리야(갸나 샥티), 아그니(크리야 샥티) 즉 스와루파 스리슈티 즉 **아눗타라**의 내적인 현현 전체> 안에서 나타나는 국면에서 성취될 때, 번쩍거리는 이 모든 것의 밑바탕에서의 경험은 **쉬바-빈두**로 알려진 점(點)이다. <나누어지지 않은 빛이고>, <모든 분화에도 변하지 않고 영향을 입지 않고 남으며>, <자신의 고유한 일자성(一者性)에서 빛나가지 않는> 그것은 점이다. <aṃ>의 점으로 표현된 빈두다."]

점(빈두)은 <남은 자> 즉 <오직 순수한 **알아채는 일**>을 나타낸다. (<남은 자>를 경험하려면 "**그대는 힘을 잃고 있다. 다 잃은 그 순간**"을……)

<**확장의 두 가지 성격 그리고 샥타 확장의 시작**>

지고의 **주**가 자신 안에 우주 전체를 방사할 때, 처음은 오직 순수한 **알아채는 일**로 단일성을 나타내기 위해 **쉬바**(샥티의 소유자)로 현저하고, 다음은 그것의 창조적 수단(잇차, 갸나, 크리야)과 더불어 **샥티**로 현저하다. <aḥ(:)>는 **샥타 비사르가**의 상징이다.

[비사르가(:)의 두 점은 <아래의 점으로 상징되는 **샥티**의 견지에서 외적인 세계의 확장이 있더라도, 위의 점으로 상징되는 **쉬바**(샥티만)의 견지에서는 우주 전체는 **쉬바의 나-의식** 안에 쉰다>는 진리를 가리킨다.]

<au>까지 그렇게 완전히 발달된 **크리야 샥티**에 대해 말하자면, 그것은 처음에는 현현하려는 욕망(잇차)의 박동으로 나타나고, 중간에는 현현의 이해(갸나)이고, 마지막에는 실제적인 현현(**크리야**)으로 나타나는데, 그것은 **바이라바** 즉 <이 모든 것 안에 침투한 **아눗타라**>의 본성을 이룬다. **이것은 <가장 미묘한 명상 속에 있는 요기>는 명확하게 경험할 수 있고**, 스왓찬다와 다른 수행 경전에도 잇차를 가리키는 **프라붓다**, 갸나를 가리키는 **프라사라나**, 크리야를 가리키는 **아바라나**로 기술되어 있다.

[세계의 현현에서, **쉬바**에게는 어떤 변화도 없다. 모든 현현은 그의 **샥티**의 결과이지만, 그는 거친

물질계에서도 변하지 않는다. 트리카는 파리나마-바다(의식의 전변설)를 믿지 않는다. (정확하게는, 믿음의 문제도 아니다. 굳이 이름을 붙이면) 트리카 교설은 스와탄트리야-바다이다. 쉬바는 이 세계의 현현을 그의 스와탄트리야(절대 자유)로 일으킨다. 그는 자신 안에서는 어떤 변화를 겪는 것도 없이 모든 변화에 영향을 준다. 이것이 <am>의 점으로 나타난다.]

그러므로 쉬바-드리슈티에서 소마난다는 말한다.

"칫, 아난다, 아눗타라(a)인 지고의 자아(自我)를 명상하는 것으로, 그의 안에는 세 가지 샥티(잇차, 갸나, 크리야) 모두가 녹아 있는데 (이를 명상하는 이는 쉬바의 본성을 얻을 것이다.)"

"우주의 형태를 성취한 것은 그의 샥티다. 마치 진흙덩이가 항아리의 형태를 얻은 것처럼."

"오직 <하나의 원리(쉬바)>만 있다. 그의 안에는 (프리트비, 프라크리티, 마야, 샥티의 넷 영역, 세 가지 샥티, 다섯 상태 같은) 국면의 수(數) 때문에 오는 차이는 없다. <절대 자유의 확장을 나타내는 것뿐인 에너지의 풍성함>을 떠맡은 쉬바만이 바이라바의 국면을 성취한 것이라고 선언한다."

쉬바-드리슈티에서 이런 위치가 - 트리카 전통을 축적하는 첫 장(章)에서 - 기술된 것이다.

"아눗타라가 그 자신의 **의식**과 **지복**의 경험에만 거할 때, 그 시각에 **잇차 샥티**와 **갸나 샥티** 또한 똑같은 **의식**과 **지복** 안에 거한다.

그러니 쉬바는 자신 안에 (잇차, 갸나, 크리야의) 세 가지 미묘한 **샥티**의 완전한 융합으로 거한다. 그 **지고의 실재**는 그때 어떤 분화도 없는 최고의 **의식**과 **지복**이다."

<(항아리 같은) 대상의 지식>에 대해서는 이렇게 기술한다.

"항아리 같은 어떤 대상을 아는 <지식의 시간>에 (칫, 아난다, 잇차, 갸나, 크리야의 다섯 가지 면이 현존한다.) '나는 항아리를 안다.' - 이것은 **크리야 샥티**를 가리키고, '안다.' - 이 사실은 **갸나 샥티**를 가리킨다.

만약 내가 잇차를 갖지 않으면 지식은 가능하지 않을 것이다. 어떤 사물이 알려졌을 때, 그 사물 쪽으로 향하지 않는 것은 그 사물을 회피하는 것을 가리킨다. **향하는 일은 아난다의 경험 없이는 가능하지 않다.** 그것이 사람이 자신이 싫어하는 것 쪽으로는 나아가지 않는 이유다. 그리고 **지식(인식)은 칫(의식, 인식) 없이는 가능하지 않다.**"

"사람은 욕망하기 때문에, 알거나 행하려고 나아간다. 행위는 욕망이 있을 때만 일어난다. 이것으로 두 가지 면이 가정될 수 있다. 하나는 <행위를 한 것으로 누적된 아난다>이고, 다른 것은 <그 확장인 현현으로 향하는 것>이다. 쉬바는 현현으로 향하는 것으로 전혀 거칠어지지 않는다."

<이런 경전(아가마)>(이라는 보물)은 그 합리성 때문에 사람의 생명으로 받아들여지는 것이다!

❦

주는 (항상 그의 창조하는 에너지와 한 쌍인데) 우주를 방사한다. 그 <창조하는 에너지(비사르가 샥티)>는, 탓트와의 견지에서는 흙에서 샥티까지, 문자의 견지에서는 카에서 크샤까지 확장한다.

이것은 다음의 절에서 <열여섯 번째 칼라(혹은 아마 칼라)>로 선언된다.

"<친마야 푸루샤> 즉 열여섯 칼라인 쉬바에서, 열여섯 번째 칼라는 암리타-칼라(불멸 혹은 불변의 칼라)로 알려져 있다."

이것은 상키야나 베단타에는 없고, 트리카에만 있는 것이다. 지고의 주의 비사르가 샥티는 최고의 지복의 씨앗이다.

[<a>에서 <aṃ>까지는 열다섯 칼라이고, <aḥ>는 **열여섯 번째** 칼라로 이것은 **주**의 핵심적 본성이다. 이 **열여섯 번째**는 비사르가-칼라로 알려져 있다.

<ka>에서 <kṣa>까지는 외적인 현현으로, 항상 확장하고 수축하지만, 비사르가-칼라는 본성에서 불변으로 남는다.

프라나야마에서도 열다섯 투티는 증가와 감소를 계속하지만 **열여섯 번째** 투티는 불변으로 남는다.

달의 <위상(位相) 변화>에서도, 열다섯 위상들은 계속 증가하고 감소하지만, <모든 것의 배경이고, 시야에서 숨어버린, **열여섯 번째** 달 모양(위상)>은 불변으로 남는다.

쉬바의 비사르가 **샥티**(창조적 에너지)는 암리타 칼라라고 하는데, **쉬바**의 에너지로 생긴 모든 변화에도 불구하고, **쉬바**와 그의 에너지는 어떤 변화도 겪지 않기 때문이다.

또 비사르가 **샥티**는 세 가지 국면이 있다.]

그러므로 조밀함을 획득하고 <자음(샥타-요니)의 형태>를 떠맡은 <a>와 다른 문자들(ā, i, u, ṛ, ḷ)은 그들의 핵심적 본성에서 빗나가지 않는다. 그러나 이들 모두는, 그들의 핵심적 본성인 자음 속으로 이행하여, 비사르가 즉 확장의 위치를 얻은 것으로 알려진다.

"오 여신이여, 모음들이 마침내 자신들의 <쉬는 상태> 즉 자음들에 이른 곳을 <구루의 얼굴(구루 박트라)> 혹은 <비사르가 파다>와 <샥티 차크라 (샥티의 집합 전체)>라고 한다."

[샥티를 <쉬바의 입(밧트라)> 이라고 부르는 것은, "샥티를 통해" 사람이 쉬바 속으로 들어갈 수 있기 때문이다. 구루는 쉬바와 같다. 비사르가 샥티는 구루 무카(얼굴)와 같다. 그러므로 비사르가 샥티 또한 구루 박트라라고 부른다.]

<a>는 압축되어 <ka> 행(行)을 만들고, 그들은 모두 후두음(喉頭音, 목구멍소리)이고,

<i>는 압축되어 <ca> 행을 만들고, 그들은 모두 구개음(口蓋音, 입천장소리)이고,

<ṛ>는 압축되어 <ṭa> 행을 만들고, 그들은 모두 권설음(捲舌音, 혀말이소리)이고,

<ḷ>는 압축되어 <ta> 행을 만들고, 그들은 모두 치음(齒音, 잇소리)이고,

<u>는 압축되어 <pa> 행을 만들고, 그들은 모두 순음(脣音, 입술소리)이다.

<ya>와 <śa>는 구개음인 <ca> 행과 함께하고,
<ra>와 <ṣa>는 권설음인 <ṭa> 행과 함께하고,

<la>와 <sa>는 치음인 <ta> 행과 함께한다.

<va>는 <ta> 행과 <pa> 행에서 나오고, 그것은 순치음(脣齒音, 입술잇소리)이다.

스와탄트리야 혹은 **샥티**를 가지지만 **보다** 혹은 알아채는 일이 없거나, 혹은 **스와탄트리야**가 아닌 **보다**만 있는 **비갸나칼라**에서조차도 **크리야 샥티**가 있다. (즉 그의 **보다**에서도 미묘한 **크리야 샥티**의 형태가 있다.) **비사르가 파다**에 쌓인 그 조밀함은, 앞서 기술한 양상을 따르면, 여섯 **샥티**(a, ā, i, ī, u, ū 즉 **아눗타라, 아난다, 잇차, 이샤나, 운메샤, 우나타**)로 생성된다. 그러므로 **칫, 아난다, 잇차, 갸나, 크리야**의 다섯 행이 여섯 **샥티**로 증식하면 (곱해지면) 30이 되고, 여기에 위에 언급한 여섯이 더해지면 36 **탓트와**가 된다.

그래서 **절대 자유**를 통해 압축된 **쉬바-비자** 즉 **모음(스와라)**은, **쿠수마**(血)로 **샥티** 형태 안에 거하면서 **자음(요니)**이라고 부르게 된다. (**쉬바-비자**와 **샥타-요니**의 결합을 통해 우주적 현현이 있다.)

[이중(二重)의 의미가 있다. **쉬바**는 남성 원리를 나타내고, **샥티**는 여성 원리를 나타낸다. 또 **쉬바-비자**는 남성의 흰 정액이고, **쿠수마**는 여성의 붉은

월경이다. 현재의 문맥에서는 비자는 **모음**이고, 또 여성 성기(요니)는 **자음**이다. 남성의 정액과 여성의 정액(난자)이 만나 태아를 낳듯이, **쉬바**의 **비자**와 **샥티**의 **요니**는 <완전한 **자음**>을 낳는다.]

    앞서 언급한 원리에 따르면, **샥티**의 붉은 정액 즉 여성 원리는 <그라햐(대상)>, <그라하나(지식)>, <그라하카(주체)>의 삼각형으로 구성되는데, **쉬바** 혹은 남성 원리와 섞일 때면, 출산(외적인 확장)의 장소가 된다. 푸슈파(꽃) 혹은 <여성의 창조적 붉은 정액>의 활동이 있는 것은 **쉬바**와 **샥티**의 만남이 있을 때뿐이다. 그것은 **쉬바**(남성)에 의한 짝짓기에 적합하기 때문에 요니(여성 생식기)로 알려져 있다. 그러므로 <삼각형의 그 붉은 정액 자체>는 요니를 나타낸다. 이 단계에서 <그라햐, 프라메야(대상)>, <그라하나, 프라마나(지식)>, <그라하카, 프라마타(주체)>의 **삼위**는 소마-수리야-아그니, 스리슈티-스티티-삼하라, 이다-핑갈라-수슘나, <다르마-아-다르마-다르마-아다르마>를 상징한다.
    [쿠수마(血)와 푸슈파(꽃)는 생식력의 상징이다.]

    지고의 **삼위**의 **샥티**는 바이라비로 알려져 있다. 역삼각형은 요니를 나타내고, **쉬바-샥티**의 합일은 이제 육각형(✿)의 형태로 나타난다.

[비자인 **쉬바** 삼각형(△)과 **요니**인 **샥티** 삼각형 (▽)의 결합을 **샷코나 무드라**(✿)라고 한다. **쉬바** 삼각형의 **프라마타, 프라마나, 프라메야**는 불분명 하고, **샥티** 삼각형에서는 분명하다.]

쿠브지카마타의 한 장(章)에서는 이 일을 이렇게 선언한다. "그녀의 존재가 삼각형의 면이기 때문에 지복의 체현(體現)인 **마야** 위에 **마하마야**가 있다." 그러므로 정액과 난자가 <하나인 조밀함> 속으로 융합된 것을 나타내는 <**쉬바**와 **샥티**의 합일>은 **참 나** 자신의 형태로 경배되어야 한다. 이것이 **트리카 사라**에서 충고하는 것이다.

"<**잇차 샥티**에서 보이는 **쉬바-샥티**의 막 시작된 통합>과 또 <**갸나 샥티**에서 보이는 그들의 조밀한 통합>과 그의 동일성을 경험하는 수행자는 <**쉬바**의 삼각형과 **샥티**의 삼각형의 연합>이라는 그 최고의 **삼위**를 경배해야 한다."

그러므로 음소의 압축이 오직 **바이카리** 즉 거친 면에서만 분명하게 되더라도, 아직 그것은 일차적 으로 모든 것을 포괄하는 **지고의 말씀**(파라 바크)

안에 거한다.

파라 바크에는, 목구멍과 입술 같은 <발성기관(스타나)>과 또 <조음(調音) 방식(수단, 카라나)>이 모두 포함된다. 이것이 주목해야 할 점이다. **사람은 마음속으로 중얼거리고 또 마음속으로 그려본다.** 이것은 경험하는 분명한 일이다. 그것들의 차이는 중얼거리는 여러 기관에 기인한 것인데, 듣는 일은 문자의 바로 그 생명이기 때문이다. **어린아이들이 말을 배울 때면 <속에서 말을 중얼거리는 것으로> 여러 대상의 이름을 배운다.** 그가 반대 방향으로, 불확실한 방향으로 생각하는 동안이라도 <마음을 사용하는 한> 그는 어떤 것을 안다. **모든 이해는 말의 사용에 기인한다.**

그러므로 목구멍의 수축(samvara)과 목구멍의 확장(vivara)으로 생기는 성문음(聲門音)과 호흡의 도움으로 생기는 무기음(無氣音, unaspirated)과 유기음(有氣音, aspirated)의 문자와 소리가 현존할 때, 그것들의 적절한 성격에 따라서, 그것들이 **바이카리**에 있듯이 내적으로 (**마드야마**와 **파쉬얀티**에) 있다. 만약 그렇지 않다면, 그때 거기에는 똑같은 조음 기관으로 생성되는 문자에서 아무런 차이도 있지 않기 때문에, <문자를 분리하여 중얼거리는 감각의 힘>은 **바이카리**에서도 사라질 것이다.

뿐만 아니라, 그렇지 않다면 - 이들의 다양성이 내적으로 현존하지 않는다면, (바이카리 상태에서) "나는 듣는다."와 (마드야마와 **파쉬얀티** 상태에서) "나는 들었다.", 또 (바이카리에서) "나는 본다."와 (마드야마와 **파쉬얀티**에서) "나는 보았다.", 똑같이 "나는 생각한다."와 "나는 생각했다." 같은 생각의 다양성은 가능하지 않을 것이다.

[『**생각(마음)의 탄생(기원)**』 류(類)의 책은 굉장히 많다. 실로, 다양한 분야의 다양한 사람들의 지식과 경험을 다루고 있다…… 그래서 하는 말이다.

나 자신을 종교적이라고 생각하든, 과학적이라고 생각하든, 우리는 사실, 그 어떤 사원(寺院)도, 과학 서적도 따로 필요하지 않다.

<나의 내면>이라는 사원이면 충분하고, 또 <나의 내면>이라는 실험실이면 충분하다. 내가 사제이고 신(神)이며, 내가 실험자이고 또 피험자(被驗者)다.

모든 것은 <나의 내면>으로부터다!

이런 것이 필자가 <이런 책>을 다듬고 있는 이유이다. 우리 인간의 참 내면을 다루는 영성과학자와 참 사제(司祭)들이 많이 나타나길 바라며……]

< 2 > 그 거울에 비친 비밀들

그러므로 이 <반복적이고 용의주도한 논증>으로, 더욱 더 내면(內面)으로 들어가는 것으로, <각성의 덩어리이고, 모든 것을 포괄하고, 또 목구멍과 입술 에너지의 거처인 **의식**>을 간직하라.

그 안에는 **아함** 즉 <창조적인 **나-의식**>이 내재한다. **아함**은 **절대 자유**의 핵심이고, 존엄한 음소이고, 최고의 만트라다.

[이것은 <**아함** 비마르샤> 혹은 <**쉬바**의 창조적 **나-의식**>의 산물일 뿐인 **파라 바크** 혹은 **지고의 말씀**에 관한 것이다.]

만약 "의식이라는 그 분화하지 않는 덩어리에서 어떻게 '이것은 발성 기관이고, 이것은 조음 기관, 이것은 문자다.' 같은 구분이 있을 수 있느냐?"고 반문한다면, 나의 대답은 이렇다. "그 무한의 **절대 자유**가 모든 사람의 **지고의 자아** 안에서 '이것은 항아리다(외부 대상). 이것은 행복이다(내적 대상). 이것은 지식(**프라마나**)이고, 나는 <아는 자(주체, **프라마타**)>다.'라는 등의 다른 이해를 일으킨다." 이런 경험의 다양성을 얼마나 더 말해야 하는가?

[**경험의 다양성**은 개인의 노력에 의한 것이 아닌, **이런 방식으로 현현을 일으키는 주의 절대 자유의 의지로 인한 것**이다. 그러니 불행 중 다행이다!]

그러므로 하나이고 똑같은 **지고의 말씀**이, 모든 것을 포괄(包括)하여, 돌이든 나무이든, 동물, 인간, 신, **루드라, 프랄라야칼라, 비갸나칼라, 만트라, 만트라-이슈와라, 만트라마헤슈와라**와 다른 모든 것 안에 **지고의 주**로 거한다. 그러므로 **마트리카**는 몸이 문자(와 소리)로 구성되고, <**마드야마**에서는 분명하지 않고 인식할 수 없는 방식으로>, 그리고 <**바이카리**에서는 분명하고 인식 가능한 방식으로> 여러 위치에서 그들의 영혼으로 거하며, **만트라**의 효과적인 힘으로 선언된다.

유사하게 (음악에서) **비나, 비판치**(아홉 현(絃)의 **비나**), **캇차피**(거북 모양의 소리판을 가진 **비나**), **무라자**(북) 같은 다른 악기의 다른 곳에서 생성되는 똑같은 음은 똑같은 음역(音域, **스타나**)에 속한다고 말한다.

[음악에는 저음 **만드라**, 중음(中音) **마드야**, 고음 **타라**의 세 가지 음역이 있다. 다른 악기의 특정한 음역에서 나는 같은 음은, 다른 악기에서 생성되는 위치가 다르더라도 항상 똑같다는 것을 말한다.]

유사하게 저음, 중음, 고음 같은 다른 음역에서도 기본음 혹은 시작하는 음은 같은 것이라고 한다.

유사하게 똑같은 음소는 어떤 생물에서는 다른 기관에서 일어날 수 있다. 예를 들어, 까마귀에서 듣는 <ka>, <ṭa>, <ra> 소리는 위장, 항문, 목구멍, 입천장의 많은 기관이 관련되어 생긴다. 까마귀가 내는 <ka + ṭa + ra> 소리가 분명하지 않더라도 음소 자체로는 바른 것이다. **마트리카에서 떨어져 있는 음소라는 것은 가능하지 않다.**

만약 어떤 음소가 **마트리카**에서 떨어져 있고 또 분명하지 않아 의미가 없어서 받아들일 수 없다고 한다면, 우리는 그것은 옳지 않다고 말한다. **무라자** 소리나 파도 소리 같은 분명하지 않은 음소도 기쁨이나 슬픔을 일으키는 데는 유용하다. 달리 무슨 유용성이 있겠는가!

트리카 경전도 음소들이 분명하지 않은 **만트라**를 사용한다. 예를 들어, **아르다찬드라** 등에서 <분명하지 않은 소리>는 만트라의 그 핵심이라고 하며, **니로디니** 단계에서 **만트라**는 단지 저 "스-, 즈-" 하는 소리[치찰음(齒擦音)]일 뿐이라고 한다.

[**쉬바 수트라**에서 다룬 바 있는 **아르다-찬드라, 니로디니, 아나하타-나다, 나단타, 샥티, 비아피니, 사마나, 운마나**에 속하는 **만트라**(소리)는 **아뱍타**로 즉 분명하지 않다.]

귀를 때리는 종과 **심벌즈** 등의 (불분명한) 소리도 **나다-요가**를 가르치는 것으로 여겨질 수 있다.

구햐-요기니 탄트라는 말한다.

"말이 '히이잉' 하고 우는 소리, 소의 큰 울음, 사자의 포효, 낙타의 목구멍소리 등처럼 (분명하지 않은 소리의) 그런 **만트라**를 읊는 **요기니**는 **파슈**의 삶을 살지 않는다. 이것이 제압할 수 없는 것조차 자신 쪽으로 끄는 데 사용되는 **마하-만트라**의 적용이다." 이것은 단지 방편적인 것이다.

사실, "그것은 **만트라**인 내면의 소리다." <분명하고 의미 있는 음소를 가진> **마하-만트라**는 우리 모두가 쉽게 사용할 수 있다.

그러므로 분명하지 않은 소리도, 멀찍이 놓아둔 항아리도 항아리이듯이, 분명히 음소의 형태이다. 이것은 확립된 것이다. 음소는, 새(鳥)나 북(鼓)처럼 **프라나**의 차이를 통해 다른 곳에서 일어나더라도, 같은 음소이다. - 이것도 확립된 것이다. 그러므로 **파탄잘리**가 "모든 존재의 소리의 지식이 **요기**에게 있을 수 있다."고 한 것은 이제 나에 의해 완전히 실현되었다.

그렇지 않으면, 어떻게 <(서로 부과하는 것으로) 말, 대상, 생각의 혼동인 것>이 **다라나**(집중), **댜나**(명상), **사마디**(초월적인 주의 집중)의 연합된 작동

(삼야마)으로 그들 각각을 분리하여 아주 미세하게 구별할 수 있는 **지고의 재능**의 획득이 있겠으며, 또 분명한 음소 없이 새 등이 '구구구구'하는 것의 지식에서도?

새 등의 분명하지 않은 음소가 분명한 음소처럼 완전히 명백한 의미를 갖는 말의 상태를 획득할 때, 그때 언급한 원리를 따라서, 새의 '구구구구' 하는 것이나 북소리도 의미로 가득하게 된다. 그때 새소리가 어떤 의미를 가지듯이, 북소리도 전쟁의 승리와 패배의 소리일지도 모른다.

<말의 바른 조음(調音)과 발음에 관한 경전>의 견해도 어떤 이들은 <ha>와 **비사르가**가 가슴에서 발음되고, 다른 이들은 치근(齒根)에서 발음된다는 것도 어떤 의미가 있을 수가 있다. 그 외에는 전혀 아니다. 이것이 <미세한 차이>에 기초하여, 음소의 약간 다른 형태에 대해 의심이 있는 문법학자들이 다음 것들을 다른 음소들로 여겨 64 가지의 음소의 목록을 증가시킨 이유다.

① **지바물리야와 우파드마니야** : **비사르자니야** 로부터

② 다섯 **야마 악샤라**(ṅuṃ, ñuṃ, ṇuṃ, nuṃ, muṃ) : 다섯 비음(鼻音) ṅa, ña, ṇa, na, ma의 다른 형태

③ ḍa, ḍha, ya, ra, la, va, kṣa의 다른 형태 :
짧은 조음으로 이들 문자와 다르다.

이런 음소의 구분에서, 모음과 자음처럼 <ṛ>와
<r>은 똑같은 차이가 있다. **트리카-랏나-쿨라**에서도
말했다. "8 × 8 = 64로 그 다양함이 결정된 **마트
리카**만이 **쿨라-차크라(샥티 차크라)**로 간주되어야
한다." 그 **쿨라 차크라**는 우주 전체에 편재한다.
이들 64 음소의 차이점은 **마트리카-갸나-베다**에서
상세히 결정된다.

[**지바물리야**는 <ka>와 <kha> 앞의 **비사르가**로
설근(舌根)에서 발음되며, **우파드마니야**는 <pa>와
<pha> 앞에서 발음되는 **비사르가**이다.

64 음소는 다음과 같다.

① a, i, u, ṛ의 단(短), 장(長), 광(廣)   12
② ḷ의 단, 광   2
③ e, ai, o, au의 장, 광   8
④ 스파르샤 바르나(카에서 마까지)   25
⑤ 안타스타 바르나(ya, ra, la, va)   4
⑥ 우슈마 바르나(śa, ṣa, sa, ha)   4
⑦ 아누스와라와 비사르가   2
⑧ 지바물리야와 우파드마니야   2
⑨ 야마   5
　계   64]

트리카는 그 과정은 애호하지 않는데, 통합적인 전체성 혹은 완전성이 우리 체계의 핵심이기 때문이다. 그러므로 **모든 곳에서 지고의 의식 속으로 들어가는 그런 방법이 있다.** 갸나 샥티에서든 혹은 크리야 샥티에서든 모든 대상은 <**지고의 말씀**>의 만트라의 최고의 빛 속에서 쉰다. <**지고의 말씀**>은 자신의 진정한 본성이고, **마이야**가 아니고, 관습적이지 않은, 순수하고 창조적인 **나-의식**이다.

그것은 <**니르비칼파의 상태**>로서 모든 철학파에 의해 찬양되는 것이다. 그 지고한 **만트라**의 빛은 <**ka**> 등의 음소에서 모음과 자음이 혼합된 상태와 되지 않은 상태 모두에서 **흙** 범주 등에 현존한다. 그렇지 않으면 <메루 산>과 <대추(열매)>, 물과 불, 항아리(외적인 경험)와 기쁨(내적인 경험) 같은 그런 <확정적인 지식의 다른 쌍들>과 <그것들의 확정적이지 않은 지식> 사이에는 아무런 차이가 없을 것이다.

(확정적이지 않은 상태에) 주의를 기울이지 않은 <확정적 지식(비칼파)>조차도 서로의 구별이 있지 않을 것이다. 그와 반대로, <모든 구별의 기초>로 <구별이란 없는, 확정적이지 않은 상태>를 만드는 것도 가능하지 않을 것이다. <모든 관습적인 것을 초월하는 (**나-의식** 혹은 **파라 바크**의) **만트라**>는,

모든 것을 아는 스승들이 그 **만트라**가 서로를 구별하는 모든 관습의 근원이라는 것을 알 때조차도, 경배의 대상으로 가르치는 것은 사실이다. 실제로 <마이야의 모든 관습적인 상징들>이 그렇게 끝나고 <초월적이고, 관습적이지 않은 **만트라**> 즉 **아함**과 동일성을 얻는 것은 그 <**지고의 말씀**의 관습적이지 않은 그 빛> 즉 **아함** 속에서다.

<**마이야의 관습적인 상징들**>의 유일한 중요성은 <**관습적이지 않은 것**>의 핵심적 본성을 경험하는 **것에 있다!** 이들 상징의 다른 중요성은 없다. 끊임없는 (수행의) 반복으로, 사람이 <관습적이지 않은 것>의 영역으로 들어갈 때, <먼 과거(前生)에 얻은 "고(牛)"라는 말의 의식>과 <이후, 관습적인 사용의 경우에서, (눈으로) 볼 수 있는 소로 얻을 수 있는 의식>을 명확히 기억해 낸다. - 둘 다 궁극적으로 관습적인 것을 초월하는, 저 **마야**의 경계 너머 더 높은 <다른 종류의 **의식**> 속으로 용해된다.

어린아이도 처음에는 <조건화되지 않은, 순수한 **의식(칫)**>만이 뚜렷하다. 그러므로 전생 뒤의 현생에서도 그에게는 관습적인 것을 초월하는 **의식**이 있다. 그렇지 않으면 그가 관습적인 것을 유지할 지지(支持)란 없을 것이다. **그러므로 관습적인 것을**

이해할 가능성이 있을 수 있는 것은 <관습적이지 않은 것>의 기초 위이기 때문이다. 그렇지 않으면 아닌 것이다. 이것이 **이슈와라-프라탸비갸**의 주석에서 **웃팔라데바**가 밝힌 것이다.

칸타파다는 <관습적이지 않은 상태>로 들어가는 방법을 말한다. "사람이 <다른 어떤 것>을 보고, <다른 어떤 것>을 듣고, <다른 어떤 것>을 하고, <다른 어떤 것>을 말하고, <다른 어떤 것>을 생각하고, <다른 어떤 것>을 먹는 곳에서 – 그런 모든 상황에서, <관습적이지 않은 **실재**>의 입장이 있다. (이 모든 기능을 조절하는 것이 <관습적이지 않은 것>이다.) **주의를 다른 곳으로 던질 때, 눈은 다른 곳으로 향한다.** 그것이 **프라나**가 노력 없이 항상 나아가는 방법이다."

[한마디로, 다르게 보면(본다면) 다르게 보인다! 마치 **처음인 것처럼 보라.** 또 이런 시각(視角)은 누구라도 시인(詩人)이 될 수 있는 기초다.]

그러므로 <관습적인 신호> 즉 <(그것의 근원을 추구하는) 확정적인 지식>은 **아눗타라**(초월적 상태)에서 끝이 난다. 초월적 상태, 그것의 본성은 항상 무수한 종류의 다양성을 나타내는 열의(熱意)인데, 항상 현현(창조)의 견지에서 계속해서 확장한다.

그것은 <ha> 측면까지 확장을 일으키는 그 현현하려는 충동이다. 그 현현하려는 충동에서, <ha>의 반(半)으로 표시되는 **샥티 쿤달리니**의 측면이 있다. 그것은 **쉬바**의 핵심적 본성과의 동일시의 수단인 점(點) 모양을 떠맡고, 다시 **아눗타라** 상태 속으로 돌아가서 핵심적 본성 안에서 쉰다.

한 음소 즉 <a>로 상징되는 **아눗타라**(초월적인 의식)는 진실로 그 본성에 의해 공간, 시간, 인과의 모든 개념을 초월하고, 앞서 기술된 원리에 따르면, 전체적으로 완전하고, 즉시 **파라 비사르가**의 단계 즉 현현의 지고한 단계에 의지한다.

오로지 <**파라 비사르가**(지고의 창조적 생명력)의 단계>와 연결된 뒤 **아난다, 잇차, 이샤나, 운메샤,** 그것의 확장인 **우나타,** 그것의 다양성인 <r̥>, <r̥̄>, <l̥>, <l̥̄>와 **크리야 샥티**의 산물인 <e>, <ai>, <o>, <au>의 처지(處地)가 있다.

현현의 그 지고한 에너지는 **파라-아파라**가 된다. 그것은 과도한 풍부함 때문에, 또 지고한 에너지와 불가분의 연결 때문에 확장하여, 즉시 <ha>의 측면 즉 외적인 현현(**아파라 비사르가**)이 된다. 그것은 실제로 <ka> 등으로 상징되는 수많은 범주의 존재계를 일으키는 <외적인 현현(<ha>의 상태)>의 획득이다. 그것은 다시 이 "**ha 칼라**" 혹은 외적인 현현으로, 빈두 즉 아함(aham)의 <am> 속으로 들어가 아눗타라 상태 속으로 끝난다.

그러니 그것은 지고한 여신, **지고의 말씀**이다. 그는 유일하고, 불이이고, 전체적으로 통합적이고, 완전하고, <의식적인 창조력(비마르샤마이-크리야 샥티)>으로 현존한다. 이 현현의 행위에서는 (공간, 시간과 형태의) 어떤 연속된 문제도 없다. 이것은 현현의 측면에서 <a-ha-m(쉬바-샥티-나라)>으로 알려져 있고, 철수의 측면에서는 <ma-ha-a(나라-샥티-쉬바)>로 알려져 있다. 비록 둘로 보이더라도 이것은 실제로 하나의 **의식**이다.

그러니 모든 곳에서, (외적으로) 항아리의, (내적으로) 기쁨 등의 의식에서도, 그것은 **나-의식**이다. 그것의 보물 전체는 그 자체 안에서 고요하게 쉬는 것으로 이루어져 있다. **웃팔라데바**는 말한다.

"모든 대상적 경험과 주체적 경험이 자신 안에서 쉬는 일은 **나-느낌**이 의미하는 것이다."

실제로 **나-의식**은, 이미 선언한 원리에 따르면 - "사르밤 사르바트마캄!", "모든 것은 모든 것 속에 있다!" - 모든 것을 포괄하는 것이다. **나-의식**은 지고한 에너지로 편재하는 **바이라바 그 자신이다**. 나의 찬양에서도 말했다.

"나, 나만의 열락(悅樂)으로
<지고의 실재>에게 절하노니
그는 경이의 기쁨이고,
대상들 어디서나 그침 없이 피어나니
존재계의 완전한 모습의 **<나>**라.
하고픔으로 가득하니
그 본성, 온 누리 비추고
자신 안에 거(居)하누나."

이것이 **바마나**가 지은 **아드바야-삼팟티-바르티카**
에서 가르친 교설임을 알아야 한다. 그러므로 음소
<a>만이 모든 면에서 완전하다는 것이 결정되었다.
"**하르샤**(harṣa)" "**가타**(ghaṭa)" "**닐라**(nīla)" 같은
말에서 문자 **<ha>** 등은 (완전한 말을 만들기 위해)
앞의 문자나 뒤의 문자와 결합해야 한다. 그렇지
않으면, 마지막 문자가 **<ha>** 등의 문자에 추가되지
않으면, 그것은 완전한 전체를 만들지 않을 것이고,
그 말은 속에서 숨겨지고, 어떤 개념도 일으킬 수
없을 것이다.

[각각의 말은 **게슈탈트**, <조직화된 전체>이다. 그
안에서 문자들은 통합된 모습으로 결합되어 있다.]

그러니 지식의 모든 종류에서, 함께 동시에 일어
나는 문자들의 모든 신성은, 이상한 개념을 일으킬

것이다. 스왓찬다 탄트라의 <시간의 장(章)>에서
·보이는 것은 그런 개념이다. 거기에서는 한 호흡
동안에, 열여섯째 부분에서도, 아니면 (요기의) 한
호흡의 2¼ 손가락에 해당하는 한 투티(순간)에서도
60 혹은 120 년이 지난다는 설명에 덧붙여, 여덟
마트리카, 11 루드라, 사방과 사계의 10 수호자
2/ 별자리, 8 나가와 다른 신성들의 상승과 용해가
있다. 그러니 <시간의 무한성(無時間性)>이 실재의
가장 높은 진리이다. 만약 최고의 실재가 측정되는
경험적 진리라면, 그것은 (경험적 이해 너머에 있는
것이므로) 무신론(無神論)으로 이끌 것이다. 그러나
지고의 의식에서, 그것은 직접적으로 무시간성의
상태로 나타난다. 그러므로 가르치려고 말한 것, 즉
"<다른 어떤 것>을 보고, <다른 어떤 것>을 듣고"
등은 하나(님)인 <아눗타라 의식>에 관한 것이다.
아눗타라(더 없는, 초월적 의식)는 세 가지 신성 즉
파라, 파라-아파라, 아파라의 동시적 기저(基底)로
불변의 진리다. 사실을 말하자면, 모든 종류의 지식
에서 최고의 진리는 나-의식이다.

그러므로 이것은 확립된 것이다. 지복의 풍성함
으로 현현에 대한 지고한 신성의 충동은 계속해서
우주 전체를 투사한다. 그것은 처음에는 파라 비사
르가로서 내면에 놓여 있고, 그다음은 수축을 진행

하여 외적인 현현 즉 **아파라 비사르가**(ha)가 된다. 그리고 **비사르가**는 동시에 **삼하라**(철수)의 면에서 계속해서 흡수한다. 다양한 결합 뒤에 마지막으로 그것은 <kṣa>가 된다.

[두 **할란타** 문자 <k>, <ṣ>가 결합한 것(쿠타)이 <a>와 결합하여 <kṣa>가 되었고, **쉬바**와 **샥티**의 결합을 나타낸다.

<ha> 수준까지 하강한 음소 <a>는 <ka>가 된다. 음소 <a>, <ka>, <ha>와 **비사르가**는 똑같은 조음기관에 속한다. <sa>는 **비사르가**의 다른 형태일 뿐이다. <kṣa>는 **쉬바**와 **샥티**의 외적인 상징이다.]

이 방사는, 그 본성이 수많은 대상을 일으키는 것인데, 중앙의 **수슘나** 단계로부터 올라가서, 이제 **적절한 두 자음의**(<ka>와 <sa>의) **결합**을 만들고, 실제적 충격이 없는 능동적 상태에서 쉰다. 그렇게 모든 결합으로 끝나는 것으로 <변함없는 초월적인 단계>로 들어간다. 이것은 전에 말한 바다.

["적절한 두 자음의 결합(**두탸트마카-샥티 요니-삼갓타**)"은 자음의 전문용어다.]

☯

<한 번의 호흡(呼吸)에 열여섯 투티가 있다>는 원리와 일치하여, <a> 등의 열여섯 모음은 음소로 내면에 있는 동안 그 투티를 반과 반으로 나누는데, 첫 번째 반에서 멈추는 것과 두 번째 반으로 숨(프라나)의 상승을 포함하여, 외부의 세계에서는 <두 주간(15 티티)>을 나타낸다. 이들 티티는 또한 달의 칼라(위상)를 말한다.

[투티는 한 호흡(呼吸) (길이)의 구분(단위)이다. 그것은 2¼ 손가락(앙굴라) 길이에 해당한다. 보통 날숨과 들숨이 한 번 이루어지는 데 16 투티이다. 그러므로 호흡의 한 바퀴는 36 손가락 길이이다.

안에서 올라와 밖으로 나가는 숨은 프라나차라(날숨)이고, 밖에서 일어나 안으로 들어가는 숨은 아파나차라(들숨)다. 프라나차라에서 숨(프라나)이 일어나는 내부 지점이 안타-드와다샨타이고, 외부에서 그것이 그치는 지점이 바햐-드와다샨타이다. 반면에 아파나차라에서 숨이 일어나는 외부 지점은 바햐-드와다샨타이고, 내부에서 그치는 곳이 안타-드와다샨타이다. 두 드와다샨타 사이의 공간이 36 손가락 길이 혹은 16 투티이다. 이 16 투티는 <a>에서 <aḥ>까지 16 모음에 해당한다.

<a>에서 <aṃ>까지의 **모음**은 **열다섯** 티티 혹은 외부 세계의 보름을 나타낸다. **프라나차라**(날숨)는 (달이 기우는) 15 **티티** 혹은 <어두운 두 주간>을 나타내고, 또 **아파나차라**(들숨)는 (달이 차오르는) <밝은 두 주간>을 나타낸다. 그리고 모음 <aḥ>는 불변이다. 그것은 불변인, 달의 열여섯 번째 위상을 나타내며, **아마 칼라**로 알려져 있다.]

열여섯 번째 위상(숫자)은, <확장하려는 힘(**비사르가 칼라** 혹은 **아마 칼라**)>을 가지는데, 떨어져 남을 때(확장하지 않을 때), **슈리 바댜** 등의 경전에서는 다음의 말로 열일곱 번째 숫자로 표시된다.

"열여섯 번째 혹은 **비사르가트미카 칼라**는 혼자 <ha> 즉 **비사르가**(":")의 반과 나머지 반 즉 빈두 (".")가 된다. 그때 그것은 열일곱 번째 여신(칼라) 으로 알려진다."

<ha>의 반인 **비사르가**와 그 나머지 반인 **빈두** 때문에, <비슐레샤 즉 떨어져 (남아), 확장에 참여 하지 않는 것>이 열일곱 번째 칼라다.

[비사르가트미카 칼라는 혼자 둘로 나누어진다고 하는데, 그 중에 연속되는 **칼라**가 열일곱 번째로 알려져 있다.

비사르가 칼라가 현현 혹은 확장에 포함될 때는 비사르가(":")로 알려져 있고, 현현에서 끝날 때는 빈두("·")로 알려져 있다. 트리카 철학에서는 보통 비사르가와 빈두 둘 다 비사르가로 알려져 있다. 삼하라의 측면에서는 비사르가는 빈두가 되고, 또 스리슈티의 측면에서는 빈두는 비사르가이기 때문이다. <비사르가-빈두>는 모든 조건에서 영원하고 불변이다.]

만약 "어떻게 한 음소인 <a>가 (열여섯 번째와 열일곱 번째 칼라로) 나눠질 수 있는가? 아눗타라 <a>는 부분적이 아니지 않은가?"라고 반문한다면, 대답은 이렇다. "우리 전통(체계)에서는 모든 것은 부분적이 아니고, 의식의 빛으로부터 다르지 않다!" 마치 쉬바의 방해받지 않는 절대 자유를 통해 부분들로 나타날 때라도 실재가 <부분이 아닌 것>에는 변함이 없듯이, <a>의 경우에도 그러하다. 어디에 불일치가 있겠는가!

그러니 <부분이 아닌 것>이 <부분>으로 나타나는 것 때문에, 음소가 적절하게 발달하게 되는 것이다. 그렇지 않으면 [발음, 발성(發聲)의 경우에] 어떻게 공기가 - 그것의 본성이 충격을 일으키는 것인데 - 치음, 순음, 후두음, 구개음으로 목[성대(聲帶)]에서 부딪힌 후에 연속적으로 입천장을 부딪치겠는가?

만약 그것이 모든 조음 기관에 동시에 퍼진다면, 그러면 거기에 모든 소리가 동시에 일어날 것이다. 결과적으로 목에서 공기의 충격으로 일어난 소리는 입천장에서 일어난 소리와 유사하게 된다.

호흡이 나간 뒤와 공명(共鳴)으로 경험되는 것을 **아누프라다남**이라고 부른다.

[소리가 생성되는 데는 세 가지 중요한 요소가 있다. ① **스타나**, ② **카라나** 혹은 **아비안타라 프라얏나**, ③ **아누프라다나** 혹은 **바햐-프라얏나**.

아누프라다남은 **산스크리트** 문법의 전문용어로, 발성기관(**스타나**)에서 소리가 생성된 후에, 그것은 구강 밖 <외부적인 노력(**바햐-프라얏나**)>이다. **아누프라다나**는 두 가지가 있다. **슈와사-아누프라다나** (호흡의 배출)와 **나다-아누프라다나**(공명).]

2 혹은 3 **마트라**(모라)를 가진 문자(**디르가** 혹은 **플루타**)에서, 1 혹은 2 **마트라**의 포함은 암시된 것이다. 유사하게 1 **마트라**에는 반 **마트라**의 포함도 이해할 수 있다. **밧타나라야나**는 말한다.

"나, **쉬바**에게 절하노니, 그는 **칫-프라카샤**로, 세 가지 구성 성분으로 된 **프라크리티** 위에 있고, **옴**(ॐ) 문자 꼭대기의 반 **마트라**보다 더 미묘하고, 우주란(宇宙卵)보다 더 크도다."

여기 50 음소나 우주조차도 <연속이 없는> 하나이다. 마타 샤스트라 등은 비사르가의 비슐레샤(분리)의 수단으로 (비사르가의 두 번째 점의 수단으로) 아눗타라에서 쉬는 상태에서의 열여덟 번째 칼라를 추정했다. 그러므로 <50 음소의 현상>, 즉다른 말로, <우주 전체>는 연속이 없는 <하나>다.

그러므로 이들 칼라는 - 아눗타라의 <a> 등의음소들은 - 그들의 정신적 기쁜 상태를 나타내는것 때문에 스와라(모음)라고 부른다.

[<a> 등이 단지 내적인 이해(理解)일 때 칼라로알려지고, 외적인 소리를 떠맡을 때 스와라(모음)로알려진다.]

스와라(svara)의 어근 <svṛ>는 ① <소리를 내는자들> 즉 <정신적 기쁜 양상>을 가리키고, 또 ②<(철수의 상태에서) 그들의 핵심적 본성을 쉬바 즉최고의 주체에게 넘겨주는 자들> 즉 <아눗타라 속으로 완전히 용해되는 것>을 의미한다.

그러니 스와라라는 말은 "그들의 핵심적 본성을최고의 경험자(아눗타라)로 이전(移轉)하는 이들은자신들을 내놓아 - (철수의 측면에서) (모음으로)아눗타라 속으로 용해되어 - <ka> 등의 자음으로그들의 형태를 제공하여 (확장의 측면에서) 외부적으로 (존재들을) 나타낸다."는 것을 의미한다.

이들 **모음**(스와라)은 단순한 소리로서, <한탄과 애통의 소리("아-")>와 <기쁘고 흡족한 말("아!")>, <칭찬과 감탄의 표현("우와!")>으로, **모음** 단독으로 혹은 **자음**을 관통하는 것으로, <연민(**카루나**)>과 <성적(性的)인 감정(**스링가라**)>, <만족(**샨타**)> 같은 정신적 양상을 나타낸다.

그것들은 동물과 하루된 생명체에서도, 통상적인 신호 등의 미미한 방해도 없이 갑자기 나타나는 것으로, 또 감탄을 나타내는 말투를 획득하는 것으로, 정신적 양상을 나타낸다. 그것들은 직접적 느낌과 아주 가깝기 때문이다. 그래서 **우닷타**(높은 **악센트**) 등은 표현력을 가진 것으로 가르쳤다. 또 그것들은 음악에서 <음표의 방법>으로 – 점음표, 잇단음표, 늘임표(**페르마타**) 등 – 정신적 양상을 나타낸다.

그러니 모든 종류의 지식에서 어디서든, <a>에서 <kṣa>까지의 이들 음소는 <여러 가지 행위를 일으키고, 구별되는 여러 형태로 합쳐지는 데 재간이 있어>, (근본적으로) 연속이 없이 나타나 <그 유발하는 힘으로 하나하나씩 형태의 이행을 나타내는 것으로> 공간적인 구별을 일으킨다.

그렇지 않으면(형태의 공간적인 구별이 없으면), "**메루 산**"과 "원자(原子)" 간의 차이는 전연 없을 것이다.

그래서 이들 음소의 신성들은 그들 안에 <공간적 구별을 나타내는 여러 형태의 행위>와 또 <연속을 나타내는 시간>을 감싸고, 내면 즉 프라나차라에 두드러지고, 외부적으로는 (현현에서) <대상의 우주 전체>를 삼킨다.

<내면화(內面化)의 과정에서>

그것은 우됴가, 아와바사, 차르와나, 빌라파나가 <알아채는 상태(프라미티 칼라)>에 의해, 알아채는 상태에 거하는 것으로 장악될 때, 아눗타라 단계로 들어간다. 그리고 발달하며 점차 현현의 16 형태로 주입(注入)되어 완전한 상태에 도달한다.

[프라마타(주체, 아는 자), 프라마나(지식, 아는 일), 프라메야(대상, 알려지는 것)의 제한된 조건을 받아들이는 아눗타라 원리는 우주를 외적인 어떤 것으로 현현한다. 이 현현에는 네 가지 면이 있다. 우됴가, 아와바사, 차르와나, 빌라파나.

이것은 프라탸비갸 흐리다얌의 11절에서 <다섯 행위>의 비의적(秘義的) 가르침으로 다룬 바 있다. 중요한 것이므로 그것과 비교하고 또 <지금 나에게 일어나는 것>과도 비교하라.

① 우됴가는 **의지** 형태의 초기의 준비.
② 아와바사는 정신적 경험이 나타나는 것.
　　예를 들어 <푸르다>를 <외적인 어떤 것>으로.
③ 차르와나는 위 경험을 얼마 동안 **나-의식**의
　　한 형태로 즐기는 것.
④ 빌라파나는 참나의 본성에서 확장의 철수.

　일상에서도 경험할 수 있다. 예를 들어, 처음에는
항아리를 인식하려는(알려는) 의지가 있고(**우됴가**),
다음은 항아리의 실제적인 인식이 있고(**아와바사**),
그 인식의 경험을 즐기는 것(**차르와나**)과 마지막은
그 경험을 **참나**의 핵심적 본성에 동화시키는 것이
있다(빌라파나).
　위의 **우됴가** 등이 **프라마타**(주체) 등의 제한된
경험을 일으키는 것이 없이 순수한 각성의 상태에
거할 때, 그것은 17 칼라의 완전한 **파라 샥티**이다.
그것은 <순수한 각성의(**알아채는**) **상태**>로 그 안에
<경험의 16 형태>가 내재한다.
　프라마타, 프라마나, 프라메야, 마야의 네 가지
형태가 **우됴가, 아와바사, 차르와나, 빌라파나**의
네 가지 형태로 각각 있어 16 가지 형태가 된다.
그러므로 <**완전한 프라미티 형태**>는, 순수한 프라
미티 자체의 1 칼라와 위 16 칼라가 그 안에 있어
17 칼라가 된다.

이 <완전한 프라미티(알아채는 일) 형태>는 스와 탄트리야(절대 자유), <쉬바의 제 3의 눈>, 삼하라 -무드라의 상징이다.

<현현의 16 형태>는 여신의 16 칼라의 형태로, <완전한 프라미티 칼라(형태)>는 포함하지 않는다. 이것은 소마-네트라 혹은 <쉬바의 달의 눈>이다. 이것은 프라사라-무드라, <외적인 확장의 상태>를 나타낸다.

그러므로 세 가지 상태가 있다.

① <쉬바의 가운데 눈(발라 네트라)> :
아그니(불)로 상징되며, 프라미티 칼라로 알려져 있고, 순수한 **알아채는 상태**다. **온전**(穩全, 푸르나) 하여, <a>에서 <aḥ>까지 16 모음을 포함하는 17 칼라다. 이것은 어떤 외적인 현현도 없는 내적인 상태일 뿐이다.
② <쉬바의 오른쪽 눈(닥쉬나 네트라)> :
소마(달)로 상징되며, 프라마나 칼라로 알려져 있고, 내적인 16 모음의 외적인 현현을 가리킨다.
프라마타, 프라마나, 프라메야, 마야가 우됴가, 아와바사, 차르와나, 빌라파나와 곱해져서 16을 만든다.

③ <쉬바의 왼쪽 눈(바마 네트라)> :

수리야(해)로 상징되며, 프라메야 칼라로 알려져 있고, ṛ, ṝ, ḷ, ḹ의 놀이가 없는 (이 음소들이 비슈란티의 상태에 있을 때, 즉 프라미티에서 쉴 때) 12 칼라의 외적인 현현이다.

프라마타, 프라마나, 프라메야가 우됴가, 아와바사, 차르와나, 빌라파나와 곱해져 12가 된다.]

<탓-암리타-아난다>는 ṛ, ṝ, ḷ, ḹ와 관련이 있다. 그것들은 어떤 외적인 현현도 일으키지 않으므로 암리타 바르나라고 부른다. 그러므로 <탓-암리타-아난다 비슈란티-루팜>은 ṛ, ṝ, ḷ, ḹ가 가리키는바 <불멸의, 핵심적이고, 평화로운 본성>을 의미한다.

이 평화로운 본성의 상태를 가지고, 차맛카라의 핵심 즉 신성의 나-의식으로, [제한적이고 경험적인 주체, 지식(의 수단), 대상과 관련한] 우됴가 등의 네 가지 외적인 현현을 투사하고, 내향적이고 또 외향적인 방사(푸르나와 크리샤)의 그네를 즐기며, <외적인 현현의 철수[삼하라, 그라사(삼키는 것)]>와 <외적인 현현의 투사[프라사라, 바마나(吐하는 것)]>에 전문가이고, <프라마나(16 칼라의 지식의 수단)의 상징인 소마(달)>와 <프라메야(12 칼라의 대상의 우주)의 상징인 수리야(해)>의 그물을 짜며,

(아함 형태에서) 처음에는 <a>, 중간에는 <ka>에서 <kṣa>까지 자음(<ha> 칼라), 마지막은 점(點)[<ṃ>, 아누스와라]을 유지하는, (<a>에서 <kṣa>까지의) **신성 마트리카는 창조적인 여신이다.**

그래서 소마난다는 그의 주석에서 말한다.

"<aḥ>와 <aṃ>는 마트리카의 <수정(修正)되고> 또 <수정되지 않은> 형태이다."

[소마난다는 <aḥ>는 <외적인 현현>을 나타내기 때문에, 비크리타(마트리카의 수정된 형태)로 표현했고, <aṃ>은 <내향>을 나타내기 때문에 **아-비크리타**(마트리카의 수정되지 않은 형태)로 표현했다.
<aḥ>는 원심성(遠心性)이므로 비크리타(수정된 것)이고, 또 <aṃ>는 구심성(求心性)이므로 **아-비크리타**(수정되지 않은 것)이다. 쉬바의 가슴에는 수축(상코차)와 확장(비스타라)이 동시에 있다. 둘 다를 공통어(共通語) "비사르가"로 나타낸다. 영어(권의 사람들)에(게)는 이런 공통어가 없다.]

그는 모음 <a>는 **아눗타라(절대)**를, 또 <ā>에서 <aḥ>까지 15 모음은 15 **티티(보름)**를 나타낸다고 주장한다. 그 대신에 "**아 등의… 그 끝은**" 구절에

다른 해석도 준다. <aṃ>은 빈두의 상징으로 분리하고, <a>에서 <aḥ>까지 나머지 15 모음은 보름을 나타내지만, 마지막 <aḥ>는 비사르가를 나타내는 것으로 취급되어야 한다고 하며, 동시에 그는 비사르가는 "스판다" 즉 <의식의 핵심적 본성>이라고 가르친다.

스판다는 <미묘한 움직임>으로 정의된다. 거기에 <자신>으로부터 <대상(자신이 아닌 다른 것)>으로 나아감이 있다면, 그것은 <미묘한 움직임>이 아닐 것이고, 그것은 <완전한 움직임>을 포함할 것이다. 그렇지 않으면(즉 자신으로부터 나아감이 없다면), 움직임이라는 개념은 무의미하게 될 것이다.

그러므로 경전에서, 예를 들어, "웃찰라타(갑자기 움직임), 우르미(피어오름), 마쵸다리(펄떡임)" 등의 말로 가리켰던 것은, (자신으로부터 다른 대상으로 움직인 것 때문이 아닌) 단지 <연속이 없는 놀라운 기쁨으로 구성되는> 핵심적 본성 안의 미묘한 박동 때문이다. 이것이 (신성의 핵심적 본성에서 미묘한 박동 때문에) "스판다"라고 하는 그 무엇이다.

스판다는 <쉬바-샥티의 합일>의 성격으로, 두 가지다. 사만야(일반적인 것)와 비쉐샤(특별한 것). 이것은 이미 설명한 것이다.

["킨칫 찰라남(미묘한 움직임)"은, 물리적 운동의 의미가 아니다. 그것은 <신성의 기쁜 **자아-의식**의 항존하는 활동>을 나타내는 **의식**(意識)의 내적인 박동과 고동이다. 그것은 **의식의 역동적 활동**이다. 그것은 이른바 <움직임이 없는 움직임(無爲之爲)> 이다. 마치 파도가 바다 안에서는 오르내리나 바다 밖으로는 움직이지 않듯이, 그렇게 **스판다**는 **쉬바-샥티**라는 신성의 **의식**의 물결이다.

스판다는 **사만야**와 **비쉐샤**의 두 가지가 있다. **사만야 스판다**는 **쉬바-샥티**의 기초적인 **스판다**로, 그것 위에 <정신적, 물리적 현상의 특별한 경험을 이끄는 "**비쉐샤 스판다**"인> 프라크리티의 **구나**가 작동하는 일이 기초한다. <특별한 경험>은 일반적으로 <**샥티의 스판다**>로 알려져 있다.]

<a> 등의 **열다섯**은 모두 **점**(點)[아누스와라, aṃ 혹은 비음(鼻音) <a>]**에서 끝나**는 **모음**들이다. 그것들은 열다섯 **티티**(보름)이다. **그것들의 끝**에 크리야 샥티의 연결을 통해(**행위 힘이 합하여**), **소마**(**달**)와 **수리야**(**해**)로 알려진 것이 일어난다. 그것은 5절의 **아쿨라** 혹은 **아눗타라**의 마지막 지점을 구성한다. 즉 마지막 모음은 <aḥ(:)>이고, 그것의 위의 점은 **달**로 상징되고, 아래의 점은 **해**로 상징된다.

흙에서 브라흐마 오중주단(śa, ṣa, sa, ha, kṣa) 까지의 <존재계의 모든 범주>는 모음 안에서 쉰다. 어떻게? 그 답은 6절의 **크라맛**(kramat)이다.

크라맛의 어원적 의미는 <krama+at>이다. 어근 <ad(삼키다)>에서 나온 것으로 <연속 혹은 시간을 삼키고 빨아들이는>을 말한다. 여기서는 <**시간을 삼키는 것으로**>의 부사적 의미로 사용되었다.

6절의 **수브라테**(suvrate)의 의미는 다음과 같다. <su>는 <거대한>, <vrate>는 <거룩한 수행>을 말하므로, **수브라테**는 <두 가지 거룩한 수행을 하는 자>라는 뜻이다. ① **보가** 즉 <현현에서 에너지를 비우는 것으로 구성되는 즐거움>의 수행, ② **보가-니브릿티** 즉 <현현의 자제> 혹은 <현현의 철수>의 수행. 그러니 손실을 만들고 또 충만하게 되는 것이다. **수브라테**는 **수브라타**의 호격(呼格)으로, 위와 같이 해석되어야 한다.

8절의 **아-물라**는 <'a'에 근거를 둔 자>의 의미로, <시작과 근원이 없는 자>를 말한다. 그녀는 시작이 없기 때문이다. 즉 시간이 없고 영원하기 때문이다.

[**아-물라** 또한 두 가지 의미로 사용되었다. ① "<a>는 <현현 현상 전체의 근원>이다." ② "시작이 없는 것, 그것은 **아눗타라**의 핵심적 본성보다 다른 근원을 갖지 않는다."]

그녀는 **카울리키 샥티**로, 그녀의 과정(크라마)은 <단일성>, <단일성과 다양성>, <다양성>으로 구성되고, 이들 세 가지 활동에도 불구하고, 그녀는 **아-물라**로 남는다. 그 근원은 시작이 없고, 그 근원이 알려지지 않는 자이다.

이제 <amula+atat+kramah>를 설명한다.

atat은 "<'a'에 뿌리를 둔 자>의 확장(팽창)"을 의미한다. 그녀는 <그녀의 과정(방법)이 이 확장인 자>이다. (이것은 "현현의 현상 전체는 단지 <a>의 확장이다."는 의미다.)

그녀는 알려지지 않은데, 그녀가 모든 것의 아는 자이기 때문이다. **(그러니 <알려지는 것>의 상태로 환원될 수 없다.)** [다른 견지에서는] **그녀만이** 알려지는데**(알 가치가 있는 유일한 것인데)**, 그녀보다 다른 어떤 것도 존재하지 않기 때문이다.

이제 **악샨타**[(a)kṣa-antā, (**아에서**) **크샤까지는**]를 설명한다.

악샨타(akṣantā)는 <a> 즉 **아비댜마남 크샨탐, 투슈님 아사남 야샤** 즉 <조용한 자리를 갖지 못한 자>, <조용히 머물지 못하는 자>를 의미한다. 다른 말로, <그 안에는 현현 등의 방법에 의해, 활동의 그침이 없다>는 의미다.

또 **악샨타**(ākṣantā)에서 ākṣa는 <akṣa(감각)에 존재하는>을 의미한다. 그러므로 **악샨타**는 <전부터 감각적 인식에 끝이 없는 자>라는 의미일 것이다. 이 **악샨타**는 **스리슈티**의 형용사이다. 비유적으로, <이것은 현현(顯現)인데, 그 안에는 비할 데 없는 '줄이기'와 '거둬 감'이 있는 것>을 의미한다. 다시 말해, 그 안에는 자아 속으로 들어가는 방식으로 현현의 철수가 있다.

이 창조적 여신(**마트리카**)은 **샥티**의 고동을 나타내는 내적인 느낌(**베다나**)의 형태를 떠맡은 **모든 지식(비디아)의 음문**(陰門, 근원)이고, 또 **모음(쉬바 비자)**과 **자음(프라사라)**의 종자 에너지의 산물로서 <**바챠**(대상) 형태에서 **만트라**의 보호와 반영>, 즉 <여신들(**데바타**)과 그들의 **바차카**(표현하는 일)>의 근원이다. 이 창조적 여신은 모든 곳에서 똑같다. **부증불감**(不增不減)이다. 그녀는 모든 **탄트라**에서, 모든 영적인 수행에서, 모든 시대 모든 활동에서, <성공을 주는 자>라고 선언한다(**사마캬타**).

사마캬타의 **아캬타**(ākhyata) 또한 다른 형태로 해석되어야 한다. 즉 <ā+akhyata>는 <외적인 상태에서, 그녀의 **아캬티**의 상태(자기-망각의 상태)는 명백하다>로. <**바이카리**(경험적 발성)의 단계>에서 음소의 차이는 **마야**에 기인하기 때문이다. 그러니

(마야의 영향 아래서) <처음에 순수한 **만트라**로서 마음에 존재하는 그 음소들>은, **프라탸야** 형태의 지적인 창조 상태에 이르러 - 다섯 가지 **비파랴야**, **아샥티** 등의 사고 구조물들로 - (영혼의) 핵심적 본성을 덮는다.

[바르나(음소, 문자)**가 마음에만 있는 한 그것은 만트라로 알려지고,** 바르나로 알려지는 것은 발성 기관으로 발음되었을 때뿐이다.]

"**비파랴야**(잘못된 지식)에는 다섯 가지가 있고, 감각의 장애에 기인하는 **아샥티**(무능력, 무감각)는 스물여덟 가지, **투슈티**(만족)는 아홉, **싯디**(성취)는 여덟 가지가 있다." (- **샹키야 카리카** -)

[**비파랴야**(잘못된 지식)의 다섯으로는 ① **타마스**(어둠), ② **모하**(망상, 착각, 오해), ③ **마하-모하**(큰 혼란), ④ **타미스라**(침울, 우울), ⑤ **안다-타미스라**(앞을 안 보이게 만드는 침울)가 있고,

아샥티(무능력, 무감각)의 스물여덟 가지에서 11 가지는 감각의 결손으로, 17 가지는 **붓디**의 불완전으로 온다.

투슈티(만족)의 아홉은 ① **프라크리티**, ② **우파다나**, ③ **카알라**, ④ **바갸**(행운), ⑤ **아르자나**, ⑥ **락샤나**, ⑦ **크샤야**, ⑧ **상가**, ⑨ **힘사**이고,

싯디(성취)의 여덟은 ① 우하(논리), ② 샤브다, ③ 아댜야나(연구)와, 세 가지 두카(괴로움)의 예방으로 ④ 아댜트미카 두카, ⑤ 아디바우티카 두카, ⑥ 아디다이비카 두카와, ⑦ 수릿프랍티(친구들을 얻는 일), ⑧ 다나다.]

이런 <지적인 창조(프라탸야)>는 묶인 영혼에게 존재하는 일차적인 속박이다. (쉬바 수트라는 거듭 말한다.)

지식은 속박이다.

스판다 카리카는 말한다.

브라흐미와 다른 힘들은
항상 본성을 감추려고 한다.
말의 연상(聯想)이 없다면
생각은 일어날 수 없다.

묶인 자에게 생각이 일어나는 것은
곧 불멸의 지복이 사라지는 일이다.
생각으로 그는 절대 자유를 잃는데,
생각의 영역은 감각의 대상에 있다.

그러므로 <지성의 창조인 그 영역>은 밀쳐두고, <마이야 영역이 아닌 곳의 음소들>은 분명히 들릴 수 있고, 귀로 (제대로) 인식할 수 있고, <쉬바의, 시원(始原)이고 최고의 순수함의 체현(體現)>이고, 여러 가지 영적 수행에 대한 보상을 주는 것으로 규정되었다. **말리니비자야 탄트라**는 말한다.

"**주(主)**는, 자신의 것에서, 모든 경전의 의미가 가득한 이 방법으로, 그런 이해를 밝히는 **아고라**를 부여한다."

"그렇게 **주**의 가르침으로 깨어나게 되면, 여러 범주의 창조물이 되기 위해 적절한 소리를 가진 수많은 **만트라**(내적인 음소)로 창조된, **주**의 힘으로 **비마르샤 요니**를 흥분시키고"

"**아고라** 등 여러 **만트라** 경험자가 받아들일 때만 이들 **만트라**(내적인 음소)는 그 주된 사용자들에게 바라는 모든 열매들을 준다. 그 외에는 아니다."

그래서 기록되었듯이, **만트라**는, 음소의 창조성의 견지에서 현현되었더라도, **마야**로 눈먼 자들에게는 현현되지 않는다.

이제 **캬타**를 명사로 취하면, **사르바다이바 캬타** (sarvadaiva khyatah)는 "그것들은 항상 순수한 지식의 형태로 빛나고 있거나 나타난다."로, 아니면 이런 의미일지도 모른다. "그것들의 확장은 각각의 본성의 힘을 따라 방해받지 않는다."

☯

다음은 가르침 전체의 의미를 축약한 것이다.

<**지고의 힘**>, 그녀는 **바이라비**이고, 그 특성은 그녀의 독특한 **절대 자유**로 인한 놀라운 기쁨이고, 홀로 외부로 빛난다.

그(쉬바)는 그녀의 본성과 합일하여 있는데, **그**의 활동은 방해받지 않으며, 항상 현존하고, 항상 의식으로 빛나며, 그의 핵심은 **자아-의식**이다. 그는 그 자신의 본성의 표현인 **사다쉬바**, **흙**, 동물, 푸르다, 노랗다, 기쁨의 형태로 빛난다. (그는 어떤 외부적 도움 없이도 빛난다.) <**그 자신의 형태 안에서 모든 것을 아는 것**("지식")>을 증거의 수단이라고 한다. 이것은 어린아이에서든 동물이든 모든 경험자에서 공통으로 나타나는 것이다.

다음은 **프라마나**(지식의 수단)다. ① 감각기관에 의한 감각적 지식(인식), ② 세 가지의 추론, ③ <믿을 만한 사람의 말>, <비유(유추)에 의한 증거>, <정황으로부터의 추론>, <더 알고픈 욕망의 그침>,

<존재하는 않은 것에 기초한 증거> ─ 이 모든 것은 **자아-의식**에 대한 수단으로 간략히 기술된 것이다.

자아-의식의 빛은 결코 방해받지 않으며, 새(鳥) 등의 하등 동물에서도 동등하게 빛난다. 그것들은 이름으로는 지각과 추리의 증거를 알지 못한다.

[<그 자신의 형태 안에서 모든 것을 아는 것> 즉 **스와-스와 삼베다나**는 두 가지이다. ① <프라티바-갸나(통찰, 직관, 은혜 등)로 증명되는 **쉬바트마카-삼베다나**> 즉 <모든 대상에서 **쉬바**의 지식을 보장하는, 신성의 자동적인 유입으로 생겨난 지식>, ② (보통) 항아리를 아는 것처럼 <감각을 통한 인식의 지식>.

다음은 **프라탸비갸 흐리다얌**에서 **냐야** 학파를 소개하며 약간 다루었다. 복습을 겸해 추가한다.

<세 가지의 추론>은 ① **푸르바밧**, ② **셰사밧**, ③ **사만야토-드리슈탐**이다.

① **푸르바밧**은 문자적으로 <전(前)처럼>을 의미한다. "전에 먹구름이 잔뜩 끼면 비가 왔다. 지금 하늘에 먹구름이 있으므로 비가 올 것이다."라고 추론한다. 그것은 <원인적 추론>이다.

② **셰사밧**은 부분을 보고 전체를 아는 것이다. "바닷물을 약간 맛보고 짜면, 전체가 짤 것이 틀림 없다."고 추론한다. <결과적 추론>이다.

③ **사만야토-드리슈탐**은, "여기에서 본 사람을 나중 다른 곳에서 봤다면 그가 움직인 것을 알 수 있듯이, 어떤 별이 다른 위치에서 보이면 그 별은 움직인다."라고 추론한다. <유비적 추론>이다.

<믿을 만한 사람의 말(**파라바차크라마**)>은 증언 (證言) 즉 **샤브다-프라마나**로 알려져 있다.

<비유에 의한 증거(**스와루퍄**)>는 "야크는 소와 같다."는 말로써, 보지 못한 야크를 안다. **우파마나 프라마나**로 알려져 있다.

<정황으로부터의 추론(**안야타요가**)>은 "아무개는 낮에는 먹지 않는데 뚱뚱하다. 그러므로 그는 밤에 먹는 것임에 틀림없다."고 확신한다.

<더 알고 싶은 욕망의 그침(**프라티탸누다야**)>은, "사람이 <어떤 것>을 알게 되었을 때, 그것에 대해 더 알고 싶은 것은 없고, 그의 호기심은 그친다." **우파라마 프라마나**로 알려져 있다.

<존재하지 않은 것에 기초한 증거(**야마**)>는, 예를 들어 "이곳에는 쥐가 없으므로, 고양이가 있음에 틀림없다."는 것을 말한다.]

그러므로 **의식의 빛**은 본래가 **자아(참나)**를 반영하고 있다. **자아-의식**은 자체가 **지고의 말씀**(파라바크)이다. 그것의 본성은 존재계의 다양한 형태로 나타나는 것이어서, 다양한 존재계의 우주(질서)로 빛난다. 그것은 결코 다른 것을 의존하는 상태를 겪지 않는다. (그 자신 외에는) 어떤 것도 의존하지 않기에, 어떻게 그것 안에 어떤 방해물이 존재할 수 있겠는가?

그러므로 결코 관습적이 아닌 **자아-의식**은 공간, 시간, **칼라**, **마야**, <장소나 활동의 제한> 등 모든 것을 초월한다. 그것은 본질적으로 **온전(穩全)**하고, **그것은 모든 것이지만, 모든 형태와 모든 모습과는 다르다.** 그것은 우수한 정제(精製)와 개선이 특징인 자연스럽고 지고한 **의식**이며, <순수한 형태의 **슛다 비디아**>로, 두 가지 방식에서 "**아함(나)**"이다. 즉 **쉬바(의식)**와 **샥티**(그의 표현인 에너지)에서.

마트리카로서 "**아함(나)**" 자체는, 흙 등의 바로 그 핵심적 본성이다. 최고의 의미에서, 그것의 유동적인 형태를 **모음**(비자), 단단한 형태를 자음(요니)이라고 하며, **쉬바**와 **샥티**의 바로 그 본성이다.

[<순수한 형태의 **슛다 비디아**>는 36 **탓트와**의 **슛다 비디아**가 아니라, **쉬바 비디아** 혹은 **사하자 비디아**를 말한다. 이것의 주된 형태는 **케차리**다.

<경험적 개아의 의식>이 아닌, <쉬바의 **의식**>이다. 그것은 쉬바의 지고의 에너지의 우주적 활동이다. <**데비의 질문의 목적**>과 <**모든 수행자의 목표**>는 이 <케차리**와의 동일성**(즉 케차리-사마타, 케차리-삼야)>**이다**!]

<쉬바와 **샥티**의 결합으로(즉 **모음**과 **자음**의 결합으로)>, <그들의 상호 결합으로>, 가시적인 우주의 기쁨이 발생한다. <(**아눗타라** 혹은 **나-의식**의) 그 힘이 넘치는 에너지>는 - 그것은 최고의 **실재**이고, 우주에 현존한다. 우주의 극한(極限)까지 내재한다. - 그것의 <비슐레샤의 측면(즉 외부로의 확장 혹은 프라사라)>과 <요자나의 측면(즉 내면으로의 철수 혹은 삼하라)> 둘 다에서 "비사르가"로 표기된다. 이 비사르가는 (수행자의) 변함없는 영역이고, 또 이것은 **아눗타라**를 얻는 쉬운 방법이다.

말리니비자야 탄트라의 <na>에서 <pha>까지의 음소의 창조는, 이 <"**마이야가 아닌**" 음소 **그룹**(즉 **마트리카**의 <a>에서 <kṣa>까지)>과는 다른 것으로 기술되었다. 그것은 빈나(모음과 자음이 섞여 있는 것)인 **말리니**로 알려져 있으며, "**마야**"와 관련하여 형성되었다.

<케차리 바이삼야 - 파슈(묶인 영혼)의 상태>

마야의 단계에서 50 음소로 나눠지는 말리니는 비칼파(사고 구조물, "생각")를 생기게 한다. 이런 형태에서, 그것은 본래 그러하여서 참나의 핵심적 본성을 덮고, 경험적 자아를 속박으로 이끈다.

이 음소의 창조에 포함되어, 여러 가지 케차리 샥티들은 참나의 핵심적 본성과의 바이삼야[부조화 (不調和)]로 이끌고, 아나바 말라와 마이야 말라, 카르마 말라로 가득한 속세의 윤회를 되풀이한다.

<케차리 삼야 - 파티(해방된 영혼)의 상태>

케차리는, 본래 <순전한 바이라바와의 동일성>을 가진다. 이것은 이미 말한 것이다. 케차리 삼야는, <쉬바 혹은 파티의 상태>는 삶과 해방 둘 다에서 최고의 상태다.

다양한 음소의 창조에서, <분화되지 않은 것>의 최고의 측면은 보존(保存)으로 인한 <만트라의 힘> 이고, 그것으로 만트라는 보존된다. 이 삼야[조화 (調和), 사마타]는 "아함(나)" 자체다. 그것은 아눗 타라의 <비사르가 상태>다.

<깨어 있는 이>가 그것을 그의 최고의 본성으로

실현할 때, 그는 삶 자체에서 곧 해방된다. <굉장한 힘 등을 바라는 **요기**>는, 이 **나-의식**의 수단으로, <배꼽이나 가슴 센터>에 제한된 방식으로 **아함**을 명상한다.

나는 나의 스승들과 경전의 가르침에 따라 간략하게 결론을 내렸다. **이 나-의식에 의지해서 일어나는 것에 관해서는 그대의 개인적 경험에 물어라.** 나는 그 길의 약간을 보였을 뿐이다. (책에 기록한) 이 만큼으로 만족하고 있어서는 안 된다.

누가 **신성의 의식**을 두고, "이것이 전부다."라고 말할 수 있겠는가? **신성**은 내게 이 정도만 은혜를 주었다. 그 은혜로 나는 이만큼 "드러내는" 특권을 - 케차리 삼야 혹은 **신성의 의식과의 동일성**을 - **누렸다.**

[이야기가 약간 빗나가지만, **아비나바굽타**는 이 책 파라-트리쉬카 비바라나(긴 주석)에 앞서 짧은 주석 파라-트리쉬카 라구브릿티를 썼다.

이전에 그는 대작(大作) 탄트라 알로카를 썼다고 하며, 다시 그 축약판(縮約版)으로 **탄트라 사라**를 썼다. 이 책 **파라 트리쉬카**가 그만큼 깊다는 것과 <**영성(靈性)의 길**>은 - 그것을 표현하는(**드러내는**) 일은 - **그 끝이 없다**는 얘기다.]

이것보다 <더 미묘한 **타르카**(논증)>가 오늘이나 다른 때(미래, 과거)에 다른 경험자에게 일어날지도 모른다. <**요가의 구성요소**>들 가운데서, **타르카**는 빛나는 태양이라고 **말리니비자야 탄트라**에서는 말한다. 그것으로 사람은 해방을 얻고, 다른 사람을 자유하게 한다.

타르카는, <**지고의 상태**를 바라는 통찰력 있는 이>에 의해, **잠시 필멸의 존재에게 공통인 질투를 버리고**, <모든 방향과 방법에서 명확히 이해되고, 반영되어야> 한다. 수행자는 **삿·타르카**(참 논증)로 **참나**의 핵심적 본성 안에 굳게 서게 되고, 그래서 <**의식**의 태양>을 덮는 구름의 얼룩은, 수행자가 이 순간 경험하는 기쁨의 향취로, 저절로 녹을 것이다.

[**타르카**는 논증(論證)을 말한다. <논리적 이성>을 가지고, <옳고 그름을 이유를 들어 밝히는 것>을 말한다. 여기서는 **삿·타르카**(참 논증)를 가리키며, 그것은 **아가마**(트리카 경전)의 가르침과 일치하는 논증이다. 그것은, 우리가 흔히 알고 있는 <천국과 지옥>, <창조자 하나님>, <공(空)>, <무아(無我)> 등등의 궤변(詭辯)을 의미하지 않는다.

샤이바 아가마에 따르면, <**요가** 즉 수행의 구성요소>는 ① **프라나야마**, ② **댜나**, ③ **프라탸하라**, ④ **다라나**, ⑤ **삿·타르카**, ⑥ **사마디**의 여섯이다.

<구름의 얼룩>은 **아나바 말라**를 말한다. 그것은 이제 자동적으로 용해된다.]

☯

그래서 앞(3절)에서 말한 "그것은 **웃타라**에서도 **아눗타라**이다."에서부터 <36 **탓트와**로 구성되는 현현의 확장은 **쿨라** 혹은 **샥티**에 기인한다>는 것을 자세히 기술했다. 우주의 확장조차도 그것의 선행으로 **아눗타라**(초월적인 것)를 가진다는 것은 밝혀졌다. 이제 **<자세히 생각하는 일>을 요구하는 것은 <초월적인 것>의 본성이다.**

그러므로 <규범의 추론(비디)>과 <설명적인 반복(아누바다)>을 고려하는 동안, 비디와 **아누바다**의 본질을 특징지었다. <**쉬바**의 이름을 암송하는 것(비디)>에서 <행복이 나타나는 것(**아누바다**)> 둘 다 인식하고 식별할 수 있다.

이 전통에서 **아눗타라**(초월적인 것)가 **웃타라**와 다를 게 아무것도 없다고 하더라도 - 만약 그것이 <다른 어떤 것>이라면 그것 또한 **웃타라**의 범주 속으로 떨어질 것이다. - 그때조차도 "제자와 스승의 견지로부터" 주의 **절대 자유**로 생겨난 이 차이는 있다. 그러므로 <초월적인 것>의 성격을 상세하게 결정하기 위해, 더 많은 절(節)을 인용한다. 다음이 그것이다.

제 8 장

가슴의 씨앗

< 1 > 흐리다야 비자 - "소(Sauḥ)"

<우리의 **가슴**>은
이 <낮은 **하늘**과 같은 것>……

온갖 생각의 구름으로 덮여 있는
그냥 **잠재성**(潛在性)으로 있는

<바이라바의 **가슴**>은
저 <**무한**(無限)의 **우주**(宇宙)를 품는 것>……

온갖 생각의 구름 너머로 펼쳐지는
이 **가슴의 씨앗**으로 꽃피는

세 번째 브라흐마("Sa")와 열네 번째 모음("au"),
비사르가("aḥ")의 결합이 <바이라바의 가슴>이라.

<요기니가 아닌 자>나 <은혜를 입지 않은 이>는
이를 얻을 수 없나니
이 만트라("Sauḥ")가 <참 신(神)의 가슴>이라,
즉시(卽時) 요가(合一)와 해방을 주노라.

이것을 <깨어, 알아채며> 잘 읊조릴 때
모든 만트라와 무드라가 몸으로 녹아드노니

이 만트라에 한 시간을 집중(集中)하면
모든 만트라와 무드라를 통제하고
과거(過去) 미래사(未來事)를 말하며

세 시간, 신(神)의 모습을 떠올리면
루드라의 힘으로 뚝뚝히 보게 되고
여섯 시간, 신성(神性)에 깨어 있으면
<의식(意識)의 하늘>에 확고히 서며

아홉 시간 후는 바이라바의 뜻으로
천상의 존재들이 복(福)과 힘을 주노라.

이 만트라로 <온전(穩全)함>을
전에도 얻었고 장래에도 얻으리니
지금도 요가를 수행(修行)하느니라.

바이라바 탄트라의 <온전함>을 얻는 이것은
다양성(多樣性)의 느낌을 완전히 없애면서도
그 가슴이 되어 제한(制限)을 받아들이누나

위 <한글 경문>인 **산스트리트** 경문의 영자(英字)
표현과 그 풀이는 대략 다음과 같다.

< 9b - 10a >

세 번째 브라흐마("Sa")와 열네 번째 모음("au"),
비사르가("aḥ")의 결합이 <바이라바의 가슴>이라.

chaturdasha-yutam bhadre
　　tithisha-anta-samanvitam
차투르다샤-유탐 바드레 티티샤-안타-사만비탐
tritiyam brahma sushroni hridayam
　　bhairavaatmanah
트리티얌 브라흐마 수쉬로니 흐리다얌
　　바이라바아트마나

"오, 아름다운 허벅지를 가진 은혜로운 이여.
　　이것은 <세 번째 브라흐마(Sat 혹은 Sa)>가 <열
네 번째 모음(au)>과 <모음들의 주(主) 끝에 오는
그것(비사르가, aḥ, ":")>과 잘 결합된 것이다.
　　이것이 <바이라바의 가슴>이다."

< 10b - 11a >
<요기니가 아닌 자>나 <은혜를 입지 않은 이>는
이를 얻을 수 없나니
이 만트라("Sauḥ")가 <참 신(神)의 가슴>이라,
즉시(卽時) 요가(合一)와 해방을 주노라.

502

etannah-yoginijato na-rudro labhate sphutam
에탄나-요기니자토 나-루드로 라바테 스푸탐
hridaym devadevasha sadyo yogavimuktidam
흐리다얌 데바데바샤 사됴 요가비묵티담

"<요기니로 태어나지 않거나 루드라와 결합하지
않는 자>는 이것("Sauḥ")을 명확히 얻을 수 없다.
이것은 <신(神)들의 신(神)의 가슴> 즉 흐리다야
비자로, 즉시 요가와 해방을 준다."

< 11b - 12a >
이것을 <깨어, 알아채며> 잘 읊조릴 때
모든 만트라와 무드라가 몸으로 녹아드노니

ashya-ucchara krite samyan
  mantra-mudra-gano mahan
아샤-웃차라 크리테 삼얀 만트라-무드라-가노 마한
sadyastanmukhatameti
  svadehaveshalakshanam
사댜스탄무카타메티 스와데하베샤락샤남

"이 만트라(Sauḥ)가 완전하게 잘 암송(暗誦)될
때, 만트라와 무드라의 거대한 군집(群集)이 그의
앞에 즉시 나타나고 몸 안으로 흡수된다."

< 12b - 13 >

이 만트라에 한 시간을 집중(集中)하면
모든 만트라와 무드라를 통제하고
과거(過去) 미래사(未來事)를 말하며

muhurtam smarate yastu chumbakena
  abhimudritah
무후르탐 스마라테 야스투 춤바케나
  아비무드리타
sa badhnati tada sarvam mantramudraganam
  narah
사 바드나티 타다 사르밤 만트라무드라가남 나라
atitanagatanarthan prishto'sau katayatyapi
아티타나가타나르탄 프리슈토'사우 카타야탸피

  "이 만트라에 한 무후르타(48분)만 깨어서 집중
하게 되면, 만트라와 무드라의 군집 전체를 그의
통제 아래로 가져온다.
  그는 또한 질문을 받았을 때, 과거와 미래사를
말하고"

< 14 - 15a >

세 시간, 신(神)의 모습을 떠올리면
루드라의 힘으로 똑똑히 보게 되고

504

여섯 시간, 신성(神性)에 깨어 있으면
<의식(意識)의 하늘>에 확고히 서며

prahara-dyadabhipretam devata-rupam
    uccharan
프라하라.댜다비프레탐 데바타-루팜 웃차란
sakshat pashyati asandigdham akrishtam
    rudra-shaktibhih
삭샷 파샤티 아산디그담 아크리슈탐
    루드라-샥티비
prahara-dvayamatrena vyomastho jayate
    smaran
프라하라-드바야마트레나 뵤마스토 자야테 스마란

    "한 프라하라(3시간) 동안, 바라는 신성의 모습을
떠올리면, 루드라의 힘에 의해 그 자신에게 가까이
끌려진 그것을 눈으로 보게 된다.
    두 프라하라(6시간) 동안 신성(神性)에 깨어 있게
되면, 순수한 의식(意識)의 공간에 확고하게 된다."

< 15b - 17 >
아홉 시간 후는 바이라바의 뜻으로
천상의 존재들이 복(福)과 힘을 주노라.
이 만트라로 <온전(穩全)함>을

전에도 얻었고 장래에도 얻으리니
지금도 요가를 수행(修行)하느니라.

trayena matarah sarva yogishvaryo
    mahabalah
트라예나 마타라 사르바 요기슈와료 마하발라
vira vireshvarah siddha balavan chakiniganah
비라 비레슈와라 싯다 발라반 챠키니가나
agatya samayam datva bhairavena
    prachoditah
아가탸 사마얌 다트와 바이라베나 프라초디타
yacchanti paramam siddhim phalam yadva
    samihitam
얏챤티 파라맘 싯딤 팔람 야드와 사미히탐
anena siddha setsyanti sadhayanti cha
    mantrinah
아네나 싯다 셋샨티 사다얀티 차 만트리나

"세 프라하라(9시간) 이상을 지속한다면, 그때는
바이라바에 의해 강요(强要)된 모든 어머니들, 모든
위력(威力)의 요기슈와라들, 비라들, 비레슈와라들,
싯다들, 강력한 샤키니 무리들이 그에게로 와서,
바라던 바의 <최고의 행복(목샤)>과 <굉장한 힘과
열매>를 준다.

이 만트라로, 만트라 수행자는 현재(現在)에도
요가를 수행하고 있고, 또 이것으로 과거(過去)에도
완전하게 되었고, 이것으로 미래(未來)에도 완전을
얻을 것이다."

< 18 >
바이라바 탄트라의 <온전함>을 얻는 이것은
다양성(多樣性)의 느낌을 완전히 없애면서도
그 가슴이 되어 제한(制限)을 받아들이누나

yatkinchid bhairave tantre sarvamasmat
   prasiddhyati
얏킨치드 바이라베 탄트레 사르바마스맛
   프라싯댜티
(adrishta-mandalo'pyevam……
   아드리슈타-만달로'폐밤……)

"바이라바 탄트라에 기술된 모든 온전(穩全)이
이 비자 만트라("Sauḥ")로 성취되었다.
   [이 암리타 비자는 <마야의 영역에서> 다양성의
느낌을 완전히 제거하는 반면,
   <모든 대상과 상태의 가슴>이 되어 네 가지 영역
(안다) 모두에서 제한을 받아들이며 거(居)한다.]"
   ※ 위 "[]"안의 글은 싱에서 보이며, 경문화했다.

507

세 번째 브라흐마("Sa")와 열네 번째 모음("au"),
비사르가("aḥ")의 결합이 <바이라바의 가슴>이라.

chaturdasha-yutam bhadre
   utnisha-anta-samanvitam
차투르다샤-유탐 바드레 티티샤-안타-사만비탐
tritiyam brahma sushroni hridayam
   bhairavaatmanah
트리티얌 브라흐마 수쉬로니 흐리다얌
   바이라바아트마나

   "오, 아름다운 허벅지를 가진 은혜로운 이여.
   이것은 <세 번째 브라흐마(Sat 혹은 Sa)>가 <열
네 번째 모음(au)>과 <모음들의 주(主) 끝에 오는
그것(비사르가, aḥ, ":")>과 잘 **결합**된 것이다.
   이것이 <바이라바의 가슴>이다."

   먼저 암호(暗號)(?) 해독(解讀)부터……
   트리티얌 브라흐마는 <세 번째 브라흐마>라는
뜻이다. 보통 (전통적으로) 브라흐마를 "옴(Aum) -
탓(Tat) - 삿(Sat)"이라고 불렀으며, 삿은 <세 번째
브라흐마>를 나타내고, 삿은 <Sa(ㅠ)>로 시작한다.

티티샤는 <모음들의 주(主)>라는 뜻으로 <aṃ>을 가리킨다. 이것의 끝(티티샤-안타)에 비사르가(":") 즉 <aḥ>가 온다. 그러니 **열네 번째 모음** <au>와 더불어 차례대로 결합한 <Sa+au+ḥ=Sauḥ("소")>는 - 『**소와 참나 이야기**』에서 우리말 "**소**"와 소리가 비슷한 것 같다. - **아눗타라** 혹은 <초월(超越)>을 가리키는(상징하는) 만트라(말)이다.

흐리다얌 즉 **가슴**은 바이라바의 **중심 (中心)**으로, **주(主)가 쉬는 곳**이다. 안식처(安息處)다. **가슴**은 **아눗타라**의 **의식(意識)**이고, **가슴**은 그것의 가장 내밀(內密)한 **쉼터**이고, **의식**의 바로 그 중심이다. 만약 우리가 우주를 몸으로 갖는다면, 중심은 바로 그 **가슴**일 것이다. 즉 우주의 바로 그 핵심, 다른 말로 <[응축(凝縮)된] 소리의 덩어리>일 것이다. 또 **흐리다얌**은 **요니-루팜** 즉 <모든 창조적 에너지의 근원(根源)>이다.

단순히 **바이라바**의 한 형태인 이 우주(宇宙)의 핵심적 본성은 <(개인적인) 경험(經驗)>과 <(스승의 가르침에 따른) 논거(論據)>와 <(전통의 가르침인) 경전(經典)>에 의하면 <**샥티**에 존재하는 **아파라**>인 것이 확인된다. 그 **샥티**의 핵심(가슴)은 **쉬바**이고,

그는 신성 샥티(지고의 힘, 파라)의 강한 포옹으로 묶여 있다.

또 "바이라바"라는 말도 <모든 것은 다른 모든 것의 형태다>는 원리에 따라, <우주의 샥티(신성의 에너지)>로 이해해야 한다.

그 샥티에 의해 스며든 <현상적 실재>의 핵심적 본성 혹은 가슴은 쉬바다. 그는 위의 원리에 따라, <지고의 분화되지 않은 것>과 동일한 것이다. 왜냐 하면 이것이 없이는 분화조차도 가능하지 않을 것 이기 때문이다. 즉 쉬바와 샥티가 <현상적 실재>에 일반적이지 않다면, 그것의 (다양한) 다름의 상태는 가능하지 않을 것이다. 이것은 앞에서 말한 것이다.

(오, 아름다운 허벅지……
   이것)이 <바이라바의 가슴>이라.
sushroni hridayam bhairavaatmanah
수쉬로니 흐리다얌 바이라바아트마나

수쉬로니[오 아름다운 (엉덩이와) 허벅지를 가진 은혜로운 이여]는 호격(呼格)이다. [아비나바굽타는 "바이라바아트마나"를 <bhairavaatma + nah>로 나누고, 또 수쉬로니와 흐리다얌을 보태어 그것을 복합어로 만들었다. 그리고 수쉬로니-흐리다얌에 다음의 설명을 준다.]

<불쾌한 **마야** 안에도 제거할 수 없게 관련되어 있고, 순수한 **의식**으로 구성된 그것>은 두 **허벅지 사이의 핵심**이다. 즉 **음문**(陰門)이다. 요니 즉 음문 형태의 **샥티**는 <현상적 실재>의 전체성을 가리키는 **바이라바**의 상태이다. 그 안에는 **사칼라**(즉 제한된 경험자)와, **만트라**, **만트라마헤슈와라** (같은 신성)에서 <움직일 수 없는 존재(식물 등)>까지의 경험자들의 주(主) 전체를 포함한다. 그것들의 그 생명은 <경험적인 나-느낌>으로 구성되고, "우리(nah)"로 바르게 표현된다.

세 번째 브라흐마("Sa")와
tritiyam brahma
트리티얌 브라흐마

트리카 전통(체계)에서 받아들이는 **브라흐만**은 그 안에 <우주의 **에너지**>가 내재하고, 지복이 충만하여 **비사르가-비슐레샤나**로 휩싸인 것이다.

(비사르가는 <쉬바로부터 분리>를, 비슐레샤나는 <샥티와의 합일>을 말한다.)

이런 **브라흐만**은 거대하고, 편재(遍在)하고, **샥티**와의 합일로 "완전히 키워진다." 이런 **브라흐만**은 확실히 **베단타**의 독자들이 아는 것과는 같지 않다. (베단타의 그것은 허무주의에서 멀지 않다.)

이것을 <세 번째 브라흐마>라고 부른다. 나라와 샥티보다는 쉬바에 더 가깝기 때문이다. 그러므로 탄트라에서, 특히 **파라 트리쉬카**에서 이것을 즉 **<남성 원리와 여성 원리의 합일(合一)>을 경배의 대상으로 가르치는 것**은 당연하고 그 핵심이다.

단순히 <외적 의례(儀禮)>를 추구하여, 그 마음이 그런 종류의 에너지를 꿰뚫지 못한 보통 사람들의 경우에도, **<파슈의 상태를 통치하는 속박(束縛)>**은 - **아나바, 마이야, 카르마 말라** - 처음에는 조금 풀어지고, 마지막에는 완전히 풀어진다. 그들의 그 마음과 속박은 처음에는 아주 천천히 쪼개어지고, 마지막에는 완전히 쪼개어져 흩어져, 그때 그들은 자동적으로 <쉬바와 샥티의 합일>이라는 그 핵심 속으로 들어가는 침투의 상태를 얻는다.

그 핵심 속으로의 이 침투는 "나는 가슴 속으로 들어갔다. 그것은 지고의 여신이다."는 **문자적 진술 같은 것이 아니라**, 그것은 <가슴 내면의 추구>다.

"경전은 가슴을 좁은 한계 안에서 정의(定義)할 수 없고, 대중적 견해는 의식을 오염시킬 수 없다. 그것 홀로 <흡수라는 기쁨의 상태로 스며든 풍요(豊饒, **신성**)>인 케차리 삼야다. 또 케차리 삼야는 **신성의 핵심적 본성의 속성으로 가득하다."**

512

"당신에 대한 완전한 헌신(獻身)으로

마음이 더 순수(純粹)하게 된 이들에게

이 상태는 가슴에서 한 순간에 굳어지노니"

그러므로 삼각형 모서리의 (파라, 파라-아파라, 아파라) 샥티의 세 여신과 그 중앙의 (바이라바의 휘젓는 샥티이고, 지고한 지복의 구현인) <초월의 여신(파라-티타)>은 경배되어야 한다. 신성의 전통에서, 영원한 지복의 끝없는 흐름 때문에, "크쇼바-아트마카 비사르가"를 통한 지복이 있다.

[신성의 전통에서, 실제 여성과의 육체적 접촉은 전혀 없다. 이 수준을 획득한 수행자는 쿤달리니의 깨어남 때문에 내적인 환희의 고조(高潮)를 느낀다. 크쇼바-아트마카 비사르가는 순수한 기쁨을 밖으로 분출하는 샤브다(소리), 스파르샤(감촉), 루파(형태, 색깔), 라사(맛), 간다(향기)의 흐름과 관련된다. 이 합일은 갸나 무드라 즉 내적이고 영적인 합일이지, 크리야 무드라 즉 실제적인 성교가 아니다.]

야말라 혹은 <비라-요기니> 혹은 <비라-두티> 전통에서는, 비라와 요기니 사이에 육체적 결합이 있다. 목적은 단지 성기관의 접촉에 의한 <영원한 지복(니탸-아난다)>을 자극하는 것이다. 이 접촉에 의해, 크쇼바-아트마카 비사르가가 생기고, 그것은 강력한 열락(悅樂, 歡喜)을 준다.

[오직 그런 남자와 여자만 **케차리 삼야**를 획득한 **비라**와 **요기니**라고 부를 수 있다. 그들은 **크리야 무드라**의 결합(실제의 성교)을 할 수 있다. 그들은 그런 능력을 개발하여 **오르가슴**[절정(絶頂)]의 경우에도 사정(射精)하지 않고 <**샥타 단계**>로 들어갈 수 있다. 그들은 순간적인 성적인 즐거움을 위해 성교를 갖는 것이 아니라, 내적인 **샥타**의 기쁨으로, 이른바 <의식(意識)의 변형>을 위해서다.]

혼자서 <참나의 핵심적 기쁨>에 마음을 집중하는 것으로도, 똑같은 성적인 기쁨이 일어난다. 인류의 평범한 성교의 경우, <남자와 여자의 성기(性器)의 결합이, 가장 깊은 부분에서 가장 중요한 부분까지 꽉 채워지고 밀접(密接)하기 때문에>, 둘의 마음은 (지고의 **샥티** 속으로) 용해된다. <남자 성기의 사정 부분>과 <삼각(三角) 지역 아래 면(**요니** 혹은 여성 성기)>에 거(居)하는 그 기쁨은 따라서 극도(極度)로 일어난다.

[네 종류의 성교(性交)가 있다. 첫째는 **샥티**의 <**파라**의 면>이 편만(遍滿)한 경우이고, 둘째 셋째는 <**파라-아파라**의 면>이, 네 번째는 <**아파라**의 면>이 편만한 경우다.

처음 셋은 성교에서 **쿤다-골라카**의 접촉이 있고, 네 번째는 **슈크라-쇼니타**의 접촉이 있다.

비라와 요기니의 성교를 **아디-야**가라고 부르는데, <원초적 희생(犧牲)>이라는 의미다.]

이런 연유로, 성교(性交)의 신비적 의미를 **비갸나 바이라바**는 다음과 같이 표현한다.

사정(射精)하려고 애쓰지 말라.

"<저절로>든, <호흡(呼吸)>에 의하든
바니(수축)와 비샤(확장)의 중간에 집중하라.
<성교(性交)>의 **열락(悅樂)**에 젖으리라."

[<성교의 열락>인 **스마라-아난다**는 <기억(記憶)에 의한 성교의 열락>이다. 여기서는 실제의 성교는 없다. 이것은 <전도(顚倒)된 카마(성적 **기쁨**)>다.]

그러므로 그것은 <**가슴의 예배**> 즉 <**파라데비의** 핵심적 본성의 예배>인 <**지복의 연상(聯想)**>이다.

트리카 사라는 말한다.

"<**지복의 확장**>이 '**예배**'다! 수행자는 이 예배를 **꽃, 향** 등의 향기를 가지고 <삼각형>에서 행해야 한다. 그것은 **가슴**에 만족을 준다."

모든 것은 **갸나 샥티**와 **크리야 샥티**가 핵심적인 두 가지 **무드라**에 편만(遍滿)하다. 신성들에서는, **갸나 무드라** 혹은 **쉬바** 삼각이 내적으로 현저하고, **크리야 무드라** 혹은 **샥티** 삼각은 외적이지만, **비라**에서는 그것이 역(逆)이다. <**기쁨** 지역의 입구> 즉 **수슘나**가 관련하는 한, 유사성과 차이점이 있다. <**크리야 샥티가 갸나 샥티**에 제공되어야 한다>는 언급은 이런 견해에서다.

[삼각형(三角形)은 전문 용어로, **쉬바** 삼각형과 **샥티** 삼각형 둘 다를 말한다. **쉬바** 삼각(△)은 **갸나 샥티**와 남성 성기를 상징하고, 또 **샥티** 삼각(▽)은 **크리야 샥티**와 여성 성기를 나타낸다. 위의 **트리카 사라**의 삼각형은 **샥티** 삼각을 말한다.

분리해서 **트리코나**[삼각(三角)]-무드라라고 하고, 둘이 붙어서는 **샷코나**[육각(六角)]-무드라가 된다. 다윗의 별 혹은 솔로몬의 인장(✡)과 같다.]

세 번째 브라흐마("Sa")와 열네 번째 모음("au"), 비사르가("aḥ")의 결합이 <바이라바의 가슴>이라.

chaturdasha-yutam bhadre
  tithisha-anta-samanvitam
차투르다샤-유탐 바드레 티티샤-안타-사만비탐

tritiyam brahma sushroni hridayam
  bhairavaatmanah
트리티얌 브라흐마 수쉬로니 흐리다얌
  바이라바아트마나

(1) 첫 번째 해석
  - 흐리다야(가슴)와 관련하여 -

세 번째 브라흐마 즉 <sa>는 **열네 번째 모음** 즉 <au>와 묶이고, 열여섯 번째 모음 **비사르가(aḥ)**와 연결된다. 비사르가는 **티티샤** 즉 <열다섯 칼라의 영혼>의 끝에 온다.

유탐은 **유그맘** 즉 <쌍(雙)>으로 해석될 수 있다. 열네 번째와 더불어 그 쌍은 <열다섯 모음을 관할하는 신성> 즉 **이샤(주)**인 열여섯 번째(비사르가)를 만든다.

비사르가의 끝에는 <열일곱 번째> 즉 **아눗타라** 혹은 <(실재(實在)의) 초월적 면>이 있다. **흐리다야** 혹은 **가슴**은 그 **아눗타라**와 연결되어 있는 것이다. 항아리 같은 외부적인 것이든, 기쁨 같은 내면적인 것이든, 모든 것은 그 싹(씨앗)을 - **<최고의 실재>** 로서 - 갖고 있다는 것은 이미 상술한 바다. 그러므로 **아눗타라**는 (실재의) **가슴**이요 핵심이다.

(2) 두 번째 해석
  - 아눗타라(anuttara)의 음소 <a>와 관련하여 -

차투르다샤를 차투르(넷)와 다샤(상태)로 쪼개면,
이것은 음소 <a>와 관련하여 해석할 수 있다.
  <브라흐마 즉 사마라샤(평형, 균형)인 그것>은,
다른 말로 <"네 가지 상태"(주체와 대상의 우됴가,
아와바사, 차르와나, 빌라파나)의 결합인 그것>은
<분화되지 않은 원초적 상태>다. 그것과 연결되어
있다는 것은 <그것으로부터 분리할 수 없는 것>을
의미한다.
  <ū>까지의 모음을 티티샤라고 하는데, 그것들의
바깥에 나머지 다른 음소들이 생겨나기 때문이다.
위 티티샤 모음들 끝에 오는 것은 네 개의 불멸의
음소다. 즉 반모음의 "ṛ, ṝ, ḷ, ḹ"이다. 브라흐마는
이들 모음과 잘 연결되어 있다. <상승의 견지에서>
나라와 샥티보다 더 높은 쉬바가 세 번째다. 그러
므로 세 번째 브라흐마는 지고의 쉬바와 동일하다.
  주체는, <우됴가, 아와바사, 차르와나, 빌라파나
네 가지 상태로 앞으로 움직이고>, <그들 상태에
의해 증가된 열망으로 암리타-칼라("ṛ, ṝ, ḷ, ḹ")를
자신 안에 용해하고>, 대상성 전체를 그의 참나와
통합한다. 그러니 <주체와 대상의 상태>를 참나 안
에서 휘젓는 융합으로, 그는 <아눗타라의 상태>로

들어간다. <동일성이 특징인 **갸나**> 혹은 <활동성이 특징인 **요가**>로만 접근할 수 있는 우주의 바로 그 **가슴**으로 말이다.

바가바드 기타는 말한다.

"<요가(**결합**)에 굳게 선 자>는 모든 경우에서 <모든 것>을 <똑같은 것(**신성**, 神性)>으로 여긴다. 그는 모든 존재에서 **참나**를 보고, 또 **참나** 안에서 모든 존재를 본다."(6:30)

[위의 경험은 <주체(主體)의 모든 것과의 동일성(베다카-탓아트먀)>과 또 <모든 현현의 **참나**와의 동일성(베댜-탓아트먀)>으로 알려져 있다.]

(3) 세 번째 해석
  - 아난다(ānanda)의 음소 <ā>와 관련하여 -

<순수한 **잇차 샥티**>가 상승하는 기초는 **아난다 샥티**이다. [**잇차**는 **아난다**에 내포(內包)되어 있다. 그러나 <욕망하는 어떤 대상>으로 오염(汚染)되지 않았기에 순수하다고 말한다.]

잇차는 <**잇차**-**갸나**-**크리야**>의 역순(逆順)에서는 세 번째다. 이 **잇차**는 초기의 측면에서는 욕망하는 대상으로 오염되지 않았기에 **브라흐만**이다.

차투르다샤는 <차투르 예 다샤> 즉 <4 × 10>로 분석하여 <40>으로 해석할 수도 있다. **바이라바**는 그의 <세 가지 **샥티**(파라, 파라-아파라, 아파라)>와 <36 **탓트와**>와 더불어 <40>이 된다.

"36 **탓트와**는 <정화되는 것>이다. <정화자>는 **바이라바**이다. <정화의 수단>은 최고의 삼위(三位) [파라, 파라-아파라, 아파라]다. 이 입문이 최고의 것이다."

차투르다샤 유탐은 <이들 40과 연결되었다>는 뜻이다. **아난다 샥티**는 이미 지고이고, 완전하며, <모든 모음>과 <그들의 후속 음소들(흙 등을 가리키는 자음들)>과 연결되어 있다.

사만비탐은 <통합되어서>의 의미로 부사(副詞)로 취한다.

이 **브라흐마**가 **흐리다야** 혹은 **가슴** 즉 중심이다. 이것은 모든 곳에서(모음과 자음, 주체와 대상에서) 즉시 파악되고, 주로 직관(直觀)으로 깨닫는다.

<지고의 은혜>로 정화되어 이런 깨달음에 능숙한 이들은, **요가** 수행이 엉터리 환영(幻影)처럼 소용이 없다는 것을 명심해야 한다.

(4) 네 번째 해석
 - **잇차**(iccha)의 음소 <i>와 관련하여 -

[<앞서 언급한 **잇차**>와 <지금 언급하는 **잇차**>의 차이는, 앞의 것은 <욕망된 대상의 흔적조차 있지 아니한 것>이고, 지금 것은 <욕망된 대상의 미묘한 발단(發端)이 있는 것>이다.]

이제는 (**쉬바**의) **잇차**의 견지에서 해석할 것이다. **세 번째**는 **잇차**다. 그것은 **브라흐마**이다. **브라흐마** (brahma)는 <**브림히타**(bṛṃhita, 성장한, 불어난, 전개된)인 자>이다. 이런 뜻에서 그것은 **브라흐마** 이다. 왜냐하면 욕망의 대상과 동일시되어, 그것은 완전히 성장했기 때문이다.

차투르다샤-유타는 <그것으로 40이 연합된 것> 으로 해석할 수도 있다. **차투르다샤** 뒤의 **유타**는 <분리될 수 없는>의 의미로 취할 수 있는데, 40은 **브라흐마** 안에 **잇차**로서 귀속되어 있다는 의미다. 그것들은 **브라흐마**와 분리되어 있지 않다.

티티샤-안타-사만비탐은 다음처럼 해석될 수도 있다. **티티샤**는 <모음들의 **주**> 즉 **아눗타라** 혹은 <a>를 의미하고, **티티샤-안타**는 <a의 끝에서> 즉 **아난다**(ānanda) **샥티**의 <ā>를 의미한다.

사만비탐(samanvitam)을 <sam+anu+itam>으로 나누어보면, anu는 <뒤>, sam은 <잘>, itam은 <알려진>으로, <**쉬바**는 "**잇차**"로 **아난다** 뒤에 잘 알려져 있다>라는 의미다.

그것이 바이라바의 흐리다야 혹은 핵심이다. 이 잇차-아트마카 브라흐마가 보다-마야 즉 <순수한 의식>이다.

(5) 다섯 번째 해석
 - 이샤나(īśana)의 음소 <ī>와 관련하여 -

이제 이샤나(īśana)와 관련하여 해석할 것이다. 트리티얌 브라흐마는 이렇게 해석할 수도 있다. 즉 "세 번째(즉 잇차)가 브라흐마이다." <확장 때문에, 위대하게 되었다(bṛhatbhutam, 브리핫부탐)>는 것으로 - 브라흐마의 어원적 의미다. - 즉 <그것은 이샤나타 즉 통치성을 얻었다>는 의미다.

차투르다샤-유탐은 <그 안에 40 탓트와가 서로 엉켜 있다>는 의미다.

티티샤는 <모음들의 주인 아쿨라 혹은 아눗타라에서>를 말하고, 안타는 <흡수(吸收) 즉 아눗타라 속으로의 흡수>, 즉 <아쿨라 혹은 아눗타라 속으로 흡수된 쿨라 샥티의 초기의 박동>을 말한다.

그러므로 티티샤-안타-사만비탐은 <모음들의 주 아쿨라 속으로 흡수된 쿨라 샥티의 원초적 박동과 결합된>을 의미한다.

그것이 바이라바의 흐리다야 혹은 핵심이다.

(6) 여섯 번째 해석
  - 운메샤(unmeṣa)의 음소 <u>와 관련하여 -

이제 운메샤 혹은 갸나 샥티의 견지에서 해석할
것이다.
  세 번째 브라흐마는 이샤나 혹은 통치자다.
  40 탓트와가 운메샤로부터 딱 '**분리**'되었을 때,
즉 <외적인 현현을 위한 첫 박동의 순간>에, 그때
그 상태를 "차투르다샤-유탐"이라고 한다. (유탐은
'**분리**'라는 의미다.)
  티티샨테나는 <시초(始初)의 박동으로>의 뜻으로
전체적으로는 <움트는 욕망으로>의 뜻이다. 그것은
<"모음들의 **주**", 아쿨라에 흡수된> **쿨라 샥티**의
최초의 박동과 잘 연결되어 있다.
  사만비탐의 삼은 **바라나**[bharana, 유지(維持)]를
내포한다. 즉 <대상성의 상태를 키우는 것>이다.

(7) 일곱 번째 해석
  - 우나타(ūnata)의 음소 <ū>와 관련하여 -

우나타 즉 <ū>는 **갸나 샥티**와 **크리야 샥티**의
중간지점이다. 이것은 전에 언급한 것이다. 그것의
본성은 **우다타** 즉 <현현에 앞서, 존재계의 범주의
구분을 **갸나 샥티** 자체 안에 잡는 것>을 말한다.

이 확립된 수행과 조화하여, 이 단계의 **세 번째** **브라흐마**는 <동(動), 부동(不動)의 현현 그 전체를 내면에 잡는 그것>이다. <**아숫다 스리슈티**(완전히 분화된 현현)>와 <**숫다-아숫다 스리슈티**(분화되고 분화되지 않은 현현)>와는 다르게, 그것은 순전히 <**숫다 스리슈티**(분화되지 않은 현현)>다. 그러므로 그것은 **세 번째** 브라흐마다.

음소학적으로, 그것은 <**실재**의 바로 그 가슴>인 **티티샤**와 결합된다. 즉 <모음>과 <(모음 후에 오는 카에서 크샤까지의) 자음>과 말이다.

(8) 여덟 번째 해석
  - 음소 <ṛ>와 관련하여 -

네 가지 <공(空)의 모음> <ṛ, ṝ, ḷ, ḹ>와 관련한 해석이다. 먼저 <ṛ>에 대한 것이다. 그것은 <ṛ>로 상징되는 <허공, 텅 빈 **아카샤**(에테르)>로, 그 안에 지수화풍(地水火風)의 네 가지(**차투르**) 상태(**다샤**)가 있다. 그것들은 철수의 과정에서 거친 형태에서는 사라지고, 미묘한 형태에서는 <허공의 에테르>로 남는다.

"ṛ(r + i = ṛ)" 안의 **잇차**(i)는 **크리야**와 관련해서 - <**아난다, 잇차, 갸나, 크리야**>의 역순에서 - **세 번째** 브라흐마다. 허공의 에테르와 연결되어(**유탐**)

세 번째 브라흐마는 잇차라고 칭(稱)할 수 있다. 이 브라흐마는 티티슈와라 즉 태양의 외적인 불빛으로 가득하다. 태양은 프라마나(지식)의 상징이다. 그러므로 티티샨타-사만비탐은 <프라마나-테자스 (지식의 불빛)와 연결된>을 의미한다.

[외적인 확장으로 향한 아눗타라가 비마르샤로서 고동하기 시작하자마자 곧 그것의 본성에는 일탈이 있다. 그러나 아직 <갸나의 상태>로부터 나타나지 않고, <크리야의 상태>로 도달하여, 그것에 의해 그것은 그 자체를 외부 세계로서 현현한다. 이것은 순야티순야의 중간 상태다. 이 상태를 신비가들은 뵤마-사마디라고 부른다. <r̥>는 이 사마디의 초기 단계를 상징하고, <l̥>는 마지막 단계를 상징한다.

이 사마디의 네 가지 단계는 다음과 같다.
r̥ : 프라마나-테자스(지식의 불빛)가 뒤따르는
   안정되지 않은 뵤마-사마디
r̥̄ : 프라마나-테자스가 뒤따르는
   약간 안정된 뵤마-사마디
l̥ : 프라마트리-테자스(주체의 불빛)가 뒤따르는
   반(半)-안정된 뵤마-사마디
l̥̄ : 프라마트리-테자스가 뒤따르는
   완전히 안정된 뵤마-사마디]

(9) 아홉 번째 해석
  - 음소 <ṛ̣>와 관련하여 -

이것은 위의 설명과 일치하게 해석될 수 있다. **세 번째 브라흐마**는 이제 <ī>의 상징인 **이샤나**와 연결된 것으로 본다. 그것은 "ṛ̣(ṛ + ī)"로 나타난다. 이것은 또한 앞의 것 즉 <프라마나-테자스(지식의 불빛)와 연결된> 것으로 해석된다.

(10) 열 번째 해석
  - 음소 <ḷ>와 관련하여 -

세 번째 브라흐마는, <ḷ>는 "(l + i)"로 그 안에 <i>가 있으므로, **잇차**로 알려져 있다. 그것은 **뵤마** 혹은 **순야**(에테르)로, 지수화풍 네 가지의 내적인 상태(**안타르다샤**)이고, 또 그것의 기초(**아다라**)다. 그러므로 그것은 그것과 연결되어 있다. <티티샨타 즉 **프라마트리**·테자스로 알려진 주체의 불빛이 뒤따르는 어떤 실재>와 연결된 이 **브라흐마**는 허공의 본성이다.

(11) 열한 번째 해석
  - 음소 <ḹ>와 관련하여 -

음소 <r̥>에서처럼, 음소 <l̥>(l̥ + ī = l̥̄) 안에 있는 **세 번째 브라흐마**는 **이샤나**다. 이것은 한편으로는 에테르, 내적 허공, <지수화풍 네 요소의 기초>와 연결되고, 다른 편으로는 <프라마트리-테자스(티티 샨타)를 뒤따르는 정의할 수 없는 어떤 것>과 연결 된다.

이것은 오직 엄청난 운동량으로 <바이라바 자체 이고, 가장 가득 찬 형태의> 허공 속으로 급락한다.

이것이 의미하는 것은, **잇차**가 그 자신의 본성인 **이샤나**와 함께 대상적 경험의 허공의 국면에 도달 할 때, 그때 그것은 잠시 약간의 발광(發光) 속에서 쉬다가, 갑자기 나무나 돌처럼 <무한하고 변함없이 안정된 허공의 국면>으로 들어간다는 것이다. 그런 **요기**는 - <어떤 대상도 알아채는 것이 없는, 깊은 잠과 같은> 그런 허공의 상태로 들어간 **요기**는 - "큰 북소리와 큰 나팔소리로도 그를 <흡수의 상태> 에서 깨어나게 할 수 없다."

(12) 열두 번째 해석
- 음소 <e>와 관련하여 -

앞선 설명과 일치하여, **a, ā, i, ī, u, ū**의 여섯 모음이 다른 것으로 들어갈 때, 거기에는 형태의 다양성이 일어난다. 이런 견해를 지키면서, **세 번째**

브라흐마의 본성은 다음과 같다.

잇차가 이샤나와 더불어(i, ī) 아눗타라(a, ā)로 들어가는 쪽으로 향했을 때, 그것은 샥티-크쇼바 혹은 <잇차 샥티와 아눗타라의 합일>로 일어나는 감정적 흥분의 기쁨을 경험한다. 이것이 그 상태에 관하여 말하는 무엇이다

사반야 스판다는 - <의식(意識)의 질(質)>에서 - 비쉐샤 스판다의 네 번째(투리야) 상태다. <비쉐샤 (특별한) 스판다>는 <주로 샷트와의 성격인 느린 템포의 모음>, <라자스 성격인 중간 템포의 모음>, <타마스인 빠른 템포의 모음>으로 외부로 흐른다. 이것은 차투(넷, 투리야)라는 단어에서 나타난다. 네 번째는, <사만야 스판다의 상태>가 현존할 때, 아쿨라이다.

그 아쿨라, 다른 말로 아눗타라와 결합한 잇차는 이샤나와 함께(i) 세 번째 브라흐마이다. 이 브라흐마는 또 음소 <a>(티티샤)의 종료 뒤에 일어나는 <ā>와 결합된다.

(13) 열세 번째 해석
  - 음소 <ai>와 관련하여 -

여기서는 바이라바아트마나(bhairavatmanah)를 <bhairava-atma + nah>로 분석한다.

유사하게, 음소 <e>가 <최고의 상태(아눗타라)와 아난다 샥티(a, ā)> 속으로 들어갈 때, 긴 상태를 획득하여(<ai>), 그것은 <바이라바의 완전한 형태> 속에 거하고, 우리 전통의 브라흐마이다.

그러니 이 쌍(雙) 모음(<e>와 <ai>)은 <여러 가지 방식으로> 모음(a, ā)에 들어가는 것으로, 앗차다-사마르타와 프라사와-사마르타가 된다. 이것들은 카마-탓트와와 바크-탓트와의 성격으로 기술되었다.

"<모든 욕망의 대상(카만)>은 <욕망의 힘(카마)>으로 성취되어야 한다. 이 샥티는 <기꺼이(카맘)> 모든 욕망의 대상에 적용되어야 한다."

"<e>와 <o> 안에 있는 모음(비자) 즉 <아눗타라 상태>는 (<ai>와 <au> 안에 있는) 카마-탓트와를 (입 밖으로) 읊조린다는 의미다."

[위의 <여러 가지 방식으로>는 다음과 같다.

1) e = a + i, ī : 아눗타라, 잇차, 이샤나의 섞임

2) e = ā + i, ī : 아난다, 잇차, 이샤나의 섞임

3) ai = a + e : 아눗타라, 트리코나-비자의 섞임

4) ai = ā + e : 아난다, 트리코나-비자의 섞임

앗차다-사마르타는 문자적으로는 <덮여진 에너지로>를, <작동하지 않는, 이용할 수 없는>을 말한다. 악슈브다-사마르타라고도 하는데, <작동하지 않는

에너지를 가진>을 가리킨다. 그 상태에서는 <남성 원리>와 <여성 원리>, 다른 말로, 모음과 자음은 실제의 결합에 있지 않다. 그러니 거기에는 외적인 현현이나 표현은 전혀 없다. 이런 상태를 <앗차다-사마르타>라고 한다. 카마-탓트와 그것이 현현하지 않는 한, 그것이 카마-바크에서 작동하지 않는 한, 그것은 실용적인 사용이 아니다.

모음 <e>는 짧고, 샥티와 결합이 없는 쉬바만을 상징한다. 그래서 그것은 단지 앗차다-사마르타일 뿐이다.

프라사와-사마르타는 문자적으로 <자식을 볼 수 있는, 생식 가능한>을 의미한다. <ai>은 항상 길다. 그래서 <쉬바와 샥티의 영원한 합일>의 상징이고, 그런 것을 <프라사와-사마르타>라고 한다. 이것은 카마-탓트와와 카마-바크(혹은 카마-바니) 둘 다가 그 안에 현존한다는 의미다. 그래서 음소 <ai>는 <완전한(전체적인) 바이라바>의 상징이다. 트리카에서는 쉬바와 샥티의 합일이 <온전의 바이라바>이기 때문이다.

카마-탓트와는 오로지 <생식의 가능성>과만 관련한다. 그래서 그것은 앗차다-사마르타를 가리킨다. 카마-바크는 창조성에서 <실제적인 현현의 능력>과 관련한다. 그것은 **프라사와-사마르타**이다.

음성학적(音聲學的)으로, <자음과 결합하지 않은 순수한 모음(母音)>은 **앗차다-사마르타** 혹은 **카마-탓트와**인 <쉬바>만을 나타내지만, <자음과 결합한 모음>은 <쉬바-샥티의 합일>을 나타낸다. 그러므로 그것은 **프라사와-사마르타** 혹은 **바크-탓트와**이다.

위의 문맥에서는 <e>는 전자를 상징하고, <ai>는 후자를 상징한다.]

(14) 열네 번째 해석
  - 음소 <o>와 <au>와 관련하여 -

음소 <u>(운메샤) <ū>(우나타)와 관련해, 앞에서 말한 설명이 - <분산된 형태의 40 범주들>과 또 <모음과 자음 그룹>의 결합이 **세 번째 브라흐마**다. - 여기서는 도움이 될 것이다.

이것이 **아눗타라** 상태로 들어갈 때, 그것은 <a, ā> + <u, ū>가 되어 <o>와 같고, 또 <a, ā> + <o>가 되어 <au>와 같다. 그러므로 이런 문맥에서 <o>와 <au>, 이것이 **세 번째 브라흐마**이고 **바이라바**와 같다.

(15) 열다섯 번째 해석
  - 음소 <aṃ> 혹은 **빈두 칼라**와 관련하여 -

앞의 설명과 일치하여, <분산된 형태의 40 범주들>과 <모음-자음의 그룹>과 결합한 브라흐마는 - 즉 외부 세계의 수많은 형태로 나타난 브라흐마 - 빈두 혹은 점(點, 아누스와라)이다. 그것은 실재의 흐리다야 즉 바로 그 핵심이다. 즉 <그의 지식의 측면에서의 바이라바>이다. 결과적으로 이 핵심, 빈두가 세 번째 브라흐마의 본성이다.

(16) 열여섯 번째 해석
  - 음소 <aḥ>와 관련하여 -

 1) 외적 비사르가의 견지에서
  이 모든 범주의 군(群)은 바이라바로서 움직인다. 그리고 밖으로 토(吐)하고 확장하게 되면, 그것이 확장의 성격이고 외부로 거(居)하는 한, 브라흐마로 알려진다.

 2) 내적 비사르가의 견지에서
  바이라바와 동일시되는 것이 <비사르가의 단계>이다. 그것은 다양성을 나타내는 모든 배제(排除)를 파기하여, 성장한 "모든 것인 모든 것의 상태"를 얻는 것으로, <내적 비사르가>로서도 그렇게 현존하는 것이다. (비사르가와 관련해서, 세 번째 브라흐마는 위의 두 가지 면이 있다.)

이것은 주의하여 결정해야 한다.

열여섯 가지의 **세 번째 브라흐마**의 편재(遍在)를 **모음과 관련하여** 기술했다. 자음과 관련한 편재는 이미 기술하였다.

꩜

세 번째 브라흐마("Sa")와 열네 번째 모음("au"), 비사르가("aḥ")의 결합이 <바이라바의 가슴>이라.

이제는 <삶의 여러 단계>와 관련해 **<몸의 분류에 따른 세 번째 브라흐마>**를 설명할 것이다.

다샤를 **다샤아**로 취하면, **<차투르다샤-유탐>**은 <네 가지 상태와 결합한>의 의미이다. 그 <네 가지 상태>는 ① 유아기 ② 청년기 ③ 노년기 ④ (사후) <다른 몸>이다. <이 네 가지 상태의 집합체>인 것, 다섯 요소로 구성된 <거친 몸>을 가지고, **티티샨타** 즉 <나가고 들어오는 **프라나 아파나**>와 내적으로 결합되어 있는 "**푸랴슈타카**"가 또한 **세 번째 브라흐마**이다. 편재(遍在)하기 때문에 그것은 공허하고, 그 안에 거(居)하는 **가슴**은 **샥티**의 그것이다.

사실, 액상(液狀)의 **<쉬바-비자(씨)>**는 모든 것의 근원(根源)이고, <모든 **알아채는 일**>이다.

그것은 <고체화(固體化)의 진행>에서

① 스판다-샤리라,
② 샥타-샤리라,
③ 푸랴슈타카-샤리라,
④ 프라나-샤리라,
⑤ 스툴라-샤리라(거친 몸)가 된다.

그것은 모두 쉬바의 에너지의 표현이기 때문에, 그것은 자아(自我)의 종류다. 그러므로 [위의 역순(逆順)으로] 다섯 종류의 "나"가 있다.

① <외부의 나(바햐-아트마, 육체)>
② <프라나의 나(부타-아트마)>
③ <(영혼을) 옮기는 나(아티바히카-아트마)>
④ <내면의 나(안타라-아트마, 영혼)>
⑤ <지고의 나(파라마-아트마)>

다른 말로, <(영혼을) 옮기는 나>는 푸랴슈타카, <내면의 나>는 순야(대상이 결여된 의식), <지고의 나>는 투리야(의식의 네 번째)이다.

이것이 흐리다야 즉 <바이라바 그 자신>이다. 이 모든 것이 브라흐마이다.

<이 브라흐마 속으로 들어가는 방법>

바이라바의 **가슴** 속으로 들어가는 방법은 다음과 같다. 수행자는 <여러 가지 단계의 경험자>를 **바이라바**로 통합적(統合的)으로 명상해야 한다. 이것이 의미하는 바는 다음과 같다.

1) **차투르다샤-찻바림 샷-유탐-드비구남-아쉬티**는
   <10(다샤)에 4를 곱하면 40이고,
   40의 두 번은 "80"이다>는 의미이고,

2) **티타야 판차다샤**는 <음력 보름>으로
   "15"를 의미한다.

3) **이샤** 즉 **루드라**는 "11"이다.

4) **안타 사만비타 육타 드비구니타 카알라-스트라야**는 (과거, 현재, 미래의) 시간의 이중으로 "6"이다.
   "80 + 15 + 11 + 6 = **112**"이다.

이런 뜻에서 **마르마**는 <손가락 길이(로 측정하는 단위)>를 말한다. 그러므로 "**드바다샤-웃타라샤타-마르마-가타**"는 <112 손가락 높이까지 늘이기>의 의미다. (여기서 <112 방편>이 나왔을지도……)

문장 전체의 의미는 다음과 같다.

"수행자는 <스툴라-샤리라(거친 몸)>와 <숙쉬마-샤리라(미묘한 몸)>, <파라-샤리라(원인의 몸)>, 또 <샥타-샤리라(에너지 몸)>와 <스판다-샤리라(지고의 몸)>의 <모든 단계의 경험자>를 통합적(統合的)으로 <112 손가락 높이까지 펼쳐진 몸의 존재(存在)>를 바이라바 그 자신으로 끊임없이 명상해야 한다!

 그것은 <나-느낌 에너지의 확장으로 고동치고>, <비사르가-비슐레샤(남성 상태의 정액의 토출)>와 <비사르가-삼갓타(여성 상태 혹은 토출의 합일의 지점)>로 생겨난 흥분으로 가득하다."

 [위에서 말하는 몸(형체)의 <나-느낌의 고동>은 다음의 표로 명확해질 것이다.

크기	경험자	몸	손가락	겹
발가락에서 위로 머리까지	바햐-아트마	스툴라-샤리라	84	첫째 (외피)
발가락에서 위로 사하스라라까지	부타-아트마	숙쉬마-샤리라	12 (96)	둘째 (내피)
발가락에서 위로 108손가락까지	아티바히카-아트마	파라-샤리라	12 (108)	셋째 겹
발가락 아래로 2손가락까지	안타라-아트마	샥타-샤리라	2 (110)	넷째 겹
<셋째 겹> 위로 2손가락까지	파라마-아트마	스판다-샤리라	2 (112)	다섯째 겹

 참고로, 키가 162 cm이면 <112 손가락 높이>는 216 cm이다. "영적(靈的) 거인"이 된다.]

차리야-크라마 즉 <동시적 출현의 전통>과 일치하여 - 이것은 **뱀과 얼나 이야기**에서 보다 자세히 다룬다. - **차투르다샤-유탐**은 다음처럼 설명된다.

차타스로 다샤 야샤 (탓 차투르다샤-유탐)은 <"달고, 떫고, 시고, 쓴" 네 가지 면을 가진 것>, 즉 **마댜, 수라, 아사**와의 여러 포도주를 말한다.

이런 문맥에서 **티티샨타**는 <비라와 요기니 둘로부터 분비되는 물질> 혹은 **쿤다-골라카**를 말한다.

사만비탐은 그들의 <생식기관 안의 분비물>을 의미하고, **쿠수마**라는 말로 나타낸다.

트리티얌 브라흐마는 <세계의 형태 속에서 남은 재까지 완전히 불타버렸다(프라미티 혹은 **알아채는 일**)>는 의미다.

바이라바아트마는 <만족시키는 가득한 액체>를 의미하고, **"흐리다얌"**은 둘의 생식기관에 존재하는 **비라**의 정액과 **요기니**의 짙은 분비물을 나타낸다. **이들 <물질(포도주 등)>은 얻을 수 있는 그 양만큼 다양성의 모든 더러움을 파괴한다!**

일반적으로 다음의 사실을 볼 수 있다. 마음이 좁아지도록 하는 의심(疑心)은 <평범하고 일상적인 나무>의 싹이 움트는 것이고, 그다음 그것은 확장하고 성숙하여 마침내 <일상적 존재계>의 열매를 맺는다. 그것은 <깨어 있는 사람들>에 의해 그런 식으로 날조(捏造)되어, <깨어 있지 못한 사람들>의 경우에는 변하지 않을지도 모른다. 바보들의 경우 일단 어떤 의심을 품으면, 그것은 그들의 마음에 뿌리를 내리고, 그들 성격을 따라 다양한 방식으로 열매를 맺는다.

그러므로 <다양한 상상 때문에> 의심은 다양한 형태를 떠맡고, <아-다르마(옳지 아니함)> 등으로 기술된다. 그것들은 경전에 따라서, 나라(문화 등)에 따라서 다르다.

스판다 카리카는 말한다.

도둑처럼 무력감(無力感)은 생기를 훔쳐간다.
무력감은 무명(無明)으로부터 생긴다.

"마치 도둑이 집안의 보물을 훔쳐가듯이
그렇게 무력감은 몸의 생기를 앗아간다."

의심이 용해될 때, 그때 수행자의 정신-신체적 제한의 어려움은 사라지고, 그는 **바이라바의 가슴** 으로 들어간다. 그러므로 수행자는 모든 방법으로 <**바이라바의 가슴**으로 이끄는 수련>을 해야 한다.

이것이 틸라카 샤스트라의 가르침의 의미다.

바르가-쉬카도 말한다.

"사람은 **비라**의 삶의 방식을 환영하고, 적절한 순서로 그것을 수행해야 한다."

[비라는 영웅(英雄)을 말한다. <진탕 마시고 노는 수행으로 입문한, 용기 있는, 특별한 범주의 **탄트라 수행자**>를 말한다. **프라탸비갸 흐리다얌**에서 다룬 **바이라바난다**…… 아니면 『그리스인 조르바』!]

사르바차라는 말한다. (비라발리 경전도 이것이 그 견해다.)

"<무명으로 의심에 시달리게 된 자>는 바보다. 그래서 생사(生死)가 일어나는 것이다.

모든 만트라(말)는 음소가 그 본성이고, 또 모든 음소는 쉬바가 본성이다.

<마실 수 있는 것>과 <마실 수 없는 것>이라는 것들은 결국은 단지 '물'의 문제이고,

<먹을 수 있는 것>과 <먹을 수 없는 것>이라는 것들은 결국은 단순히 '흙'요소에서 온 것이고,

<아름다운 것>과 <추(醜)한 것>이라는 모든 것은 결국은 '불(모양, 色, 빛)'요소의 산물이고,

<만질 수 있는 것>과 <만질 수 없는 것>은 단지 '공기'요소의 일로 고려될 수 있다.

모든 구멍은 - 남자의 성기이든 여자의 성기이든 - **단지 <공간(아카샤)의 문제>다!**

<(신에게 바치는) 과자>도, 그 <바치는 사람>도, <제물을 받는 자>도…… 그들은 모두, 오 여신이여, <다섯 요소(地水火風空)의 덩어리>다. 다섯 요소의 산물이 아닌 것은 아무것도 없다.

무엇이 달가운 것으로 욕망을 품을 만한 것이며, 무엇과 관련해서 달갑지 않은 것으로 주저하는가?"

크라마-스토트라도 말한다.

"**칼리**에게 절하노니, 그녀는 세상사를 조절하기 위해, 이것저것을 <선택하는 - 한 대상을 받아들임으로 다른 것들을 멀리하는 - 자들>의 형태로 나타나도다.

칼리에게 절하노니, 그녀는 <비칼파 위로 진전된 영혼들>을 내면의 존재로 동화하고, <비칼파 안에 제한된 경험자>를 포함하는 엄청난 **놀이**를 동시에 즐기도다. (**상코차**와 **비카사**를 동시에 하도다.)"

이것은 내가 그 주석에서 상세히 설명한 것이다. 그러므로 **트리카** 경전에서는, **어떤 제한하는 것도 없는 바로 이 활동성은 거의 예배이다.** 모든 것은 이 예배의 충족을 위해 소용 있는 것이다. 지식의 과정은 자세하게 설명되었다. **카스트**(계급제도)에서 - **브라만** 등의 - 고정된 원칙은 없다. **카스트**의 구별은 인위적인 것이기 때문이다. <브라만 계급만 교육을 받을 자격이 있다>는 사항은 어리석은 사람들만 확신시킬 수 있다. 이것은 **무쿠타-상히타**에서 **주**가 명확하게 결론적으로 상술했다. **트리카**에서는, 이것은 증명에 어떤 노력 없이도 확고하다.

<암리타 비자의 치유성(治癒性)>

열네 번째 모음, 즉 <o>와 <aṃ>의 사이에 있는 것은 <au>이고, **티티샤-안타** 즉 모음의 마지막은 **비사르가** 즉 <aḥ(":")>이다. **트리티얌 브라흐마**는 <ṣa>와 <ha> 사이에 오는 것 즉 <sa>이다. 이것이 진실로 우주를 발생하는 씨앗인 그 **만트라** 즉 <Sauḥ>다.

<sa>로 표현되는 어떤 존재(sat)라도 <프리트비(흙), 프라크리티, 마야 영역(안다)>에서 나타나고, 잇차, 갸나, 크리야 안에 포함되는 것은 (<au>로 표현되는) **삼위**(三位)이고, 모든 것의 축소형으로 **쉬바**에 의해 **쉬바** 안에 산출(되는 것은 비사르가 즉 <aḥ>로 표현)된다.

(이것은 **만트라 Sauḥ**는 현현 전체를 아우른다는 의미다.)

그러므로 <현현의 이 비-확정성(니르비칼파카)의 연속>은 끊임없이 계속되는 것이다.

<확실한 사고 구성물(확정적인 생각)>은 그것이 (다른 것과) 현저하게 다르다는 느낌을 표현할 때 사용된다. 예를 들어, 시간의 세 가지와 연결하여 "이것은 아무개가 그렇게 **했다**. 아무개가 그렇게 **하고 있다**. 아무개가 그렇게 **할 것이다**."고 한다.

반면에 분명한 해방(과 **암리타 비자**)인 **쉬바**의 단계조차도 불운한 사람에게는 항상 (**니르비칼파**와 **사비칼파** 상태 둘에서) 윤회 상태의 두려움 때문에 사막 혹은 광대한 밀림(密林)이다.

"(불운한 사람에게는) 바다 속의 불이 분출하는 것처럼 화염 덩어리의 소용돌이가 나타난다. **넥타** 같은 빛의 거주지인 만월(滿月)로부터도 두려움으로 벼락의 갈라짐이 나타난다. <사고-구성물(생각)>을 통해, (**아눗타라**의) 통치권의 확장으로부터도 윤회하는 존재계의 공포가 있다. 사악한 운명의 발달을 통해, 다른 방식으로 확장하는 이상한 일들이라니!"

이슈와라 프라탸비갸는 말한다.

"'<이 모든 현현의 영광>은 <나의 것>이다.'라고 알고, <우주가 그의 **참나**인 것을 깨달은 사람>은, <**비칼파** 즉 마음 혹은 생각(이분법적 사고구성)>이 그 **놀이**를 할 때라도, **마헤샤타**를 소유한다."

그림 중에도 <네 개의 팔을 가진 **비슈누**>, <세 개의 눈을 가진 **쉬바**> 등이, 영적인 술에도 **수라**, **아사와** 등이 이른바 <**바이라바의 상태**>로 강하게 이끌 듯이 모든 음소 중에도 <sa>가 <바이라바의 상태>로 이끈다.

<sa>는 그 본성이 최고 지복의 **암브로시아**이고, 다른 모든 음소들의 주를 자신 안에 맡기고, 현현에서 번쩍인다. "사탸(진리)", "수카(행복)", "삼팟(획득)", "삿타(존재계)"의 최고의 본성인 그것은, 모두 <sa>로 시작하고, 또 **(성교에서) <남성 성기가 떨리고, 여성 성기가 꽉 조이고 늘어날 때 즐거운 그 감각>은 <si> 소리로 경험된다.** 그것은 진실로 **사탸** 등의 <마이야가 아닌 것>의 성격이다.

지고의 핵심**(암리타 비자)**을 파악하는 것으로써, <단순한 암시나 몸짓으로 어떤 일을 알아채는 데 능숙한 자들>은, <sa>를 통해 진리(사탸, **참된 것**) 속으로 침투하여 - 처음과 중간과 끝에 일어나는 "가가나", "가와야" "가와" 같은 수많은 단어에서 오직 음소 <ga>의 수단으로 - 다른 사람들의 욕망하는 대상을 알 수 있다. **그러니 한 음소조차도 그 진정한 의미를 표현할 수 있다.**

(그냥, 우리말의 비슷한 예로는, 경상도 사투리의 "가가 가가?" "가가 가가 가가?" 등이 있다.)

요가 수트라도 말한다(3:17).

"상호적인 부과(賦課)로 <말>, <(나타내는) 대상>, <(그 말로 지시되는) 지식>의 혼합물이 있다. 만약 그들 각각을 분리하여 **삼야먀**를 수행한다면, 모든 창조물의 <소리의 지식>을 획득할 수 있다."

[**삼야마**는 **요가 수트라**의 전문 용어로서, **다라나**(주의의 집중), **댜나**(명상), **사마디**(마음의 완전한 흡수)를 포함한다.]

그러므로 가장 많은 부분인 음소 <a> <ca>는, 그것은 단순히 소사(小辭. 불변화사)와 접사(接辭) 등인데, <**마야**의 상태(일상의 세상)>에서도 최고의 상태에서처럼, 그런 부정(否定)과 전체성의 의미를 주체의 상태 안에 흡수된 것으로 표현한다. 아직 대상성을 획득하지 못하고, 성(性)과 수(數)가 없는 것으로 아직 <**삿트와**의 상태>나 <어형 변화군(語形變化群)의 명확한 말(의 모습)>을 획득하지 못했다. 아직도 부정과 전체성의 대상이 되는 사물로부터 다르지 않다.

이것이 **바르트리하리**가 **바캬.파디아**에서 이렇게 말한 의미다.

"모든 **말**은 처음에는 그 자체가 따로 분리되어 완전하지만, (말과 **의미**와 **지식**의 상호 관계에서) 그 똑같은 **말**이 <상관관계가 있는 것>이 된다."

베다(Veda)의 문법과 **쉬바 수트라** 같은 신성의 경전에서도, **만트라**에서나 입문에서 일어나는 말의 어원적 설명은 <말의 각 문자의 의도와 일치하여> 완전히 적절한 것으로 여겨진다. 그것은 관습적인 것이 아니다. **<모든 말의 어원적 설명>**은 뜻밖의 **운명 때문에 보통사람들에게는 도달하지 못한다!** - 그것은 <이 책>이 그들에게 아무 의미도 없는 것과 같다. - 그러므로 음소 <sa>의 본성 또한 이것과 같다. <au>와 비사르가의 설명은 이미 했다.

말리니비자야 탄트라는 말한다.

"<세 가지 영역(**프리트비, 프라크리티, 마야**)>은 음소 <sa> 안에 편재하고, <네 번째 영역(**샥티**)>은 삼지창(<au>)으로 편재하고, <모든 것을 초월하는 자(**쉬바**)>는 **비사르가**(<aḥ>, :)로 지시된다. 이것이 **파라**의 편재를 기술하는 방식이다."

"이것의 신비는 <영적인 안내자>의 체격(體格), 재정적 상태, 경전에 대한 지식, 좋은 지위(카스트),

545

도덕과 더불어 <학생의 질>이 좋을 때만 이해될 수 있다. 비라의 공경을 받는 여신이여, 그것은 오로지 마음이 기쁜 스승이 이 **만트라**의 신비를 풀어줄 때, 그것만이 해방을 일으키는 것으로 여겨질 때뿐 이다. 그렇지 않으면 아니다."

"오직 <한 스리슈티 비자(암리타 비자, Sauḥ)>, <한 무드라(케차리 무드라)>만 있다. 자신 안에 이 둘을 낳는 자는 **더 없는** 평화의 단계에 위치한다."

그러므로 <신비의 지식>인 이 만트라가 **책(冊)에 명확하게 기록될 수 없는 것은 어떤 법칙이다!!**
말리니비자야 탄트라에서도 Sauḥ는 다음처럼 변장한 모습으로 기술되어 있다.

"왼쪽 허벅지와 합쳐서, 피조물은 전통(傳統)과 일치하게 된다."

<왼쪽 허벅지와 합쳐서>는 <au와 결합하여>를 의미하고, <피조물(지바)>은 <sa>를, <전통과 일치 하게 된다>는 <비사르가(":")>를 말하고, 그러므로 전체는 "Sa+au+:" 즉 Sauḥ가 된다.
이 책에서도 그것은 "**우람한 반얀 나무도 씨앗 안에 잠재성으로 있듯이**"이다.

<요기니가 아닌 자>나 <은혜를 입지 않은 이>는
이를 얻을 수 없나니
이 만트라("Sauḥ")가 <참 신(神)의 가슴>이라,
즉시(卽時) 요가(合一)와 해방을 주노라.

etannaḥ-yoginijato na-rudro labhate sphutam
에탄나-요기니자토 나-루드로 라바테 스푸탐
hridaym devadevasha sadyo yogavimuktidam
흐리다얌 데바데바샤 사됴 요가비묵티담

"<요기니로 태어나지 않거나 루드라와 결합하지
않는 자>는 이것("Sauḥ")을 명확히 얻을 수 없다.
이것이 <신(神)들의 신(神)의 가슴> 즉 흐리다야
비자로, 즉시 요가와 해방을 준다."

etannaḥ의 **naḥ**는 na+a+aḥ로, na는 **말리니의**
첫 번째 문자이고, a는 **마트리카의** 첫 번째 문자로
비라의 상징이고, aḥ는 **비사르가 샥티로** 요기니를
상징한다. 이들의 결합으로 태어난 사람이 **요기니-
자타**이다. 오직 그런 사람만이 <바이라바의 **가슴>**
즉 **암리타 비자**(Sauḥ)를 자신 안에서 실현할 수
있다. (혹 <이런 것>에서 **우리말 "나"**가 유래?)

547

1) <경험자의 상태>는 <(말리니의 첫 문자 na와 마트리카의 첫 문자 a의 수단으로 인식되는) 쉬바-비라>와 <비사르가-샥티(요기니)>의 결합으로 일어난다.

2) 혹은 루드라인 그의 안에서. 루드라는 마야의 속박을 성공적으로 떨치거나 피괴인 사를 말한다. 그는 신성한 사람이다. 그 홀로 그것을 명쾌하게 실현할 수 있다. 루드라가 아니거나 요기니로 태어나지 않는 자는 그것을 실현할 수가 없다. 암리타비자에 대한 깨달음은 사됴가 즉 <바이라바와의 동일성>을 준다. 그것은 (트리카에서는) 해방으로 확인된다. 사댜라는 말은 즉시(卽時)라는 의미다.

이것은 <그런 것을 깨달은 자>는 이런 부류 즉 루드라 혹은 <요기니로 태어난 자>라는 것을 암시한다. 다른 누구라도 그것을 얻을 수 없다. 위의 부류인 자는 그것을 분명하게 깨달을 수가 있다. 그러니 그는 가슴 즉 <해방을 주는 Sauḥ>를 즉시 깨달을 수 있다.

[요기니는 일반적으로 <초능력을 얻은, 입문한 이>를 말하지만, 여기서는 <'작은 나'에서 해방되어 쉬바와 동일시된 이>를 말한다. 루드라도 <루드라 쉬바와 동일시된, 해방된 영혼>을 말한다.

요가 역시 <쉬바와의 연합(하는 그런 능력)>을 말한다.]

이것을 <깨어, 알아채며> 잘 읊조릴 때
모든 만트라와 무드라가 몸으로 녹아드노니

ashya-ucchara krite samyan
  mantra-mudragano mahan
아샤-웃차라 크리테 삼얀 만트라무드라가노 마한
sadyas-tanmukhatameti
  sva-deha-avesha-lakshanam
사댜스-탄무카타메티 스와-데하-아베샤-락샤남

"이 만트라(Sauḥ)가 완전하게 잘 암송(暗誦)될 때, 만트라와 무드라의 거대한 군집(群集)이 그의 앞에 즉시 나타나고 몸 안으로 흡수된다."

만트라는 세속적이든 신성하든 성스러운 음소다. 그것들은 반영(反映)으로 구원한다. 세속적 목적을 위해서는, 그것들은 <사고-구성물(비칼파)의 형태>이고, 신성(초월)의 목적으로는 그것들은 **삼빗 샥티**(더 높은 **의식의 힘**)로 가득하다.

무드라는 크리야 샥티 성격인 손과 발의 특정한 배열이다. 그러므로 **만트라-무드라가나**는 만트라와 무드라로 생겨날 수 있는 엄청난 힘의 주인을 의미

한다. 그것은 집단적인 형태(상태)에서 **파라 샥티**와
동일하다.

[보통의 생활에서 하나의 감각은 하나의 특정한
목표를 의미한다. 예를 들어, 눈은 볼 수만 있다.
듣지는 못한다. 그러나 감각 활동의 일반적 상태는
모든 감각의 기능들이 동시적으로 사용될 수 있다.
<'총(總) 감각'이라는 별도의 말을 사용하지 않고>
말이다. 이것은 <감각의 집단적인 형태>이다.]

스와-데하-아베샤-락샤남

1) **스와**는 <자기 자신의>를 의미하고, **데하샤** 즉
<몸의>는 <**프라나, 푸랴슈타카, 순야** 등의>를 말
한다. **아베샤**는 <즉시 최고의 본성이 (자신 속으로)
들어가는 것으로, (다른 사람들에게 의존하는 것을
함축하는) 마비(痲痺)의 사라짐과 또 (**절대 자유**에
의해 스며든) 의식적 주체의 나타남이 있는 것>을
의미한다.

2) **스와데하아베샤**는 <svada+iha+aveshah>로
분석될 수 있다. **스와다**는 <모든 대상에게 자신의
(**프라카샤와 비마르샤**) 본성을 주는 그것>을 의미
하고, **이하**는 <처음 잇차의 **크리야**까지의 확장>을
말한다. **타야 아베샤**는 <그런 **이하**에 의한 침투>를
의미한다.

그래서 **스와데하-아베샤-락샤남**은 <그의 안으로 (프라카샤와 비마르샤 본성을 가진) **이하**의 확장의 침투가 특징인 방식에서>를 말한다. <그런 **이하**가 특징인 경험자의 최고의 상태>가 **스와데하아베샤**이다. 그것이 이 **만트라 Sauḥ**의 진정한 언명이다. 그것은 위의 방식으로 일어나고, 최고의 면에서 즉 지고의 의식적인 **참나**의 면에서 확립된 것이다.

<이 상태가 일어날 수 있는 방법>은 아주 자주 밝혀졌다.

사댜스-탄무카탐-에티

사댜(즉시)라는 말로 **아눗타라** 단계로의 흡수를 암시한다. **탄무카탐-에티**는 <**사마베샤** 후에 지고의 의식을 얻는 것>을 의미한다. 이 침투(**사마베샤**)는 **바이라바**의 진정한 본성이 감추어진 동물의 그것과 같지 않다.

[**삼약 웃차라**는 단순히 <소리로 읊조리는 것>이 아닌, <내적으로, **만트라**의 고요하고 자발적이고 미묘한 움직임>을 말한다. 그것은 깨달음(알아채는 일)으로 이끄는 호흡과의 연합이다.

아비나바굽타는 **라구브릿티**에서 이렇게 말한다.

"이 만트라의 웃차라로, 수행자는 완전히 프라나 속으로 흡수되고, 그때 그것 홀로 즉 <지식(갸나)과 행위(크리야)의 구현(具現)인 만트라와 무드라>는 <그 만트라를 암송하고 있는 수행자>에게로 향하고 그가 바라는 모든 것을 준다."

☯

이 만트라에 한 시간을 집중(集中)하면
모든 만트라와 무드라를 통제하고
과거(過去) 미래사(未來事)를 말하며

muhurtam smarate yastu chumbakena
　　abhimudritah
무후르탐 스마라테 야스투 춤바케나
　　아비무드리타
sa badhnati tada sarvam mantramudraganam
　　narah
사 바드나티 타다 사르밤 만트라무드라가남 나라
atitanagatanarthan prishto'sau katayatyapi
아티타나가타나르탄 프리슈토'사우 카타야탸피

　"이 만트라에 한 무후르타(48분)만 깨어서 집중 하게 되면, 만트라와 무드라의 군집 전체를 그의 통제 아래로 가져온다.

그는 또한 질문을 받았을 때, 과거와 미래사를 말하고"

여기의 **무후르탐**은 <48분>을 의미한다. **암리타 비자가 시간에 의해 결정되지는 않지만**, 무후르타라는 말은 <속세의 다른 경험자들의 경험>과 관련해서 사용되었다. **야 스마라티**는 <암리타 비자와 일치하는 연결을 확립한 자>를 의미한다. 그 홀로 <그의 단일성의 의식 때문에> 자신을 이미 설명한 **만트라와 무드라의 군집과 동일**하게 한다. 어떻게 그렇게 하는가? <**춤바카**의 수단으로, 즉 우주적인 면과 **접촉(接觸)**하는 **샥타 샤리라**의 수단으로, 모든 영역에서 **무드라**로 감동되고, **암리타 비자**와 일치하는 **연결(連結)**을 확립한 자>, 그 홀로 그것을 할 수 있다.

[스마라테는 단순히 <기억하는 것>이 아닌, <그 **만트라에 끊임없이 주의(注意)하는 것**>을 말한다.

집중(集中)이란 <**마음을 다하고, 뜻을 다하고, 힘을 다하는 것**> 즉 "mindfulness"를 말한다.

춤바카는 "**샥타 스파르샤**", 즉 **수슘나 나디**에서 일어나는 **샥티 차크라의 포옹**이다. **춤바카**는 자석(磁石)으로, **샥타 스파르샤**는 자석처럼 수행자를 자신 쪽으로 끌어당긴다.]

소사(小辭) 투는 확실성의 의미에서 사용되었다. <샥티의 박동을 나타내는 그>는, 일치하는 단일성에서, <이런 진실한 상태(Sauḥ)의 구현인 쉬바>와 그의 의식을 연결했다. 그 홀로 이것을 성취한다. 돌 등이 아니다. 그것들은 <나라의 범주> 아래로 온다.

과거(過去) 미래사(未來事)를 말하며

그는 단순한 의지로 <분명한 의미가 없는, 모든 일>을, 바로 그 끝까지 계속해서 말한다. <과거의 일>과 <미래에 일어날 것 같은 일>, 아니면 <존재하지 않을지도 모를 일>, 아니면 <다른 어떤 형태에서도 - 완전한 파괴로 인해 존재하지 않는 형태에서 - 존재하지 않은 일>, <절대적인 비-존재>, 아니면 <상호적인 비-존재>, 아니면 <또 다른 어떤 종류의 비-존재>의 일을 말이다. 어떤 환경 아래서 그는 그렇게 하는가? 대답은 그가 어떤 일에 대해 정보를 얻을 때다. - 그는 전지(全知)다. 오직 어떤 질문이 주어졌을 때만, 그때 그가 알기를 원하는 바, 그것은 이미 그의 안에 놓여 있는데, 그는 **바이 카리** 혹은 <거친 언설로[육성(肉聲)으로]> 외부로 표현한다.

스판다 카리카는 말한다.

<우주의 지지자>인 쉬바는
<바라는 바>를 간절히 구하면
달과 해의 상승(上昇)을 일으켜
<깨어 있는> 가슴의 모든 것을 이룬다.

달과 해의 상승 즉 **갸나 샥티**와 **크리야 샥티**의 수단으로 말이다.

<한 사람이고 동일한 요기>는 (과거와 관련되는) **기억과** (미래와 관련되는) **상상에서조차도 현재에 똑같이 남는다.** 과거와 미래는 그에게는 존재하지 않는다.

말리니비자야 탄트라는 말한다.

"'<과거와 미래에 제한되지 않는 현재>에 남는 것이 더 낫다.' 경험자의 상태가 <끝없는 시간으로부터(전부터)> 존재했을 때, 그 안에는 어떤 증가와 감소도 있을 수 없다. 어떻게 그것이 현재의 그런 제한을 견딜 수 있겠는가? '아무개가 이것을 알고, 이것을 한다.' 그러니 그것은 영원히 빛나고 있다. 그것은 말해졌다. 그것은 <과거(와 미래)의 참조를 요구하는, 현재 시간의 그 제한> 때문이다. 제한이 없을 때, 기대(期待)를 할 수 없기 때문에, **실재**는 시간에 의해 결정되지 않는다. 이것은 반복적으로 설명한 것이다. <시간의 그 다양한 힘>을 나타나게 만드는 자는 주(主) 홀로이다. '깨어 있는 상태에서 한 가티카(24분)로 여겨지는 그 시간으로 꿈에서는 <한 프라하라(세 시간)>, <하루>, <일 년(年)> 등의 다양한 경험을 한다.'"

☯

세 시간, 신(神)의 모습을 떠올리면
루드라의 힘으로 뚝뚝히 보게 되고

prahara-adyadabhipretam devata-rupam
    uccharan
프라하라-아댜다비프레탐 데바타-루팜 웃차란
sakshat pashyati asandigdham akrishtam
    rudra-shaktibhih
삭샷 파샤티 아산디그담 아크리슈탐
    루드라-샥티비

"한 프라하라(3시간) 동안, 바라는 신성의 모습을 떠올리면, 루드라의 힘에 의해 그 자신에게 가까이 끌려진 그것을 눈으로 보게 된다."

<프라하라(세 시간)>는 <완전한 용해의 상태>를 의미한다. 또 루드라의 "루"는 로다나를 나타내고,

"드라"는 드라와나를 나타낸다. 그러므로 **로다나**는 삼하라(용해, 철수), 드라와나는 스리슈티(현현)을 의미한다. **수행자는 삼하라와 스리슈티의 힘으로** <흡수의 상태>로 들어가는 것을 **완전히 인식하고 경험한다.** 이것이 말하려는 의미다.

로다나는 수행자가 **암리타 비자(Sauḥ)**를 깨달은 후, 감각을 통해 파악한 대상 세계를 **참나** 안으로 동화하는 것>, <**아쿨라나 아눗타라** 속으로 그것의 용해를 성취하는 것>을 말하고,

드라와나는 <이제 내면화한, 감각을 통해 파악된 대상 세계를 외면화하는 것>, <그것을, **프레타라**고 부르는 **사다쉬바**에 거하는 **갸나 샥티**와 대면하게 가져오는 것>을 의미한다.

그러므로 **루드라의 힘으로**는 <**로다나-드라와나** 힘의 동시적인 과정>, 즉 <감각으로 파악된 대상 세계를 내면으로 동화하고 또 동화한 대상 세계의 외부화에 영향을 주는 힘>에 끌려서, <모든 외적인 형태에 영향을 주는 근원(根源)> **잇차 샥티** 여신을 확실히 실현한다.

(로다나와 드라와나는 프라탸비갸 흐리다얌에서 다룬 크라마 무드라를 참조하라.)

로다나는 <내적인 용해의 상태>이다. 수행자에게 오는 인식과 경험으로 말하는 것은, 그는 **아쿨라**의 상태에 도달하는 것으로 - 그 상태에서는 외부적 **비칼파**(생각)의 파도는 용해되고, <끝없는 영광으로 가득한 **스와탄트리야**(**절대 자유**)와 접촉해서> 최고 역량에 이른 **잇차**로 가득한데 - **아눗타라** 안에서 **잇차**의 용해를 실현한다는 것이다.

그다음, **드라와나**는 <외적인 확장의 상태>로서, 외부적으로 향하게 되는 똑같은 **잇차 샥티**가 **갸나 샥티**의 면을 떠맡고, 그것의 대상으로서 약간 <불분명한 차이>를 가진다.

<외향화에서의 로다나와 내향화에서의 드라와나>

사만야(일반적) 스판다 성격의 **갸나 샥티**는 외부로 확장하여, **비쉐샤**(특정한) 스판다 성격의 감각의 형태를 떠맡고, 이 상태에서 **요기**는 외부의 똑같은 조건에서 **로다나**(<감각의 저지(沮止)>)를 성취한다. 이것은 진실로 **로다나** 안의 연속적인 움직임이다. 그러므로 **로다나**는 드라와나(확장)와 **박샤나**(삼킴, 용해) 둘 다이다. 이것은 **바마나-박샤나**로 알려져 있는데, <밖으로 내보내고 안으로 삼키는 일>이다.

다르샤나 즉 **경험(經驗)**은 프라타의 **성격이다.**

즉 **사만야 갸나**와 **비쉐샤 갸나** 모두다. **프라타**인 것은 확장의 다양성을 포함한다. 결정하지 못하고 의심인 상태는 두 가지 (이상)의 대안 때문이다. "이것은 나무의 몸통이거나 인간의 몸통이다." 이 불확실성조차도 확실성의 요소를 갖는다. (왜냐하면 그것은 분명히 이것들 중 하나이고, 그 외에 다른 어떤 것일 수는 없기 때문이다.) 그러니 **<신성의 힘>**은 성취하기가 어려운 것을 성취한다.

☯

여섯 시간, 신성(神性)에 깨어 있으면
<의식(意識)의 하늘>에 확고히 서며

prahara-dvayamatrena vyomastho jayate
  smaran
프라하라-드바야마트레나 뵤마스토 자야테 스마란

"두 프라하라(여섯 시간) 동안, 신성에 깨어 있게 되면, 순수한 의식(意識)의 공간에 확고하게 된다."

파라-아파라인 - <과거의 경험을 현재의 것으로 동화>하는 - 기억의 힘을 가진 그런 **요기**는 진실로 **바이라바**다. 그것이 "**두 프라하라**"라고 - (파라와 아파라의) 두 가지 인식을 함께 - 말한 이유다. <파라(이전의, 과거의) 프라하라>는 실제적 경험의 것이고, <아파라(두 번째) 프라하라>는 현재에서 똑같은 것의 인식이다.

이 <파라-아파라 방식으로> 암리타 비자를 기억하게 되면, 그는 뵤마(텅 빈 곳)에 적응하게 된다. (인식 내지 첫 경험의 시간에는) 푸랴슈타카에서 (아포하나의 시간에는) 순야에서 경험자의 상태를 얻는다. 그의 인식의 경험이 프라하라의 특성일 때 (완전한 흡수일 때), 그는 기억에서 그것을 다시금 불러올리는 것으로 신중히 고려한다.

[<파라-아파라 방식으로>는 <다르샤나 혹은 아누바와-갸나(경험의 인식)와 함께>를 말하고, 요기는 스므리티-갸나(기억의 인식)와 비칼파-갸나(생각의 인식), 아포하나-갸나(<제거된 상태, 틈>의 인식)도 갖는다.]

앞 경문 "루드라의 힘으로 뚝뚝히 보게 되고"는 이것과도 연결된다.

그 시각까지 "기억"조차도 <본래의 경험> 자체와 같은 것이라고 한다. 그는 아파라 성격의 비칼파 샥티(생각의 힘) 즉 아포하나와도 연합되어 있다. 다시 말하면 그는 <첫 번째 경험>과 <그것의 회상> 사이에 있는 "틈(간격)"조차도 경험한다!

아홉 시간 후는 바이라바의 뜻으로
천상의 존재들이 복(福)과 힘을 주노라.
이 만트라로 <온전(穩全)함>을
전에도 얻었고 장래에도 얻으리니
지금도 요가를 수행(修行)하느니라.

trayena matarah sarva yogishvaryo
  mahabalah
트라예나 마타라 사르바 요기슈와료 마하발라

vira vireshvarah siddha balavan chakiniganah
비라 비레슈와라 싯다 발라반 챠키니가나
agatya samayam datva bhairavena
  prachoditah
아가탸 사마얌 다트와 바이라베나 프라초디타

yacchanti paramam siddhim phalam yadva
  samihitam
얏챤티 파라맘 싯딤 팔람 야드와 사미히탐
anena siddha setsyanti sadhayanti cha
  mantrinah
아네나 싯다 셋샨티 사다얀티 차 만트리나

"세 프라하라(9시간) 이상을 지속한다면, 그때는 바이라바에 의해 강요(强要)된 모든 어머니들, 모든 위력(威力)의 요기슈와라들, 비라들, 비레슈와라들, 싯다들, 강력한 샤키니 무리들이 그에게로 와서, 바라던 바의 <최고의 행복(목샤)>과 <굉장한 힘과 빌베스를 준다.

이 만트라로, 만트라 수행자는 현재(現在)에도 요가를 수행하고 있고, 이것으로 과거(過去)에 완전하게 되었고, 이것으로 미래(未來)에 완전을 얻을 것이다."

[<모든 어머니들>은 음소(문자) 그룹을 관할하는 요기슈와리와 브라흐미, 마헤슈와리, 카우마리, 바이슈나비, 바라히, 아인드리, 차문다를 말하고,

비라는 요기니의 주를 말하나, 아비나바굽타는 라구브릿티에서 비라는 아고라 등이라고 하고, 이 책(비바라나)에서는 (내향하는 때의) 붓디(지성)와 행위기관 등이라고 하며,

비레슈와라는 라구브릿티에서 나바트마 만트라와 관련되는 신성이라고 하고,

싯다는 라구브릿티에서 샥티 차크라의 지배로 초능력을 획득하는 자는 싯다가 된다고 하며,

샤키니는 케차리 등과는 다르다고 한다. 락쉬만주 등은 요기니 무리로 본다.]

인식하고, 그다음 기억하고, 그다음 **뵤마**에 즉 **아포하나**(첫 번째 경험과 그것의 회상 사이의 **틈**의 경험)에 적응했을 때, 그때 그는, 이들 과정의 수단으로 그 <**세 프라하라**>가 특징인 세 가지 인식과 연합하여 다시 경험하고, **마타라 사르바** 즉 <**모든 내적인 프라마타라**>, 즉 <**감각들의 내적인 최고의 에너지**>로서, 다른 경험자들과는 상관없이 대상을 경험하는 것에 **완전**(完全, 싯다)하게 된다.

[<**감각들의 내적인 최고의 에너지**>는 <**파라메샤 샥티**>를 말하고, 여기의 <**마타라**>라는 말은 <감각들의 이런 내적인 에너지>를 함축한다.

<**인드리야-샥티**>와 <**인드리야-브릿티**>는 차이가 있다. **인드리야-샥티**는 <감각의 내적인 에너지>를 의미하고, **인드리야-브릿티**는 <감각이 대상을 인식하는 양상>을 말한다. **인드리야-샥티**는 내향적이고, **아베다-갸나** 즉 <단일성의 의식>이지만, **인드리야-브릿티**는 외향적이고, **베다-갸나** 즉 <대상의 다양성과 차이>와 관련된다.

<**인식하는 자**> 모두가 같은 대상을 있는 그대로 인식할 때 - 모두가 항아리를 항아리로 인식할 때 - 그때 그 인식은 확정되고 그것은 바른 인식으로 여겨진다. 그러나 **요기의 인식은**, 다른 사람들이 그

대상을 똑같은 식으로 인식하든 아니든, **완전하다.**
다른 사람들의 인식은 인드리야-브릿티의 것이고,
**요기(깨달은 자)의 인식은 인드리야-샥티의 것으로,
그것은 다른 질서(차원)의 것이다!]**

요게슈와라는 <요기의 주인으로, 내면의 진정인
경험자와의 동일성이 특징인, **아이슈와라** 즉 **스와
탄트리야(절대 자유)**를 얻은 자들>을 말하고,

마하발라는 <기량(器量)이 큰 자들>을 의미한다.
여기서 **발라**는 <외부적인 감각에 대한 어떤 억제도
없이 모든 방향으로 확장하는 힘(기량)>을 말한다.
"기량이 큰 자들"은 내면의 힘들(내면의 기관) 즉
마나스, 붓디, 아함카라와 관련된다. 이것들 또한
완전한데, 일반적 경험을 다루는 모든 경전이 이것
들을 금하더라도, 이것들은 열정 혹은 자유에 의해
일어나는 활동으로 가득하기 때문이다.

이런 의미에서 **비라**는 그런 요기의 <감각기관과
행위기관이라고 부르는 무엇>이다. 그들 또한 완전
하게 된다.

비레슈와라 즉 <비라의 주>, 다른 말로 <카와
다른 음소들의 에너지> 또한 완전하게 된다.

샤키니가나는 카와 다른 음소들의 현현과 함께
나타나는 <브라흐미와 다른 신성들>을 의미하며,
<호오(好惡) 같은 다양한 정신적 양상을 나타내는

힘의 주인>이다. 이 힘의 주인 또한 완전하게 된다. 그것이 완전하기 때문에, 그것은 강력하다.

[산스크리트 경문의 "samayam datva(사마얌 다트와)"의 의미를 좀 더 살피면…… M. Monier Williams는 그의 『Sanskrit-English Dictionary』에서 "samayam da"는 <동의(계약)를 제안하다>를 말하고, "samayam kṛ"는 <동의 혹은 약속(계약)을 만들다(참여하다)>를 말한다고 한다. 그러므로 위의 표현은 <(이미) 약혼(約婚, 계약, 약속)을 한>의 뜻이다.]

파라맘 싯딤 얏찬티는 <그것들은 파라마-싯디를 제공한다>는 의미다. 파라마는 파라샤마 즉 프라미티 혹은 <지고의 경험자(파라샤)의 바른 개념>을 의미한다. 이 싯디(완전)는 외적인 증거의 수단도 있을 수 있고, 요기가 그런 것이 지고라고 지고의 본성을 정확히 집어낼 수도 있다. 아니면 그것들은 요기가 가장 욕망하던 대상(진정한 "나"의 실현)을 준다. 두 가지 대안의 과정이 <그것의 가치를 아는 것이 없이, 과정으로서 수행하는 요기>와 <그것의 요지를 확실히 알고 요가를 수행하는 요기> 둘 다에게 연속적으로 적용될 수 있다.

이 만트라로 <온전(穩全)함>을
전에도 얻었고 장래에도 얻으리니
지금도 요가를 수행(修行)하느니라.

anena siddha setsyanti sadhayanti cha
    mantrinah
아네나 싯다 셋샨티 사다얀티 차 만트리나

바이라바 탄트라의 <온전함>을 얻는 이것은

yat-kinchid bhairave tantre sarvamasmat
    prasiddhyati
얏-킨칫 바이라베 탄트레 사르바마스맛
    프라싯댜티

"이 만트라로, 만트라 수행자는 현재(現在)에도
요가를 수행하고 있고, 이것으로 과거(過去)에 완전
하게 되었고, 이것으로 미래(未來)에 완전을 얻을
것이다."

"바이라바 탄트라에 기술된 모든 온전(穩全)이
이 비자 만트라(Sauḥ)로 성취되었다."

요컨대, 다른 경전의 **만트라**로써 영적인 완성을 수련하는 이들도 이 창조적 **만트라**(**가슴**, Sauḥ)로 **완전하게** 되고, 살아 있는 동안에 해방될 것이다. 그러나 이 **만트라**가 없이는 최고의 **온전**(穩全)은 얻을 수 없을 것이다. 이것이 그 의미다.

싯다 혹은 <(**갸나**를 통해) 완전하게 된 자들>, **사다얀티** 혹은 <(**요가**를 통해) 영적 삶의 훈련을 수행하고 있는 자들>, **셋샨티** 혹은 <**아니마** 등의 능력의 수단으로 점차적으로 완전하게 될 자들>, 이들 모두는 이 **만트라** Sauḥ를 통해 성취되었고 성취될 것이다.

이 가장 중요한 창조적 **만트라** 안으로의 침투가 없이는, 삶의 실용적인 성공조차도 성취할 수 없고, **탄트라**(**요가**의 수행 훈련)에서도 성공할 수 없다. 그 모든 것은 오로지 이 **만트라** 때문이다.

그러니 최고의 **주**(主) 자신이 이 **흐리다야 비자** 즉 Sauḥ **만트라**다. 이런 방식으로, 세 가지 **샥티** (**파라**, **파라-아파라**, **아파라**)로 강화(强化)되어서, 그는 <**우다야-삼하라-마야**>로 충만하고, <**무한의 의식**(意識)>과 동일하다.

[<**우다야-삼하라-마야**>는 전문 용어로, <경험의 시간>에는 (그것이) **우디야마나**(일어남)이고, <기억

(스므리티)의 시간>에는 우다야-삼하라-마야이고,
<아포하나의 시간>에는 단지 삼하라-마야다. 위의
우다야-삼하라-마야는 세 가지 모두를 포함한다.

"<무한의 의식(意識)>과 동일하다." - 이 말은
곧 프라사라-흐리다야와 삼하라-흐리다야의 개념을
포함한다. 프라사라-흐리다야는 <a-ha-m>으로,
흐리다야 비자로 알려져 있다. 삼하라-흐리다야는
<m-ha-a>로, 핀다-나타로 알려져 있다. 이 둘 다
"<무한한 나-의식>의 동일성"과 관련된다. 그리고

**다양성(多樣性)의 느낌을 완전히 없애면서도
그 가슴이 되어 제한(制限)을 받아들이누나**

**<아는 자>는 만달라를 못 봤어도⋯⋯
아드리슈타-만달로'페밤⋯⋯**

<제 8 장> **가슴의 씨앗**의 <한글 경문>에서는
<한 무후르타(48 분)>는 **한 시간**으로, 또 <한, 두,
세 프라하라(3 시간)>는 **세, 여섯, 아홉 시간**으로
늘었고, <천상의 존재들> 부분은 줄이고, 마지막의
<**다양성(多樣性)의 느낌을⋯⋯**>은 자이데바 싱이
한 그대로 풀어 넣었다. 아비나바굽타는 19절 처음
부분 "<**아는 자>는 만달라를 못 봤어도⋯⋯**"를
여기서는 겹쳐 새긴다. 왜 그런가?]

1) 파티의 견지에서

그러므로 **아드리슈타**는 <보이지 않는 그것> 즉 <알려지지 않고, 무지의 영역인, **마야**의 제한>을 말한다. 이런 방식으로 실현된 이 **흐리다야 비자**는 **<다양성의 느낌을** 일으키는 **마야**의 제한>과 또 <**참나**의 진정한 본성의 원초적 무명>도 제거한다.

2) 파슈의 견지에서

동시에, **마야** 등 <**샥티**의 네 가지 영역>에 편재하는 제한을 받아들이는 이 **암리타 비자**는 제한의 형태에서도 또한 현존한다.

그러니 **의식**의 덩어리인 최고의 **주(主)**는 비디아(**아누바와** 혹은 **파라** 상태), 마야(**아포하나** 혹은 **아파라** 상태)와 둘 다(**스므리티** 혹은 **파라-아파라** 상태)를 가진다.

"다르샤나(경험)는 <**파라 샥티**>이고, **스마라나**(기억)는 <**파라-아파라 샥티**>이고, 비칼파(번갈아 나타남, **아포하나**)는 <**아파라 샥티**>이다. **주(主)**는 세 가지 **샥티** 모두를 갖는다. 그는 <**마야**(다양성)의 힘>과 <**비디아**(단일성)의 힘> 둘 다를 갖는다. **마야**는 <**프리트비, 프라크리티, 마야와 샥티**>의 네 가지 영역을 갖고, **비디아**는 **참나**의 의식으로, 은혜가 가득하고, **쉬바**의 은총의 **에너지**이다."

만약 위의 경문들이 일차적으로 **요가**와 일치하게 해석되어야 한다면, 그때는 **말리니비자야 탄트라** 등의 기술처럼, 수행자는 먼저 금식 등의 거룩한 준수를 따른 그다음, 이 **만트라**를 발음(發音)해야 한다. **경문은 분명히 이런 식으로 해석되어야 한다.** 왜냐하면 <요가의 수행>에서 수많은 것은 <확고한 법칙에 근거하여 굳어진 질서>이기 때문이다.

그러므로 수행자는 신경(神經), **차크라**, **카라나**, **바와나**(창조적 명상) 등의 전통의 훈련을 준수해야 한다.

[**카라나**는 **아나보파야**의 하나로, 몸과 신경계를 <우주의 축소형(縮小型)>으로 명상하는 것이다.

이 **Sauḥ** 만트라는 **뱀과 얼나 이야기**에서 다시 "**숨 뱀**"으로 다룬다.]

"<**트리카** 체계>는 <**쿨라** 전통>보다 더 높다."고 했다. 이제 이 **트리카**에서, **아눗타라**는 <모든 것을 초월하는 것>이다. **탄트라**가 기술하려고 하는 것이 이것이다. (그것은 다음과 같다.)

제 9 장

의례(儀禮)를 넘어

< 1 > 정말이지 <아는 것>이……
< 2 > 그래서 얻는 것은

[**의례** 역시 **뱀과 얼나 이야기**와 탄트라 사라의 해당 부분 등에서 이런저런 식으로 더 다룬다.]

< 19 >

<아는 자>는 만달라를 못 봤어도 온전을 즐기니
그 홀로 요기요, 참으로 입문(入門)한 것이라.

< 20 >

이 단순한 <앎>으로, 모든 힘으로써 <알려지고>,
요가가 없을 때라도 샤키니 가족과 같아지며

< 21 >

의례(儀禮)의 금계(禁戒)에 <무지>할지라도
저절로 희생(犧牲)에 관한 <지식>을 얻는다.

< 22 >

카알라-아그니에서 마야까지는
<브라흐마의 몸>에서 쉬고,
쉬바는 <아 모음의 끝>에서 쉬고,
나머지는 <샥티의 세 갈래 창(槍)>에서 쉰다.

< 23 >

"Sauḥ" 안의 존재는 <순수한 길>에 있는 것,
개아는 <신성(神性)의 지식>으로 넘쳐흐른다.

< 24 >

<이를 아는 데 영감을 주는 이>가 쉬바이니
다른 사람에게는 알려지지 않느니라.
그는 전지(全知)하고 편재(遍在)하며
자족(自足)하고 무구(無垢)한 <지고의 주>라.

< 25 > - < 26 >

우람한 반얀 나무도 씨앗 안에 잠재성으로 있듯이
그렇게 우주도 <가슴의 씨앗> 안에 있다.

이 만트라를 아는 자는, 공물(供物) 없이도
확실한 <해방(解放)의 입문>을 한다.

< 27 >

<머리>, <입>, <가슴>, <은밀한 부위> 그리고
<몸 전체>에 냐사를 하고
27 만트라와 함께 머리타래를 묶은 뒤

< 28 >

"Sauḥ"로 열 방향에 차꼬를 채운다.
그러나 우선, 모든 방해물을 없애기 위해
속으로 소리 내며 손뼉을 세 번 친다.

< 29 >
머리타래를 묶는 횟수로 물을 바친 다음,
<꽃>과 <다른 곳>에도 뿌려야 한다.
이 모든 것은 요기니와 비라의
성기(性器) 위에서 행한다.

< 30 >
<a>에서 <au>까지 점을 찍은 열넷 만트라와
꽃으로 <자리>를 만들고,
비라는 앉아서 스리슈티 비자를 경배한 뒤
똑같은 식으로 <다른 자리>를 만든다.

< 31 > - < 33 >
<스리슈티의 삼푸티카라나> 후에는
야자나 즉 <내면의 예배>를 시작해야 한다.
<모든 탓트와를 갖추고, 모든 것으로 장식하고,
27 만트라로 바쳐진> 마헤샤니 여신에게 경배를!
그다음 향기로운 꽃으로
<능력을 따라> 여신에게 경의를!

<지극한 헌신으로> 경배해야 하며
여신에게 온전히 귀의(歸依)해야 한다.
<내면의 예배>는 이런 방식으로 기술되었다.
똑같은 식으로 아그니-카랴도 한다.

< 34 >

흐리다야 비자 "소"에 거(居)하며
올바르게 예배를 행(行)하는 자는
몸에 있는 동안도 자유를 누린다.

< 35 >

<시종(始終)이 없고, 열다섯으로 늘어나 있고,
가슴의 연꽃에 거하는 씨앗>을 명상하라.
또한 <달 부분(소맘샴)>도 늘 수행해야 한다.

< 36 >

요기는 무엇을 원하든지 즉시로 얻으며
전지(全知)는 인식(認識)처럼 그에게로 향하니
이것에 대한 의심은 없느니라.

< 37 >

이런 것이 이 만트라로 얻는 것이라.
이것이 루드라-야말라이니
이를 수행하여 <전지(全知)의 힘>을 얻노라.

< 19 >

<아는 자>는 만달라를 못 봤어도 온전을 즐기니
그 홀로 요기요, 참으로 입문(入門)한 것이라.

adrishta-mandalo'pi evam yah kashchid vetti
    tattvatah
sa siddhibhagbhaven nityam sa yogi sa cha
    dikshitah
아드리슈타-만달로'피 에밤 야 카슈칫 벳티
    탓트와타
사 싯디바그바벤 니티암 사 요기 사 차
    딕쉬타

"진실로 (이 비자 만트라 Sauḥ를) 아는 자마다,
만달라를 보지 못했더라도 <온전(穩全)의 성과>를
영원히 즐긴다. 그는 (완전한) 요기이고 또 (진실로)
입문한 것이다."

만달라는 그 안에 신성(神性)이 자리 잡고 있는
<신비의 도형(圖形)>을 말한다.
아드리슈타는, 차리야나 <샥토파야를 통한 어떤
의례(儀禮)의 준수>, <니샤타나[아나보파야로 밤에
행하는 종교 의식(儀式)]>, <하타파카[삼바보파야로

경험을 경험자의 의식(意識)에 동화하는 지속적인 과정]>를 통해 <(진리를) 보지 못한 자>나 <요기니와의 연합에 연결되지 못한 자>를 말한다.

만달라는 <프라나가 흐르는 매체인 **신경계**>와 <더 작은 신경 그룹>일 수도 있다.

그래서 **아드리슈타-만달라**(만달라를 못 봤어도)는 <요가 수행으로 **신경**(神經) 그룹 등을 인식하지 못한 자>나 <연꽃을 가진 삼지창 도형을 보지 못한 것>으로 해석될 수도 있다. **깨달음에서 만달라나 입문의 의식(儀式)은 소용이 없다.**

[만달라를 세 가지로 해석했다.
① **데바타-차크람** 즉 <신성이 자리 잡은 원(圓)>
  (이것이 일반적 의미다.)
② <프라나가 흐르는 **신경**(神經) 그룹>
③ <연꽃을 가진 삼지창(三枝槍)의 도형>
  <연꽃을 가진 삼지창 도형>은 신성(神性) 샥티의 모든 면을 나타내는 것으로, 흰 연꽃이 삼지창의 각 갈래에 놓여 있다. **탄트라 사라**의 그림 참조.]

에밤은 **에밤에바**로 <갑자기, 문득>을 의미하고, **야 카슈칫**은 <지극한 은혜로 호의를 입은 자>를 말하고, **벳티**는 <그 홀로 안다>를 뜻한다.

이런 깨달음이 **딕샤(입문, 入門)**이지, 어떤 것이 딕샤이겠는가?

그러므로 <**아는 것**>으로 그는 <편재(遍在)하는 **바이라바**에 의해> **참으로** 입문한 것이다. "(스승의 도움 없이) 혼자서 **만트라**를 읊조리는 **지성(知性) 없는 사람은 곤경에 처할지니**"라는 성구(聖句)는 다른 **만트라**에만 적용된다. 이 중심의 정수(精髓)인 Sauḥ **만트라**가 아니다. 그것은 **바이라바**의 바로 그 **가슴**이기 때문이다. 이 만트라 Sauḥ는 만트라, 만트레슈와라, 만트라마헤슈와라 같은 신성조차도 초월한다.

[위의 인용절의 전문(全文)은 다음과 같다.
"허여(許與) 없이 혼자서 만트라를 읊조리는
지성(知性) 없는 사람은 곤경에 처할지니
책에 있는 만트라는 어떤 힘도 없음이라
이것이 여기서 선언(宣言)하는 무엇이러니"]

이것은 책에서 표현될 수 없다! 그것은 신성의 바로 그 핵심이다. 이것은 진실로 <**지고의 은혜**>의 호의(好意)로만 얻는다는 것으로 이미 언명(言明)한 바다. 그러므로 <**아는 자**>는 지위(카스트, 계급), 종교적 맹세, **차리야** 등에 관계없이 **어떤 누구라도** 그것을 얻을 수 있다는 것을 암시한다. 그것에의 <통찰과 직관(즉 "**아는 것**")>이 핵심일 뿐이다.

그 요기는 (완벽한) **온전(穩全)을 즐긴다**. 요기는 **<신성과의 결합(結合)을 갈망하는 자>**이기에, <영적 통찰의 수여>와 <마야의 파괴>가 특징인 **입문**은 그에게 **홀로** 허여(許與)된 것이다. 소사(小辭) **차**는 확실성의 의미로 사용되었다. 그러므로 그는 전적으로 "요기"로 여겨져야 한다. 그것이 경문이 **그 홀로 요기요, 참으로 입문(入門)한 것이라**고 말한 이유다.

["**<영적 통찰의 수여>와 <마야의 파괴>가 특징인 입문**"에서 **입문**인 딕샤(dikṣa)는 <주는 것(di)>과 <부수는 것, 파괴하는 것(kṣa)>의 두 가지 특징이 있다.]

< 20 >

이 단순한 <앎>으로, 모든 힘으로써 <알려지고>,
요가가 없을 때라도 샤키니 가족과 같아지며

anena jnatamatrena jnayate sarvashaktibhih
shakinikulasamanyo bhaved yogam vinapi hi
아네나 갸타마트레나 갸야테 사르바샥티비
샤키니쿨라사마뇨 바베드 요감 비나피 히

"이 단순한 만트라의 지식으로 그는 모든 샥티에
의해 알려지고,
요가가 없을 때라도 샤키니들의 가족과 동등하게
된다."

<그는 모든 힘으로써 알려지고(즉 모든 샥티에
의해 알려진다)>는 <모든 전지한 신성에 의해>의
의미다. 이 만트라의 단순한 지식으로, 그는 이들
샥티에 의해 알려진 무엇이든 안다. 이것은 이처럼
해석되어야 한다. <사르바-샥티비(모든 힘으로써,
모든 샥티에 의해)>는 도구적 의미로 사용되었다.

<단순히 이 만트라에 대한 통찰(洞察)을 가지는
것으로>, (마야로 형성된 이 몸의 끝 뒤) 신성과의

580

동일성을 일으키는 **요가**의 수행 없이도, 그 **요기**는
샤키니의 가족과 동등하게 될 뿐 아니라, 그들보다
우월하게 된다.

샤키니 그룹은 단지 **비쉐샤 스판다**만 가지지만
- 그것은 다양성이 특징인 행동이나 교류(交流)로
이끌 뿐이다. - **요기**는 **사만야 스판다** 즉 <신성의
우주적 박동>과 또 <**더 없는 아쿨라의 에너지**>와
동일시되고, 그래서 <**샥티 그룹**>의 **주**(主)가 되기
때문이다.

[<단순히 이 **만트라**에 대한 통찰(洞察)을 가지는
것으로>는 <이 **Sauḥ**에 흡수(吸收)되는 수행으로>
라고 풀 수도 있다.]

< 21 >

의례(儀禮)의 금계(禁戒)에 <무지>할지라도
저절로 희생(犧牲)에 관한 <지식>을 얻는다.

avidhijno vidhanajno jayate yajanam prati
아비디교 비다나교 자야테 야자남 프라티

"비록 의식(儀式)에 속하는 금계에 무지할지라도
저절로 희생(犧牲)에 관한 계명의 지식을 얻는다."

비디는 <종교적 예식(禮式)에 관한 경고(警告)의
지식>과 <(그것의) 실제적인 적용의 지식> 둘 다를
의미한다. 이 둘을 갖지 못한 자는 그냥 **짐승**이다.
키라나-아가마는 말한다.

부(富)와 향락(享樂)만 쫓는 자, **짐승**이라
무지(無知)하고, 어떤 것도 할 줄 모르고,
아무 소질(素質)도 힘도 없고, 산만(散漫)하여
오로지 마야만 생각하니 그녀 속에 빠졌노라.

그런 동물조차도 <이 **만트라**에 대한 단순한 통찰
로>, **희생**(犧牲)의 비다나갸가 된다. 비다나갸는
<**금계**(禁戒)와 또 그것의 실제적인 적용의 지식 둘

다를 가진 자>를 말한다. 그는 어떤 종교적 의무에 적합한 의식(儀式)을 <**아는 자**>와 <**실천하는 자**> 둘 다이다.

비록 그가 행하는 희생이 형식적으로 완전하지 않더라도, 그것은 그를 위하여 완전한 성과(成果)를 일으킨다. 이 중심이고 정수(精髓)인 **만트라**는 모든 것을 포괄하기 때문이다.

[※ 어떤 이는 21절을 20절의 하반절(下半節)로 둔다. 여기서는 **자이데바 싱**처럼 <전체 36절>을 37절로 나누어 다룬다. 참고로, **탄트라 알로카**가 37장으로 되어 있다.]

< 22 >

카알라-아그니에서 마야까지는
<브라흐마의 몸>에서 쉬고,
쉬바는 <아 모음의 끝>에서 쉬고,
나머지는 <샥티의 세 갈래 창(槍)>에서 쉰다.

kaala-agnim aditah kritva mayantam
  brahma-dehagam
shivo vishvady-anantantah
  param shakti-trayam matam

카알라-아그님 아디타 크리트바 마얀탐
  브라흐마-데하감
쉬보 비슈바아디-아난탄타
  파람 샥티-트라얌 마탐

"카알라-아그니(흙)에서 마야까지의 31 탓트와는
<브라흐마의 몸(sa, ㅼ)>에서 쉬고,

쉬바는 샥티와 더불어 <아 모음 끝>(에 오는)
즉 비사르가(aḥ, ㅑː)에서 쉬고,

나머지(파라) 즉 <숫다 비디아부터 사다쉬바>는
<샥티의 세 갈래 창(au, ㅒ)>에서 쉰다.

이 <샥티의 세 갈래 창(槍)[샥티-트리슐라]>을
지고(至高) 혹은 <창조의 힘(비사르가-마야)>이라고
일컫는다."

584

<카알라-아그니 루드라>는 [<우주 현현(顯現)>의 다섯 단계에서] 프리트비(흙) 탓트와 하나로 구성되는 첫 번째 부와나이다. (프라탸비갸 흐리다얌과 이 책의 336쪽을 참조.) 그러므로 <카알라-아그님 아디타 크리트바 마얀탐>은 <흙에서 마야까지의 31 탓트와>를 말하고, 이 모든 것은 <브라흐마의 몸> 즉 핵심적 본성인 <sa>에서 쉰다.

비슈바-아디는 <숫다 비디아로부터 (샥티와 함께인) 아나슈리타 쉬바까지>를 의미한다.

아난탄타(anantantah)는 <an + anta + antah>로, an은 모음 <a>를, antah는 <모음의 끝>으로, 비사르가(<aḥ> ":")를 의미한다.

[<an + anta = ananta(아난타)>의 의미는……]

샥티-트라야는 <잇차, 갸나, 크리야의 세 가지 샥티로 구성되는 것(<au>)>을,

파람[비사르가트마캄(확장되는 것), 나머지는]은 각각 위 세 가지 성격인 사다쉬바, 이슈와라, 숫다 비디아로 확장되는 것을 말한다.

또 위의 셋 즉 "sa+au+aḥ"로 구성되는 그것은 지고(至高) 즉 파라로 여겨진다. 똑같은 것이 음소 <sa>로 시작되는 절(9a-10a)에서 선언되었다.

[요약하면, 음소 <sa>는 <프리트비(흙, 地)에서 마야까지의 31 탓트와>를 나타내고, 음소 <au>는 <슛다 비디아, 이슈와라, 사다쉬바>를 상징하며, 음소 <aḥ>는 <쉬바와 샥티>의 상징이다. 그러므로 "sauḥ"는 36 탓트와 모두를 포함한다.

<브라흐마의 몸>을 <sa>라고 하는 유래(由來)는 바가바드 기타에서 브라흐마를 <옴(Om), 탓(Tat), 삿(Sat)>이라고 부르기 때문이라고 했다. sat의 t가 떨어지고 <브라흐마의 세 번째 이름("세 번째 브라흐마")>이 되었다.

<":"를 가진 음소 'a'>는 <aḥ>로 비사르가이다. 트리카에서는 일반적으로 음소 <a>는, 그것이 모든 확장의 기초인 한, "아난타(ananta)"라고 부른다.

위의 풀어쓴 경문에서 파라라는 말은 두 번 해석되어 나머지와 지고(至高)의 뜻으로 쓰였다.]

< 23 >

**"Sauḥ" 안의 존재는 <순수한 길>에 있는 것,
개아는 <신성(神性)의 지식>으로 넘쳐흐른다.**

tad-antarvarti yatkinchit shuddha-marge
  vyavasthitam
anurvishuddham achirat aishvaram jnanam
  ashnute
탓-안타르바르티 얏킨칫 슛다-마르게
  뱌바스티탐
아누르비슛담 아치랏 아이슈와람 갸남
  아슈누테

"(우주 안에서) 확립(確立)된 것이 그 무엇이든, 그것('**sauḥ**') 안에 쉬는 모든 것은 <순수한 길>에 있는 것이다. [즉 순수한 길에서 sauḥ 안에 내포(內包)된 것이고, 어떤 **말라** 혹은 제한도 없다.]

제한된 개아는 ('**sauḥ**'를 실현한 뒤, '**sauḥ**'를 깨달은 뒤에는) 곧 <신성의 순수한 지식(知識)>을 충분히 얻는다."

다양한 방식으로 확립된 것이 무엇이든, 즉 우주에서 **베다-아베다**와 베다의 그 모든 것은, 순수한

상태에서 <중심이고 정수인 **만트라 Sauḥ**> 안에서 즉 <분화되지 않은 단일성의 상태>에서 쉰다.

아누[개아(個我), 원자(原子)]는 ① <숨 쉬는 것>, ② <제한된 방식으로 경험하고, 소리 내는 것>을 말한다. 그 조차도 ('sauḥ'를 깨달으면) 살아 있는 존재들의 가장 높은 것이 되고, 이 만트라의 영향으로 <**신성**(神性)**의 지식**>을 아주 빠르게 **넘쳐흐르**도록 얻는다.

어떻게 그렇게 할 수 있는가?

< 24 >

<이를 아는 데 영감을 주는 이>가 쉬바이니
다른 사람에게는 알려지지 않느니라.
그는 전지(全知)하고 편재(遍在)하며
자족(自足)하고 무구(無垢)한 <지고의 주>라.

tacchodakah shivojneyah sarvajnah
    parameshvarah
sarvago nirmalah svacchas triptah
    svayatanah shuchih
탓초다카 쉬보게야 사르바갸
    파라메슈와라
사르바고 니르말라 스왓차스 트립타
    스와야타나 슈치

"<이 암리타 비자(즉 'sauḥ')의 비밀을 아는 데
영감(靈感)을 주는 사람[구루, 혹은 성령(聖靈)]>을
'쉬바'로 여겨야 한다.

그는 다른 사람에게는 알려지지 않는다. 그러나
그는 그 자신이 전지(全知)한 <지고의 주>다.

그는 편재하고, 무구(無垢)하고, 순수하고, 완전히
자족(自足)하고, 그 자신의 본성 안에 거(居)하며,
전혀 더럽혀지지 않는다."

<이 만트라를 **깨닫는 데 영감을 주는**> 구루나 영적(靈的) 안내자를 **쉬바**로 이해해야 한다. 그것에 영감을 주는 것은 <**쉬바** 그 자신> 홀로뿐이기 때문이다. 그리고 **그**는 우리의 이해(理解) 너머에 있고, **그**는 영원한 주체이고 어떤 대상으로도 환원될 수 없다.

스와야타나는 <(그의 핵심적 본성 안에 거하는 동안이라도) **의식**(意識)의 형태 안에서 그 자신의 **아야스** 즉 존재계 혹은 대상들을 방사하는 이>를 말한다. 이것은 앞에서 상술(詳述)한 것이다.

그러니 상세히 기술한 것으로, 경전은 결론으로 요지(要旨)를 강조한다.

우람한 반얀 나무도 씨앗 안에 잠재성으로 있듯이
그렇게 우주도 <가슴의 씨앗> 안에 있다.

이 만트라를 아는 자는, 공물(供物) 없이도
확실한 <해방(解放)의 입문>을 한다.

yatha nyagrodha-bija-sthah shakti-rupo
  mahadrumah
tatha hridaya-bijastham
  jagadetaccharacharam
야타 냐그로다-비자스타 샥티루포 마하드루마
타타 흐리다야-비자스탐 자가데탓차라차람

evam yo vetti tattvena tasya nirvanagamini
diksha bhavatyasandigdha tilajyahutivarjita
에밤 요 벳티 탓트웨나 타샤 니르바나가미니
딕샤 바와탸산디그다 틸라쟈후티바르지타

   "거대한 반얀 나무가 그 씨앗 안에서 잠재성의
형태로 있듯이, 그렇게 이 우주도 모든 동(動)-부동
(不動)의 존재와 더불어 이 만트라(sauḥ), <지고의
바로 그 가슴>에 있다.

<이 만트라를 그 핵심에서 아는 그>는, 참깨와 기(버터)의 공물(供物)로 구성되는 어떤 형식적인 의례(儀禮)가 없이도, 의심 없이 <니르바나(해방)로 이끄는 입문>에 능(能)하게 된다."

　　<이 세상에는 그냥 단순히 있는 것은 아무것도 없다>는 것은 이미 말한 바다. **모든 것은** (그것의 자리에서) **모든 것을 포함하고 있다.** 반얀 나무 즉 **냐그로다** 나무는 수직으로 자라는 줄기에서 가지가 밑으로 드리워져 땅에 닿게 되면 그곳에서 뿌리가 생겨 또 한 그루의 나무로 자라서, 마치 한 나무가 거대한 숲과 같다. 그런 **반얀** 나무도 그 씨앗 안에 싹과 줄기, 가지, 잎, 열매의 관련 있는 모든 것이 들어 있(었)듯이, 이 우주(라는 나무)도 **지고의 가슴(의 씨앗)** 안에 있(었)다. 이것에 대한 확신은 (그 자체가) <해방을 위한 (의심할 수 없는) 입문>이다.

　　스판다 카리카는 말한다.

이것이 바로 불멸(不滅)로 이끄는
참 암브로시아를 얻는 길이다.
이것은 <해방의 입문>으로
<쉬바와의 동일성>으로 이끈다.

세속적인 흥밋거리를 줄지도 모를 다른 종류의 입문도 있지만, 이 **만트라**에 대한 통찰이 핵심적인 입문이다. 그것이 **트리카** 경전(經典)이 다른 모든 경전보다 우월한 이유다. 그것은 **쿨라** 경전보다도 우월하다.

천칭(天秤) 저울에서, 한쪽 접시의 무게를 미량만 줄여도 그 높이의 차이(差異)가 엄청나게 일어나는 것처럼, <공간, 시간의 지식>과 또 **<조금 더 높고, 조금 더 높은 탓트와를 향유(享有)하는 일>에 관한 차이는 엄청나(게 일어난)**다! <조금 더 높고, 조금 더 높이 오르는 그 경험>은 36 **탓트와**를 넘어서는 것조차도 가능하다.

흐리다야 비자("Sauḥ")에 관한 통찰이 입문이기 때문에, 이 통찰을 가진 **비라**와 **요기니**는 (우리가) **바이라바**라고 부르는 **나-의식**의 은혜로 입문하게 되었다고 말하는 것이다. **바이라바**, 그는 **지고의 실재** 안에서 끊임없이 현존하는 <(외적이고 내적인) 열두 감각 신성(神性) 전체>의 통치자이고, **마야**를 초월한다.

[위 <열두 감각 신성>은 <다섯 가지 감각기관과 다섯 가지 행위기관과 **마나스**, **붓디**)>를 가리키며, 또 **크라마** 체계의 12 **칼리**도 참조할 수 있다.]

그래서 <외부적인 확장을 금(禁)하는 것이 없이> <초월적(**아눗타라**) 상태>가 일어나는 방법을 여러 차례 <따로따로 또 복합적인 방식으로> 밝혔다.

자, 이것이 말했던 무엇이다. 모든 **샤스트라**에서 그것을 말했다. 즉

"<인간의 몸을 떠맡고, **트리카**의 핵심 즉 **가슴의 씨앗에 헌신하고 예배하는 자들**(우뇌를 개발하는 자들)>은, 비록 그들이 완전한 잠재력을 실현하지는 못했더라도, <숨은(감추어진) 형상>의 **주(主)**>다."

☯

이 예배[의례, 의식(儀式)]를 어떻게 수행(遂行)할 것인가?

이 외적인 예배는 그것의 완전한 힘이 없더라도, **그 안에 <아눗타라-실재(實在)>의 충격이 있어야 한다!** 그것은 **아눗타라는 결국 아눗타라이기 때문**이다.

무엇이 이 예배를 위한 <(사용할 수 있는) 준비된 방법>인가? 이 질문에 명확한 대답을 주기 위해, 경전은 다음의 절을 준비했다.

< 27 >

<머리>, <입>, <가슴>, <은밀한 부위> 그리고
<몸 전체>에 냐사를 하고
27 만트라와 함께 머리타래를 묶은 뒤

murdhni vaktre cha hridaye guhye murtau
   tathaiva cha
nyasam kritva shikham baddhva
   saptavimshatimantritam
무르드니 박트레 차 흐리다예 구혜 무르타우
   타타이바 차
냐삼 크리트바 쉬캄 밧드와
   삽타빔샤티만트리탐

"<두개골(무르다)>, <입>, <가슴>, <은밀한 부위>
또 <몸 전체>에 냐사를 하고, 27 만트라와 함께
머리타래를 묶은 뒤"

이 **외적인 예배**는 비라와 요기니가 같이 행하되,
상대방의 몸에 행한다.
   <냐사>는 <몸의 여러 부위에 손가락을 위치시켜
신성(神性)을 배정하는 것>으로, **몸을** 신성을 예배
하는 데 맞도록 **신성화(神聖化)하는 것**이다.

다섯 부위의 신성은 이샤나, 탓푸루샤, 아고라, 바마데바, 사됴자타이다.

<머리 등에 하는 냐사>는 비교(秘敎)의 견지에서 받아들일 만한 것이다.

1) <아카샤에서 프리트비까지의 다섯 가지 거친 탓트와>를 가리키고, 그것들은 <지고한 브라흐마의 외적인 형상>이다.

2) 이샤나, 탓푸루샤, 아고라, 바마데바, 그리고 사됴자타의 핵심으로, <바이라바 곧 쉬바의 다섯 얼굴>을 말한다.

3) 샥티로는 의식(칫), 지복(아난다), 의지(잇차), 지식(갸나), 행위(크리야)이다.

사실을 말하자면, 이들 다섯 사이에 차이는 없다. 이들 각각은 다섯씩이다. 그러므로 만트라의 수는 25이다.

표(表)로 요약한다.

	앙가(지체)	탓트와	쉬바 얼굴	샥티
1	무르다(머리)	아카샤	이샤나	칫
2	박트라(입)	바유	탓푸루샤	아난다
3	흐리다야(가슴)	아그니	아고라	잇차
4	구햐(음부)	잘라	바마데바	갸나
5	사르방가(온몸)	프리트비	사됴자타	크리야

만트라는 각 부위에서 다섯 번씩 반복해야 한다.
말리니 만트라인 "나파 흐림"과 마트리카 만트라
"악샤 흐림"은 이 25 만트라에 포함된다.

<냐사를 위한 25 만트라>

첫 번째 아와르타나(반복)
  1. 악샤 흐림 이샤나 무르드네 나마
  2. 나파 흐림 탓푸루샤 박트라야 나마
  3. 악샤 흐림 아고라 흐리다야야 나마
  4. 나파 흐림 바마데바 구햐야 나마
  5. 악샤 흐림 사됴자타 무르타예 나마
두 번째 아와르타나
  1. 악샤 흐림 탓푸루샤 무르드네 나마
  2. 나파 흐림 아고라 박트라야 나마
  3. 악샤 흐림 바마데바 흐리다야야 나마
  4. 나파 흐림 사됴자타 구햐야 나마
  5. 악샤 흐림 이샤나 무르타예 나마
세 번째 아와르타나
  1. 악샤 흐림 아고라 무르드네 나마
  2. 나파 흐림 바마데바 박트라야 나마
  3. 악샤 흐림 사됴자타 흐리다야야 나마
  4. 나파 흐림 이샤나 구햐야 나마
  5. 악샤 흐림 탓푸루샤 무르타예 나마

네 번째 아와르타나

1. 악샤 흐림 바마데바 무르드네 나마
2. 나파 흐림 사됴자타 박트라야 나마
3. 악샤 흐림 이샤나 흐리다야야 나마
4. 나파 흐림 탓푸루샤 구햐야 나마
5. 악샤 흐림 아고라 구그메에 니미

다섯 번째 아와르타나

1. 악샤 흐림 사됴자타 무르드네 나마
2. 나파 흐림 이샤나 박트라야 나마
3. 악샤 흐림 탓푸루샤 흐리다야야 나마
4. 나파 흐림 아고라 구햐야 나마
5. 악샤 흐림 바마데바 무르타예 나마

☯

<머리타래를 묶는 것(쉬카-반다)>은 도대체 어떤 의미를 갖는가?

머리타래(쉬카)는 쉬바에서 프리트비(흙)까지로 확장된 <신성의 절대 자유>를 상징한다. 그것을 <묶는 것>은 동일성(同一性), <모든 것의 분화되지 않음의 정수(精髓)>를 가리킨다.

〈머리〉〈입〉 등이 따로 지시(指示)되었더라도,
이들 각각은 〈다른 것〉을 명시(明示)하고 있다. 이
사실은 원리(原理)로서 이미 확립된 것이다. 즉

"**모든 것은 모든 것의 축소판**(縮小版)**이다!**
  사르밤 사르바트마캄!"

〈머리타래를 묶는 것을 위한 27 만트라〉

〈파라〉, 〈파라-아파라〉, 〈아파라〉의 세 여신이
각각 〈잇차〉, 〈갸나〉, 〈크리야〉로 연결되어 아홉
가지 형태가 되고, 이들 각각은 다시 〈스리슈티〉,
〈스티티〉, 〈삼하라〉와 관련하여 세 가지가 되어,
전체는 27이 된다. 이들 모두 **흐리다야** 비자로부터
그들의 양육을 얻는다.

1. 스리슈티루파-잇차아트미카야 파라루파야
2. 스리슈티루파-잇차아트미카야 파라-아파라루파야
3. 스리슈티루파-잇차아트미카야 아파라루파야
4. 스리슈티루파-갸나아트미카야 파라루파야
5. 스리슈티루파-갸나아트미카야 파라-아파라루파야
6. 스리슈티루파-갸나아트미카야 아파라루파야
7. 스리슈티루파-크리야아트미카야 파라루파야
8. 스리슈티루파-크리야아트미카야 파라-아파라루파야
9. 스리슈티루파-크리야아트미카야 아파라루파야

10. 스티티루파-잇차아트미카야 파라루파야

11. 스티티루파-잇차아트미카야 파라-아파라루파야

12. 스티티루파-잇차아트미카야 아파라루파야

13. 스티티루파-갸나아트미카야 파라루파야

14. 스티티루파-갸나아트미카야 파라-아파라루파야

15. 스티티루파-갸나아트미카야 아파라루파야

16. 스티티루파-크리야아트미카야 파라루파야

17. 스티티루파-크리야아트미카야 파라-아파라루파야

18. 스티티루파-크리야아트미카야 아파라루파야

19. 삼하라루파-잇차아트미카야 파라루파야

20. 삼하라루파-잇차아트미카야 파라-아파라루파야

21. 삼하라루파-잇차아트미카야 아파라루파야

22. 삼하라루파-갸나아트미카야 파라루파야

23. 삼하라루파-갸나아트미카야 파라-아파라루파야

24. 삼하라루파-갸나아트미카야 아파라루파야

25. 삼하라루파-크리야아트미카야 파라루파야

26. 삼하라루파-크리야아트미카야 파라-아파라루파야

27. 삼하라루파-크리야아트미카야 아파라루파야

[위의 각 만트라 뒤에는 "쉬카야 반다남 카로미 나마"가 후렴처럼 계속된다. 예를 들면, 처음 것은 "스리슈티루파-잇차아트미카야 파라루파야 쉬카야 반다남 카로미 나마"이다.]

< 28 >

"Sauḥ"로 열 방향에 차꼬를 채운다.
그러나 우선, 모든 방해물을 없애기 위해
속으로 소리 내며 손뼉을 세 번 친다.

ekaikam tu disham bandham dashanam api
    yojayet
talatrayam pura dattva sashabdam
    vighnashantaye
에카이캄 투 디샴 반담 다샤남 아피 요자옛
탈라트라얌 푸라 닷트와 사샤브담 비그나샨타예

"다음은 오직 한 만트라로 즉 <"소"(Sauḥ)>로
열 방향(方向)에 족쇄를 채워야 한다.
그러나 먼저, 모든 방해물을 없애기 위해, 속으로
소리를 내면서, 세 번 손뼉을 쳐야 한다.
- 첫 번째는 <s>에, 두 번째는 <au>, 세 번째는
<aḥ>에 한다."

<디샤-반다>, 즉 <공간에 **차꼬를 채우는(묶는)**
일>은 방해물이 없는 성소(聖所)를 만드는 것이다.

열 방향에 차꼬를 채운다.

공간(空間)과 관련되는 항아리 등은 **방향(方向)**을 가리킨다. 이것들은 자신의 몸과 관련하여 **열**이다. [팔방(八方)과 상하(上下)의 **열 방향**이다.]

이 경우에서도 <**묶는 것**> 혹은 <**차꼬를 채우는 일(반다)**>은 자아실현(自我實現)의 상징이다.

그러나 우선, 모든 방해물을 없애기 위해

그것은 <**방해물**과의 화해(和解)>를 말한다

[비의적(秘義的) 의미로] **방해물**은 <지고의 참나 안에서, 제한과 구분이 핵심인 다양성의 파도라는 얼룩>이다. <지고의 참나>는 모든 다양성(차이)과 구분에서 자유롭다. **방해물**과의 화해란 그 차별과 구분의 파도라고는 전혀 없는 <**바이라바의 대양**>과의 동일시를 말한다.

소마난다는 쉬바-드리슈티에서 말한다.

경험적 주체로 <우리에게 들어온 **쉬바**>는
<우주로 확장된 **쉬바**>에게 순종하기를!
<그 자신일 뿐인 방해물>을 없애기 위해
그 자신의 샥티인 <파라의 수단>으로!

속으로 소리 내며 손뼉을 세 번 친다.

<손뼉을 치는 것>은 안정성(安定性)의 상징이다. <참나 안에서 안정되게 있는 것>을 말한다. <s>로 시작하는 **흐리다야 비자**가 그 **만트라**다. 첫 번째 손뼉은 <s>를 (속으로) 중얼거리며, 두 번째 손뼉은 <au>를 중얼거리며, 세 번째는 <aḥ>를 중얼거리며 한다.

이 **만트라**는 단순히 중얼거려야 한다. 즉 그것은 **마드야마 바니**로 "불분명하게" 중얼거려야 한다. <내적인 **비마르샤**>가 그 소리 내는 것의 핵심이다. 그것은 **마드야마 바니**에서 성취된다. **바이카리** 즉 <거친 언설[외부로 소리 내어 발음(發音)된 것]>은 단지 **마드야마 바니**의 부속물이라는 것은 잘 아는 일이다. 즉 <거친 언설>은 <**마드야마**에서 내적으로 중얼거린 것의 외적인 표현>일 뿐이다.

열 방향의 신성은 다음과 같이 **인드라** 등이다.

<**열 방향에 차꼬를 채울** 때의 만트라>

1. 소 인드라-디샤 반다남 카로미 나마
2. 소 아그니-디샤 반다남 카로미 나마
3. 소 야마-디샤 반다남 카로미 나마
4. 소 나이르리탸-디샤 반다남 카로미 나마
5. 소 바루나-디샤 반다남 카로미 나마

6. 소 바유-디샤 반다남 카로미 나마

7. 소 쿠베라-디샤 반다남 카로미 나마

8. 소 이샤나-디샤 반다남 카로미 나마

9. 소 우르드바-디샤 반다남 카로미 나마

10. 소 아도-디샤 반다남 카로미 나마

< 29 >

머리타래를 묶는 횟수로 물을 바친 다음
<꽃>과 <다른 곳>에도 뿌려야 한다.
이 모든 것은 요기니와 비라의
성기(性器) 위에서 행한다.

shikhasamkhyabhijaptena toyenabhyukshayet
  tatah
pushpadikam kramat sarvam linge va
  sthandile'tha va
쉬카삼캬비잡테나 토예나비욱샤옛 타타
푸슈파디캄 크라맛 사르밤 링게 와
  스탄딜레'타 와

"그다음, 머리타래를 묶는 것과 똑같은 회수로 -
<쉬카 반다나(머리타래를 묶는 것)를 위한 똑같은
27 만트라>로 - 물을 바친 뒤,
    그 축성(祝聖)된 물을 <꽃>과 <다른 경배 대상>
모두에 연속적으로 뿌려야 한다.
    이 모든 것은 <비라는 요기니의 성기(스탄딜라,
제단) 위에서>, <요기니는 비라의 성기(링가, 상징)
위에서> 행해야 한다."

<물과 그릇의 성별(聖別), 아르갸·파트라>

아르갸·파트라·비디는 신성에게 바칠 <물>과 그 물을 담는 작은 <그릇>을 정화하는 의식(儀式)이다. 그릇과 뿌려질 물 둘 다 앞서 말한 27 만트라로 성별해야 한다. 이런 뜻에서 물은 <가슴을 녹이는 모든 것> 즉 포도주(葡萄酒)를 의미한다. 왜냐하면 어떤 자제(自制)도 주저(躊躇)도 없기 때문이다.

[그릇도 여러 가지 의미로 해석할 수 있다. 구약 성경에는 이런 구절이 있다.

"우리가 참으로 삼 일 동안이나 여자를 가까이 하지 아니하였나이다. 우리가 떠난 길이 보통 여행이라도 소년들의 그릇이 성결하겠거든 하물며 오늘 그들의 그릇이 성결하지 아니하겠나이까?"]

<꽃>에 대해서는 앞에서 언급했다.

[트리카 사라는 말한다.

"<지복의 확장>이 '예배'다! 수행자는 이 예배를 꽃, 향 등의 향기를 가지고 <삼각형>에서 행해야 한다. 그것은 가슴에 만족을 준다."

513 - 514쪽의 설명 부분을 참조하고,

452쪽의 "**푸슈파(꽃)** 혹은 <여성의 창조적 붉은 정액>의 활동이 있는 것은 **쉬바**와 **샥티**의 만남이 있을 때뿐이다."와

또 뒤에 나오는 35절 **<가슴의 연꽃>**의 설명도 참조하라.]

<링가>

<링가[남성 **성기**(性器), **쉬바**의 상징]의 경배>에 대한 것으로는, **말리니비자야 탄트라**의 말을 명심해야 한다.

흙이나 돌, 광석과 보석으로 만든
<쉬바의 상징>은 경배하지 말지니
<동(動), 부동(不動)의 모든 것인 우주>
그 전체가 녹은 <영적인 상징>을 경배하라.

< 30 >

<a>에서 <au>까지 점을 찍은 열넷 만트라와
꽃으로 <자리>를 만들고,
비라는 앉아서 스리슈티 비자를 경배한 뒤
똑같은 식으로 <다른 자리>를 만든다.

chaturdashabhijaptena pushpenasanakalpana
tatra srishtim yajed virah punarevasanam
  tatah
차투르다샤비잡테나 푸슈페나사나칼파나
타트라 스리슈팀 야제드 비라 푸나레바사남
  타타

"<a>에서 <au>까지의 모음에 점을 찍은 <열넷
만트라>와 함께 꽃으로 <자리>를 만들어야 한다.
  비라는 자리에 앉아 스리슈티 비자 즉 흐리다야
비자를 경배한 다음, 같은 과정으로 <다른 자리>를
만들어야 한다."

  꽃과 **열넷** 만트라로 신성을 위해 **<자리>**를 창조
하고, 영웅은 스리슈티에 대한 예배를 행한다.
  <다른 자리>를 만드는 것 등 **<이 모든 과정>**은
비밀(秘密)로 싸여 있다. (그리고 비밀로 남겨두는
것이 더 낫다!)

<자리(아사나)>

<주체(主體)의 절대 자유로 결정되는 것>이 자리이다. 왜냐하면 보편성(普遍性)이 주된 원리일 때, 그때 <앉는 행위>에서 <앉는 장소(위치)>와 **자리는 절대 자유를 통해서만 결정되기 때문**이다.

<열네 번째 만트라>

열네 번째는 <au>를 말하며, 그것이 잇차, 갸나, 크리야를 상징하는 <**세 갈래 창(槍)**[삼지창, **삼위(三位)**]>이라는 것은 이미 설명한 바다.

이런 의미에서 **스리슈티**는 <바르나 스리슈티> 즉 <아에서 크샤까지의 음소의 행렬(行列)>을 의미한다. 그것은 <아에서 크샤까지의 음소>와 동일시되는 **흐리다야** (비자 혹은 **만트라 Sauḥ**)다.

그것이 <**자리**(아사나) 전체>가 똑같은 만트라로 덮인 이유다. 왜냐하면 <위치하는 장소(**아다라**)>는 <위치해야 하는 그것(**아데야**)>과 서로 뗄 수 없이 연결되어 있기 때문이다.

[이것이 의미하는 것은, **쉬바 트리코나**(삼각형)와 **샥티 트리코나** 사이에 차이가 전혀 없다는 것이다. 즉 **샥티 트리코나**는 **아다라**이고, **쉬바 트리코나**는 **아데야**이다.]

바가바드 기타(6:29)도 말한다.

"요가와 결합(結合)한 자는 <참나>를
<모든 존재 안에 '자리한' 것>으로 본다.
자신의 참나 안에 '거(居)하는' 모든 존재는
모든 것을 똑같은 것으로 여긴다."

<헌화(獻花) 때의 **열넷 만트라**>

1. 암(aṃ) 아사나퍅샴 쇼다야미 나마
2. 암(āṃ) 아사나퍅샴 쇼다야미 나마
3. 임(iṃ) 아사나퍅샴 쇼다야미 나마
4. 임(īṃ) 아사나퍅샴 쇼다야미 나마
5. 움(uṃ) 아사나퍅샴 쇼다야미 나마
6. 움(ūṃ) 아사나퍅샴 쇼다야미 나마
7. 림(ṛṃ) 아사나퍅샴 쇼다야미 나마
8. 림(ṝṃ) 아사나퍅샴 쇼다야미 나마
9. 륌(ḷṃ) 아사나퍅샴 쇼다야미 나마
10. 륌(ḹṃ) 아사나퍅샴 쇼다야미 나마
11. 엠(eṃ) 아사나퍅샴 쇼다야미 나마
12. 앰(aiṃ) 아사나퍅샴 쇼다야미 나마
13. 옴(oṃ) 아사나퍅샴 쇼다야미 나마
14. 옴(auṃ) 아사나퍅샴 쇼다야미 나마

이제 <(최고의) **내면의 예배**("예배의 내면화")>를 기술한다. (그리고 외적인 예배에서 행위의 의미는 이미 간략히 설명했다.)

<스리슈티의 삼푸티카라나> 후에는

야자나 즉 <내면의 예배>를 시작해야 한다.

<모든 탓트와를 갖추고, 모든 것으로 장식하고,

27 만트라로 바쳐진> 마헤샤니 여신에게 경배를!

그다음 향기로운 꽃으로

<능력을 따라> 여신에게 경의를!

<지극한 헌신으로> 경배해야 하며

여신에게 온전히 귀의(歸依)해야 한다.

<내면의 예배>는 이런 방식으로 기술되었다.

똑같은 식으로 아그니-카랴도 한다.

srishtim tu samputikritya pashchad yajanam
    arabhet
sarvatattva-susampurnam
    sarvabharana-bhushitam
스리슈팀 투 삼푸티크리탸 파슈찻 야자남 아라벳
사르바탓트와-수삼푸르남 사르바바라나-부쉬탐

yajed devim maheshanim
    saptavimshati-mantritam
tatah sugandhipushpaistu yathashaktya
    samarchayet

야젯 데빔 마헤샤님 삽타빔샤티-만트리탐
타타 수간디푸슈파이스투 야타샥탸 사마르차옛

pujayet paraya bhaktya atmanam cha
  nivedayet
evam yajanam akhyatam agnikarye'pyayam
  vidhih

푸자옛 파라야 박탸 아트마남 차 니베다옛
에밤 야자남 아캬탐 아그니카레'퍄얌 비디

"<스리슈티의 삼푸티카라나> 후에는, 야자나 즉
<(최고의) 내면의 예배>를 시작해야 한다.

　<존재계의 모든 **탓트와**를 갖추고 있고> <모든
장신구(裝身具)로 장식되어 있고> <[전술(前述)한]
27 만트라로 바쳐진> 마헤샤니 여신을 경배해야
한다.

　그다음 향기로운 꽃으로 <능력을 따라(**요기니**를
따라)> 여신에게 경의를 표해야 한다.(31, 32절)

　이런 식으로, **비라**, **요기니** 둘 다 <지극한 헌신
으로> 경배해야 하고, 여신에게 완전히 귀의해야
한다. <내면의 예배>는 이런 방식으로 기술되었다.

　이 예배와 관련한 **아그니-카랴** 즉 <희생의 불의
봉헌>도 똑같은 과정으로 행한다.(33절)"

<스리슈티(현현, 창조, **나타내는 일**)>는 두 가지 의미가 있다.

① <아>에서 <크샤>까지의 문자(음소) **그룹**을 말하며, **바르나-스리슈티**로 알려져 있다. 이런 뜻에서 **스리슈티**는 <아>에서 <크샤>까지의 모든 문자가 현존하는 **흐리다야 비자**("Sauḥ")의 상징이다.

② **비라**와 **요기니**의 성교(性交)를 의미한다.

<**야타-샥티**>도 두 가지 의미가 있다.

① 문자적으로 그것은 <사람의 능력을 넘어서지 않게>의 뜻이고,

② 그것은 또 예배[성교(性交)]가 <**샥티**를 따라> 즉 <**요기니**를 따라> 수행되어야 함을 암시한다.

<**스리슈티의 삼푸티카라나**>

1) <**지고**(至高)의 비의적 경배>의 관점에서

여기서의 **스리슈티**는 <**아**에서 **크샤**까지의 모든 음소가, **지고**(至高) 안에서 **흐리다야 비자**를 통해, 각자(各自)로 또 누적(累積)되어 일어나고 가라앉는 것>을 의미한다.

<**스리슈티의 삼푸티카라나**>는 삼푸타가, 만트라 Sauḥ의 수단으로, 처음에는 **아**에서 **크샤**까지 모든 문자가 개별적으로 만들어져야 하고, 그다음 모든

문자가 누적되어 만들어져야 하는 것을 의미한다. 이런 일에서 무한의 퇴행은 없다는 것은 이미 말한 바다.

2) <비라-요기니 전통>의 견지에서

샥티와 샥티만(여성과 남성 수행자)의 경우에는, <스리슈티의 삼푸티카라나>는 <비라와 요기니의 성교(性交)의 흥분되는 즐거움>과 <그들의 합일로 분비되는 물질> 또한 사용된다는 것을 의미한다.

31절의 삼푸티크리탸의 접미사 크트와는 순전히 말의 우선과 연속을 보여주기 위해 사용했다.

<스리슈티>와 <삼푸티카라나>라는 말은 의미가 두 가지가 있다고 했다.

첫 번째는, 스리슈티는 <바르나 스리슈티> 즉 <아에서 크샤까지의 음소의 행렬>을 말한다. 이런 의미의 삼푸티카라나는 <주 만트라> 앞뒤에 <추가 만트라>를 음송하는 것을 말한다. 예를 들어, 주된 가야트리 만트라 앞과 뒤에 옴의 삼푸타가 있다. 현재의 경우에는, "Sauḥ" 만트라 앞뒤에 "아함" 만트라의 삼푸타가 있었을 것이다.

삼푸타는 <무언가를 둘러싸는, 두 개의 움직이는 덮개(뚜껑)를 가진 반구형(半球形)의 그릇>을 가리킨다. 여기의 만트라 "아함"은 만트라 "Sauḥ"를 둘러싸는 삼푸타이다.

두 번째로, 스리슈티는 <부부 관계>를 나타내고, 삼푸티카라나는 실제적인 성교(性交)를 나타낸다. "물질"은 쿤다-골라카와 관련된다.

[탄트라 사라(탄트라의 정수, 精髓)는 말한다.

<사리(아사나)>를 <위치(아다라)>와 <위치해야 하는 것(아데야)>으로, 또 <순수한 의식>과 동일한 것으로 명상해야 한다. 또 삼푸티카라나(둘러싸는 일, 성교, 性交)는 <우주>와 <순수한 의식> 사이에 행하는 것이다."(요약하여 인용)]

사르바탓트와⋯⋯ 푸르남은 지고의 데비는 모든 탓트와를 완전하게 또 언제나 갖추고 있다는 것을 의미한다.(31-32)

그녀는 <모든 장신구(裝身具)로> 장식되어 있다. 이것은 다음을 의미한다.

1) 사르바바라나 = 사르바트라 아-바라남

지고의 여신은 **모든 것을** <**모든 방향에서(사르바트라)> 만들고 있다. 원자(原子)에서조차도 <전체적으로(사만타트)> 그 자신의 것(아트미카라남)으로.

2) 사르바바라나 = 사르바이르-아-바라남

<항아리 등의 모든 외부적인 대상>, <기쁨 등의 모든 내적 경험>, <동물, 인간, **브라흐마**, **비슈누,**

루드라, 만트라와 **사다쉬바** 등의 모든 경험자>는 지고의 여신의 팔다리와 같아서 <그녀의 한결같은 유기체(有機體)>인 것으로 해명(解明)된 것은 이미 설명한 것이다. 그것이 그녀의 어떤 명확한 형태나 무기(武器)에 대한 명상이 처방되지 않는 이유다. 이 모든 것은 단지 인위적이기 때문이다.

(그러나 아래와 같은 질문이 나온다.)

"(만약 여신의 어떤 명확한 형태나 무기에 대한 명상이 필요하지 않다면) 그러면, 어떻게 영성에서 최고의 단계로 오르는 것을 욕망할 수 있겠으며, 목표를 얻기 위해 <**트리카** 체계에서 말하는 길>을 따르려고 하겠는가?"

만약 이것이 질문이라면, 그 대답은 이것이다.

"누가 오르는 것을 막겠는가? 만약 거기에 그런 어떤 것이 있다면, 그를 오르게 하라. **싯다-탄트라** 등이 지지하는 과정을 따르게 하라. <그들의 생각하는 방식에 따라 처방된 명상> 등의 좁은 방식에 의지토록 하라. 그런 사람은 어떤 제한도 금함도 없는 **아눗타라**의 단계로 들어갈 자격이 없다."

파라야라는 말은 <예배는 **가슴의**(**지극한**) **헌신**(獻身)**으로** 행해야 한다>는 것을 말한다. 어떻게?

세 가지 **헌신**(獻身, **박티**, bhakti)이 있다.

1) 어근 bhaj(봉사하다)에서 온 **박티**

나 자신을 **흐리다야 비자(Sauḥ)**와 동일시하여, 봉사(奉仕) 혹은 순종의 정신을 가지고 그 속으로 들어가는 것으로.

2) 어근 bhaj(나누다)에서 온 **박티**

<예배되는 것[신(神)]>과 <예배자(사람)>를 억지로 나누어서. <예배되는 것>은 우리의 상상(想像)으로 만들어진 것이다. <(스스로 창조한) 예배의 대상>은 **지고**여야 하고 또 **절대 자유**와 **의식**으로 가득해야 한다. 그런 것은 **아눗타라(절대)**의 **절대 자유**이기 때문이다. 그것은 항아리 같은 <무감각한 것>일 수 없다(**"살아 있는"** 무엇이다). 그것이 **트리카** 교설의 차이점이다. **이슈와라-프라탸비갸**에서는 바르게 말했다.

> **"주(主)**는, **그**의 불이(不二)의 **절대 자유**로
> **그 자신**의 자유로운 자아(自我)를
> **이슈와라, 브라흐마, 비슈누** 등으로 만들고
> - 예수, 붓다, 과학, 예술 등등으로 만들고 -
> 세상이 그들을 통해 **자신**을 경배하게 하나니"

3) **사마베샤**(침투, 浸透)로서의 **박티**

"예배(禮拜)"라는 형식으로 알려진 **사마베샤**에 의해, 수행자는 <**궁극의 실재**>를 실현할 수 있다.

모든 형태의 의례에서 **사마베샤**의 재인식은 **궁극의 실재**를 깨닫는 데 가장 좋은 수단이다. 마치 **<기록된 문자>**들이 모든 경험적 음소들을 산출하고 이해하는 데 좋은 수단이고, 또 **<그 경험적 음소들>**은 그것들의 에너지 속으로 침투하는 데 좋은 수단이 되듯이 말이다.

<귀의(歸依) 즉 자신의 봉헌>

아트마남 니베다옛은 <바로 나 자신을 봉헌해야 한다>는 의미다. 이보다 더 값진 봉헌은 없기 때문이다.

니베다옛의 니는 **<완전히>**, 베다옛은 **<자신을 경험하고 이해해야 한다>**는 의미다. 이것이 요지다. 수행자는 **<절대적 실재(實在)>**에 준거하여, 자신을 그 **절대적 실재**로 여겨야 한다. 여기의 **니베다옛**은 가능성(可能性)의 의미에서 사용되었는데, 실제로 **참나**와 관련되는 것은 어떤 입장도 항상 <가능성, 잠재적인 것(**잠재성**)의 하나>이기 때문이다.

<"내면의 예배(야자나 아캬탐)">

아캬탐이란 표현은 <**아**-사만탓("전체적으로")>과 <사르바트라("어디에서나")>와 <사다("항상")>이다.

캬탐은 캬티 즉 <쉬바의 지고하고 순수한 본성의 "실현">을 나타낸다. 이것이 여신 파라-삼빗(지고의 의식)에 대한 진정한 야자나(예배, 경배)이다.

야잠의 어근 야자(yaja)는 세 가지 의미가 있다.

1) <예배>의 뜻으로 "이것이 그녀의 진정한 예배이다."는 의미다.

2) <삼갓티>의 뜻으로 "이런 예배는 <예배자>와 <예배를 받는 무엇>의 적절한 만남의 기회를 제공한다. 즉 <지고와의 동일성>을 준다."는 의미다.

3) 야즈(yaj)는 <제공하다, 기증하다>는 뜻으로, "개아에서 나-의식의 좁고 제한된 느낌을 제거하는 것으로, 이 예배는 개아에게 <쉬바-샥티인 의식의 완전한 덩어리>와의 통합의 느낌을 제공한다."는 의미다.

<아그니-카랴("불 봉헌", 희생 번제, 犧牲燔祭)>

"불 봉헌" 즉 <모든 욕망의 남은 흔적(찌꺼기)을 지고의 바이라바(의식)의 힘찬 불속에 태우는 일>, 이것이 <희생의 불의 진정한 봉헌>이다. 이 지고의 바이라바는 항상 <쉬바와의 합일로 흥분된 지고의 샥티>의 아라니로 번쩍이고, 모든 대상을 연료로 뜨겁게 불타며, 세속의 집착들이 흥건히 녹은 기름으로 빛나고 있다.

[**아라니**는 보통 **샤미** 나뭇조각으로, 마찰의 열로 희생의 불을 만드는 데 쓴다.]

이것이 **봉헌**(奉獻)에서 **입문**(入門)까지에 관한 진정한 명령이다. 이것과 다른 것은 아무것도 없다. 이것이 그것의 진정한 요지(要旨)다. 즉

 "자신의 본성(本性)을 재인식하는 것!!
  – 이것이 최고의 **만트라**다.
   이것이 진정한 입문이고, 진정한 희생이다.
   모든 의례 가운데 이것이 최고의 의례이다."

다른 경전에는 앞부분에 **만트라**를 가지고 하는 예배의 의식(儀式)이 기술되고, 뒷부분에서 **갸냐**를 가지고 결론을 짓는다는 것은 이미 말한 것이지만, 현재의 경전에서는 그렇지 않다.
 "웃타라샤피 아눗타람(**아눗타라에는 어떤 말도 맞지 않다.**)"의 경문이 가리키는 것은 이 경전의 끝까지 이어진다. 희생, 입문, 의식(儀式) 등은 단지 **"흐리다야 비자"**의 측면일 뿐이고, 그리고 그것이 정말로 **아눗타라**(초월)이다.
 흐리다야 비자는 모든 것을 견딘다고 말한 후, **소마난다**는 그것의 분화되지 않는 성격을 증명하기 위해 <**스룩, 스루바**의 정화(淨化)>를 명(命)했다.

[**스루바**는 작은 나무국자이고, 큰 것인 **스룩**에 버터기름을 담아 희생의 불에 붓는 데 쓴다.]

처음에 지체(肢體), 가슴, 가루(**둘리**) 등의 **냐사**의 기술이 순서대로 있다. 이것에는 모순도 부조화도 없다. [만일 모순과 부조화가 있으면, 그것을 위해 하위의 (다른) 경전을 필요로 할 것이다.] **트리카** 체계에서는 하위의 경전을 의존하는 것이 없다.

27 - 33 절에서 이 모든 점을 해명(解明)했다.

이런 방식으로 **흐리다야 비자**의 경배의 결과는 무엇인가? 경전은 다음과 같이 말한다.

< 34 >

흐리다야 비자 "소"에 거(居)하며
올바르게 예배를 행(行)하는 자는
몸에 있는 동안도 자유를 누린다.

kritapujavidhih samyak smaran bijam
   prasiddhyati
크리타푸자비디 삼약 스마란 비잠
   프라싯댜티

"<정신적으로> 흐리다야 비자에 거하며, 적절한
방식으로 예배를 수행(遂行)하는 수행자(修行者)는
그의 목표[<살아 있는 동안의 해방(지반 묵티)>]를
성취한다."

   1) 일상생활 속에서도 끊임없이 흐리다야 비자를
기억하고 예배하고 - 카울라, 샤이바, 바이슈나바
샤스트라와 같은 수련은 그만두고! - 바이라바의
핵심(흐리다야 비자)으로 들어가며, <그냥 재미로,
대상을 바깥으로 펼치고>, <자기 자신의 파라-삼빗
즉 지고의 의식의 지복한 힘에 의해 창조된> 자는
진실로 살아 있는 동안 해방된다.
   "스마라나(기억하고, 거하며)"라는 말을 사용하는

것은 <자기 자신의 경험을 반복(反復)하라>는 것
외에 그 어떤 것도 아니다. 슈리마타 샤스트라에도
똑같은 것이 표현되어 있다.

2) 위대한 만트라의 바로 그 가슴으로 침투하지
못한 예배자는, <크라마 푸자의 효과를 통해 흐리
다야 비자를 바르게 기억하는 것으로> - <크라마
푸자의 점진적 효과>를 통해서, <스스로>, 아니면
좋아하는 구루의 충고를 통해서 - 차츰 흐리다야
비자로 만트라의 힘을 얻고, <최고 완전의 깨달음>
이나 <흐리다야 비자의 만트라의 힘>을 얻는다.
그래서 살아 있는 동안 해방되게 된다.

전통적인 드와라-푸자(가네샤 혹은 바투카 예배)
혹은 <구루 예배>는 장점도 단점도 없다. 그것이
소마난다가 이렇게 말한 이유다.
"이런 일에서 <쿨라 경전에 따른 (축제의) 기간
(期間)과 파비트람>은 단지 예배(禮拜)의 적절성을
증강하는 의미다."

[<크라마 푸자>는 27 - 33절에서 말한 <등급화
(等級化)한 예배>의 규칙적인 과정이다.
<드와라 푸자>는 가네샤("무리의 주")나 바투카
(부수적인 신들)의 예배를 의미한다.

파비트람은 보통 <어떤 종교적인 이유로 네 번째 손가락에 끼우는 **쿠샤** 풀로 만든 반지>를 말한다.

<**주(主)**께 **파비트라카**를 봉헌하는 의식(儀式)>은 **탄트라 사라** 20장에도 나오는데, 예배를 행한 뒤, 네 가지 종류의 **파비트라카**를 봉헌한다. <무릎까지 내려가는 것>, <배꼽까지 내려가는 것>, <목까지 내려가는 것>, <머리에 두는 것>이다. 그것들은 금, 진주(보석), **쿠샤** 풀 혹은 견사(絹紗), 면사(綿絲)로 **탓트와**를 나타내는 36 매듭이나 **부와나**, **바르나** 등의 수(數)만큼으로 매듭을 만든 화환(花環)이다. 그것을 신성이나 **구루**에게 바친다.]

❂   ❂   ❂

이제 이 장(章)의 요약(要約)이다.

오 프라붓다 단계에 도달한 수행자여
<그 안에 우주 전체가 빛나는 것>,
<모든 곳에서 스스로 빛나는 무엇>,
(프라카샤와 비마르샤 그 둘 다인)
그 <번쩍이는 빛> 홀로 **실재의 핵심**이러니
(그것 홀로 **지고의 가슴**이러니)

암탕나귀 암말이 성기(性器)를 늘이고 조이며
그 가슴의 기쁨을 오롯이 경험(經驗)하듯,
비라와 요기니 그 들의 성교(性交)에는
지고의 기쁨으로 가득한 <수슘나의 가슴>이,
<스리슈티 비자 "소"의 확장과 수축이
동시(同時)로 펼떡이는 그 가슴>이 있나니
그것을 그리며 명상(冥想)할지어다.

   <그것> 그 안에는 명상하는 것이든, 기억하는 것
이든, 회고하는 것이든, 행하는 것이든 모든 것이
쉽게 되고, 또 <그것>으로부터 모든 것이 현현되어
나온다. - 그것은 그 가슴이다.
   그 가슴은 오로지 <하나>로, 주로 <니르비칼파
(미확정적 지식의 상태, "생각이 없는 상태")>로 빛
난다. 그 안에는 <다른 확정적 지식>, <존재계의
36 범주>, <108 부와나(세계)의 영역>, <쉬바에서
제한된 영혼까지 모든 경험자들>이 거(居)한다. -
이 모든 것은 <지고의 실재>와 다르지 않더라도,
다양한 형태를 떠맡고, <지고의 의식>조차도 다양
하게 펼쳐져, 그 안에서 빛나는 것으로 나타난다.

   이 <중심의 실재>에 대한 경배(敬拜)는 수행자의
가슴에는 항존(恒存)하는 것이다. 그가 어떤 나라,
어떤 상황, 활동, 장소에서 어떤 <생각의 얼개>를

가졌든, 그 모든 경우에서 그의 마음은 털끝만큼의 망설임도 없이 **흐리다야 비자**에 항상 위치하는 것이다.

<크라마 푸자>에 관한 **트리카** 전통의 의견은, <쿨라 경전에 따른 상서로운 기간(期間)의 준수>와 <파비트라카를 봉헌하는 것>으로 예배의 적절성이 증가된다는 것이다.

액체(液體) 중에는 정액(精液)이요,
음소(音素) 중에는 **스리슈티 비자** "소",
경전(經典) 중에는 <트리카 경전>,
해방(解放) 중에는 <바이라바의 상태>,
명상(冥想) 중에는 <흡수(吸收)의 상태>,
서원(誓願) 중에는 <비라의 준수(遵守)>이듯이
상서(祥瑞)로운 것 중에는
    <트리카 경전에 따른 **쿨라**의 것들>이라.

파비트라카를 하는 것은 **크라마 푸자**와 관련한 의식(儀式)의 완전한 성취에서는 핵심적이다. 상서로운 기간 동안 **파비트라카**를 네 번, 세 번, 두 번, 최소한 한 번 하라는 명령을 준행하지 않는 사람은 **쿨라** 경전에 따른 상서로운 기간의 중요성을 알지 못한다. 그런 사람에게는 <만트라의 힘>이 최대한으로 기능할 수 없다.

그래서 **아눗타라**의 본성이 상세하게 기술되었다. 그 안에는 사색(思索)의 여지가 없다. 그 안에는, 오로지 영지(靈知) 즉 **직관적 통찰**만이 <**흐리다야 비자**와 동일시된 자아가 확고한 깨달음을 얻을 때까지> 방편의 짐을 산 정상으로 나르는 짐꾼으로 기능하고 있다. <**흐리다야 비자**>, 그것은 꾸준한 영적인 기쁨이 특징이다.

이제 <초능력을 위한 **요가**>를 - 오직 보여주기 위한 - 기술해야 한다. **드리슈타-요가**에 존재하는 **초능력은, 절대**의 <**절대 자유**>로만 가능한 것이고, 대중적으로 알려진 상식의 법칙 너머에 있더라도, 그것은 <**신성의 확고한 명령**>을 (완전히) **넘어설 수 없다.** **쉬바-드리슈티**에서 **소마난다**가 말한 것처럼, "다양한 목표를 가지는 초능력의 방편은 존경으로 기술되어야 한다."

드리슈타-요가에서 초월적 본성의 위반은 없다. <초능력을 얻으려는 노력>, <실제적인 성취>, 또 <성숙(成熟)으로 모든 노력을 그만두는 일> - 그 **모든 것은 <지고의 은혜>**에 기인하기 때문이다.

그러나 <살아 있는 동안의 해방>과 비교해, 그런 집착은 <신성의 극미한 은혜>라고 말할 수 있다. 왜냐하면 **그것은 "온전(穩全)"으로 이끌지 못하기**

때문이다. 그것은 그 책의 나머지 부분에서 기술된 아주 작은 은혜에 기인한 **요가**이다.

[<사람들에게 보여주기 위한, 그들 안에서 기괴한 느낌을 불러일으키는 초능력을 얻는 일>을 - 소위 **기적(奇蹟)**을 행하는 일 - **드리슈타-요가-싯디**라고 한다.

그러나 가만히 생각해보면, **<참 초능력(기적)>은** (흔히 '나'라고 하는 이 단백질 덩어리인 몸뚱이가) **배가 고프면 먹고, 목이 마르면 마시고, 또** (흔히 '나'라고 하는 이 무엇이) **볼 수 있고, 들을 수가 있고, 느낄 수도 있고……그리고 또** (그 어떤 이유 때문에) **이렇게 숨을 쉬고 있으며.** (이런 참 기적을 **골똘히) 생각하고 있는 것**이다. <이런 것>보다 더 큰 기적과 초능력이 있겠는가!

"온전(穩全)"으로 이끄는 것이 <최고의 **요가**>다. 즉 수행자가 자신을 <신성의 **나-의식**>과 동일하게 여기도록, 세상(世上)을 <여러 가지 형태로 빛나는 **쉬바의 빛**>으로 여기도록 이끄는 **수행** 말이다.]

< 35 >

<시종(始終)이 없고, 열다섯으로 늘어나 있고,
가슴의 연꽃에 거하는 씨앗>을 명상하라.
또한 <달 부분(소맘샴)>도 늘 수행해야 한다.

adyantarahitam bijam vikasat tithimadhyagam
hrit-padma-antargatam dhyayet
somamsham nityam abhyaset
아디-안타라히탐 비잠 비카삿 티티마댜감
흐리트-파드마-안타르가탐 댜옛
소맘샴 니티암 아뱌셋

"요기는 <시작도 끝도 없고, 열다섯 (모음)으로
확장되어 있고(비카삿 티티마댜감), 가슴의 연꽃에
거(居)하는 이 비자를 명상해야(댜옛) 한다.
그는 또한 <달 부분(소맘샴, 세상의 모든 대상을
Sauḥ의 현현으로 보는 것)>도 늘 수행해야(아뱌셋)
한다."

이 절은 우리를 <명상(冥想)과 수행(修行)으로>
이끈다.

(1) 샥토파야에 따른 설명

<아디-안타라히탐 비잠(시종이 없는…… 씨앗)> 즉 이 <중심의 중대한 만트라(흐리다야 비자 혹은 "Sauḥ")>는 시작과 끝이 없이 있다. 왜냐하면 ① 그것은 외부의 어떤 빛도 필요 없이, 그 자신의 빛으로 빛나기 때문이고, 또 ② 그것은 변형이 없이, 들어오고 나가는 것이 없이 있기 때문이고, 또 ③ 그것은 늘 능동적으로 현존하기 때문이다.

<비카삿 티티마댜감(열다섯으로 늘어나 있고)>은, 한편으로 그것은 외부의 대상적 세계의 형태로 확장하여 완전한 현현에 이르고, 다른 한편으로는 그것은 내밀한 핵심으로 열여섯 티티에 내재한다.

(프라나차라의 투티, 아파나차라의 투티는 각각 ½+15+½=16이다.)

<흐리트-파드마-안타르가탐 댜옛(가슴의 연꽃에 거하는…… 명상하라)>은, <요기는 칸다와 구햐를 명상해야 한다>는 말이다. 즉 비라는 여성의 성기(性器) 구햐를 명상하고 또 요기니는 남성의 성기 칸다를 명상해야 한다. 마치 그것이 가슴의 연꽃인 것처럼. 이 두 기관은 비유적 의미에서 "연꽃"으로 부른다. 연꽃처럼 "오므리고 또 활짝 펴는" 특징이 있기 때문이다.

킨차샤 댜남 아하? - 이런, 무슨 종류의 명상이
이러한가? 다음이 그것의 묘사이다. (아하!)

"소맘샴 니티암 아뱌셋"
또한 <달(月) 부분>도 늘 수행해야 한다.

수행자는 열여섯 투티로 가득한 소맘샤(아파나
즉 들숨의 흐름)를 모든 면으로부터 여성 성기(혹은
남성 성기) 쪽으로 던져야 한다. 이것은 수행자가
보름달과 동의어인 들숨의 흐름을 흐리트-카르니카
속으로 푸슈파까지 투사하는 것을 말한다.
[흐리트-카르니카는 수슘나 나디의 한 중추이고,
푸슈파는 각자의 안쪽 열두 손가락 거리에 있는
<창조적 에너지의 근원점(根源點)>을 말한다.]

그다음 밀려 올라오는 내적인 진동과 일치하여
암리타 즉 쿤달리니 샥티와 접촉한 후, 그는 샥티
스파르샤의 전자기(電磁氣)가 특징인 - "전기처럼
찌릿한 접촉" - 카카찬추푸타 무드라를 얻는다.
[아파나 즉 <들숨의 흐름>이 흐리트-카르니카를
꿰뚫을 때, 거기에는 샥티와의 접촉(接觸)이 있다.
그 순간 <"카카찬추푸타(까마귀 부리)" 무드라>가
형성되고, 그 결과로 모음 없는 "s-s-s(스-스-스)"의
느낌이 일어난다.]

그다음 **아파나**의 흐름은 멈추고 **샥티**의 **넥타**의 즐거움으로 확장되어, 내면에서 진동이 흥분된다. 수행자는 <(진동에 의해) 휘도는 **넥타**를 들이키는 것으로> **아파나**의 흐름을 완전히 개발해야 한다.

이 후에, **프라나(해(日) 부분,** <날숨>)가 오르는 동안(내쉬는 동안) - 날숨에서 "Sauḥ" 만트라의 (모음 없는) <s>가 쉰다. - <전율(戰慄)>, <(호흡의) 멈춤>, <밀려 올라오는 내적인 감각>, <눈물>과 <떨림> 등의 경험을 가지며, 그는 수행을 늘 계속해야 한다. 이는 **밧타 다네슈와라 샤르마**에 따른 **샥토파야**다.

(2) **샴바보파야**에 따른 설명

먼저 **샴바보파야**에 따른 경문의 번역이다.

"**흐리다야 비자**는 시작도 끝도 없다. 'Sauḥ'의 **프라나**를 나타내는 <s> 부분과 **아파나**를 나타내는 <au> 부분이 삼켜지면, 남는 것은 **비사르가(aḥ,** 즉 ':')뿐이다. **비사르가**의 실제적 본성은 <프라나와 **아파나**가 각각 통과하는 열다섯 **티티**에 내재하는 열여섯 번째 **칼라(부분)**를 초월하는> 열일곱 번째 **빈두 칼라(부분)**이다. 이것은 오직 <**가슴의 연꽃**>에서만 실현된다.

수행자는 항상 **소맘샤**를 즉 <'푸르다' 등의 모든
외부적인 것과 '기쁨' 등의 모든 내적이고 정신적인
내용물을 단지 **프라메야**(대상)로 보는 것>을 항상
반복해서 수행해야 한다."

[열여섯 번째 **비사르가 칼라**는 열일곱 번째 **빈두
날라**의 형태를 떠맡는다. 실질로는 내적인 면에서
비사르가는 빈두가 되고, 또 외적인 면에서 **빈두**는
비사르가가 된다.

"Sauḥ" 만트라 **수행**은 음소와 **호흡**이 관련되는
것으로, **뱀과 얼나 이야기**에서 더 다룬다. 일단,]

수행자는 **흐리다야 비자**("Sauḥ")를 시작과 끝이
없게(<au>와 <aḥ>이 없게) 만들어야 한다. 그러면
<s>만 남는다. 그다음 열여섯 **티티**(<a>에서 <aḥ>
까지) 즉 16 국면의 <**아파나 흐름**>과 함께, 그것을
<**그라사나**(용해)의 장치>로 흐리다야(**칸다**와 **구햐**,
남녀 성기) 속으로 투사해야 한다.

관(管)에 물을 붓듯이, 처음은 느린 속도(**찰라나**)
로, 그다음은 중간 속도(**캄파나**)로, 마지막은 빠른
속도(**스판다나**)로다. 그렇게 느리고, 중간이고, 또
빠른 속도의 수행으로 **물라다라, 트리코나, 바드라
-칼리, 칸다, 흐리다야, 무카** 즉 **흐리트-카르니카**를
꿰뚫어야 한다.

이 뒤에, 느리고, 중간이고, 빠른 속도를 동시에 하여 <끝나는 지점>에 도달한다. 거기에는 **프라나** (수리야)와 **아파나**(소마) 둘 다가 용해되기 때문에 엄청난 흐름이 있다.

[<**수슘나**의 신비(神秘) 생리학>이다. **수슘나**에는 잘 아는 대로 **물라다라 차크라**가 있다. **물라다라** 에는 **쉬바-트리코나**라고 알려진 삼각("△")이 있다. 이것과 연결되는 다른 것은 **바드라-칼리**(**샥티-트리 코나**, "▽")이다. 그다음 **쉬바**와 **샥티**의 삼푸타인 **칸다**가 있다. 그다음 **흐리트**(중심)가 있고, 마지막 으로 **무카-무드라**(**흐리트-카르니카**)가 있다.

이 모든 것은 함께 하나의 **흐리트-파드마**(가슴의 연꽃)를 형성한다. 그것의 중심은 **흐리트-카르니카** 이다. 이것이 **암리타** 비자로 알려진 **흐리다야** 즉 **가슴**이다.]

<음소의 연속되는 견지>에서는 <시작과 그다음 것이 없이> 즉 **흐리다야** 비자("Sauḥ")의 <s>와 <au>가 없이는 <열여섯 번째 **칼라**(비사르가, aḥ, ":")>를 의미한다.

① 그것은 **아파나**를 나타내는 <au>와 프라나를 나타내는 <s>가 없이 있다.

② 그 힘의 지식은 **비슐레샤나**에 의해서만 얻어 질 수 있다.

③ 그것은 **드루와** 즉 변함없는 **아눗타라**이다.

④ 그것은 바로 **쉬바**이다.

⑤ 그것은 확장하는 열다섯 **티티**의 그 중심이고, 그 안에는 어떤 **티티**도 없다. 그것이 또 그 안에는 **프라나**도 **아파나**도 없고, 그 안에는 열여섯 손가락 모두가 삼켜진다고 하는 이유다.

수행자는 <열일곱 번째 **칼라**이고 **우르드바 쿤달리니의 시작**>인 이것보다도 더 높이 오를 것이다. 그들 남녀는 항상 **암리타-암샤**를 명상해야 한다. **암리타-암샤**는 열여섯 번째 면 즉 **비사르가 칼라** (비라와 **요기니**의 성기)이다. 이것은 나 **아비나바굽타**의 스승인 **샴부나타**가 말하는 것이다.

<소맘샤(somāṃśa)의 신비적 설명>

어원(語源) 분석으로는, saha umaya (vartate) 즉 <우마(샥티)와 함께 거(居)하는 **그**> 즉 소마는 **쉬바**를 가리킨다. **쉬바**는 줄곧 **파라-샥티** 여신과 **합일**(合一)하여 있기 때문이다. 두 가지 **탓트와**와 더불어 마구 휘젓는 상태를 가리키는 합일 때문에 <스판다의 상태>에 있다. 소맘샤의 **암샤**는 **모든 대상들이** - 기쁨 같은 내적인 것과 <푸르다> 같은 외적인 것들이 - <**쉬바이고, 또 완전한 나-의식인 유기적인 전체>의 기관과 같다**는 것을 의미한다.

그러므로 수행자는 감각(感覺)의 **자파**를 가지고 거듭거듭 명상을 수행해야 한다. 외향적 방법으로 그는 <대상적 현현>을 **쉬바**로 여기고, 내향적 방법으로 <현현의 철수>를 또한 **쉬바**로 여겨야 한다. (<**크라마 무드라**>다.) 이것이 항존(恒存)하는 **흐리다야 자파**이다. 잠재적 분위기는 가능성, 능숙도의 의미에서 사용되었다.

(3) **아나보파야**에 따른 설명

호흡의 시작점은 <가슴>이고, 거기에서 <외부의 **드와다샨타**>까지 프라나의 움직임은 <36 손가락 거리>이다. <가슴>에서부터 **프라나 바유**(날숨)가 시작하여, 수행자는 (**아파나 바유**가 시작되기 전) 반(半) **투티** 동안 <외부의 **드와다샨타**>에서 호흡을 멈추어야 한다. 그다음 <**소마 칼라**(달(月) **부분**)>, <**불멸**>, <**암리타** 같은 **비사르가**>로 알려진 **아파나 바유**가 오른 후에, 수행자는 **찬드라 칼라**(아파나 **칼라**)를 모든 **투티**에 증가시켜야 한다. 한 **투티**는 <2¼ 손가락 거리>이다. 그래서 15 **투티**가 완성될 때, **아파나 바유**는 **흐리트-파드마**(**가슴의 연꽃**, 즉 <**내부의 드와다샨타**>)에서 16 손가락 거리의 **소마**[달(月)]가 된다. 그곳에서 또한 반(半) **투티** 동안 쉼이 있어야 하기 때문이다. 이런 식으로, **아파나**

흐름의 통로가 말한 모든 것은 전체가 <36 손가락 거리>이다.

[<외부의 드와다샨타>에서 반(半, ḥ) 투티 쉬는 것 + 15 아파나-차라 + <내면의 드와다샨타>에서 반(ḥ) 투티 쉬는 것 = 16 투티이고, 또 한 투티는 <2¼ 손가락 거리>이므로, 16 투티는 <36 손가락 거리>가 된다.]

그런 상태에서 <처음과 끝이 없다는 것>은 오직 파라 비자(암리타 비자, Sauḥ)가 (<외부의 드와다 샨타>에서 쉬는 경우의) 처음 반 투티와 (<내부의 드와다샨타>에서 쉬는 경우의) 마지막 반 투티에서 항상 현존하기 때문에, **그것은 시간에 의해 제한될 수 없다는 것을 의미한다.** 그러므로 그것은 **처음과 끝이 없이 있다.** [**무시무종(無始無終)이다!**]

이 두 반(半) 투티를 제쳐두고, 수행자는 소맘샤 즉 남은 투티에서 <s>와 <au>가 없는 비사르가 (aḥ)를 명상하는 것으로, 자신의 내면에서 그것을 열일곱 번째 빈두 칼라의 형태로 분리하는 것으로, 칼라의 용해를 수행해야 한다.

[<열일곱 번째 빈두 칼라>는 프라나와 아파나 둘 다의 움직임이 그치는 곳이다.

<외부의 드와다샨타>는 아디-코티라고 부르고, 또 <내부의 드와다샨타>는 안타-코티라고 부른다.

이 두 지점에 대한 명상을 <**시종점의 명상**>이라고
한다. 프라탸비갸 흐리다얌에서 다루었다.

   투티는 <호흡("숨")이 2¼ 손가락 (거리, **공간**)을
덮는 **시간**>을 말하며, 탄트라 사라에서는 <또 다른
시야에서> 이 <**열여섯 투티**(**순간**)>를 다룬다.]

   이 세 가지 설명 모두가 적절한 것으로 여겨져야
한다. 이 절(節)[탄트라]은 곧 수트라다. 그러므로
"**한 수트라는 다양한 의미의 조망**(眺望)**을 주는 것**
이다."는 말처럼, 그것은 **이런저런 식으로 다양한**
설명이 맞게 된다. 스승들은 이 파라 트리쉬카가
"**더 없는 수트라**"라고 **단언**(斷言)**했다.** 이렇게 이
앞의 절(節)들 또한 진실로, 수트라로 많은 해석이
가능할 것이다.

   [카시미르 쉐이비즘의 스승들이 단언한 "**더 없는**
수트라"는 <**더 없는 무엇**에 관한 **수트라**> 혹은
<**더 없는 무엇**에 관한 **더 없는 수트라**>로 읽어야
한다.

   "진실로, **수트라**는 많은 해석이 가능할 것이다."
– 정말이지, 단순한 **수트라**(**말**)일수록 더 많은 해석
(말)이…… "**말은 어렵다! 무척이나 어렵다!**"]

   이런 수행으로 도대체 무슨 일이 일어날 것인가?

< 36 >

요기는 무엇을 원하든지 즉시로 얻으며
전지(全知)는 인식(認識)처럼 그에게로 향하니
이것에 대한 의심은 없느니라.

yanyan kamayate kamamstantanchighram
　　avapnuyat
asmat pratyaksatam eti sarvajnatvam na
　　samshayah
얀얀 카마야테 카맘스탄탄치그람
　　아밥누얏
아스맛 프라탸짜탐 에티 사르바갸트밤 나
　　삼샤야

"요기는 즉시 그가 원하는 대상을 얻는다. 그러
므로 전지(全知)는 인식(認識)처럼 그에게로 향하게
된다. 이것에 대한 의심은 없다."

그러므로 그는 <다양한 Sauḥ 만트라의 효능으로
생겨난 **의지**(意志)의 확고함을 통해> 노력, 인내,
열망, 열성으로 가득하게 되며,
　　그렇게 <수행의 끊임없는 상태>의 반복으로 많은
힘을 획득하여 바라는 것은 즉시로 얻는다.

요컨대 바로 이 몸(육체)에서, 지고한 **바이라바**의 특성인 **전지**(全知)를 얻는다.

모든 견해(見解)를 검정(檢定)한 뒤, 이제 이 책을 결론짓는다. 마지막에서 **요기**의 진보는 이 초월의 상태를 얻는 것으로 끝난다. **그것은 자신의 참나 안에서 쉬는 것**을 의미한다. 이것이 <**바이라바의 상태**>다. 이것은 거듭거듭 언급한 것이다. 이제 그 결론 절(節)이다.

< 37 >

이런 것이 이 만트라로 얻는 것이라.
이것이 루드라-야말라이니
이를 수행하여 <전지(全知)의 힘>을 얻노라.

evam mantra-phalavaptir-ity etad
   rudrayamalam
etad abhyasatah siddhih sarvajnatvam
   avapyate
에밤 만트라-팔라-밥티르-이티 에타드
   루드라야말람
에타드 아뱌사타 싯디 사르바갸트밤 아바퍄테

"이런 것이 이 만트라(흐리다야 비자, <가슴의
씨앗>, 'Sauḥ')의 수행으로 얻는 열매(팔라)다.
   이것이 <루드라와 루드라아>, <쉬바와 샥티>의
합일(合一)의 표지(標識)다.
   이것을 끊임없이 **수행**(修行)함으로써 **전지**(全知)
라는 엄청난 **능력**(能力)을 얻는다."

   이런 식으로, 모든 **만트라**의 열매를 - 다른 경전
들의 **만트라**에서도 - 얻는다. 그렇지 않으면 아닌
것이다. **이티**는 **결론**을 말한다.

결론에서, <루드라와 루드라아의 결합("루드라-야말라")> 즉 <쉬바와 샥티의 **합일(合一)**>을 함축(含蓄)하고 있다. 거기에서는 질문과 대답의 구분은 없고, 그것은 <본질의 **참나를 알아채는 상태**>다.

이에 대한 고려로부터 시작하여 <현현과 흡수의 저 무한하고 수많은 경우의 외적인 상태>까지……
이 모든 것은 진실로 <아쿨라> 혹은 <아눗타라>, <초월적 실재(實在)> 안에서 요약된다! - 이것은 <직관적 영지의 견지에서> 데비와 바이라바 간의 대화의 결론이다.

"**이것을 수행하는 것으로 전지의 힘이 생긴다!**"
- 이것은 <요가(수행)의 견지에서> 결론이다.

이것 즉 <루드라-야말라 상태>는 모든 사람에게 항존(恒存)한다.

모두에게 **은혜(恩惠)**가 있기를!
(이티 쉬바, iti shiva!)

나가며

참고로, 이 책은 **냐야 샤스트라**에 따른 완전한 논법으로 구성되어 있다. **프라탸비갸 흐리다얌**에서 다루었다. 복습(復習)하자면

"1) **프라티갸**(주장) : 산에 불이 났다.
2) **헤투**(이유) : 연기가 난다.
3) **우다하라나**(예) : 아궁이에 불을 땔 때
4) **우파나야**(적용) : 산에 연기가 난다.
5) **니가마나**(결론) : 산에 불이 났다."

라는 것 말이다.

<아눗타람 카탐 데바 …… 브라젯(쉬바여! 아눗타라가 **어떻게** …… **얻습니까?**)>은 프라티갸 즉 <주제의 총론>이고,

중간의 절들은 **헤투**(논리적인 논거), **우다하라나**(예)와 **우파나야**(적용)를 이루고,

35절과 36절(이 책 **삼위일체경** 『**파라 트리쉬카**』에서는 36절과 37절)은 니가마나(결론)이다.

☯

산스크리트의 **쿨라(전체성, 全體性, Totality)**는 곧 "**일체성(一體性, Unity)**"을 말한다. 기독교의 저 "**삼위일체(三位一體, Trinity = tri + unity)**"의 그 **일체** 말이다.

그래서 <"**파라(일체, 전체)** + **트리쉬카(세 여신, 세 가지 힘)**">를 <**삼위일체경(三位一體經)**>이라고 풀었다.

잘 아는 대로, 기독교의 삼위일체는 <성부(聖父), 성령(聖靈), 성자(聖子)가 "**한 몸**"인 것>을 말한다.

편견이나 엉뚱한 고집을 갖지 않고, <잘 살피면> 그것은 곧 "**파라 트리쉬카**"에 속(屬)한다는 것을 금방 알 수 있다.

☯

오래 전, 아내와 대구의 <두류 공원(頭流公園)>을 산책하던 때의 일이다. [두류는 <머리가 (떨어져) 흐른다>는 뜻이다. **친나마스타**……?!]

여름 저녁이었던 듯, 갑자기 소나기가 시작됐고, 아내는 **비를 맞지 않으려고** 걸음을 서두르며 나를 재촉했다. 그러나 <그렇게 하지 않는 나>를 보고, 아내는 짜증을 냈다.

'옷이 젖고 감기라도 걸리지 않을까 하는……'

그걸 왜 모르겠는가! 그러나 나는 그렇게 하지 않았다.

<비를 맞지 않으려고 하니> 이 **마음**이 급해지고 **몸**을 서두르게 된다. 그러나……

그러나 **<비를 (그냥) 맞으려고 한다면>**, **마음**이 움직일 일도, **실음(몸)**을 서두를 일도 없다.

비와 바람과…… 이 세상의 모든 것은 우리에게 비유다. "아날로기아 엔티스"다. 우리가 살아가며 겪는 몇 줄기 소나기든, 모진 풍상(風霜)이든……

가리지 않고 또 회피(回避)하려고 하지 않는다면, 서두를 일은 없다.

갑작스런 <죽음의 비>일지라도 <정면으로(face to face, 삼-무캬)> 맞으려고 든다면 - 겁내지 않고 두려워하지 않고, <지금 여기>에 현존한다면……

우리는 **내 몸**이 죽어가는 것을 지켜볼 수 있고, 그리고 또 언제라도 **내 마음(생각, 말)**이 죽어가는 것도 지켜보며 이번 생(**삶**)을 유희(遊戱, 逍遙遊, **놀이**)할 수 있을 것이다.

삼위일체경(三位一體經)
－아비나바굽타 해석
파라 트리쉬카

초판 1쇄 발행 2020년 1월 11일

지은이 | 金恩在

펴낸이 | 이의성
펴낸곳 | 지혜의나무
등록번호 | 제1-2492호
주소 | 서울시 종로구 관훈동 198-16 남도빌딩 3층
전화 | (02)730-2211   팩스 | (02)730-2210

ISBN 979-11-85062-29-7   03150

* 잘못된 책은 바꾸어 드립니다.